U0947507

欧洲文明史察疑

黄河清◎主编

中国大百科全书出版社

图书在版编目（CIP）数据

欧洲文明史察疑 / 黄河清主编 . -- 北京 ：中国大百科全书出版社，2021.6

ISBN 978-7-5202-0974-8

Ⅰ. ①欧… Ⅱ. ①黄… Ⅲ. ①文化史—研究—欧洲 Ⅳ. ① K500.3

中国版本图书馆 CIP 数据核字（2021）第 086949 号

出 品 人　刘国辉
策 划 人　郭银星
责任编辑　郭银星
封面设计　海　云
责任印制　魏　婷
出版发行　中国大百科全书出版社
地　　址　北京市阜成门北大街 17 号　　邮政编码　100037
电　　话　010—88390093
网　　址　http://www.ecph.com.cn
印　　制　德富泰（唐山）印务有限公司
开　　本　710 毫米 ×1000 毫米　1/16
印　　张　21.5
字　　数　360 千字
印　　次　2021 年 8 月第一版　2023 年 11 月第三次印刷
书　　号　ISBN 978-7-5202-0974-8
定　　价　68.00 元

序

何　新

2013年我曾出版一书，名曰《希腊伪史考》。此书问世之后，引起了截然不同的反响。

我早年也颇信仰古希腊的那套伪“民主制度”，20世纪80年代曾出版过若干册希腊哲学研究著作，有一论文曾在1985年获得中国社会科学院论文一等奖，《人民日报》还介绍过相关成果，深得中国希腊哲学研究的前辈如朱光潜、高崧、汪子嵩等先贤的激赏。

然而今天我乃坦率承认：过去多年所崇信之古希腊，殆为伪也。实乃上了西方伪历史的当也。那些所谓“希腊哲人”多为小亚细亚人物，与希腊雅典根本没有关系。近世以来西方鼓吹宣传的古希腊，无处不假，皆属空中楼阁、向壁虚构的神话故事耳。

《希腊伪史考》出版后，我本以为此书会成空谷足音，不期待短期会有大的回响。然而殊不料，改革开放以来民智渐开，善于独立思考之学者蓬勃而出，因之来自网络世界的多数声音对我的希腊伪史批判论回应颇为强烈，应者众多，纷纷表示“好得很！”

但来自国内欧洲古典学专业圈的学者们则大谬不然，初期诸主流“专家学者”似乎采取视而不见的方法，殆舆论对于伪史之揭露有愈演愈烈之势，迫使专家不容回避问题，于是有人捶胸顿足做痛心疾首、痛不欲生状，怒斥揭露西方伪史是颠覆之举，“糟得很！”某名校之一位英文教员，则杀气腾腾跳出来对我大加挞伐，而且制作一顶帽子扣在我的头上，指责我为“学术义和团”。

义和团者，乃晚清抵御西方帝国主义列强入侵瓜分之爱国义民也，其中不乏赴汤蹈火为民请命，不惜以卵击石而为国牺牲者。我虽老矣，亦以一生追求华夏民族之复兴，经常以一身而逆袭多数及主流，倒也乐得享用这个颇具风骨的“义和团”雅号。

既然有义和团在此，则亦颇期待此不知名的美校海归教员呼朋引类，做带路党挟学术“八国联军”，来将我等一举剿灭。遗憾者，虽然久等多时，“八国联军”竟至今未来也。

而我却依然如故。继《希腊伪史考》之后,《希腊伪史续考》(2015)也已出版 4 年矣。且不久，我的《希腊伪史三考》又将问世。揭露西方伪史之新鲜材料以及疑问和批判，将继续挑战昔日被顶礼膜拜的西方伪史。

就国外学术情势而言，现代大部分西方学者实际上早已明知欧洲古典学之荒诞无稽。也颇有良心学者，欲尝试去写符合历史的真实欧洲史，以至为避开伪历史而不得不采取从十字军东征开始写欧洲史的新法，例如美国罗宾·W. 温克、L. P. 汪德尔合著的四卷本《牛津欧洲史》。

但涉及欧洲古典学造伪之历史遗留，这些学者们口头上不便否认，摇身一变将其当成一种意识形态的建构，显然，这种虚构的历史叙事有利于维持西方对东方世界的文化优越感。

近日，中国社科院中国历史研究院官媒转载了复旦大学中国研究院院长张维为先生在东方电视台质疑古希腊文明的讲座内容，也可看作是官方主流学术机构对“古希腊伪史论”的正面回应，值得欣赏。

实际上，质疑西方伪史并非我之突发奇想。国外自 18 世纪伪史被主流学术制造出来后，非主流学界对其揭露及质疑则一日未曾中断。

值得指出者，20 世纪 70 年代阿拉伯裔学者萨义德名著《东方主义》(1978)出版，该书揭露了殖民主义虚构了一部西方史，为的是更好地宰制东方。是学术中的殖民主义文化。西方学术中所谓印欧语系、闪含语系的学说，皆属闭门造车的产物，并无学术依据。萨义德此说一出，震撼学界，一石激起千层浪，对西方中心论的学术造成极大的冲击，开创了后殖民时代的学术风气。然而，萨义德是阿拉伯裔学者，他的东方主义视野，难免有所局限。

近十年后，犹太裔学者马丁·贝尔纳出版疑古名著《黑色雅典娜》(1987)，将对传统欧洲古典学的质疑推到一个新的高度，指出古希腊的雅利安模式是 1785—1985 年间编造出来的故事，无史料可据。此论再次动摇了西方古典学的根基。只是这部著作未彻底揭穿关于希腊雅典的伪造故事，只是欲为雅典娜由白色雅利安族找到所谓“黑色之根”(贝尔纳认为雅典娜出于黑色皮肤的非洲)。故此说虽然对西方中心论冲击巨大，却滑向非洲中心论一途，西方中心论仍然未被彻底颠覆。

众所周知，西方自古没有可靠可信的成文史。西方古代不存在像中国一样绵长不绝的历史记载，近代以前更无历史学的观念。因此，西方的学者在质疑西方中心论之时，未免如盲人摸象，难以正本清源、洞见幽眇。甚至包括贡德·弗兰克这样的以破除西方中心论为己任的学者，在遇到西方古典学的时候，也难脱西方中心论的窠臼。故而，彻底推翻西方伪史这件事最终还得由中国学者来担当，因中国才是世界范围内史学的真正发祥地及历史文献大宗流传的文明古国，脱离中国文献来谈世界历史，无异于盲人摸象，就像颇受推崇的德国历史学家冯·兰克的巨著《世界史》（三卷本）那样，讲世界史却不提中国，这样的西方中心论“学术著作”欲想主导未来历史学的研究方法及方向，不啻为痴人说梦。

孔子曰：德不孤，必有邻。近年我在破除西方伪史的过程中，也并非孤军奋战、后继乏人。

2019年8月3—4日，十几位西史辨伪学者在北京举行了首届“西史辨伪与中华文化复兴”学术研讨会。据说会议还给我准备了一份特别贡献奖项。我因故不能与会，也谢绝奖品。但是我对此会议的议题深表关注，对与会者去伪存真的初心和勇气深表嘉许。

近年来，我很欣喜地看到一批质疑西方伪史的老中青学者如雨后春笋般涌现。其中有锐不可当的学术战狼，也有学养深厚、力可扛鼎的资深学人，还有能够融通中西学问，出入东西方多年的海归学者。许多研究成就已经远超鄙人矣！

20世纪初有一个古史辨派，可惜他们只疑中国古史，不疑西方古典学，刻意要将中国历史砍掉一半。与此同时，却将西方各种离奇神话如荷马、希罗多德等不经之谈，奉若“真经”。导致百年以来国人误会西方，误认西学，歧路亡羊，无法正确理解中华民族之世界历史地位。

我老而多病，强弩之末，欲以一己之力推倒盘踞百年的西方中心论，实无能为力也。

喜见如今国内西史辨伪学派的出现，我深感欣慰。

青出于蓝，后生可喜！我相信只要坚持学术原则，集思广益，不惧权威，遵循百花齐放、百家争鸣之原则，持续进行下去，西方中心论及其伪史终将被彻底揭露而颠覆于光天化日之下。

朋友们告知，有心人将此次北京讨论会的学术成果结为论文集，将予出版。

友人又云：当年的古史辨派出版了《古史辨》七卷本，离经叛道、惑乱中国古史，影响中国近代思想近百年。这次聚会展示了一批学术成果，考虑在两三年间再举办同一主题的学术讨论会，编辑出版“西史辨伪”续集，论文集也最少七卷，以期与七卷本之《古史辨》对冲抗衡，理清对华夏传统疑古所造成的思想混乱，系统地揭露西方中心论及西方编撰之世界历史之虚伪，找回这个领域中失掉多年的中国文化话语权。

其志可嘉也，我乐见其成。当然，这本论文集中，未必所有观点都可成定论，或者毋宁说许多观点充满新锐性及探索性，一定会有不同意见，并引起学术争论。

从历史的大方向以观，这本论文集必可引发学界的进一步思考，从而推进国人对伪史及真史之分辨。是为序。

2019 年 9 月 13 日中秋节

编者序

黄河清

首先想说，本文集的作者能够聚集在一起，纯属志同道合，以文会友。近代中华文明败落于西方文明，除了西方船坚炮利的军事优势之外，最深沉的原因是西方长期塑造的文化优势。一部以西方为中心的“世界文明史”，造成中国人百年文化自卑。

100 多年来，中国人深受西方文化中心论的毒害，掀起一波又一波的文化西化潮。这种让中国文化自卑的西化潮在 20 世纪 80 年代登峰造极，至今依然影响深广。

完稿于 1990 年底的拙著《现代与后现代——西方艺术文化小史》（香港三联书店，1994 年），已经发出：“中国人的文化自卑感，是当今中国的头号大患！”呼吁恢复国人的文化自信。

当今之时，中国的物质、经济、军事实力已经有了明显的提升，但中国人尤其知识分子阶层，文化自卑依然相当普遍，它已构成中华民族伟大复兴的严重障碍。国家开始倡扬文化自信，正是针对这种文化自卑现象。

自卑是因为迷信，迷信是因为无知。可以说，100 多年来，对于西方历史，西方人编撰的“人类文明史”，都是西方人怎么说，中国人就怎么信。从来不去怀疑，从来不敢去追究一下人家说的到底是不是真的。

终于有一天，一些中国人逐渐摆脱对西方的迷信，开始用客观的和实事求是的心态去看西方历史，发现其中包含大量的虚构和伪造，是一部真正的伪史。本文集的作者，就是属于这些不说是先知先觉，至少可以说是较早知觉的一类中国人。

何新先生的《希腊伪史考》（2013）开了头炮，继而有董并生先生和诸玄识先生两门重炮，他们先后出版《虚构的古希腊文明》（2015）和《虚构的西方文明史》（2017），各路同道发表文章著述，初步有了追究西方历史真伪的阵势。

2017 年秋，值山西人民出版社出版诸玄识先生《虚构的西方文明史》的机会，我与董并生、诸玄识、黄忠平等同道，有了第一次聚会。

2019年秋，首届“西史辨伪与中华文化复兴”学术研讨会，在北京成功举行，又新认识了程碧波、孟晓路、裴峰、李树军等先生。他们都是革命生力军，战斗力很强。

研讨会上，大家从各自角度，交流了观点，互相启发，相得益彰。可以说，这一次聚会，标志“西史辨伪”学派草创成形。

出版本文集，不仅是作为研讨会的历史记录，更是为了向国人宣传推广“西史辨伪”学派的初步成果，抛砖引玉，引发大家更进一步探讨。

文集收录了9位作者11篇文章。这里稍作介绍。

董并生先生的《西方中心论的历史学基础》，旁征博引，阐明西方历史学的分期，比如古希腊文明、中世纪、文艺复兴等，背后都是西方中心论。一部人类文明历史，都是以西方为中心展开，其他文明都是陪衬。西方中心论的实质是西方殖民主义和种族主义，抹杀中国文化历史的价值。

诸玄识先生的《西方现代性理论中的“汉字密码”》，使用许多西方学者的资料，提供一个全新的角度，来解释西欧诸语言的形成是受到中华汉语的影响。西欧语言是拼音文字，而纯拼音的表意能力非常有限。为了表达丰富的现代意蕴，文字必然要走向表意。而西方现代语言用拼音来表意，正是借鉴了“汉字密码”。

诸先生指出，英语原始单词很少，莎士比亚时期英语单词也只有2000个左右，直到1755年《约翰逊英语词典》问世，英语才臻于成熟。

李树军先生写了《西方“古典及古代文明”考古遗址伪造情况掠影》。树军先生从西方的高校和公共图书馆搜集到了大量历史图片资料，用来证明西方大量考古遗址是近代伪造。从逻辑上讲，考古测绘图与实物对照，不应有太大误差。但西方有大量“考古图片”，比照现今的实物和实景误差甚多。唯一的可能就是，这些图片原本是设计图，新造的实物未能按照设计图完成。树军先生列举了埃及狮身人面像和罗马图拉真柱等例子，以图服人。有读者会提出建造埃及金字塔那样巨型遗址耗费巨大，恐不会做的。树军先生颇为风趣地提出，这不过是“几个主题公园的项目”而已。

程碧波先生的《以埃及旧地图研究尼罗河三角洲的演化与史实辨析》，是一篇实证的重磅文章。碧波先生搜集到了大量西方和奥斯曼帝国的古地图，它们非常直观地展示，今天我们看到的尼罗河三角洲，在600多年前是一个喇叭形的海湾！尼罗河三角洲最初是被淹在海底不存在，意味着位于三角洲的古希腊罗马文化重镇亚历山大也是在海里，还有亚历山大图书馆，那些曾在亚历山大生活过的文化名人，如欧几里得、阿基米德、托勒密等人，都变成飘荡的孤魂。这篇文章对古埃及历史和古希腊历史，具有直捣根基的颠覆意义。

黄忠平先生的文章，前一篇《〈二十四史〉是检验西方伪史的试金石》是以中国史书记载的耕地和人口常识，来分析耕地少且土地贫瘠的希腊地区，根本不可能养活雅典帝国号称的1000万人口。忠平先生对中国史书有精深的研究，史料信手拈来，数据就是实证。西方声称希腊缺粮可以通过海外贸易运粮，但是以雅典当时的造船航海能力，根本没有可能从海外运粮食到希腊。后一篇《大秦国与古罗马关系史实考辨》是考证大秦并非通常认为的罗马，而是位于今埃塞俄比亚地区。这个观点并非定论，可供大家进一步探讨。

裴峰先生的文章《如何彻底证无古希腊》，运用"文字文献历史大轨迹综合证明法"，证明古希腊文化名人动辄数十万言、数百万言的著作是不可能的。语言文字发展的规律都是从由简到繁，不可能文明初起之时，就出现口语化的鸿篇巨制。亚里士多德2000多年前著作十大卷，300多万字，不符合文字文献产生的大规律。

孟晓路先生的《西学之中学渊源》，认为西学源于中学：西方哲学源于中国理学，西方科学源自中华器学。研究的大方向不错，具体论证可以进一步深化。

诸玄识和郝晓彤合写的《欧洲经济学的中国源头》，阐述欧洲最早出现的重商主义，是以寻找中国为出发点。被称为"欧洲孔子"的法国学者魁奈提出重农主义，是欧洲经济学及政治经济学的起源。他们还揭示亚当·斯密的《国富论》源于司马迁的《货殖列传》，经济学的自由概念起源于道家"无为而治"，休谟的人性论源自《孟子》等观点，富于启示意义。

诸玄识和董并生合写的《"世界伪史"纪年体系来历揭秘》，揭示了一个非常重要的事实：16世纪的法国人约瑟夫·斯卡利杰，是西方历史编年的奠基人。他抄袭中国的《授时历》，设计出了古代希腊、罗马、埃及、巴比伦和波斯的历史编年。他的弟子狄奥尼修斯·佩塔维斯又设计了"耶稣编年"。他们考据出，佩塔维斯（Petavius）虚构出一个古代学者伊希格斯（Exiguus），两人为同一人，因为Petavius的法语形式petit是"小"的意思，Exiguus的法语形式Exigu是"狭小"的意思，让我这个学法语的尤感亲切。

林鹏老先生写的《西方文学与"中国风"》，阐述了西方文学史的四座丰碑——《荷马史诗》、但丁《神曲》、英国莎士比亚和德国歌德，不同程度都与"中国风"有关。尤其莎士比亚剧作并非其本人所为，而是大英帝国为打造民族文化品牌而实施的有组织伪造……

应该承认，有些作者的文字叙述显得繁复，论证有时也不够严密，疏漏和错误之处在所难免，但作者们质疑西方虚构历史的大方向大观点值得重视。在这些叙述论证中，有不少闪光的见解，这一点毋庸置疑。

真理越辩越明，我们不能苛求每位作者一出手就无可挑剔。让大家来质疑、探讨、补充、完善，也是学术论证的正常过程。

对于西方历史，关键是不迷信。只要丢掉迷信，西方历史的破绽比比皆是。当今中国人逐渐摆脱文化自卑，恢复文化自信，因此本文集作者对西方历史的质疑，尤其需要鼓励。

作者们原来都是分散各地，单兵作战，如今有了西史辨伪的同道集体，一支支分散发光的蜡烛，而今可以形成一团火炬！

衷心希望质疑西方伪史的火炬越举越高，光焰越燃越亮！

庚子年春于杭州

目　录

西方中心论的历史学基础

董并生

一、现行世界历史是一出“西方文明”的“独角戏”

英国历史学家彼得·伯克在其所著的《文艺复兴》（第2版）一书中有这样一段话：

> 我们正生活在一个普遍不安的、伴随着（如果不拒绝）所谓的西方文化——古希腊文化、古罗马文化、文艺复兴、地理大发现、科技革命、启蒙运动，等等——的发展的“大叙事”时代；这是一种可用来合法主张西方精华的优越性的大叙事。受过教育的西方人以及第三世界的知识分子对一种具有文化合法性垄断的单一的“大传统”观念，即世界历史是一部独角戏的观念越来越感到不安。[1]

正如上述的那样，世界历史被构造成了一出“西方文明”的“独角戏”。

百余年来，“西方文明”的“独角戏”在教科书上的表现

19世纪中期，在欧洲或英语区的美洲学校学到的历史是：人类发生的所

---

1 ［英］彼得·伯克:《文艺复兴》(第2版)，梁赤民译，北京大学出版社，2013年，第11页。

有重要事件，集中在欧洲地理上的大陆，加上向其东南方向扩大，即“圣经地带”——从北部非洲到美索不达米亚——加上欧洲海外移民国家。这一时期的典型世界历史教科书提到，伊甸园是人类历史的起点。

生活在美洲和亚洲的人们不仅被描述为劣等人，而且在一定意义上被描述为妖魔。这种论调称：由于某种不可知的原因，中国人和印第安人建立了他们的野蛮文化。他们不是欧洲人，也不是基督徒，因而很久以前就开始停滞不前和倒退。

在20世纪初前后所描述的历史，则具有进化论的味道：地球已经很古老，生命也由来已久，物种已有久远的历史。但是，所有具有重要意义的事件都发生在欧洲，农业在欧洲大陆问世（可能是在欧洲大陆，更可能是在基督教圣地——欧洲人自称的文化心脏地区）。

这种论调主张：最初的野蛮文化发生在基督教圣地。在那里出现了两个高加索人群，他们创造了全部历史，闪米特人创建了城市和帝国，为我们创造了单一神教和基督教。但他们到此为止，此后沉沦为东方的腐朽。

进而，这种论调声称：雅利安人即印欧语系人尽管落后，但热爱自由，他们在已有的基础上继续进步，从欧洲的东南部进入欧洲或从亚洲的西南部移入欧洲，第一次创造了真正文明的社会即希腊。然后，罗马人把文明又提高了一步，从那以后世界历史不可阻挡地向西北方向迈进。如果你在英格兰上学，老师在历史课上会说，历史是从“东方”（基督教圣地）走向雅典，走向罗马，走向封建的法国，最后走向现代的英格兰——一条由东方向西方的大道。

如此这般，20世纪中期的世界史教科书：从雅典、罗马、巴黎、伦敦走向纽约。这样一来，就形成了西方中心论的思维定式：所谓“真正的文明”仍然是从雅典到罗马，到巴黎，到伦敦，也许从那里扬帆远航走向纽约。[1]

20世纪初西方打出“普世价值”旗号

第一次世界大战期间美国总统威尔逊对自己进行“道德”标榜，于是西方“普世价值观”开始登上历史舞台。

1 [美]J.M. 布劳特:《殖民者的世界模式——地理传播主义和欧洲中心主义史观》，谭荣根译，社会科学文献出版社，2002年，第3—5页。

基辛格在《世界秩序》一书中指出："第一次世界大战开启了摧毁欧洲国家体系的进程。美国加入'一战'，并不是基于罗斯福的地缘政治观，而是打着道德普世性的旗号。即便在三个世纪之前欧洲的历次宗教战争中，这种道德标榜也闻所未闻。承载着这一道德使命赋予的历史感，威尔逊宣称美国之所以干预，不是为了恢复欧洲均势，而是'让民主在这个世界中得到保护'。换言之，各国的国内制度均应效仿美国，这种彼此相似的国内制度将成为世界秩序的基础。虽然这一理念与欧洲的传统相悖，但为了换取美国参战，欧洲领导人还是接受了它。"[1]

基辛格这里所说的"即便在三个世纪之前欧洲的历次宗教战争中，这种道德标榜也闻所未闻"是什么意思？这句话本身表明：以"普世价值"为标签的道德标榜并非欧洲传统，更非美国传统。威尔逊所推行的外交政策被称为"理想主义"，言外之意是说这位美国总统的做法书生意气，不符合实际，难以行得通，不过是一种理想而已。因此，对威尔逊总统"一战"之后不遗余力倡导建立的国联组织，连美国国会都没有通过……

二、西方中心论是一个三重伪造的世界历史结构

我们发现，西方列强在崛起的过程中，不仅虚构了古希腊、罗马古典文明，为了支撑其虚构的古典文明的历史，还虚构了古埃及等东方文明及捏造了"中华文明西来说"，进而杜撰了包括法国、德国在内的西方国家的历史起源，尤其是英、美历史的起源，从而僭越中华文明，构建了"西方中心论"。换句话说，西方中心论是一个三重伪造的世界历史结构：

1. 它的内核部分是希腊主义，由 17—19 世纪西方学者所伪造的"古希腊文明"为代表的西方古典学。

2. 它的幔帐为"东方主义"概念，包括 19 世纪前后所虚构的古埃及、古巴比伦及古印度文明，乃至"东方专制主义"及"亚细亚生产方式"等概念。

3. 它的表层是以进化论及种族主义为基础的"西方优越性"，包括文艺复兴、宗教改革、科学革命、英国大宪章、五月花号公约与资本主义及"欧洲

1 [美]H. 基辛格：《世界秩序》，胡利平等译，中信出版社，2015 年，第 334—335 页。

奇迹”（European Miracle）[1] 等一系列概念。

袭用中国历史年表编造西方的历史时间

西方本无历史，既无历史记载，更无纪年系统。那么，现在的世界历史纪年体系是从哪里来的呢?

原来，“世界伪史”的始作俑者是16世纪的法国神学家约瑟夫·斯卡利杰（1540—1609）。他的主要著作有《时间校正篇》（1583）、《年代学宝典》（1606）等。他抄袭中国历史年表，凭空编排了西方世界历史的年代序列，因而被尊为“西方编年史之父”。他所袭取的一些原始素材，来自15世纪后期意大利神职学者安尼乌斯（Annius of Viterbo, 1432—1502）杜撰的一些有关泛西方的“古代历史”伪书。[2]

中国历史观念引发17—18世纪持续两百年的欧洲“编年史”热

大约从17世纪开始，来华传教士将中国历史的年代观念传回欧洲并引起了巨大反响，这种反响在斯卡利杰前后对欧洲形成三个“冲击波”：

1. 门多萨（1585）中华大帝国史→斯卡利杰+乌雪的西方编年；
2. 卫匡国（1658）中国上古史→福修斯+佩塔维斯的西方编年；
3. 利玛窦（1615）+卫匡国+杜赫德（1735）→欧洲启蒙时代的历史观。[3]

可笑的是，斯卡利杰的编年论著所基于的中国历史信息并不准确，例如：“斯卡利杰在16世纪末说，根据旅行者的报告，自从世界开始以来，中国已有8万年了。”[4] 因此，破绽百出的斯卡利杰模式被卫匡国带来的中国信息所修正（17世纪下半叶）。[5]

就这样，从斯卡利杰开始，16世纪末至18世纪末的200年中，好几

1 https://en.wikipedia.org/wiki/The_European_Miracle

2 诸玄识、董并生:《“世界伪史”纪年体系来历揭秘》，该文收入本论文集。

3 同2。

4 Cours D'étudeshistoriques: *Chronologielitigieuse,* 5, Firmin Didotfréres, Paris, 1843, p.13.

5 诸玄识:《虚构的西方文明史——古今西方“复制中国”考论》，山西人民出版社，2017年，第35、121页。

代的西方“编年史家”坚持不懈地参照中国历史及历朝历代帝王的时间序列，来设计、修正和调整他们基于圣经的历史学——西方版的世界历史；有关中国的资料主要来自门多萨、利玛窦、卫匡国和杜赫德等人的著述，从粗糙到相对精确，西方的“历史学的创世纪”随之从草创到臻于“完备”。[1]

“古希腊文明”概念的出笼——百年游历，八重虚构

16—17世纪，西欧人开始了具有深远历史意义的“东方之旅”，正是“东方之旅”启动了西方世界的成长，而“东方之旅”的“目的地”起初并不包括“希腊”。发现美洲（探索通往中国的“捷径”）比“发现”雅典大约早了两个世纪。

“发现雅典”之旅始于17世纪70年代，在此后的100年间，欧洲人主要是法国人和英国人通过“百年游历，八重虚构”，终于将“雅典”从一个不知名的小镇，推崇为古典历史时期的“首都”，使之与罗马及耶路撒冷并驾齐驱，并最终后来居上，居于世界古典历史之首席地位。[2]

“古希腊文明”为欧洲古典学的核心概念

1795年，沃尔夫（1795—1824）名著《荷马导论》的发表标志着欧洲“古典学”的诞生。

沃尔夫于1777—1779年作为海涅的学生在哥廷根大学学习两年。[3]沃尔夫被称为“古典学”的创建者。[4]

从18世纪末开始，古典学的发展突飞猛进，成为整个19世纪到20世纪的显学。“古希腊文明”作为欧洲中心论的核心概念，从发端到发展与欧洲中

1 诸玄识:《虚构的西方文明史——古今西方“复制中国”考论》，山西人民出版社，2017年，第67页。

2 董并生:《虚构的古希腊文明——欧洲“古典历史”辨伪》，山西人民出版社，2015年，前言，第10页及第3页。

3 ［美］马丁·贝尔纳:《黑色雅典娜：古典文明的亚非之根》，郝田虎、程英译，吉林出版集团有限公司，2011年，第254页。

4 同3，第255页。

心论形影相吊，最终达到了“言必称希腊”的势态。

东方主义是希腊主义的延伸

爱德华·萨依德指出：简言之，东方存在的价值，不在和现代欧洲现实世界接轨，而在与欧洲遥远的过去相联结的价值。

西方学术界通过伪造文献与历史遗迹，试图证明时间上比阿拉伯文明、波斯文明和中国文明更早的古埃及文明、两河流域古巴比伦文明及古印度文明就属于东方主义的范畴。另外，中华文明西来说，也是这种东方主义的一种表现。

另一方面，东方的学者们也被东方主义化了，这些东方的学者们站在“西方文化”的立场上，做着损害自己民族利益的事。这个问题在中国的表现就是全盘西化论的“汉学主义”。

西方中心论的表层——殖民主义的种族主义

“19 世纪的欧洲学术界推崇种族主义的理论，其核心是人群和族群的机制理论，与此相关的一种理论认为，欧洲的气候比其他大陆的气候要好，欧洲人一定比其他地方的人优越。在这种理论下，被视为欧洲人祖先的希腊人就成了具有优越性的民族……

“在推行这种范式的学者们看来，一个民族要有创造性，首先在血统上必须纯正。希腊人曾经有过一个纯正的‘童年时代’……也就是说，早期希腊文明其实是一种自足发展的文明，并没有受到外来文明与文化的影响，希腊人同样是本土人种，并不是外来迁移者。这种学术研究在 20 世纪 20—30 年代尤其盛行。”[1]

“欧洲人和印度人属于同一祖系，雅利安（Aryan）祖系，所说的也基本上是同一个语言，而在形貌上却很不相同，而反之，欧洲人和犹太人在形貌上相差很少，而犹太人所属却是另一祖系，闪米特（Semitic）祖系，而所说的语言也属于很不相同的一个系统——对这一类的独特的事例，勃柔卡的解

---

1 王倩：《20 世纪希腊神话研究史略》，陕西师范大学出版总社有限公司，2011 年，第 62 页。

释是，当初在属于雅利安祖系的人向四面八方大肆散布的时期里，某些支派和所到之地的土著部落发生了大规模的交混。”[1]

欧洲人高人一等——白人至上论的起源

“1680年代土耳其人战败和牛顿物理学的被普遍接受改变了欧洲的自我形象。在后牛顿的世界中，作家如孟德斯鸠开始把东方的‘智慧’与欧洲的‘自然哲学’相对照，上文提及孟德斯鸠称埃及人为最伟大的哲学家。孟德斯鸠1721年时写下了这样的话：随着这个世纪的进展，欧洲的经济和工业取得进步，并扩张到了其他大陆，因而欧洲高人一等的概念发展了起来。”[2]

“J. F. 布卢门巴赫，哥廷根的一位自然史教授，建立了更为谨慎和更为系统的种族等级。他发表于1775年的《论人类种族的土著多样性》（*De Generis Humani Varietate Nativa*）与几十年前林奈关于自然史的著作同属一个类型，是‘科学地’研究人类种族的第一次尝试……

“布卢门巴赫是第一个公布‘高加索种人’这一术语的人，他第一次使用它是在他伟大著作1795年的第三版中。他认为，白种人或高加索种人是第一个，也是最漂亮、最有天赋的种族，其他种族都由它堕落，成为中国人、黑人等。布卢门巴赫用‘科学’和‘种族’基础来支撑奇特的名字‘高加索’，因为他相信格鲁吉亚人是最好的‘白种人’。但是，这一名字还有更多的内涵。首先有维科在18世纪宣扬的宗教信仰，即认为人类来自大洪水之后，每个人都知道，诺亚方舟在南高加索的亚拉腊山（Mount Ararat）着陆。[3]还有日益重要的德意志浪漫主义倾向，将人类的源头（因此也是欧洲人的源头）置于东山（Eastern Mountains），而不是在尼罗河和幼发拉底河的河谷，像古代人相信的那样。正如赫尔德所言：‘让我们努力登山吧，直至亚洲的顶峰。’”[4]

“探险家格奥尔格·福尔斯特是哥廷根圈子中的一个，他假定‘白人’来

---

1 [英]达尔文：《人类的由来》，潘光旦、胡寿文译，商务印书馆，1983年，第297页。

2 [美]马丁·贝尔纳：《黑色雅典娜：古典文明的亚非之根》，郝田虎、程英译，吉林出版集团有限公司，2011年，第176页。

3 关于维科和大洪水之后的世界人口，参见*Manuel*（1955，pp.154–155）。

4 同2，第196页。

自高加索（Forster,1786 年）。”[1]

德国的哥廷根大学正是虚构西方“古典历史”的大本营。

大英帝国文人托名莎士比亚剧作——伪造近代历史的典型事例

为了美化种族主义及进步论，西方国家对于自己近代的历史也大肆展开伪造活动。这里举一个例子：如大英帝国在扩张过程中，作为其“文化建设”的重要一环，虚构了大文豪“莎士比亚”及其剧作。——生长在一潭死水的小镇（斯特拉特福）的“莎士比亚”，实际上是个文盲和无知者，一个从没写过一部剧本、一句台词，但颇有名气的演员，死的时候本无人问津；只因“莎士比亚”这个名字被当作“品牌”，反复更新，竟在 100 多年之后被塑造成超世天才。[2] 那么，莎士比亚剧作是怎样产生的呢？原来是在中国文化的影响下（启蒙运动与浪漫主义），好几代受“中国热、中国风”熏陶的“莎士比亚编辑”编造、杜撰出来的。[3]

图 1　油画《弗劳尔：莎士比亚》

2005 年，英国国家肖像馆宣布，一幅在英国流传甚广并认为是在莎士比亚生前完成的莎翁肖像（图 1）很可能是 19 世纪的虚构作品。专家通过对画面所用颜料的精微检测后发现，图中的两种颜料——铬黄和法国蓝是在 1818 年和 1826 年才开始广泛应用。

1 ［美］马丁 · 贝尔纳：《黑色雅典娜：古典文明的亚非之根》，郝田虎、程英译，吉林出版集团有限公司，2011 年，第 196 页。

2 Shakespeare authorship question From Wikipedia, the free encyclopedia.

3 详见林鹏、诸玄识、董并生：《“莎士比亚剧作”是基于中国文化及文学的伪造——其本质为文化殖民之工具》,《名作欣赏》，2018 年第 1 期、第 2 期。

从《大宪章》到《五月花号公约》——虚构的近代英美（盎格鲁－撒克逊）政治道统

按照西方历史的说法，2015年是《大宪章》签署800周年（1215—2015）。

然而，这个大宪章却是出于伪造。伊赫桑·巴特博士说:《大宪章》（*Magna Carta*）属于被杜撰的、假的手稿。著名的英国历史学家埃德温·约翰逊（1842—1901）曾详述过这个伪造的特点。我们在此举出另一部书，即布鲁尔（1810—1897）所著《历史的笔记》，它列举了许多欧洲国家都步英国之后尘，分别伪造了它们各自的《大宪章》。[1]

现在所展示的《大宪章》的“原始文件”是用拉丁文写的。1215年西方的实际情况又是怎样的呢？整个中世纪，除了极少数教士之外，全然是非文字社会。直到近代之初的16世纪中后期，大部分的法国和英格兰的贵族都是文盲。

说起美国政治制度的起源，人们每每将其归于《五月花号公约》。

图2 表现《五月花号公约》的近代书籍插图

据说这部《五月花号公约》在整个人类文明史上的意义，可以与英国《大宪章》、美国《独立宣言》、法国《人权宣言》相伯仲，美国几百年的根基就建立在这个公约之上，信仰、自愿、自治、法律、法规这些关键词几乎涵盖了美国立国的基本原则。实际上这部《五月花号公约》，不过是出于19世纪西方人伪造历

1 最近，瑞士也发现在13世纪有《大宪章》——*Switzerland's Magna Carta,* 1291年。请注意，那个时代，整个欧洲都处于无文字时期！——引者

史的“杰作”。[1]

美国的制度被称为西方现代政治制度的标杆，因而，推崇西化的人们对于美国的民主制度无不五体投地。起初，美国是英国的殖民地，在政治制度上“美承英制”，因而美国的政治制度来源于英国，西方中心论的这种普遍见解原来是出于虚构！

简单来说，这种虚构的社会历史大叙事：古希腊文化→古罗马文化→中世纪→文艺复兴→地理大发现→科技革命→启蒙运动所表现出来的社会进步，实际上正是西方中心论的一个缩影。由于这种世界历史大叙事建立在虚构史实的基础之上，因而，我们称之为“西方伪史”。

三、西方伪史是如何设定历史分期的

罗马帝国于476年崩溃，是一个“大谎言”

阶级斗争史观对于世界历史的分期有一种权威的说法：476年是奴隶社会与封建社会的分界线，换句话说，476年是上古史与中古史的分界线。476年是一个什么样的年份呢？历史学家们说：那一年是罗马帝国崩溃的标志年。

西方历史学家们说辉煌的“古典时代”结束于476年。从此，世界历史进入了千年黑暗……而事实上，那一年什么也不曾发生……

“在与普通历史教科书同标准的历史著作中，历史分界最显著的莫过于‘罗马的灭亡’这个事件了。大家都认为‘罗马的灭亡’这件事在历史上开辟了一个新纪元。日耳曼民族侵入了罗马帝国，自奥古斯都开始的罗马帝国皇统于476年断绝了。普通人以为西罗马帝国的瓦解是欧洲一系列重大变化的开始。这种意见虽很自然，但却是很错误的。……所以‘罗马的灭亡’这件事至多也不过是一种极为肤浅的分界……

“我们要详细追溯罗马帝国瓦解过程已经是不可能了。实在说起来，当时的变化是如此复杂、如此分歧、如此缓慢，以致即使我们对于5世纪的事实好像对于19世纪那样清楚，也不能将当时的革命说得很清楚……我们就连最

1 详见林鹏、诸玄识、董并生：《西方中心论批判》，第3卷《普世篇：文明的怪胎》，第4章《美承英制，英制何承？》的相关考述。

突出的、最惊人的政治事件，还很不明白，对于当时的情况也很模糊。……我有一个朋友，近来为了好玩，曾经将各种历史教科书里面关于帝国灭亡的原因搜集起来加以统计，居然得了五十个原因。这些理由当然都是猜想之词。就连那几个一般承认的理由，如帝国人口的减少、日耳曼族的勇敢善战与精力的充沛等，据古朗日[1]说也都是毫无根据的。”[2]

欧洲史学家在这里列举了50个理由，没有一个靠谱。欧洲本来没有历史记录，更没有纪年的传统，因此将所谓的古典历史的结束，中世纪的开始定在476年是毫无根据的。

我们已经揭露过，西方伪史的纪年体系来自斯卡利杰，而斯卡利杰是袭用了中国历史年表来制定欧洲历史年代的。西方伪史编造纪年体系，采用了中国历史的三个时间坐标，一个是伏羲，一个是唐尧，一个是黄帝。伏羲画卦本于《易经》，以尧纪年依据《尧典》，黄帝开篇出于《史记》。

仿此，中国历史上476年是怎样的年份呢？还真是很有意思，欧洲古典历史结束的年份袭取了《春秋》的年代。原来在476年的前面加上公元前三个字，就是春秋与战国之间的分界线！孔子作《春秋》,《春秋》所记的最后年限相当于公元前476年，这一年也是《史记·十二诸侯年表》所载周敬王之死的年份，司马迁继《春秋》所纪的历史时间之后，选择周元王元年（前475）作为记叙“六国时事”之始。西方伪史的年代原来都可以从中国找到来历啊！

“中世纪”起讫年限1000年，为德国学者人为划定

“如果我们不再把时间分界的存在放在最重要的位置来关注，那么就会发现‘中世纪’的概念完全是人为制造的。我们对于中世纪生活何以成为中世纪的原因的理解被微妙而又颇具深意地扭曲了，这是由我们为即将到来的历史时期所使用的术语的违规效应所带来的，观察这一点是如何发生的进一步

---

1 法国著名历史学家古朗日（1830—1889），著有《古代城市》及《古代法国政治制度史》等书。

2 [美]詹姆斯·哈威·鲁滨孙:《新史学》，齐思和等译，商务印书馆，1964年，第123—125页。

展示了‘中世纪’的概念是人造的。”[1]

“这一时期最重要的发展是拿破仑战争结束后很快在德国创立的早期日耳曼历史研究学会（Gesellschaft fur Deutschlands altere Geschichtskunde），学会的目的是编纂高质量的中世纪资料，如编年史、宪章、法律和信件。这个计划为技术专业程度设立了新的标准，它所启动的系列著作《日耳曼历史文献》（*Monumenta Germaniae Historica*）仍然在不断增扩。这一学会首次成立于1819年，紧接着，它的创立者们决定将其研究对象的起止日期设定为公元500年到公元1500年。”[2]

设定欧洲古典历史起讫年限也是1000年

“如果我们继续研究‘中世纪’或叫‘中间时代’，还会有其他一些问题。一个问题就是由其带来的巨大的时代扭曲。即使我们接受‘中世纪’这个词，就像它已经被使用的那样，它所表达的中间性则变得越来越不恰当。这个词曾经是表意十分清楚的，那时中世纪之前的历史时期被非常狭隘地理解为大约公元前500年到公元500年之间的1000年，而在地理上则集中在希腊和罗马，或许还拓展到古埃及和亚述，还有《旧约》中的以色列。尤其是考古学在年代深度和地理广度上，极大地拓展了我们对古代世界的知识，这将曾经被认定的‘史前史’的边界向前推延了。这种关于古代世界知识拓展的结果就是，它使得随之而来的被认为是中世纪这一时期越来越远离其中心。于是逐渐地，中世纪的中间性看起来就建立在一种对在世界历史中起到重要作用的事物的狭隘而过时的想象之上。”[3]

我们知道，德国人在16世纪发明了“世纪纪年法”，每百年为一个世纪，然后再将具体历史事件填充进去。而划分时代时，则采用每千年为一个历史阶段，中世纪为一千年，古典历史也是一千年。然后再寻找划分阶段的理由。

---

1 [英]马克斯·布尔:《回眸中世纪》，林翠云、葛舒旸译，河北教育出版社，2016年，第66页。

2 同1，第60页。

3 同1，第67页。

“中世纪”是一个西方中心论的概念

“一个更深的问题随之而来。‘中世纪’这个词将一种对人类历史的想象神圣化，而这段历史正是以欧洲文明为中心的，更确切地说是西欧基督教文明，它被看作是各种人类进步动力的发源地。近几十年来，历史学家们对这种叙事倍感不适，这种叙事通过贬低各方，而成就一地之尊，这种旧方法被认为严重歪曲了亚洲文明、非洲文明和美洲文明的重要性和不同年代。不仅如此，它将我们的注意力不合理地局限于被认为是先进的文明中，而不是纷繁各异的各种形式的人类经济、政治和社会组织形态中。于是，‘中世纪’受到指责，它背负了太多以欧洲为中心的沉重包袱而无法继续成为一个有用的或恰当的词语。”[1]

“文艺复兴”是一个“法语新词”，源于19世纪中期

“文艺复兴”是19世纪出现的概念。“就广义而言，文艺复兴是19世纪学者们的创造。”[2]

“从19世纪开始，人们逐渐形成这样一个观点：文艺复兴对现代世界的发展具有‘卓越的历史重要性’；继中世纪文化发展停滞之后，一个‘文化上的春天’伴随着对古典文学的重新审视和视觉艺术的蓬勃发展传遍欧洲大陆。这一观点的发展主要归功于《意大利文艺复兴时期的文化》一书的作者——瑞士历史学家雅各布·布克哈特。”[3]

“文艺复兴（Renaissance）——以大写字母R开头——这个概念可追溯到19世纪中叶，追溯到历史学家朱尔斯·米什莱（他喜欢这个名称）、批评家约翰·罗斯金和建筑师A. W. 普金（他们不赞成这个名称）、诗人罗伯特·布朗宁和小说家乔治·艾略特（他们更加模棱两可），但首先要追溯到瑞士学者雅各布·布克哈特。

1 [英]马克斯·布尔:《回眸中世纪》，林翠云、葛舒旸译，河北教育出版社，2016年，第67页。

2 [美]罗宾·W. 温克、L.P. 汪德尔:《牛津欧洲史》，任洪生译，吉林出版集团有限公司，2009年，第95页。

3 [英]彼得·沃森:《人类思想史——冲击权威：从阿奎那到杰佛逊》，姜倩等译，中央编译出版社，2011年，第109页。

“正是布克哈特，在他的著名的《意大利文艺复兴时期的文化》（*Civilisation of the Renaissance in Italy*；1860）用个人主义和现代性这两个概念定义了这个时期。据布克哈特说，‘在中世纪，人的意识……在共有的面纱掩饰下处于梦幻或半清醒状态。……人们——正是通过某种基本分类方式——意识到自己只是一个种族、民族、党派、家庭或团体中的一员’。然而，在文艺复兴时期的意大利，这一面纱首先化为乌有……人变成了精神的个体，并认识到自己就是如此。文艺复兴意味着现代性。布克哈特写道，意大利人在现代欧洲之子中是最早出生的。

“14 世纪的诗人弗朗切斯科·彼特拉克（Francesco Petrarca；Petrarca，英语拼写成 Petrarch）是最早的真正的现代人之一。艺术和观念的伟大复兴始于意大利，而这些新的观念和新的艺术形式在较晚阶段才传入欧洲其余地区。”[1]

如此这般，西方伪史对历史分期的年代划分就成这样：“中世纪 1000 年，古典时代 1000 年，文艺复兴之后 500 年”被人为划定。古典时代的结束时间，被定在 476 年，实际上是参考孔子的《春秋》纪年结束时间公元前 476 年，将其时序辗转腾挪，倒推到公元后 476 年形成的。其后的历史学家，只是在这个大的历史分期基础上，略作增减，表示自己的研究心得。这种历史分期传到中国，引发了中国封建论的史学论战，几十年热闹非凡，其中主流学派，将中国的封建社会定在春秋战国之际，正好是公元前 476 年。

四、伏尔泰是“西方中心论”的始作俑者

人们知道，18 世纪被称为伏尔泰的世纪，他推崇中国文化、反对欧洲宗教不遗余力，结果导致后来法国大革命的发生。他把自己的书斋命名为“孔庙”，以示对中国文化的推崇，他所写的世界历史著作《风俗论》，将中国放在最前面。这些都表现出中国风、中国热对法国，并通过法国对欧洲的影响。

然而，伏尔泰还有另外一面不大为人们所注意，那就是他实际上是西方

1 ［英］彼得·伯克：《文艺复兴》（第 2 版），梁赤民译，北京大学出版社，2013 年，第 3—4 页。

中心论的始作俑者。伏尔泰在其主要著作的创作时期，经历了欧洲崇尚中国风到抵制中国风的转折，因此在他所写的作品中，两种倾向都有所反映。

图 3 伏案工作的伏尔泰（18 世纪油画）

学术界一般将孔多塞（或译孔德塞）[1]于 1793 年撰写的《人类精神进步史表纲要》（1795 年首版）作为欧洲“进步”概念的发端。后来的“发展”概念、社会进步论、进化论都以此为起点。然而，欧洲中世纪基督教的历史观为末世论，进步的概念来自于欧洲文艺复兴与启蒙运动之间发生的“古今之争”中“崇今派”的胜出，其基础为以中国四大发明为代表的技术引进。

“孔德是孔多塞的学生，此外，他还写过杜尔哥（Turgot）的老师和朋友伏尔泰的传记。孔德的大部分思想可以追溯到圣西门、孔多塞和杜尔哥，孔德超出了他的前辈，并不是由于其思想的独创性，而是由于其历史哲学体系的广阔性。它的秩序原则和进步原则已经由孔多塞说过了，而三阶段规律也已经由圣西门和杜尔哥说过了。这三个人对历史神学进行了决定性的改造，使其成为以伏尔泰为开端的那种历史哲学。”[2]

这里排列了社会进步论的简单谱系：杜尔哥→孔多塞→孔德，而杜尔哥为伏尔泰的学生，伏尔泰的学说中已经包含了进步论的萌芽。

欧洲中心论的曾祖及其衣钵传承者

“这种欧洲中心论的曾祖父是 19 世纪的‘社会学之父’奥古斯特·孔德以及亨利·梅因（Henry Maine）爵士。这两人分别区分出所谓建立在‘科学’基础上的新思维和建立在‘契约’基础上的新社会组织，据说这些新方

---

1 孔多塞（Jean Antoine Condorcet，1743—1794），法国启蒙运动的哲学家、政治理论家、数学家和经济学家。他是重农主义经济学家杜尔哥的好朋友，两人与英国的亚当·斯密一起并称为古典政治经济学的奠基人。1789 年法国大革命爆发时，孔多塞作为百科全书派的唯一代表，亲身参加了大革命的具体活动。

2 ［德］洛维特：《世界历史与救赎历史》，李秋零、田薇译，商务印书馆，2016 年，第 111 页。

式取代了古老的‘传统’方式。欧洲中心论的一个祖父是埃米尔·涂尔干。他提出了‘有机的’社会组织与‘机械的’社会组织之间的对立。另外一个祖父是费迪南德·滕尼斯，他强调的是从传统‘共同体’向现代‘社会’的转变。在下一代人里，塔尔科特·帕森斯提出‘普遍主义’社会形式与‘特殊主义’社会形式之间的对立，而罗伯特·雷德菲尔德则宣称发现了传统的‘民间’社会与现代‘城市’社会之间的对立和转变，至少是二者之间的一种‘连续性’，而且还发现了‘低级文明’与‘高级文明’的共生现象。汤因比（1946）虽然研究了20多个文明，但是他也宣布‘西方’文明的独特性；而斯宾格勒则对西方文明的‘衰落’提出警告。”[1]

西方中心论的始作俑者——伏尔泰

大家都知道，法国大文豪伏尔泰为18世纪欧洲推崇中国文化的典型代表。然而，另一方面鲜有人知的是他同时又是欧洲中心论的始作俑者。在其所著的《哲学词典》中，伏尔泰在推崇古代中国文化的同时鼓吹欧洲的进步，对中国进行贬抑，说中国300年没有发展，为后来欧洲人打压中国文化埋下伏笔。

“我们相当了解中国人现在还跟我们大约300年前那时候一样，都是一些推理的外行。最有学问的中国人也就好像我们这里15世纪的一位熟读亚里士多德著作的学者。但是人们可以是一位很糟糕的物理学家而同时却是一位杰出的道德学家。所以，中国人在道德和政治经济学、农业、生活必需的技艺等方面已臻完美境地，其余方面的知识，倒是我们传授给了他们的。”[2]

“在科学上中国人还处在我们200年前的阶段。”[3]

伏尔泰也是东方主义的汉学主义之始作俑者

伏尔泰“开创了汉学主义的浪漫主义传统，并塑造了理想化的中国形象。在也许是最早的全球通史中，他开篇伊始把占有显赫地位的前两章奉献给了

1［德］贡德·弗兰克:《白银资本》，刘北成译，中央编译出版社，2013年，第18—19页。

2［法］伏尔泰:《哲学词典》(上册)，王燕生译，商务印书馆，1991年，第323页。

3 同2，第330页。

中国文明。他虽然对中国赞誉有加，却又将其展现为一种一成不变的文明：‘这种辉煌的状态已经维持了超过四千年，但是在律法、行为、语言，甚至时装与穿着的样式方面都没有丝毫重大改变。’”[1]

西方中心论的雏形——“四个时代”划分

七年战争（1756—1763）之前，英法之间争夺传播中国文化主导权，七年战争之后，英国开始了自己的民族文化建设之风。因此，可以说七年战争是欧洲“中国风”从扬到抑的分界线。从大的时间范围来说，伏尔泰的《风俗论》从开始写作到最终完稿，恰好跨越了这个转折时期。因而，《风俗论》固然表现出对中国历史的推崇，但同时也潜伏着西方中心论的萌芽。下面这段对艺术史的分期就是这种萌芽状态的表现：

“一切都使我们相信，如果要研究艺术史，那么在世界史上，只有四个时代是值得称道的，那就是亚历山大时代、奥古斯都时代、美第奇家族时代和路易十四时代。”[2]

伏尔泰《风俗论》从1740年开始撰写，到全书完成花了16年时间；作为其导论部分，于1765年以《历史哲学》标题发表。之后依然不断对该书进行修改、增补，直到他去世。

同样的历史分期理论，伏尔泰又在另一部著作《路易十四时代》的导言中略作展开，兹概述如下：

世界历史上只有四个时代值得重视：

第一个是菲利浦和亚历山大时代。或者说是伯里克利、德谟斯提尼、亚里士多德、柏拉图、阿佩尔、菲迪阿斯和普拉克西泰尔这类人物的时代。但是这种荣誉只局限于希腊的疆域之内，世界当时已为人所知的其他地区还处于野蛮状态。

第二个是恺撒和奥古斯都时代。这个时代还以卢克莱修、西塞罗、李维、维吉尔、贺拉斯、奥维德、瓦龙和维特吕弗等人的名字著称。

第三个是紧接穆罕默德二世攻占君士坦丁堡之后的时代。美第奇家族把

1 顾明栋：《汉学主义——东方主义与后殖民主义的替代理论》，商务印书馆，2015年，第106页。

2［法］伏尔泰：《风俗论》（上卷），梁守锵译，商务印书馆，1994年，第282页。

被土耳其人驱逐出希腊的学者请到佛罗伦萨，这是意大利光辉灿烂的时代。正如早期的希腊人把艺术尊誉为智慧一样，当时一切都趋于完美。文化技艺一如既往，由希腊移植到意大利，种在适宜的土地上。它在这块沃壤里，顷刻之间变得果实累累。

第四个时代被人称为路易十四时代。可能这是四个时代中最接近尽善尽美之境的时代。其他三个时代的发现使这个时代得以充实丰富，因此它在某些方面的成就比其他三个时代的总和还多。说实话，在这个时代，也并非所有文化技艺都比在美第奇家族、奥古斯都和在亚历山大统治之下更有发展。但是，总的说来，人类的理性这时已臻成熟，健全的哲学在这个时代才为人所知。这种说法是千真万确的：从黎世留红衣主教统治的后期起，一直到路易十四去世后的几年止，在这段时期内，我国的文化技艺、智能、风尚，正如我国的政体一样，都经历了一次普遍的变革，这变革应该成为我们祖国真正光荣的永恒标志。欧洲的文明礼貌和社交精神的产生都应归功于路易十四的宫廷。……在所有时代中，因拥有才能卓越的伟人而超凡出众的，我只知道这四个时代。[1]

英法七年战争（1756—1763）是中国风由盛转衰的分水岭，伏尔泰《路易十四时代·导言》1751 年脱稿，初版后又不断修订达 10 年之久，也正好处于中国风在欧洲的转变期。

在这里，伏尔泰构造了以“近代法国中心论”为核心的西欧中心论之道统：古希腊的亚历山大→古罗马的恺撒→文艺复兴时期的美第奇家族→近代法国的路易十四时代，代表了他的进步论的世界历史观。这就是以西方伪史为基础的西方中心论历史观的雏形。

五、西方中心论抹杀中国历史的价值

在西方中心论盛行之前，中国曾是欧洲的“理想国”

随着 16、17 世纪耶稣会士不断将中国典籍传入欧洲，终于在 18 世纪掀

---

1 ［法］伏尔泰:《路易十四时代·导言》，吴模信等译，商务印书馆，1982 年，第 1—4 页。

起了崇拜中国的高潮。

"'中国'变成18世纪欧洲的理想国家，中国的孔子变成18世纪欧洲思想界的目标之一，孔子的哲学理性观也成为当时进步思想的来源之一，其影响遂及于法、德、英各国……孔子学说成为时髦的东西，引起了欧洲一般知识界人士对于孔子著书的兴趣，大大耸动了人心。"[1]

李约瑟说："当余发现18世纪西洋思潮多系溯源于中国之事实，余极感欣忭。彼18世纪西洋思想潜流滋长，故为推动西方进步思想之根据，17世纪中叶耶稣会教友，群将中国经籍译成西文，中国儒家人性本善之哲学乃得输入欧洲。……吾人对于社会进步之理想，唯有依赖人性本善志学说，方有实现之望，而此种信心，吾人固曾自中国获得也。"[2]

是欧洲制造了世界，还是亚洲创造了欧洲

"近现代历史，包括早期和晚期近现代历史，是由欧洲人制造出来的，按照布罗代尔的说法，正如历史学家所'知道'的，欧洲人'以欧洲为中心组建了一个世界'。这就是欧洲历史学家的'知识'。而正是他们'发明'了历史学，然后又充分利用了它。人们甚至丝毫没有想到，也许还有另一条相反的道路，也许是世界创造了欧洲。"[3]

伏尔泰：东方给了西方一切

"在18世纪以前，我们这些高卢人、德国人、西班牙人、布列塔尼人、萨尔马特人对于自己，除了征服我们的人告诉我们的一鳞半爪之外，可以说是一无所知。我们甚至没有传说故事，我们不敢设想自己的起源。关于整个西方世界都是由雅弗之子歌篾繁殖出来的这种毫无根据的设想，都来自东方的传说。"[4]

"印度人和中国人，他们早在其他民族形成之前，便已占有重要的地位。

---

1 朱谦之:《中国哲学对欧洲的影响》，福建人民出版社，1985年，第189页。

2 1942年8月31日《大公报》，李约瑟讲演稿《中国文明》。

3 [德]贡德·弗兰克:《白银资本》，刘北成译，中央编译出版社，2013年，第3—4页。

4 [法]伏尔泰:《风俗论》(上卷)，梁守锵译，商务印书馆，1994年，第232页。

我们吃他们土生土长的食物，穿他们织造的布帛，玩他们发明的游戏，甚至受他们古代劝世寓言的教育，我们欧洲的商人只要发现有路可通，就要到他们的国家去旅行，为什么我们却不重视对这些民族的精神的了解呢？

“当您以哲学家身份去了解这个世界时，您首先把目光朝向东方，东方是一切艺术的摇篮，东方给了西方以一切。”[1]

黑格尔的神辩论——“倏忽凋谢的蔷薇，优于永存的高山！”

从伏尔泰的《风俗论》，经过基佐的《欧洲文明史》，再到黑格尔的《历史哲学》，西方中心论完成了从崇尚中国风，到抵制中国风的转变。让我们来看一下，西方中心论的祖师爷是如何否定中国历史的。

黑格尔是以德国中心论为核心的西欧中心论的典型代表。他是这样否定中国文化与印度文化的：

> 我们已经说过，中国和印度至今都还存在，波斯却不存在了。波斯转入希腊的过渡固然是内在的；但是这里它也变成了外在的，就是主权的移让——这一种事实从这时起不断发生。希腊人把统治权和文化拱手让给罗马人，罗马人又为日耳曼人所征服。假如我们仔细审视这种转变，就会发生下列问题——譬如拿波斯为例——为什么波斯沉沦，而中国和印度却始终留存呢？在这里，我们首先要排除我们心头那种偏见，以为长久比短促更优越的事情：永存的高山，并不比很快凋谢的芬芳的蔷薇更优越。[2]

图 4　黑格尔年轻时代画像

黑格尔认为：印度文化高于中国文化，波斯文化高于印度文化，希腊文化又高于波斯文化，罗马为希腊文化的继承者，而日耳曼人文化又高于希腊和罗马文化。黑格尔把长存的中国、印度文化比

1 [法]伏尔泰：《风俗论》(上卷)，梁守锵译，商务印书馆，1994年，第231页。

2 [德]黑格尔：《历史哲学》，王造时译，上海书店出版社，1999年，第229页。

喻为永存的高山，把短命的波斯、希腊、罗马文化比喻为倏忽凋谢的蔷薇。而这些已经灭亡、命运短促的民族文化却远远优越于长存的中国文化！黑格尔要为他的听众和读者洗脑：倏忽凋谢的蔷薇，优于永存的高山！

中国几千年历史不及现代欧洲的几天

“如果连年累代未产生有价值的变化，如果存在法则和生活秩序无限单调地重复，那么，历史的意义便不复存在。非洲的野蛮部族是有历史的。但是，当知道了日、年的秩序，而这至多花 30 年的时间，这部历史也就可了无遗漏地知晓了。甚至高度复杂但停滞不前的中国生活也只有短短的历史记载——好几千年占的篇幅还不及现代欧洲史的几天：‘欧洲的 50 年胜过中国的一个轮回。’”[1]

梅尔茨这部著作的第一卷于 19 世纪末问世，其对中国历史的评论，与黑格尔的神辩论一脉相承，代表了当时西方中心论的历史价值观。

19 世纪后半期：全盘改写世界历史、虚构欧洲中心论的社会科学

“然而，到 19 世纪中期，欧洲人对亚洲，尤其对中国的看法发生了急剧的变化。雷蒙德·道森（Raymond Dawson；1967）在《中国变色龙：欧洲人的中华文明观分析》这一标题醒目的著作中梳理和分析了这种变化。欧洲人过去把中国当作‘榜样和模式’，后来则称中国人为‘始终停滞的民族’。为什么会突然发生这种变化？工业革命的来临以及欧洲开始在亚洲推行殖民主义的活动，促成了欧洲思想的转变，结果，即使没有‘虚构’全部历史，也至少发明了一种以欧洲为首和在欧洲保护下的虚假的普遍主义。到 19 世纪后半期，不仅世界历史被全盘改写，而且‘普遍性的’社会‘科学’也诞生了。这种社会‘科学’不仅成为一种欧式学问，而且成为一种欧洲中心论的虚构。”[2]

“社会科学是 19 世纪在欧洲和北美形成的，因此毫不奇怪，它是以欧洲

1［英］约翰·西奥多·梅尔茨：《十九世纪欧洲思想史》（第 1 卷），周昌忠译，商务印书馆，2016 年，第 6 页。

2［德］贡德·弗兰克：《白银资本》，刘北成译，中央编译出版社，2013 年，第 14 页。

为中心的，当时的欧洲世界觉得自己是文化上的胜利者。”

六、邪恶的“文明等级论”与文明的怪胎

偷梁换柱——欧洲的“文明等级论”

在欧洲，“文明”一词最早的使用者是路易十四时期的法国财政大臣杜尔哥。杜尔哥是重农学派的代表人物之一，重农学派的学术源头在中国，因而欧洲的“文明”概念起源于中国就不难理解了。从中国导入的“文明”概念，经过基佐、摩尔根的发挥，形成了从蒙昧、野蛮，进展到文明的社会发展理论，最终被欧洲人窃取来为其建立殖民宗主国主导的国际秩序——“文明等级论”服务。本来身为蛮夷的欧洲列强，在其所建立的新的国际秩序中摇身一变成了“文明民族”，反过来，原本的文明古国、礼仪之邦，如今却成了“野蛮民族”，从而形成了典型的西方中心论意识形态。

“文明等级论”的标准

“到了19世纪初，一个经典文明等级的标准（the classical standard of civilization）开始趋向稳定，形成全球共识。国际法教科书对此毫不讳言，并一以贯之地强调，国际法指的是文明国之间的交往法则，文明国（civilized nations）指的是欧美基督教国家，而中国、日本、韩国、奥斯曼帝国以及多数亚洲国家则是半文明国（semi-civilized nations）或不开化的蒙昧国（barbarian nations），其余的人类都是野蛮人（savages）。著名的苏格兰国际法家詹姆士·洛里默（James Lorimer）索性将土耳其、中国和日本一律划为半蒙昧国家（semi-barbarian states）……”[1]

1 刘禾:《国际法的思想谱系：从文野之分到全球统治》，载刘禾主编《世界秩序与文明等级》，生活·读书·新知三联书店，2016年，第78页。

文明等级论与进化史观

19 世纪以“文明与野蛮”的概念为世界族群分类的观念风靡世界。然而，这个本来是中国自古以来的一对概念——夷夏之辨的变种。自古以来，采用儒学标准的社会称之为夏（文明），夏的内涵为礼仪之邦。采取蛮夷社会标准的称之为夷（野蛮），其内涵为崇尚蛮力，不讲礼仪。到了 19 世纪，这个标准被翻转过来，以进化论弱肉强食的规则为标准，欧洲列强成了强者、文明的民族，而亚非拉各族，包括中国人，都成了野蛮或者未开化民族，只是因为在欧洲列强面前他们属于弱者。

“文明的等级从野蛮到蒙昧不开化，从蒙昧不开化到半文明，再从半文明到文明开化，体现了我们所熟悉的进化论的历史观。无论是五级、四级还是三级（半文明与蒙昧不开化有时合为第二级），这个文明的标准到了 19 世纪才趋于经典化。经典的文明标准将世界上所有国家和种族都囊括其中，它被编入国际法条文，写进教科书，成为学识，也嵌入欧洲列强与其他国家签订的不平等条约之中。19 世纪初期出现的大量政治地理学教科书、人类学著作、文学和历史学都无不带有文明进化的思想印记，它所代表的历史进步主义，在时间上早于达尔文提出的生物进化论。这种进步主义理念中既有欧洲启蒙思想的进步观，例如亚当·斯密以来的社会阶段论，又有奥古斯特·孔德（Auguste Comte）的社会学实证主义的发展观，更积累了欧洲人自从地理大发现以来在全球各地的殖民经验。”[1]

现代中国人接受被称为“半文明人”甚至“野蛮人”

“近代以来西方文明等级论传入中国的渠道主要有两条：一种是直接从西文移译，另一种是通过日本转道入华。从西文移译入华的传播主体，既有西方传教士、商人和外交官，也有中国知识界人士。其中西方传教士、商人和外交官由于受中文水平的限制，在翻译过程中大多与华人助手合作，即由西

---

1 刘禾:《国际法的思想谱系：从文野之分到全球统治》，载刘禾主编《世界秩序与文明等级》，生活·读书·新知三联书店，2016 年，第 80 页。

人口译，华人笔述。或许是出于传教的方便，或许是为了避免在交往过程中出现意想不到的尴尬局面，也或许是碍于合作者的情面，这些西人在移译西方文明等级论的过程中，大多遮蔽了中国在这套理论中处于半文明国家的地位这一事实。

“从 1901 年开始，西方经典的文明等级论在中国的传播发生了重大变化。首先是传播的主体，由原来以西方传教士、商人和外交官为主，华人为辅这一模式，转变成以留日学生占据绝对优势。与此相联系，文明等级论的来源已不再是欧美等西方国家，而是日本。当时日本地理学家志贺重昂、中村五六、横山又次郎、矢津昌永、牧口常三郎等人的著作被先后译成中文，其中的文明等级论内容也随之得到广泛传播。

“……随着经典的文明等级论的广泛传播，西方人是文明人，中国人是‘半文明’人甚至是‘野蛮’人，不仅成为一种常识，而且逐渐内化成为一种民族心理状态；在国际交往过程中遇事自矮三分，则成为部分国人的下意识行为。”[1]

欧洲人盗用文明概念正在进行时

“欧洲人的文明等级论上升为所有主权国家的共识，这个过程是在 19 世纪完成的，现代国际法里的‘主权国家’往往就是‘文明国家’的代名词。德国政治哲学家、法理学家卡尔·斯密特在这个问题上从不讳言，他指出：‘从 16 世纪到 20 世纪，欧洲国际法始终主张，基督教民族不仅创造了一套适应于整个地球的秩序，而且还代表此秩序。“欧洲”这个概念意味着正常态，它替地球上所有不是欧洲的地方树立起一套标准。文明除了指欧洲文明之外，别无他指。在这个意义上，欧洲俨然是世界的中心。’[2] 严格地讲，从国际法所设立的‘秩序’和‘标准’来看，欧洲中心主义和华夏中心主义是不可相提并论的……

“斯密特坦白地说‘文明等于欧洲文明’，这句话意味深长，重点不在

1 郭双林：《从近代编译看西学东渐——一项以地理教科书为中心的考察》，载刘禾主编《世界秩序与文明等级》，生活·读书·新知三联书店，2016 年，第 289—290 页。

2 见 Carl Schmitt, *The Nomos of the Earth,* translated and annotated by G.L.Ulmen（Candor, NY:Telos Press Publishing, 2006），引文均采用英文译本。

于欧洲人对外族人居高临下，或者具有真实或虚幻的优越感，而在于他们如何系统地、精确地、寸土不让地在地球上建立了一套空间秩序，致使所有的化外之地和化外之人都归属于欧洲的文明范畴。”[1]

图 5 达尔文像。他提出“适者生存”理论，或许是受亚当·斯密的影响

这是对中国文明概念的僭越和滥用。西方列强在海外殖民的过程中，为掩盖其蛮夷的身份打着文明的旗号，反而对文明国家贴上“未开化”“半开化”的标签。这正是西方中心论的典型手法。需要警惕的是，这不仅限于过去的历史，当代西方学者持此观点者也不乏其人，是正在进行时的西方中心论。

美国的“民主”概念来自法国乌托邦[2]

美国并非民主社会。美国为民主社会之说，来源于法国作家托克维尔所写的一本乌托邦著作——《论美国的民主》。然而，实际上并没有迹象显示托克维尔真的去美国进行了实地考察。

第一,《论美国的民主》不反映美国当时的真实情况，既不反映南北矛盾，也不反映东西矛盾。当时美国是奴隶制国家，关于蓄奴和废奴正经历着重大的社会冲突；同时，当时正在开始进行西部大开发，对印第安人进行着大规模屠戮的运动。这些当时的美国最突出的问题，在《论美国的民主》中没有任何反映。

第二，该书目录看上去似乎很翔实；然而，当展开每一章节内容时，基本上可以说都是空洞的议论，缺乏具体的时间、地点、人物的内容。这样的话不必到美国当地去，在法国凭借一些文字资料一样可以完成著作。

第三，该书是孟德斯鸠《论法的精神》的翻版，与其说是一部历史著作，

1 刘禾:《国际法的思想谱系：从文野之分到全球统治》，载刘禾主编《世界秩序与文明等级》，生活·读书·新知三联书店，2016 年，第 48—49 页。

2 林鹏、诸玄识、董并生:《西方中心论批判》三卷本之三《普世篇——文明的怪胎》。

图 6 《论美国的民主》书影

不如说是一部理论著作。

阿耳贝·索累尔说得对,《论美国的民主》的作者将孟德斯鸠的遗产传到了 19 世纪下半叶。索累尔在其关于拉布列德男爵的著作中写道:“托克维尔同孟德斯鸠一样，是一位概括能力很强和推论偏于武断的文人……托克维尔的著作，在方法上和题材的安排上，都完全以孟德斯鸠为借鉴。他的《旧制度与革命》，可以比之于孟德斯鸠的《罗马盛衰原因论》；而他在写《论美国的民主》时，则仿效孟德斯鸠的《论法的精神》……”索累尔写道，比托克维尔年长的鲁瓦伊埃科拉尔，以及他的一些同时代人，都曾发觉这位年轻的思想家受到了孟德斯鸠的影响。我们在《世界名人传》(政治部分，第 15 卷，巴黎，1842 年) 中看到，沙尔·卡骚写道:“孟德斯鸠的《论法的精神》出版已近百年，至今仍对现代社会有所影响，而在《论法的精神》以后，有哪一部关于政府原理的著作能像《论美国的民主》这样受到极大的欢迎? ……他在社会问题的研究中表现的细致和死钻精神可能不如孟德斯鸠，但其诚挚的信念和冷静的热情却高于孟德斯鸠……”毫无疑问，法国的政治传统受到了托克维尔著作的深刻影响。约瑟夫·巴尔特勒米在其《宪法论》(巴黎，1933 年新版，第 46 页) 中写道:“行使 1875 年宪法的一代人的政治教育，受蒲鲁东的影响较少，而受托克维尔的《论美国的民主》的影响较大……”[1]

第四，该书的立场是法国，写美国民主实际上是为法国政治服务的。拉斯基在拿布赖斯与托克维尔比较时写道：托克维尔对美国的认识比布赖斯深刻得多，因为托克维尔实际上是从法国文明出发写他的著作的，而美国在他的著作中更多地像插图，而不像中心主题。[2]

第五,《论美国的民主》与其说是对过去历史经验的总结，不如说是对其后政治实践的指导。《论美国的民主》的价值在于对法国、英国、美国、德国、意大利及俄国未来的政治思想所产生的影响。

1 “研究《论美国的民主》的参考文献”，见 [法] 托克维尔:《论美国的民主》(下卷)，董果良译，商务印书馆，1989 年，第 1053—1054 页。

2 同 1，第 1049—1050 页。

第六，正如孟德斯鸠所写的《波斯人信札》一样，形式上是以一个来到欧洲的波斯人的眼光看欧洲，实际上是孟德斯鸠自己写的对欧洲的观感；托克维尔也一样，以到美国进行考察的形式，书写出自己对美国政治体制的理解。换句话说，这部书并非对美国进行实地考察的记录，而是一部乌托邦性质的著作。

西方中心论的要害——“普世价值”概念

例如美国的民主、自由、人权、法治概念，法国大革命的自由、平等、博爱概念，启蒙运动的理性、自由、自然、进步概念，人们将其当成了来自西方历史本身的产物，此其大谬也。上列这些人人熟知的概念实际上既非欧产，也非美产，实际上是地地道道地来自中国儒家的概念。

例如民主概念，美利坚之建国及民主，皆为中华文明与儒家思想在全球展开之显例。20世纪上半叶时美国前副总统华莱士曾说，美国民主直接来自欧洲，间接源于中国。在18世纪后期，北美英属殖民地的精英们透过欧洲启蒙运动获得了中国文化。爱默生（Ralph W. Emerson, 1803—1882）是美国文化精神的代表人物，林肯总统称他为“美国的孔子”“美国文明之父”。诗人艾兹拉·庞德（Ezra Pound, 1885—1972）敬仰儒家（孔子、孟子）、启蒙运动代表人物（魁奈、伏尔泰）和美国建国教父（富兰克林、杰斐逊）。庞德的“儒家历史情结”（Confucian sense of history）使他相信“美国建国教父们……把18世纪启蒙运动的产品和法国的高尚价值移植到北美的土地上，而这些则都是欧洲从儒家中国引进的……”所以，庞德主张：“应该用中国代替希腊，作为西方传统的渊源。”美国最高法院的建筑物上塑三圣像分别是孔子、摩西和梭伦，唯前者乃真实文献所记载。[1]

西方中心论虚构古希腊概念，其目的之一就是为了仿造中国的民本主义，从而进行托古建制，在18世纪末古希腊概念成了民主的国际大讲堂。如上所述，美国本来也并不知道自己是民主国家，在读了法国人托克维尔杜撰的《论美国的民主》这部乌托邦著作，才恍然大悟，原来可以这样进行宣传！

岂知美国虽然采用“中学”作为实用，却坚持其西学之本体——上帝选民的观念，则是其一切双重标准的根源，结果我们看到的是一个“西体中用”

1 诸玄识博客《美利坚的缘起：依靠“复制华夏”而立国》。

的文明怪胎：对土著居民实施种族灭绝政策，对外实施禁止他人染指美洲、任由自己干预世界的霸权主义，对本国白种人内部采用了部分民本主义的实用主义策略。明明是针对白种人内部采用了中国文化的民本主义手法，却戴上一顶来自古希腊“民主”的帽子。

七、弗兰克说：我们大家都是欧洲中心论的信徒

已故当代著名旅美德国学者贡德·弗兰克曾说：“无论自觉与否，我们大家都是这种完全以欧洲为中心的社会科学和历史学的信徒。自从第二次世界大战以后美国拥有世界经济和文化支配权力以来，由于帕森斯在社会学领域里把韦伯主义奉为神明，这种情况就更为明显了。帕森斯的文不对题的《社会行动的结构》和《社会体系》，由此派生的‘现代化理论’以及经济学家罗斯托的《经济增长阶段》(1962)都出自同一个欧洲中心论，都遵循着同样的理论模式。那么，我们要问，有什么新颖之处呢？罗斯托的‘阶段论’几乎是……从封建主义到资本主义再到社会主义的阶段论的‘资产阶级’翻版——都是以欧洲为起点。……罗斯托宣称，继英国之后，美国将给世界其他地区提供一面未来的镜子。罗斯托还在《整个事情是如何开始的》(1975)一书中用所谓欧洲特有的科学革命来解释‘现代经济的起源’……”[1]

“我们大家都是这种完全以欧洲为中心的社会科学和历史学的信徒”，说的尽管是弗兰克本人强烈反对西方中心论，然而他反对西方中心论时所使用的概念都是在西方霸权时代环境下受到西方中心论污染的，因而他自己也还是脱不了西方中心论的影响。

弗兰克提出世界体系5000年说

弗兰克在其《白银资本》一书中，用大量历史事实对西方中心论进行了尖锐批判，使人们有振聋发聩的感觉，以至于连许多中国学者都觉得批判西

1［德］贡德·弗兰克：《白银资本》，刘北成译，中央编译出版社，2013年，第20页。

方中心论过头了。然而，正如弗兰克自己所说的那样，“无论自觉与否，我们大家都是这种完全以欧洲为中心的社会科学和历史学的信徒”，弗兰克在超出15世纪之前的历史范围内，依然是一个西方中心论者。

例如，弗兰克为了阐释人类中心主义，提出了世界体系5000年说，其中引据威尔金逊的“中心文明”说：

> 戴维·威尔金逊（1989）确定“中心文明”形成于公元前1500年左右，这时美索不达米亚和埃及经过长期政治冲突融会成了一个包括列国在内的体系。威尔金逊的著作对分析世界体系史极具价值，“美索不达米亚”和“埃及”的汇合必然就形成世界体系。然而根据下述确定体系关系的准则，汇合的时间要大大早于公元前1500年。根据“相互交融的积累”这一经济准则，汇合包括印度河流域和叙利亚及黎凡特地区。因此，汇合的时间应在公元前第三个千年初叶或中叶的某个时期，大约在公元前2700—2400年。[1]

遗憾的是，弗兰克在这里极力推崇威尔金逊确定的“中心文明”说，其实是西方中心论东方主义的新变种。

威尔金逊的“中心文明”是什么货色

威尔金逊从16世纪到20世纪之间出现的文明社会中选择了14个概念实体：美索不达米亚、埃及、爱琴、印度、爱尔兰、墨西哥、秘鲁、奇布查、印度尼西亚、西非、密西西比、远东、日本、中心，作为其体现世界体系“中心文明”概念的外延。然后，以时间顺序排列，第一阶段是从公元前3500年开始到前2750年美索不达米亚文明、埃及文明、爱琴文明在前1500年形成中心文明的发端（近东阶段），第二阶段是中心文明的古希腊—罗马阶段，第三阶段是公元500年的中心文明中古阶段，第四阶段为公元1500年的中心文明西方阶段，第五阶段为公元2000年开始的中心文明全球阶段。其他文明

1［德］安德烈·冈德·弗兰克、［英］巴里·K. 吉尔斯主编:《世界体系：500年还是5000年？》，郝名玮译，社会科学文献出版社，2004年，第93页。

都被边缘化了。[1]

威尔金逊说："诚如上文所示，这一新界定对已有种种文明名录的突出影响是：诸如古典文明（或曰古希腊文明，或曰希腊—罗马文明）、赫梯文明、阿拉伯文明（或称东方三博士文明，或曰古叙利亚文明，或称古伊朗文明，或称伊斯兰文明）、早期基督教文明、俄罗斯文明，乃至我们自己熟知的西方文明这样一些文明必须变更说明，成为先前未被认识到的社会网络实体的一个个时段或其中的一片片地区；我认为这一社会网络实体既是一文明社会，又是一世界体系，因而是一单一文明。我称这一单一文明为中心文明。

"因此当今地球上只有一个文明——一个单一的全球文明，近在 19 世纪，尚有一些独立的文明（即那些以中国、日本和西方为中心的文明）。当今就只剩一个文明中心了。"[2]

威尔金逊认为这个唯一的文明中心，就是西方现代文明。虚构的古希腊文明史料照用不误，换一种说法就可以将西方中心论变成人类中心论！可惜反对西方中心论的勇士弗兰克先生，就这样被改头换面的西方中心论忽悠了，最终自己也跟着落入西方中心论的窠臼中……

二战后雅斯贝斯提出"轴心时代"概念——西方中心论的新变种

随着两次世界大战的爆发，在世界范围内掀起了殖民地解放运动，于是西方中心论的种族主义变得臭名昭著，因而作为西方中心论三重构造的表层部分开始出现一些变化。

这种变化表现在理论上，出现了对西方中心论的反思与部分否定。德国当代哲学家卡尔·雅斯贝斯在其于 1949 年出版的《历史的起源与目标》（*Vom Ursprung und Ziel der Geschichte*）一书中，提出了"轴心时代"的概念，一方面不得不承认中国及印度对世界历史的贡献，一方面继续坚持其以古希腊及希伯来为代表的西方中心论观念。

轴心时代将中国与古印度、古希腊、古犹太并列，分别列为世界历史早期三大轴心文明，表面上看来是对西方中心论的否定，实际上是西方中心论

1 ［德］安德烈·冈德·弗兰克、［英］巴里·K. 吉尔斯主编:《世界体系：500 年还是 5000 年？》，郝名玮译，社会科学文献出版社，2004 年，第 263—264 页。

2 同 1。

以退为进的表现形式。雅斯贝斯也许知道古希腊的东西不靠谱，如果继续坚持原来不承认中国历史的立场，效果会适得其反，于是退一步以可以考证确切年代的中国历史为基础，加上印度的宗教作陪衬，为西方学者所虚构的古希腊文明找个垫脚石。表面上说是三大轴心，实际上还是突出古希腊及基督教世界的轴心地位。

就在雅斯贝斯于 1949 年出版《历史的起源与目标》的同一年，梁漱溟的名著《中国文化要义》在中国出版，该书在东西文化观上，把人类文化划分为西洋、印度和中国三种类型，与雅斯贝斯所提出的轴心时代三轴心的概念异曲同工，两者都主张古希腊为西方的历史源头。这种思想现在正在学术界广为流行，例如学界巨擘汤一介先生晚年就曾不遗余力地推崇这种文明轴心论。实际上这正是西方中心论改头换面后新的表现形式……

八、结论："西方伪史"是西方中心论的历史学基础

综上所述，西方中心论并没有退出历史舞台，相反它还牢牢地掌握着文明话语权，并压制着中国文化的复兴。我们知道，中国文化的复兴是中华民族复兴的基础，因而中国文化的复兴，正是我们的当务之急。

西方中心论的历史学基础是西方伪史。彻底批判西方中心论，需要首先彻底揭露西方伪史的真面目。

欧洲本来没有历史，如今却有整套的"世界历史"体系。这种世界历史并非基于历史事实，而是出于西方传教士及其御用文人的杜撰。

欧洲在中国纸及印刷术传入前不存在历史，兽皮（含羊皮）与莎草片是伪造历史文献的载体。16 世纪末及 17 世纪初，法国神学家斯卡利杰（Joseph Scaliger, 1540—1609）参照中国历史资料，构建了欧洲及圣经历史的年代框架，这是西方伪史的发端。

17 世纪中叶大批法国传教士将中国文化系统地传入欧洲，这是中学西被高潮的发端。法国是在欧洲传播中国文化的中心。欧洲诸语言仿造汉语雅言形成书面通用语言，法语、英语、德语依次成熟于 17 世纪末、18 世纪中期及 19 世纪中叶。

19 世纪之前的欧洲不存在“历史科学”。19 世纪的所谓“历史科学”建立在比较历史语言学的基础之上，而所谓的比较历史语言学是一种新的伪造历史的工具。所谓希腊语、拉丁语及希伯来语，三者的共同特点是宗教语言、死语言，并非建立在任何一个活着的民族的口语基础之上。

揭露西方伪史，其突破口为虚构的古希腊文明。正如萨米尔・阿明（Samir Amin）所说的那样：“必须揭穿西方中心的意识形态和欧洲中心的世界历史，这个假的谱系开始于伪造古希腊（its fake genealogies starting with the fabrication of Ancient Greece）。”[1]

1 *South Asia Bulletin*, vol. 11–12, University of California, Los Angeles, 1991, p.69.

西方现代性理论中的“汉字密码”

诸玄识

一、汉语改造西方语言文字的原委

（一）以小见大：文字可以说明一切

1. 文字之窗看西方崛起

欧洲从“神的社会”转入“人的社会”（进入“天下文明”，从而才会有发展或进步），这就是被儒家所引导的启蒙运动（17—18 世纪）。《易经》之“蒙以养正，人文化成”，在欧洲的实践中首战告捷、旗开得胜，击溃基督教，打碎了神权禁锢。孔子被誉为“18 世纪（欧美）理性主义的原型”“世界的导师”[1] 和“启蒙运动的守护神”。[2]

但现在来看，儒家是“功败垂成”——到 19 世纪，“原罪、性恶”卷土重来，变本加厉，而害人害己。从今往后，西方亟须“第二次启蒙”（中国文化再次拯救之）：上次启蒙打倒了神权，却抛弃了道德，其结果是“俗与教”同流合污、泛滥成灾；下次启蒙是把“邪恶人本”变成“礼乐人文”。此乃后话。

1 Anthony Pagden: *Facing Each Other: The World´s Perception of Europe and Europe´s Perception of the World,* Part 2, Ashgate/Variorum, 2000, p.416.

2 Confucius became known as “the Patron Saint of the Enlightenment”. David Geoffrey Smith: *Confluences Intercultural Journeying in Research and Teaching,* Information Age Publishing, Incorporated, 2020, p.323.

17—18世纪的“中国启蒙”使西方在文明上从“一无所有”到“一应俱全”。中华文明及其许多方面，诸如科技、学术、文学、政治、经济和历史等，都在西方发生了“爆炸性效应”。[1]

我们这里仅通过“文字”的管道来透视上述“奇异景观”。越是彰显“西方优越性”的东西，越是实质上的“中国性”；而文字则是最好的说明，加拿大麦克马斯特大学教授尤金妮娅认为:“到19世纪初，如果没有‘中国性’（Chineseness）概念，就不可能构想‘英语性’（Englishness），而最能昭明‘英语性’的则是‘中国风’（中国物质文化）。”[2]

“表音”本是文字与民族进步的死路，因为声音在空间与时间上总是处于变异不居的状态，而与文字本身所要求的一致性及稳定性相悖。即使依靠四大发明（印刷与纸）的锁定、规定字母，而产生“文字”；那也会由于语音和语义皆缺乏共通性，反而容易造成普遍误解与加剧纷争。由此，拼音文字的语义的不确定性是导致近代欧洲陷于宗教战争的症结之一。

图1　语言的巴别塔

1 “爆炸性效应”一词出自斯塔夫里阿诺斯著《全球通史》，该书写道：……欧亚大陆上最惊人、最有意义的变化，就是西欧从贫穷落后和默默无闻中崛起。……他们（西方人）拿来中国的发明，竭尽全力地发展它们，将其用于海外扩张。……（换句话说）中世纪主要的技术发明大多数都出自中国。……但在西方……得到充分利用，首先是对欧洲，然后对包括中国在内的整个世界，产生了爆炸性的影响。（[美]斯塔夫里阿诺斯:《全球通史》，（上册），董书慧、王昶、徐正源译，北京大学出版社，2005年，第266、297页。）

2 Eugenia Zuroski Jenkins: *Taste for China: English Subjectivity and the Prehistory of Orientalism,* Oxford University Press, 2013, p.1.

《圣经·创世纪》中的启示：上帝摧毁巴别塔（通天塔）、从而打乱了人类语言。它说明语言本身不能形成文字：如此“文字”（表音文字）在手写、口音和意思上都是杂乱无章的，其交流越广，误解越大，以致发生争端和冲突。因此，“表音”是与文字的进化乃背道而驰。鉴于现代西方字母表音文字是中国因素（印刷技术和汉字概念）而确立的，那么，之前的西方则不可能产生和拥有文字。

直到17、18世纪之交，从汉语“借取含义、借鉴定义”，西方诸文字才起死回生，并且成长为民族性与国际性的“通用文字”；它们从原先的“发音符号”，变成“知性符号”，方能书写知识及文学、科学和哲学。

由此，难道之前还存在有关“古典、经典”的文献或手稿吗？

俗话说“打蛇打七寸”。我们从17世纪欧洲的语言文字切入，进行透视，便可洞见幽眇，即之前2000多年和之后近200年的“西方历史”几乎都是被虚构的；腰斩西方假谱系方可“去伪存真”，即从语言文字这个窗口来看中华文明派生现代西方的全景，包括“汉字密码”（汉字表意）被用于炮制“经典、古典”和“名人、名著”。

2. 部落语言的“现代化”

从培根、莱布尼茨到歌德的约200多年里（17世纪初至19世纪初），欧洲经历了“中国模式”的转型（神本→人本）与多项改革（世俗化、文明化），包括语言文字的改革。后者使西方字母文字从土语或教派的表音符号，变成了包含中文特性“表意、雅言”的知性符号，从而胜任于书写文学、哲学、科学和数学等。

很少人知道现代西方的字母表音文字寄生于“汉语表意”这一事实，尤其不知道当年莱布尼茨和耶稣会士的共识，即全人类的知识——包括“西学”——来源于《易经》，它使汉字从象形文字升华为表意文字，因而成为承载和承传知识的工具。于是，就有了西方人所需要的“汉字密码”，由此展开了全部的西方知识体系。

上述现代西方字母文字的“表意内涵”是汉语的，而假定其“表音形式”则是西方自己的。后者也应该大打折扣，因为西方的原生词汇极少，而绝大部分则是外来语。

按照斯坦福大学人类学家伊恩·莫里斯《纬度决定历史》一文，近代以前的西方远离文明中心（中国），因而在人文地理上是“孤魂野鬼、孤陋寡闻”。这就不会有多少原生词汇。

一旦进入“天下文明”，见了大世面，则外来语激增。

估计一下英语词汇：所谓“古英语”不会超过1000个（部落土话），莎士比亚晚年（17世纪初）才2000个左右，百年后（18世纪初）约20000个，再过百年（19世纪初）约50000个。

最近有书揭开谜底，即英国亨利·希金斯著《英语的秘密家谱：借来的文化，逆势成长的历史，强制推销的人类意识大杂烩》。

此需说明，莎士比亚本人是个文盲，没有留下一个剧本、一句台词。仅因为他演戏有名，进入“文字时代”（17—18世纪）的英国，就把莎士比亚当作“传奇人物”“传统品牌”，在其名下编剧、编书。这样，“莎士比亚剧作”就滚雪球般地膨胀起来。

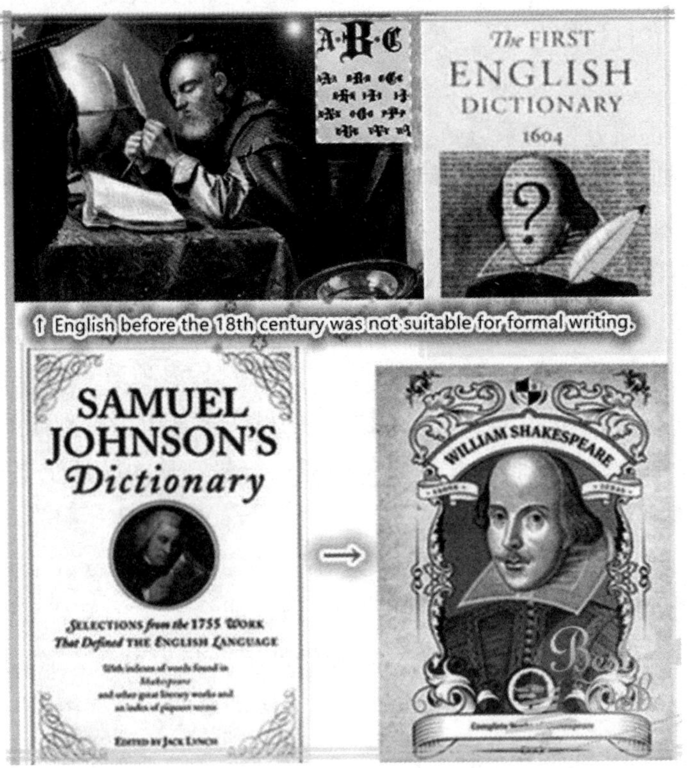

图2 莎士比亚的语言问题

莎士比亚（William Shakespeare, 1564—1616）时代的英文远不胜任于写作。在1604年出现的第一部英语词典（图2右上方），即由中学教师罗伯特·卡德雷（Robert Cawdrey, 1538—1604）编写的“单词表”（Table Alphabeticall），一共才收集2,543个单词，而且没有定义或释义。那么，莎剧数以万计的词汇从何而来？（图2中间的文字：“18世纪以前的英文不适合于正规写作。”）

实际上，在莎士比亚死后的百年里，英语经历了险些夭折的危机和“汉语模式”的改革。不难发现，这个“英语文学瑰宝”是在正规的《约翰逊英语词典》问世（1755）之后不久，才在“莎士比亚”名下的旧文本基础上改造、伪造出来的，而塞缪尔·约翰逊恰恰则是“莎士比亚编辑”之首（图2下部分）。

斯坦利·威尔斯的《莎士比亚调查》一书称：“《约翰逊英语词典》是任何一种18世纪莎士比亚版本的最重要的词汇表。”[1]

雅致的英文是在莎士比亚死后100多年，才臻于成熟；其标志是1755年问世的《约翰逊英语词典》，但它是“汉语思维[2]、解码汉字[3]”的结果。接着，约翰逊博士又花了10年，基于他的词典改造莎剧，把相关的旧文本“经典化”。

塞缪尔·约翰逊（Samuel Johnson, 1709—1784）的“三部曲”：①汉学百科知识（鸿篇巨制）→②《约翰逊英语词典》（套用《康熙字典》的架构）→③约翰逊版《莎士比亚全集》（“中国风”文学成果的集大成，而且也摘抄了托马斯·珀西基于中国资料伪造的《英语古诗遗产》）。[4]

（二）如获至宝：欧洲亟须汉字秘钥

美国俄亥俄州立大学教授安戈指出，在现代早期的欧洲，“任何人能够发现一种方法，能够解码汉字这种表意文字；他就会拥有非常宝贵的知识，他就会获得全部的人类知识图像的钥匙。有这么一位学者，即安德烈亚斯·穆勒（Andreas Muller, 1630—1694），相信自己已经找到了这样的钥匙”。[5]

让我们来介绍巴西弗鲁米嫩塞联邦大学教授巴罗斯著的《中文秘钥：中文书写系统影响西方的简明历史》[6]：

1 Johnson's Dictionary is the most important glossary to any edition of Shakespeare published in the eighteenth century, of course. Stanley Wells: *Shakespeare Survey,* issue 51, Cambridge University Press, 2003, p.137.

2 Sir John Barrow (bart.) 1804: *Travels in China,* London, p.249.

3 Alexander Chalmers: *The Works of Samuel Johnson,* p.355.

4 Percy Hazen Houston: Doctor Johnson: *A Study in Eighteenth Century Humanism,* Harvard University Press, 1923, p.211.

5 J. Marshall Unger: Ideogram: *Chinese Characters and the Myth of Disembodied Meaning,* University of Hawaii Press, 2004, p.18.

6 Barros Barreto: "clavis sinica: a short history of the long battle for the chinese writing system in the west between the xvi and xix centuries", Alfa, rev. linguíst. (São José Rio Preto) vol.61 no.1 São Paulo Jan./Mar. 2017.［中文秘钥：中文书写系统影响西方的简明历史（16—19世纪），巴西《语言学家》杂志，2017年3月，第1704—1708页］

1. 汉字代替拉丁文来监护新语言

这里仅介绍 17、18 世纪西方拥抱汉语（汉字）的情况。那时，欧洲关于中国语言文字的最普遍的概念，就是所谓的“汉字秘钥”（Clavis Sinica）；顾名思义，就是要更快、更直接地破译汉字（指汉字所具有的“表意与写意、含义与定义、概念与理念、形象与抽象……”）。

最初，“汉字秘钥”的背后原则是，汉语将会成为普世通用语言的卓越候选者。其理由有两：第一，相对于“后巴别塔”之人类语言之混乱，汉语与那至善纯正、普遍通感的“伊甸园语言”，是密切相关的；第二，鉴于“真正的字”的概念，汉字所表达的不仅仅是词语，更重要的是事物本身和相关思想。

在近代欧洲人的眼里，中国表意文字似乎与其所代表的抽象概念，有着直接和稳定的关系。

在（宗教性的）拉丁文被无情地遗忘的过程中，汉字被证明是欧洲“通用语言文字模式”的潜在候选者，它代表着持久稳定和普遍意义；在新兴的欧洲方言文字（例如英文）吉凶未卜之际，汉字被推崇为有备无患的“神器”。换句话说，那时关注中国的欧洲精英都坚信：中国表意文字已经构成一种替代方案，以应对那并起林立、前景堪忧的方言文字（法文、英文、德文和意大利文等）。

鉴于这样的认知，即汉字直接代表思想，而无须表音字母的中介；在当时，此种表意文字被视为可被归化的舶来品。在这个过程中，汉语概念（通过翻译）从模糊变得清晰，甚至在欧洲本土的语境中被熟悉运用，变成了西方人自己的话语和思维。尤金妮娅说：“中国物质文化被置于规范英文风格的核心话语之中。”“‘中国风’作为审美价值已经广泛地渗透到英文话语的内部。”[1]

2. 汉语成为欧洲的模范语言

基于澳门的耶稣会士的译著，标志着欧洲人向中国学习的开始，由此，他们获得了对于汉字的初步印象。从那以后，欧洲人对于其自身语言文字的要求，越来越多地从汉语那儿得到满足，从而逐渐纠正他们的“自然语言”的错误。（相比之下，汉语或汉字则是“人工智能”的。）

由于研究者诸如洛克、威尔金斯和莱布尼茨等人都已见证了这种“理想语言”，汉语在欧洲受关注的程度远远超出传教士或旅行者的小圈子。

在赴华传教士的翻译文本的基础上，欧洲精英们又大量发表了更具影响

---

1 Eugenia Jenkins: *A Taste for China,* Oxford University Press, 2013, p.12\102.

的相关专论，主要是探寻“通用语言”和“真正的字”（培根说：“只是在中国……使用真正的字，它所表达的，不是字母或土话，而是事物或概念。”[1]）。在17世纪的欧洲精英看来，理想的语言文字应该是这样一种，即它是古老、简易、简洁、适当和有活力的。这些特点通常是和汉语（汉字）联系在一起的。

英国人约翰·韦布的文章《中华帝国的语言是原初语言》于1669年问世，它被公认为是第一篇有关中国语言的专门论述。他认为，这般完好、完美的中国语言文字反过来也奠定了其文明的悠久历史和巨大财富；正由于保持着原初语言，中华民族从未丧失其对自然的主动权（所以不存在宗教禁锢）。

约翰·韦布的欧洲中国观的影响是深远的，因为他首次在语言文字上调和了中国与西方，并且按照圣经启示来诠释汉语的无比卓越性，那就是：汉语（汉字）是从亚当和夏娃那里传承下来的（原初纯正和普遍通感的“伊甸园语言”），并且成功地避开了“巴别塔之劫”；换言之，在上帝“打乱语言”的惩罚中，唯有汉语幸免于难，能够继续发扬其纯正禀赋——神性同理、神交古今。

17、18世纪的欧洲精英差不多都有这样的共识，即汉字是思想的符号，含有超越性和普遍性的概念；至少在理论上，它可以被用来进行跨种族、跨语际的沟通或交流。进而，汉字可以成为一个终极方案，医治被弗朗西斯·培根和约翰·洛克所诊断的字母表音文字的痼疾；亦即，凭借此种“真正的字”，来消除由生理性的语言符号所造成的“病态定义”和“滥用词语”。在欧洲人看来，华夏儒士卓有成效地保持着文学语言的纯洁性（指“雅言”，未受土语俗话的侵蚀），这在欧洲是不可想象的。

<table>
<tr><th colspan="4">西方字母表音文字的形成过程</th></tr>
<tr><th colspan="2">三个先天痼疾</th><th rowspan="4">宗教战争</th><th>中国因素克服之</th><th>形成时间</th></tr>
<tr><td colspan="2">手写杂乱：信手涂鸦，无法辨识→</td><td>依靠印刷术锁定和规范“字母”，书写一致</td><td>15世纪</td></tr>
<tr><td colspan="2">意思杂乱：各说各话，不知所云→</td><td>摄取汉字意涵与概念——人类的共通认知</td><td>17—18世纪</td></tr>
<tr><td colspan="2">声音杂乱：鸡同鸭讲，对牛弹琴</td><td>儒家启蒙，终结神权，建立世俗民族国家</td><td>约为17世纪末18世纪初</td></tr>
<tr><td>备注</td><td colspan="4">“表音”不能形成文字，因为人的声音在空间上乃千差万别，在历史长河中乃千变万化。现代西方各种表音文字都是依靠中国因素形成的</td></tr>
</table>

1 Margaret Cameron: *Sourcebook in the History of Philosophy of Language*, Springer (Berlin), 2017, p.499.

3. 通过汉语寻找语言的合法性

巴罗斯教授继续说道：面对拉丁语的衰落，欧洲拥抱汉语，后者被当作新的通用语言的候选或示范。欧洲人认为，汉字是被其帝国中央权力保护的最古老的书面语，在许多世纪里保持纯洁和稳定；它好比是超然于语音海洋和历史沧桑的"置外代码"（external code），却能做到字与真实世界、客观对象、语义概念皆直接对应。

莱布尼茨对中国语言文字表现出特别的兴趣。……莱布尼茨热衷于一种通用语言，认为汉语最有可能是候选者。他说："如果上帝教人一种语言，它应该是和汉语相似。"莱布尼茨推断：汉字在本质上是世界通用语言的最方便的基础。

在人类的普遍沟通上，"相对于其他所有的语言，汉语具有唯一的合法性"（Chinese had a unique legitimacy claim over all other languages），亦即中文是其他所有语言文字能够相对通用的基础。这一观念曾盛行于欧洲，而在约翰·韦布的论文问世的几十年后，在马若瑟（Joseph Prémare, 1666—1736）那里达到了顶峰。

所谓的欧洲科学革命的高峰期，即1668年，英国皇家学会所热烈讨论的不是科学本身，而是如何突破语言文字的瓶颈；皇家学会首任主席威尔金斯（John Wilkins, 1614—1672）提交的一篇论文《真正的字与哲学语言》，这是继17世纪初培根认定"汉字是真正的字"之后，欧洲的语言文字改革所迈开的一大步。

图3　1668年英国皇家学会讨论会（油画）

图 4 《约翰逊英语词典》书影（左）与《华英字典》书影（右）

该论文及会议有三个主题：①能否直接使用汉字作为欧洲的科学语言和哲学语言？但因嫌汉字太多、太复杂而放弃。②能否设计出像汉字那样，但比较简单的“表意文字符号”？虽无定论，但在往后的实践中归于失败。③能否改造既有的表音文字（例如英文），而使它变得具有汉语式的“表意内涵”？这第三方案是行之有效的。

这件事足以说明在 17 世纪晚期之前，西方诸文字（字母表音文字）不具有“表意、写意”的资质，因而不胜任于书写高雅、高深的篇章。

何来“古典希腊作品”？我们今天所读的“古希腊”及其文学、科学和哲学，真是“古已有之”吗？在 17 世纪晚期之前存在能够书写文学、科学和哲学的希腊文或拉丁文吗？果真如此，17—18 世纪的欧洲完全没有必要进行语言文字的改革，即使改革，也轮不到汉语（汉字）作为典范或榜样；进而，也没有必要举行 1668 年会议；即使开这个会，其所讨论的核心议题应该是“古希腊”，哪里会是“古汉语”

图 5 美国密歇根大学英语系主任大卫·波特 著《表意文字：现代早期的汉字密码》（斯坦福大学出版社，2001 年）

呢！那么，“古希腊”（及其文学、科学和哲学）是怎么回事？近代早期的西方人依靠四大发明之一的印刷术锁定、规定表音符号（字母），因而形成表音文字。之后不久便狂热地“发现手稿”，包括“古希腊”的；但这都是神职学者（有些被称为“人文主义”）伪造的，反映基督教的正面与反面；然而到17世纪，“古希腊”与基督教都是进步的绊脚石，不加以清除，则不可能发生工业革命。今天所学所教的“古希腊”都是在19世纪被彻底重写，并且加以“经典化”的。

关于汉语在人类语言上的唯一合法性和西方对它的迷恋，大卫·波特提出三个理由：①从一开始，汉语的词语在“表意”上被确立了权威，越是古老，越有权威；②它保持不变性（指含义、定义），不受南腔北调和古往今来的极多差异、变异所影响；③上述不变性与权威性的因果关系是基于它的“内在代码”（指：表意与写意、含义与定义、概念与理念、知性与知识，等等）。

进而，按照大卫·波特的研究，在18世纪，欧洲人渴望将汉字纳入他们自己的通用语言的模式中，渐进地把“汉字表意”（定义和概念等）融入他们的写作之中。

二、现代西方是“汉字密码”的展开

（一）钩玄猎秘：探讨人类智慧真元

1. 西方知识的汉字渊源

本文做一个重大揭示：人类知识的唯一源头就是《易经》及其所造就的“汉字表意机制”。归根结底，所有的现代知识——特别是西方的——都是汉字（表意）带来的。在其表音文字于17世纪晚期寄生于“汉字表意”之前，西方基本上不存在知识和传播知识的工具。

法国“国王数学家”、耶稣会士白晋（Joachim Bouvet, 1656—1730）对莱布尼茨说，伏羲的《易经》使汉字成为“所有知识的真正的钥匙”（true key to all knowledge）[1]。莱布尼茨鉴于汉字是智能设计，是哲学性质的，和鉴于书面汉语成为“哲学语言的典范”（Chinese script a model of of the philosophical

1 David Emil Mungello: Curious Land: *Jesuit Accommodation and the Origins of Sinology,* University of Hawaii Press, 1989, p.314.

language)[1]，他在引进“汉字表意”（概念）上做了大量工作，旨在使西方文字从发音符号变为知性符号。

但另一方面，就像美国罗德学院教授比奇洛所说，“莱布尼茨的这个梦想……威胁这样一个常识，即欧洲文化存在真理的可能性。”[2] 美国鲍登学院教授比吉特·陶茨也说：一旦介绍中国在现代早期西方的实际存在，这就意味着把（西方）哲学权威置于危险之中。……重新讲述西方的“中国故事”，必将挑战既成的“学术星系”，从而把中国置于德国及欧洲的文学与文化史的核心，犹如太阳照耀着群星。[3] 这使人想起车尔尼雪夫斯基的名言：“一切光辉灿烂的东西总令人想起太阳，而且沾得太阳一部分的美。”

表解：古今中西的知识与文化都是基于汉字而形成的	
○→	写意 → 审美 → 文学（基于文字符号）、文艺（艺术：基于非文字符号）
汉字	表意与写意、概念与理念、具体与普遍、抽象与形象、形而下与形而上等
○→	表意 → 哲理 → 哲学［形而下（器）→形而上（道）］、科学（形而上→形而下）
↘	↑ 立足于真实的“人与自然” ↑　　↓ 立足于虚拟的“人与自然” ↓
	神话与神学［后者在利用上述“文明元素”（汉字密码）之前，则为教派迷信］
备注	超越并驾驭各种语言和个别意思的汉字，既是知识与学术的媒介工具，又是最基本的“哲学”；古今中西所有的知识与学术都是在“汉字概念”的基础上，而被构建起来的

2.“原知识”的生成原理

为了发明文字，面对声音的浪海，怎样做到“万殊而一致、万变而一定”呢？“一致、一定”即文字产生的前提，而人的口音则是“万殊、万变”。因此，“表音”是文字的死路，它也说明该社会或民族没有原创文字，乃至知识的能力。

“表音文字”不能自我生成和自我稳定。即使依靠印刷术锁定、规定其表音符号（字母）而产生“文字”，那也是徒然增加普遍误解与争端——这是文字进化的反动。为什么？因为表音文字的致命缺陷是，它不具有能够达成共通共喻的“表意机制”。固然，每一种“表音”皆包含“意思”，但它都只限于本能性（生理信号）和狭隘性（亲缘感知）。如果“表音意思”涉及宗教性

---

1 (Richard Cavell) Bernhard F. Scholz: *The European Emblem, Sellected Papers from the Glasgow Conference,* BRILL, 1990, p.170.

2 Gordon Bigelow: *Fiction, Famine, and the Rise of Economics in Victorian Britain and Ireland,* Cambridge University Press, 2003, p.14.

3 Birgit Tautz: Put the authority of philosophy at risk. Bettina Brandt, Daniel Leonhard Purdy: *China in the German Enlightenment,* University of Toronto Press, 2016, p.121.

或排他性，那就麻烦了——纷争不休、冲突不止！例如 16—17 世纪欧洲宗教战争在某种程度上也是“语言危机”（linguistic crisis）[1]。

培根说，汉字是“真正的字”。它超越口音与方言以及狭隘性与排他性，从而表达事物、概念和思想。这就是“表意机制”！它是如何形成的呢？中国先民观察和体悟自然及宇宙、万物及众生，发现其整体性、普遍性和关联性及其变化规律——“格物致知、穷理尽性”；在这个基础上发明和发展文字，并且使之成为承载、承传知识的工具。因此，汉字所表示的是全人类的共通认知。

西方表音文字原本只表达发音，即使有其“意涵”，也是本能性与个别性的，无缘于高深、高雅的思想和提炼出的知识。思想与知识皆属于“汉字表意机制”的内容。换言之，正由于禀赋如此“表意机制”，汉字能够积累、蕴藏、传播和表达思想与知识。

人天生就会说话，但并非天生就能表达普遍性和高深性的思想，这是语言本身所不具有的。它要求对于“人与自然”及万事万物，具有一致性与共

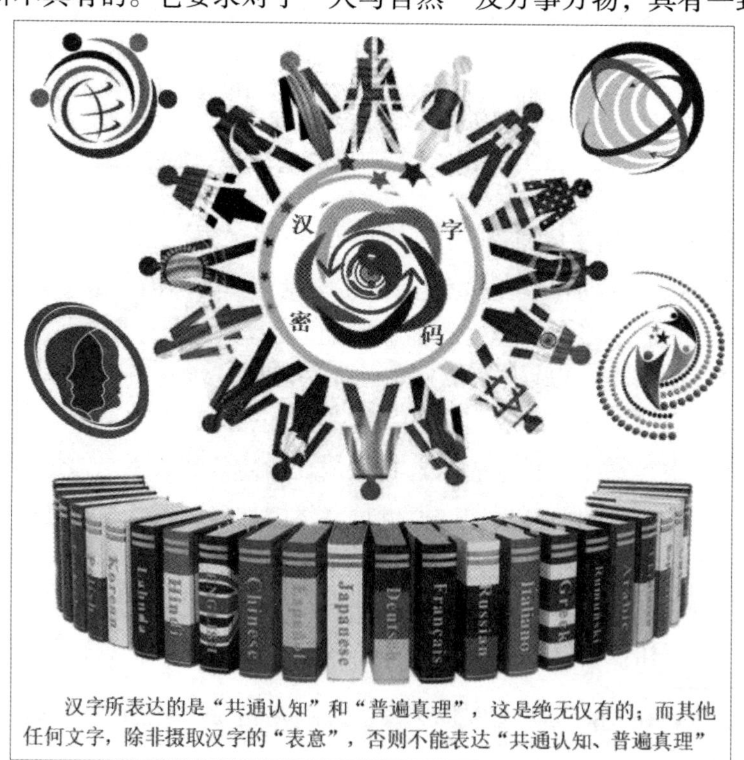

汉字所表达的是“共通认知”和“普遍真理”，这是绝无仅有的；而其他任何文字，除非摄取汉字的“表意”，否则不能表达“共通认知、普遍真理”

图 6　汉字密码

1 Katherine Ellison: *A Cultural History of Early Modern English Cryptography Manuals,* Routledge, 2016, p.6–7.

通性的认知，及其传播媒介。凡此，源于《易经》，而体现于汉字。

若非在 17 世纪后期，西方诸表音文字（法文、英文和德文等）开始寄生于"汉字表意"；那么，它们则不可能幸存于宗教战争，更不可能变得胜任于书写文学、科学和哲学以及其他一切知识。不仅如此，鉴于西方表音文字原本只是发音符号，不含任何知性与逻辑；所以，"汉字密码"则是唯一的和真正的西方知识的基因。

3. 近代以前的西方没有文字

在欧洲于 15 世纪左右开始分享四大发明之前，西方不存在文字、文献和文明；而现有的所谓古文字、文献也都是伪造品。在它的表音文字于 17 世纪晚期开始寄生于"汉字表意"之前，西方不存在文学、科学与哲学。

若非汉语（汉字）则无西方文字，乃至没有整个的西方知识系统。

学者们常说，西方文字及语言学深深地影响了现代西方文明与哲学的发展进程。然而，西方语言文字的概念内涵不是"汉字表意"，又是什么呢？难道是它自己所谓的印欧语系的表音系统吗？难道是来自"古希腊"吗？后者则被德国历史哲学家斯宾格勒（O. A. G. Spengler, 1880—1936）所批驳。戴维·格雷斯介绍：

> 斯宾格勒拒绝那被歌德和温克尔曼所开启，并且被尼采所发扬光大的希腊崇拜。……为了说明我们（西方）的源头不在希腊，斯宾格勒指出，公元 10 世纪以前的西方完全没有文字……
>
> 对于西方人来说，没有文字是无法想象的；书信、书籍、诗歌、传记、报告和政府文件……乃至圣经，皆离不开文字……
>
> 斯宾格勒反问：强烈依赖文字与文献的现代西方怎么会是一个"非文字文化体"的学生或传人呢？
>
> 作为其总的历史哲学的一部分，斯宾格勒抨击"现代西方源自古希腊"的说教；从某种意义上讲，哲学是由多文化所构建的。由此，斯宾格勒否定了西方中心论的历史"三段论"，即：古代→中世纪→现代；这只是片面地美化西方，但对于其余世界（像中国等）则是荒谬的。……希腊崇拜者们有效地发明了"古希腊"及其与今西方的相似性，而掩盖了它们的本质差别。[1]

1 David Gress: *From Plato to NATO: The Idea of the West and Its Opponents,* Simon and Schuster, 1998, pp.74–75.

文字学可以证明和确认“西学中源”。没有表意文字，也就没有定义、概念、抽象、推理等，也就不可能有知性与知识、科学与哲学，等等。西方人在 17 世纪才了解汉字这一仅有的表意文字。鉴于它表示的，不是声音，而是事物、客观或自然，如此关系反映在定义、概念上，并且具有抽象推理的功能；汉语（汉字）就被那时的欧洲精英当作“哲学语言”，希望通过它使他们自己的字母文字从发音符号变成“知性符号”。由此，西方才获得真正的文字——具有“表意内涵”的字母表音文字，从而能够书写科学与哲学等。难道之前还存在“古典”（古希腊）吗？

图 7　汉字“表意机制”是现代西方知识体系的根基

（二）追本溯源：汉字蕴藏知识基因

1. 汉字是人类知识的基础

第一、汉字的智慧特性和知识功能。表音文字和象形文字仅是表达听觉或视觉，汉字是“感觉中枢”的指令。如果说“音、形、义”是文字的“三角形之稳定性”的框架，那么，汉字则是它的有机整体。汉字兼具“音、形、义”，其重心在“义”（表意、写意），它是文字的灵魂。而单纯的“象形”和“表音”则都是文字之残缺或雏形。汉字最初也是“象形”，但通过《易经》而升华至“表意”。

按照哈佛大学教授奥尔布赖特对“表意文字”的定义，它是由各种具体物质及其关联所产生的抽象和复杂思想的图式。[1] 如此完整而超越地反映真实自然，所以它应该是思想、知识和真理的唯一源泉。

加拿大不列颠哥伦比亚大学教授森舸澜（Edward G. Slingerland）说：“汉字是超语言的，是通向具体世界的直接路径。……汉字在（现代早期的）欧洲所起的作用，是完美写作的典范。……培根认为汉字是‘真正的字’，它直接代表万事万物的意义。”[2]

首任英国皇家学会主席威尔金斯（John Wilkins, 1614—1672）说：“汉字展示了最令人满意的通用语言特征之一……是它建立在事物哲理之上。”[3]

绝无仅有的表意性的汉字，也是古今世界唯一积累与传播知识的工具。至于西方表音文字，即使有（始于15世纪），也是发音符号，其所含的信息不外乎是个别性、本能性、狭小性和排他性的，而与人类的“共通认知”（知识）毫无关系。西方表音文字在17世纪晚期以来寄生于“汉字表意”，遂可以充当积累与传播知识的工具。于是，西方便宣称（我们都信以为真）：它的字母表音文字很优越，不缺少“合理表意”；而且是“古已有之”，所以谱写了“希腊智慧”（文学、科学和哲学等）。

第二、汉字构成其他文字的表意内涵。和“汉字表意”比较起来，陷溺于生物性而仅仅依靠“形”（象形）或“音”（表音），或者站在自然之外臆想“神造万物”（宗教语言），怎么能了解和把握客观规律呢？

西方的“表音文字”不能自我成立、自我稳定。文字的前提是一致性、稳定性和共通性，而“表音”则是反其道而行之——“表音”在文字进化或进步上是南辕北辙、南蛮鴃舌 。概言之，“表音”有三乱：①书写之变乱（经众人之手，则奇形怪状）；②口音之混乱（在时空中，口音是千差万别的）；③语义之祸乱（各执歧义，普遍误解和争端）。

严格来讲，象形文字既是文字的雏形，又是它的羁绊。象形文字只能表达孤立的、零星的事物或现象，而不能表达较复杂和有条理的思想；所以它不能匹配于文明社会，充其量只是部落或宗教的图符。所谓的“古埃及文明”及其象形文字均应该被质疑。所以，现在世界各大学所教学的“古代文明”

1 Daniel Albright: *Untwisting the Serpent,* University of Chicago Press, 2000, p.63.

2 Edward Slingerland: *Mind and Body in Early China,* Oxford University Press, 2018, p.32.

3 Rüdiger Schreyer: *NOT INVENTED BY ART: Wilkins and the Chinese language,* Rheinisch-Westfälische Technische Hochschule, Aachen, 18, January 1992.

是否都是真的，值得推敲。总而言之，象形文字所能表达的，只是零星具象，而非系统思想，不能用它来匹配文明。

“表意”（汉字）之为物，从“形而上”看则是：道→雅→表意（写意）；从“形而下”（认知工具）看则是：含义与定义、概念与理念、知性与知识、思想与思辨、逻辑与逻各斯（“道”）……

美国语言学家费诺罗萨（Ernest F. Fenollosa, 1853—1908）指出：“汉语所代表的是，所有的西方逻辑和抽象系统的合乎自然的选择。”[1] 这就是说，在西方，汉语（汉字）之外不存在逻辑。

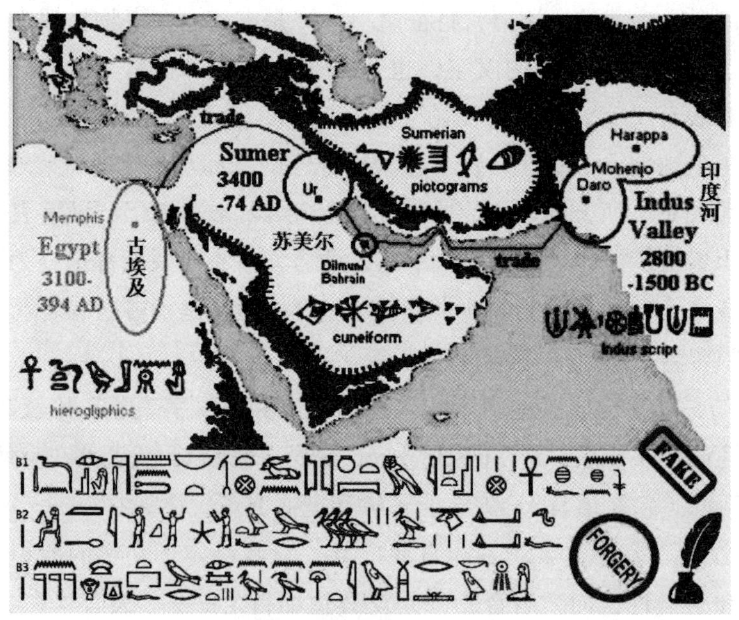

图 8　从“文字”来看古老文明的虚构或伪造（fake/forgery）

图 8 展示了“古代文明”埃及（前 3100—394）、苏美尔（前 3400—74）和印度河（哈拉帕，前 2800—前 1500），以及它们所使用的文字（象形文字和楔形文字等）。然而该图的疑点则是，象形文字（或楔形文字）只是雏形文字，或为部落图符或教派标识；它能所表达的，仅是个别事物、零星具象或静态形似，而非系统思想、深刻情感或变化意识。后三者属于文明的内涵。唯有表意文字才是“文明的文字”。所以，结论是，用象形文字（或楔形文字）来匹配文明是荒谬的。

1 Robert Kern: *Orientalism, Modernism, and the American Poem,* Cambridge University Press, p.71.

含义与定义、概念与理念、知识与知性……在今天似乎是理所当然的，任何语言文字都可以做到；但这是汉语（汉字）影响其他语言文字的结果。耶鲁大学教授史景迁指出：“在 17 世纪后期和 18 世纪早期，西方人发现汉语结构是所有其他世界语言得以成立的关键。”[1]

然而在古代，“表意”是何其难也，它的原创乃依靠《易经》之“形而上者谓之道，形而下者谓之器”两者相契合；以致我们可以说，表意文字是一切知识、学问、艺术和发明之母——没有它则一事无成！这就是为什么法国数学家白晋对莱布尼茨说，汉字是人类知识的总的钥匙[2]；而使汉字从“象形”升华至“表意”的《易经》，则是一切知识——包括科学、数字和哲学——的源头。[3]

第三、汉字是人类知识的基因库。只有整体思维才能够准确无误地概括出万事万物的属性与特征，放之四海而皆准，传乎百世而不惑，这就是“原生表意”（古汉语）。汉字不仅是记录共通性语言（雅言）的符号，而且是负载着一切知识的全息标志，它是凝固的信息模块。“每个汉字就是一个集成电路。”中国古圣先贤知道，语言或声音乃“恒变”，所以，他们创造出一套独立于语言之外、超越时空而保持稳定的文字系统，用它来蕴藏、传导信息；即使相隔数千年也能“记忆犹新”，从而积累和发扬智慧成果。相比之下，如果不是寄生于“汉字表意”，西方字母文字仅是表音符号，而不具有合理合法、共通共喻之意思，不具有含义定义、思想思辨之知性。所以说，怎么可能存在“古希腊”及其文学、科学和哲学呢？！

美国埃默里大学教授鲁斯科拉写道：

> 随着赴华耶稣会士把更多的有关汉语的信息传回欧洲，它引起社会混乱与传统分裂；终于激发了伟大的 17 世纪的文化探索，寻找那丢失已久的人类共享的“通用语言”，后者的关键系于汉语……所有这些都反映了这一普遍信念，即在中国尚可看到原生知识的缩影，那就是逻辑、神学和语言结构之共有性和普遍性。[4]

1 Julia Frances Andrews, Kuiyi Shen: *A Century in Crisis: Modernity and Tradition in the Art of Twentieth–Century China,* Guggenheim Museum, 2003, p.10.

2 David E. Mungello: Curious Land: *Jesuit Accommodation and the Origins of Sinology,* University of Hawaii Press, 1988, p.314.

3 Simon Kow: *China in Early Enlightenment Political Thought,* Routledge, 2016, p.30.

4 Anne Orford, Florian Hoffmann: *The Oxford Handbook of the Theory of International Law,* Oxford University Press, 2016, p.154.

香港大学教授查德·汉森（Chad Hansen）声称："汉字作为表意文字，可媲美于科学的宇宙创造说。"[1]

费诺罗萨说："以汉语为模式，把它当作真正知识的工具；只有这样，才能够弥补我们（西方）可怜的语言抽象的能力。……这是联结命名与认知之间的理想设定。"[2]

芝加哥大学教授豪·索萨西说，"中国书写文字是有效思维的典范"[3]，它"成为现代早期欧洲的完美写作模式"。[4]

早期汉学家雷慕沙（Jean Pierre Abel Ré musat, 1788—1832）断言，"汉语书面语言（汉字）代表人类的基本思想，而这是其他任何语言（文字）都不能传达的"；"汉语……是最理性、最系统的语言，因此它是最有可能成为人类通用语言的模型"。[5]

2. 溯源汉字，发现西方知识的根

第一，汉字与现代西学的源头。表意文字（汉字）即含义与定义、概念与理念、知性与知识、思维与思辨、抽象与形象、形而上与形而下……它可以说是最伟大的发明，其他所有的发明都是基于其上的。换句话说，倘若没有表意文字，那么，不可能有知识，更不可能产生文学、科学和哲学；除非是原始性的，或是被伪造的。

如果承认人类知识的诞生是"元一"（一个源头）的话，那它就不会在欧洲，因为西方是"二"（主客对立）；只不过在现代阶段，由于幸遇"天时地利"，西方在这方面表现得异常突出和亢奋而已。如此"元一"即是那赋予汉字"表意功能"的《易经》，它也是全人类的"群经之首"。这样就可以解释为什么在17世纪后期，即在"西学"的孕育期，莱布尼茨和白晋等人达成共识：使汉字从"象形"向"表意"飞跃的《易经》，是全人类的科学、数学和

---

1 Chinese characters are ideograms as on a par with scientific creationism. (Chad Hansen) Ming Dong Gu: Sinologism: *An Alternative to Orientalism and Postcolonialism,* Routledge, 2013, p.190.

2 Robert Kern: *Orientalism, Modernism, and the American Poem,* Cambridge University Press, p.125.

3 Haun Saussy: *Great Walls of Discourse and Other Adventures in Cultural China,* Harvard Univ Asia Center, 2001, p.35.

4 Ernest Fenollosa, Ezra Pound: *The Chinese Written Character as a Medium for Poetry,* Fordham Univ Press, 2009, p.4.

5 Robert Kern: *Orientalism, Modernism, and the American Poem,* Cambridge University Press, p.1.

哲学以及宗教的源头。

> 白晋认为，这些易象和爻卦皆显示伏羲所发现的，不仅是中国语言的钥匙，而且还是“所有知识的真正钥匙”（true key to all knowledge）。白晋写道，伏羲爻卦代表了所有科学的简易而自然的方法。[1]
>
> 莱布尼茨赞同这种推论，即所有的智慧都溯源于《易经》图像。[2]
>
> 白晋还说，在其历史之初，中国人就已经从这个源头获得了昭示真理的完整知识，摩西、犹太人和神性的柏拉图也分享它。……白晋还确认，伏羲这个中国远古传奇圣君之首，与那些古代神学的创始者是同一个人（使用不同名字而已），诸如赫尔墨斯、瑣罗亚斯德和以诺等（他们都是近代西方人“依样画葫芦”而来的——引者）。《易经》……这部最古老的书，包含了完整的神启知识的密码形式。[3]

据此，大卫·波特总结，汉字（表意）是“神圣启示的密码”，它体现了“完美的哲学系统或所有科学的基本原理”。[4]

第二，西方不能原创知识和学术。美国《向导》杂志（1918）写道：“写字的发展是有序的，象形文字（图画显示）被表意文字（意识标识）所取代；后者表达抽象的思想，堪称所有发明中的最伟大的发明——使汉字担当通用文字，一切才有可能：书写历史、诗歌、哲学……”[5]

在（17、18世纪）耶稣会士的心目中，中国在很大程度上是“全人类知识的终极源泉”。[6]在17世纪的欧洲，“中国成为神启的逻各斯的知识库”。[7]

这就是说，西方不可能原创文学、艺术、知识和学术，乃至不可能原创文明及其一切方面。为什么？其原因之一是，西方不能原创“表意”或真正文字。“表意”，指人与自然及万事万物之普遍性与感通性，它是《易经》之

1 David E. Mungello: *Curious Land: Jesuit Accommodation and the Origins of Sinology,* University of Hawaii Press, 1988, p.314.

2 Val Dusek: *The Holistic Inspirations of Physics,* Rutgers University Press, 1999, p.198.

3 John Marenbon: *Pagans and Philosophers,* Princeton University Press, 2015, p.302.

4 David porter: *Ideographia: The Chinese Cipher in Early Modern Europe,* Stanford University Press, 2001, p.20.

5 *The Mentor,* vol. 6, *Mentor Association,* 1918, Northwestern University, p.42.

6 Amy Jane Barnes: *Museum Representations of Maoist China: From Cultural Revolution to Commie Kitsch,* Routledge, 2016, p.20.

7 Thomas H. C. Lee: *China and Europe: Images and Influences in Sixteenth to Eighteenth Centuries,* Chinese University Press, 1991, p.136.

“形而下”（器）与“形而上”（道）相和合的结晶。这样的“智慧机制”在西方是不可能产生的。即使在现代，西方已经撷取了汉语的“表意、雅言”，学会了含义与定义、概念与理念、知识与知性、思想与思辨……也从中国引进了整个西学（西学中源）；即便如此，西方也是上述“智慧机制”的门外汉。唐诗云：“偶与游人论法要，真元浩浩理无穷。”

人类社会发展的原动力与中华文明的全球展开 （西方是暂时现象，图中双线框所指）			
时间	古代	现代	将来
历史哲学	正 / 阴	反 / 阳（阳亢）	合（正）/ 阴
	量变→质变		用智慧控制“质变”
人与自然	和解或和合	对抗与冲突	和解或和合
	占优势的自然把人类分散和分隔在无数个狭小的“生态单位”之中，必须天人和解。	利用“全球性生态”作为平衡条件与牺牲代价，支持大发展，以空间换时间，冲击环境极限。	地球村之密集与饱和、生物圈之超限与萎缩；这意味着所有的西方模式或方法在未来都行不通。
文明模式	有序运动	无序运动	有序运动
	“道”的运动：天人合一，动态平衡，整体和谐，顺天应人，利用厚生，人文化成。	社会内部是“有序、理性”，但对外相反。为了局部和短暂的好处，牺牲整体和长远利益。	结束现代的“世界战国”，恢复中国传统模式——人与人、人与自然之最大和解。

我们说西方不能原创“表意”（知性和概念等），这不仅仅是因为西方的表音文字只是声音符号，而无合理语义；更因为西方没有“道的智慧”（整体和谐、动态平衡、圆融有机、有无相生）。

第三，“汉字表意”衍生西方哲学。西方不能原创“表意”这一知识与学问之母。

德里达（Jacques Derrida, 1930—2004）说：“知觉恰恰是一个概念，一个直观的概念……它源自于事物本身，其意义自我呈现，它独立于语言、独立于指涉系统。而我相信知觉与源头、中心的概念是相互依赖的……”[1]

这段引文说的是，知觉和概念来自事物的本身，人通过直觉体悟它们的互相依赖和渊源本末。这难道西方做不到吗？西方宗教是“神创万物”，它不承认包括人在内的自然万物本身的价值和规律；实际上，它只是牺牲万物众生，除此之外，它与自然毫不相关。西方的非宗教的“世俗部分”是唯“俗”无“雅”，都是地方性和排他性；这在 17 世纪的欧洲方言文字群起林立之际，

1［法］德里达：《人文科学话语中的结构、符号与游戏》，社会科学文献出版社，2006 年，第 272 页。

是“流行病”。

在德里达看来，“汉语是哲学写作的完美蓝本。……因此，汉语写作概念发挥一种‘欧洲幻觉’（European Hallucination）的功能”[1]“……德里达确认，在莱布尼茨的项目中，汉语（写作）模式‘起着西方哲学的基石的作用’。”[2]

美国长岛大学教授帕蒂森指出：“莱布尼茨认为汉字是理想的哲学符号系统的原型；它不存在口音中介和词语模糊，而与思想之对象直接关联。”[3]

“汉字表意”仅构成西方哲学的语义、概念和范畴以及逻辑推理的方式。总的来说，西方哲学及科学皆来自从中国经书中所撷取的专门针对自然的那部分，被称为“自然哲学”；西方割裂“万物一体”，形成“主客两分”，从而退化为“本能层级”——人作为“智能生物”所禀赋的反克自然的无限潜能，只不过用《易经》的“形而上”（道的碎片）包装之而已。莱布尼茨希望“中国也应该派‘传教士’到欧洲，教导自然哲学”[4]。

“自然是我们的一切观念所生出的源头。”（越诺尔兹名言）在古代，哪一种思想最能体悟和尊重自然呢？那就是儒家（天道观、天人观），开始于《易经》；所以，一切概念与观念、知性与知识的源头就在这里。

1 Patrick Williams, Laura Chrisman: *Colonial Discourse and Post-Colonial Theory,* Routledge, 2015, p.88.

2 Jessica Pressman: Digital *Modernism: Making It New in New Media,* Oxford University Press, 2014, p.144.

3 Leibniz considered the Chinese characters the prototype for an ideal philosophical system of notation… / Robert Pattison: *On Literacy,* Oxford University Press, 1984, p.34.

4 Derek Howse: *Background to Discovery,* University of California Press, 1990, p.151.

西方“古典及古代文明”考古遗址伪造情况掠影

李树军

西方世界历史体系中有所谓“古典文明”与“古代文明”两个概念，前者指古希腊与古罗马文明，后者指古埃及、古巴比伦两河流域及古印度文明。前者是西方中心论的核心概念，后者是前者的源头，属于西方中心论的东方主义范畴。

我们知道，西方的早期“历史记录”是基于各种传说在较晚时候形成的。具体而言多是在造纸术、印刷术传播到西方后，其传说的“历史”才以书面形式“记录”下来。因所称年代久远、长时间仅以口耳相传等缘故，致使这种早期历史的“记录”缺乏可靠性。

很明显，用那些不可靠的“历史记录”作为依据，来证明与之关联的“很晚近才被发现的遗址”是“真实可信的古代遗址”，显然也靠不住。

随着印刷术在西方的普及，西方的记录逐渐清晰明确起来，然而清晰、明确未必代表真实可信。尽管如此，与之前缺乏书面文字的情况比较起来，毕竟大有进步，因其初步具备了验证之前不可靠记录的条件。随之有人发现，之前的记录无法得到遗址发现的验证，而仍显苍白。

为了弥补这个缺陷，有人便有意编造谎言，强调其考古发现验证了早先的历史记录。然而，这种验证本身却经不起深入考究，仔细一看，所谓得到验证，只不过是那些“验证者”们自己编造的说法而已。

由此，大批的“历史发明家”应运而生。原仅存于传说的相关古迹被不断“发现”，不断有旅行学者到访此类的“古遗址”，并留下大量详细的游记、现场绘制的各种精度的古遗址图像——其中有些绘图竟然有证据表明使用了网格法。这些新的资料极大地丰富了西方的史料，使得原本不可靠的传说被一一“证实”。如此一来，不仅为这些学者们带来了名利，也鼓舞其后继者不断翻新花样、重重虚构。

依常理而言，这些旅行者的亲历记录产生于印刷术普及后，都是现场记录的第一手原始资料，古遗迹如果真实存在，自然不会出现诸如所传时代因记忆的模糊性、词不达意的不可靠性、口耳相传误传原意、传抄错误等扭曲事实的情况。显然，旅行者的亲历记录应该比印刷术普及前的传说可信得多；当时如果古遗迹确实存在，必然与亲历记录相互契合。

当然，所谓的古遗址是否真实存在，除了所谓亲历者的“记录”外，缺乏其他可资实证的材料。在当时的交通条件下，即便有不同意见，也难以去现场确认，只能采信这些记录者的说法。甚至，那些所谓的古遗址，在亲历者杜撰的时候并不存在，那些古遗址实则是其后按亲历者的描述“发现”出来的。换句话说，所谓的古遗址不能排除是根据旅行者们编故事的游记来“伪造成真”的可能性。

如此对于古遗迹的后期伪造，是出于怎样的目的呢？我们知道，西方中心论者为了达成伪造历史的目的，需要寻找历史根据为其圆谎。他们伪造这些古遗迹，是为虚构西方中心论的历史服务的，以此为假历史制造出证据链条，并声称证据出于旅游者“亲历记录”的第一手资料。

那么，那些亲历者们的“记录”有没有被仔细验证过呢？在本文中，我们针对相关问题，选择部分典型的所谓古典及古代文明遗址的一手考古资料，对其内容进行详细比对，以期得出一个明确的答案。

一、以古埃及狮身人面像的原始资料为例

狮身人面像是古埃及文明遗址中的最著名的标志性历史遗存。首先，我们对其被发现的经过及最早的游历考古资料进行分析考证。

意大利人卡维利亚（Giovanni Battista Caviglia）在 1817 年对狮身人面像进行了第一次现代考古发掘。但其工作很少被人提及，是不是在刻意隐瞒什么？本次挖掘所对应的考古相关图像包括以下内容（限于篇幅只列出部分原始资料图图片如图 1、图 3、图 4 和图 5 以及以下原始文献图中“图 1—图

15”图片的相关文字描述，具体详情请参看对应的原始文献）。

原始文献图图 1. 挖掘过程中的狮身人面像视图。

原始文献图图 2. 狮身人面像的胡须碎片。

原始文献图图 3. 狮身人面像挖掘过程中发现的碎片（现藏大英博物馆）。

原始文献图图 4. 狮身人面像前面的神庙和台阶的平面图。

原始文献图图 5. 狮身人面像前腿之间的小神庙视图。

原始文献图图 6. 在狮身人面像附近发现的祭坛和碎片。

原始文献图图 7. I. 狮身人面像前面台阶上的建筑物，在地面平面上的 O 点标记处。

II. 挖掘过程中发现的碎片恢复的该建筑物。

原始文献图图 8. 通往狮身人面像台阶上的建筑物上的（希腊文）铭文（指图 7 的建筑）。

原始文献图图 9. 通往狮身人面像台阶的视图。

原始文献图图 10. 狮身人面像前腿之间的碑。

原始文献图图 11. 狮身人面像前腿之间小一些的碑。

原始文献图图 12. 狮身人面像一个爪子上的（希腊文）铭文。

原始文献图图 13. 狮身人面像附近发现的（希腊文）铭文。

原始文献图图 14. 在狮身人面像挖掘过程中发现的碑（现藏大英博物馆）。

图 1 反映现场挖掘的绘图，右图被其他资料广泛引用

原始文献图图 15. 狮身人面像附近发现的（希腊文）铭文。

该原始文献图中只有图 1 是广为人知的，并被其他资料引用或再创造，而其他资料图几乎被世人遗忘，罕见被引用过。

从原始文献图图 4，即狮身人面像前面的神庙和台阶的平面图，可以发现当年卡维利亚所挖出的建筑并非是今天我们所看到的建筑。该图所描绘的狮身人面像前面的“台阶建筑”，在今天变成了面积较大的神庙，然而此神庙是直到 1920 年代才被挖掘完毕。由此可见，狮身人面像完全是后来伪造的发掘工程。

卡维利亚当时还挖掘出狮身人面像的胡须（原始文献图图 2），头顶的眼镜蛇残块等遗物（原始文献图图 3），据绘图者说法，这些文物保存在大英博物馆，原始文献中有对应的证据。

有专家研究过这个狮身人面像的胡须，其说法是：“除了消失的鼻子，一个象征性的法老胡须曾依附在狮身人面像上，但这个胡须可能是在建造完成后的一个时期加上去的。古埃及学家杜波夫（Vassil Dobrev）则认为如果胡须是狮身人面像原有一部分的话，它会在脱落的时候损坏狮身人面像的下巴。目前狮身人面像下巴处没有损毁的痕迹，从而可以证实他关于胡须是后来加上去的假说。”

卫星图显示的神庙位置，左下方平面图为部分台阶与小神庙的位置关系。

从文献中可以看到，此平面图展示的台阶仅仅是局部，另一张绘图说明有很长一条台阶通道，通往狮身人面像。

到底应该是台阶呢？还是应该是神庙？这个矛盾没法解释。

如果认可杜波夫的说法，并且证实了他关于胡须是后来加上去的假说。

图 2　狮身人面像卫星图。其正前方是一个规模很大神庙遗址

那么，在这里我们要问一句，当时使用了什么技术（或黏合剂），能够在不留痕迹的情况下将如此巨大沉重的胡须，悬空安装到狮身人面像的下巴上？此问题如果不能合理解释，如何可以推断出他“关于胡须是后来加上去”的假说，并给予证实呢？

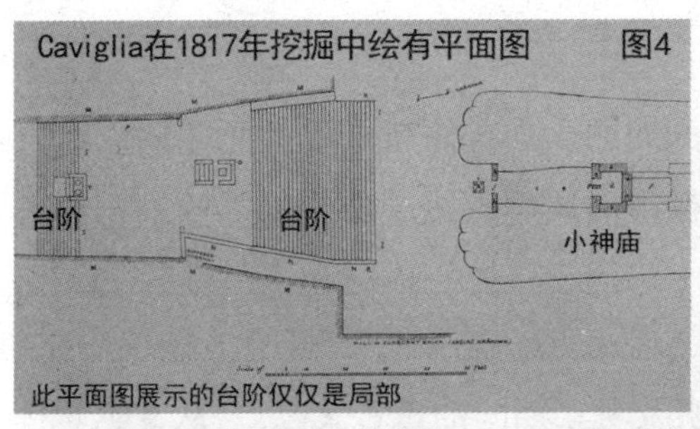

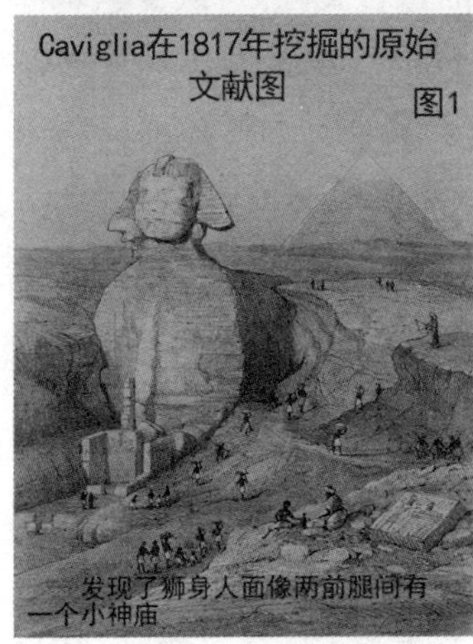

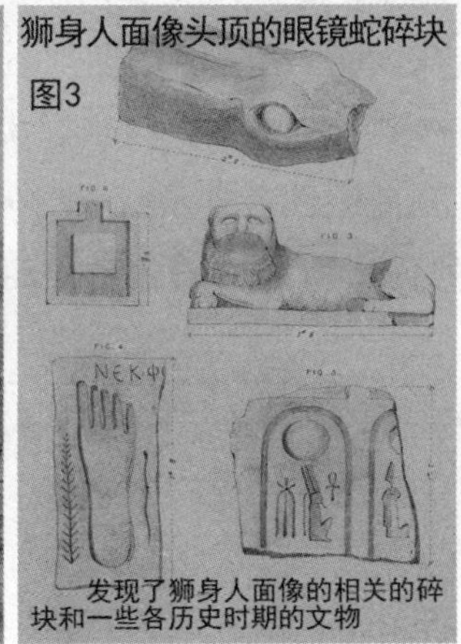

图3　1817年狮身人面像遗址的挖掘情况与现实情况的比较分析图
（图片上序号为原始文献图序号）

本次挖掘工作，卡维利亚还发现了狮身人面像两前腿之间的小神庙（指原始文献图5），神庙中的一面院墙就是著名的图特摩斯四世纪念碑——“记梦碑”（指原始文献图10）。

图特摩斯四世与拉美西斯二世可以说是最有名的埃及法老，最早图像文献中就属这两位法老的相关素材居多。

卡维利亚狮身人面像的挖掘工作是伪造，图特摩斯四世纪念碑“记梦碑”也就自然属于伪造工程的一部分；后续的发掘者没有挖到卡维利亚精心设计的台阶自在情理之中，但却另外搞出了一座颇具规模的狮身人面像神庙来，显然也是无中生有的工程。

本可以弃车保帅，用卡维利亚伪造了本次发掘来解释挖掘工作的矛盾，借机批判卡维利亚的学术不端；不料后继者愚蠢地选择了刻意隐瞒卡维利亚的伪造工作，以为控制资料外泄就能达到掩人耳目的目的；进而，后继伪造者继续使用卡维利亚的设计图“图特摩斯四世纪念碑”——“记梦碑”。这是明知是假，却以假证假的手法！

造假道具“记梦碑”还存在另外的问题。列普修斯介绍过此“记梦碑”，显然是列普修斯不满意原始的设计，按需对此碑进行了适当的篡改，刻意去掉了原始设计中的一些信息。

到马里埃特时期（至少 1863 年之后）此“记梦碑”再次被挖掘出来。列普修斯的“记梦碑”绘图出自其在埃及考察期间的考古文献。[1] 从文献名称看，列普修斯此次考古是在 1842—1845 年期间进行的。相对而言列普修斯的“记梦碑”与今天的实物更契合一些，就是说实物基本与列普修斯的残损设计吻合，但是经分析可知此绘图并非测绘图，离测绘图的要求差得很远。“记梦碑”实物则伪造于列普修斯此绘图之后，而卡维利亚的资料要远早于列普修斯的资料。

1. A 框中卡维利亚的资料比列普修斯多出四行圣书体文字。列普修斯的版本强行将此处文字去除，伪造成原始残损效果。被去除的信息不少，专家可以解读一下。

2. B 框中卡维利亚的资料里是有文字信息的，列普修斯同样将此信息去除。被去除的信息不少。

3. C 框中王名圈的法老名号不同。卡维利亚的设计少了三条竖线，法老变成了图特摩斯三世列普修斯并添加了三条竖线，这样法老就变成了图特摩斯四世。当然此时专家肯定无视其他矛盾，说此处是绘制错误——人不是照相机，出错在所难免。

4. A 圈中设计的几何图案有变动。卡维利亚的设计是四叶草形式的，列普修斯把设计改为顶端是心形，下边连着个圆圈的样式。显然列普修斯对改动效果比较满意。碑中还有其他细节改动，此处不再一一列举。

---

1 Lepsius, Richard, (1810–1884) Denkmaeler aus Aegypten und Aethiopien nach den Zeichnungen der von seiner. Majestat dem Koenige von Preussen Friedrich Wilhelm IV nach diesen Landern gesendeten und in den Jahren .1842–1845 ausgefuhrten wissenschaftlichen Expedition ...Denkmaeler aus Aegypten und Aethiopien, Band V.

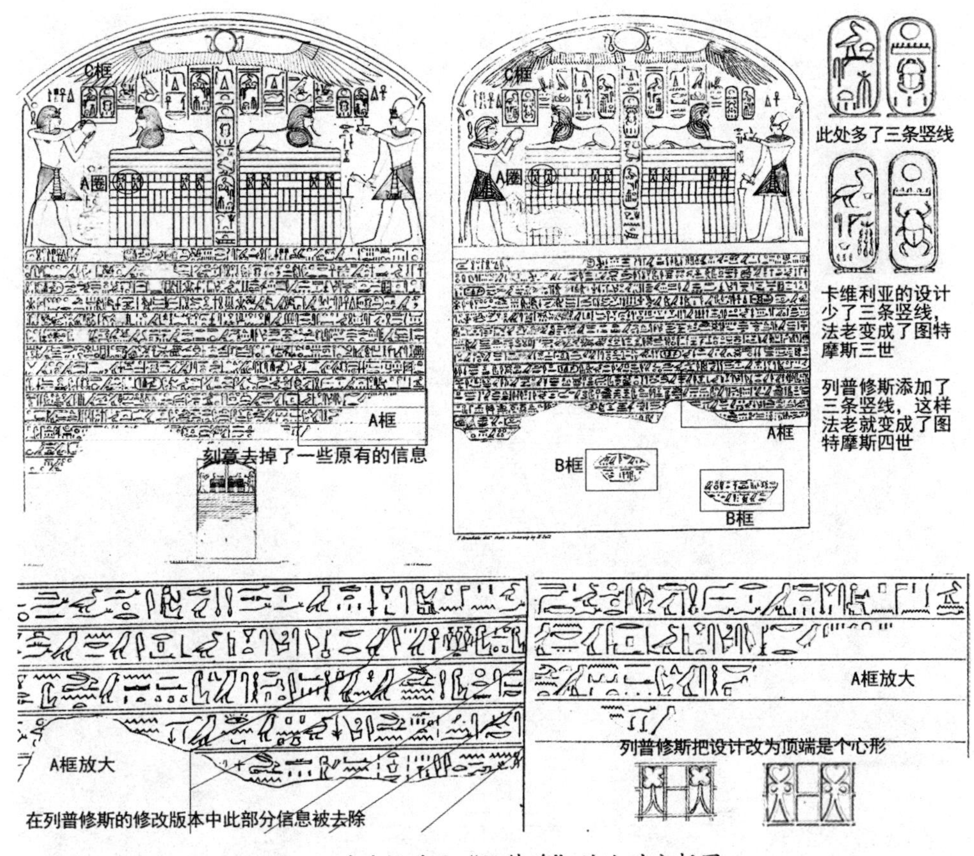

图 4　对造假道具“记梦碑”的比对分析图

从以上分析可以得出结论：后续的“发掘”工作只是利用了卡维利亚的部分设计，没有全盘接受卡维利亚的设计方案。在卡维利亚的设计启发下，保留了卡维利亚对狮身人面像的下半身设计，舍弃了通往狮身人面像的台阶方案，创造性地发明了狮身人面像前的大神庙。由此可见，整个挖掘狮身人面像的过程，是一项有组织、有计划、完完全全的造伪工程。

二、对开罗吉萨金字塔群相关原始文献的验证

依常理而言，越可信的原始资料价值越大，而关于金字塔记载最早的可

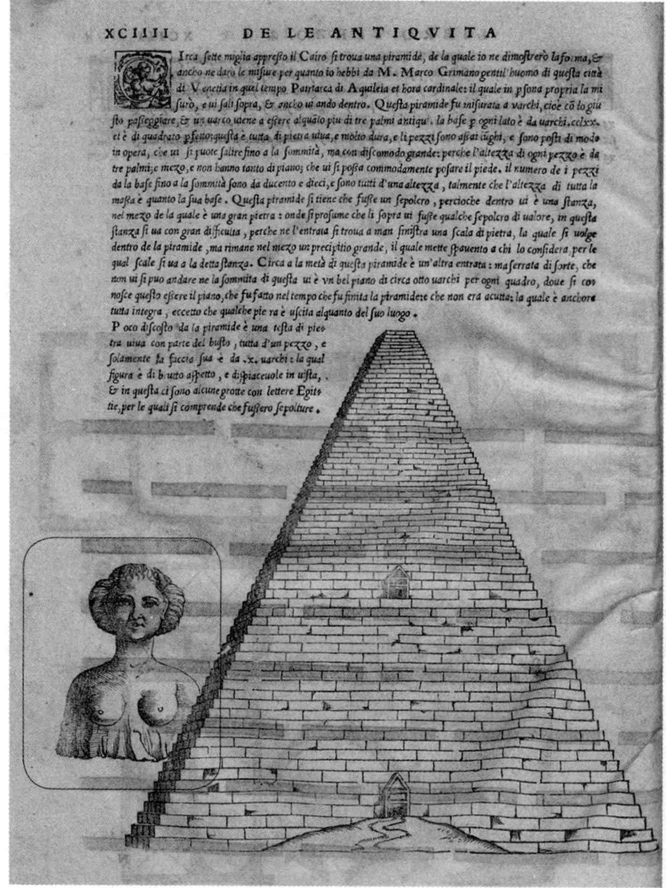

XCIIII DE LE ANTIQVITA

C Irca ſette miglia appreſſo il Cairo ſi troua una piramide, de la quale io ne dimoſtrerò la forma, & ancho ne darò le miſure per quanto io hebbi da M. Marco Grimano gentil'huomo di queſta città di Venetia in quel tempo Patriarca di Aquileia et hora cardinale: il quale in pſona propria la miſurò, e ui ſali ſopra, & ancho ui andò dentro. Queſta piramide fu miſurata a uarchi, cioè cō lo giuſto paſſeggiare, & un uarco uiene a eſſere alquāto piu di tre palmi antiqui. la baſe p ogni lato è da uarchi.cclxx. et è di quadrato pfetto: queſta è tutta di pietra uiua, e molto dura, e li pezzi ſono aſſai lūghi, e ſono poſti di modo in opera, che ui ſi puote ſalire fino a la ſommità, ma con diſcomodo grande: perche l'altezza di ogni pezzo è da tre palmi, e mezo, e non hanno tanto di piano; che ui ſi poſſa commodamente poſare il piede. il numero de i pezzi da la baſe fino a la ſommità ſono da ducento e dieci, e ſono tutti d'una altezza, talmente che l'altezza di tutta la maſſa è quanto la ſua baſe. Queſta piramide ſi tiene che fuſſe un ſepolcro, perciochè dentro ui è una ſtanza, nel mezo de la quale è una gran pietra: onde ſi proſume che li ſopra ui fuſſe qualche ſepolcro di ualore, in queſta ſtanza ſi ua con gran difficulta, perche ne l'entrata ſi troua a man ſiniſtra una ſcala di pietra, la quale ſi uolge dentro de la piramide, ma rimane nel mezo un precipitio grande, il quale mette ſpauento a chi lo conſidera, per le qual ſcale ſi ua a la detta ſtanza. Circa a la metà di queſta piramide è un'altra entrata: ma ſerrata di ſorte, che non ui ſi puo andare ne la ſommita di queſta ui è vn bel piano di circa otto uarchi per ogni quadro, doue ſi conoſce queſto eſſere il piano, che fu fatto nel tempo che fu finita la piramide: e che non era acutta: la quale è anchora tutta integra, eccetto che qualche pietra è uſcita alquanto del ſuo luogo.

Poco diſcoſto da la piramide è una teſta di pietra uiua con parte del buſto, tutta d'un pezzo, e ſolamente la faccia ſua è da .x. uarchi: la qual figura è di brutto aſpetto, e diſpiaceuole in uiſta, & in queſta ci ſono alcune grotte con lettere Egittie, per le quali ſi comprende che fuſſero ſepolture.

ancho ne darò le misure per quanto io hebbi da M.Marco Grimano gentil' huomo di questa città di Venetia in quel tempo Patriarca d' Aquileia, & hora cardinale:ilquale in persona propria la misurò, e ui sali sopra, & anco ui andò dentro.

此图是根据亲自测量过此金字塔的红衣主教Marco Grimano的描述而绘得

Marco Grimano 与Marino Grimani确认为同一人，见1529年的Patriarch of Aquileia。Marino Grimani（c.1489-1546）

所有这些石头都很硬、很长

原文：

questaè tutta di pietra uiua,e molto dura,e li pezzi sono assai lunghi

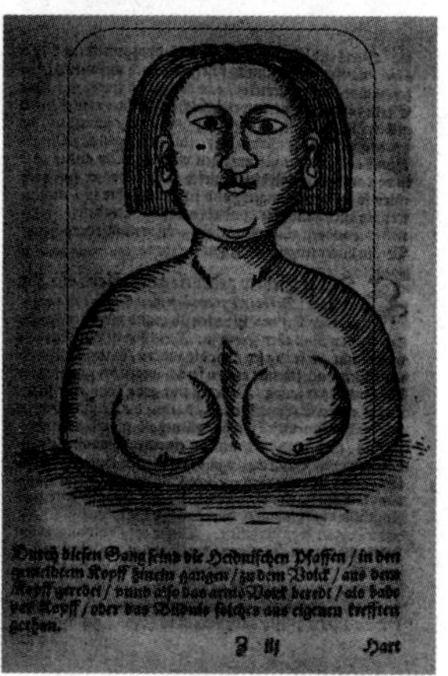

目前已知最早的金字塔图像信息出自Serlio, Sebastiano Il Terzo Libro Di Sabastiano Serlio Bolognese, Nel Qval Si Figvrano, E Descrivono Le Antiqvita Di Roma, E Le Altre Che Sono In Italia, E Fvori De Italia Venetia, 1544.

金字塔后边还绘有个女人形象，成为后世书籍中斯芬克斯（狮身人面像）的直接来源。1579 Johann_Helffrich_-_Kurtzer_und_warhafftiger_Bericht_-_Sphinx.

图 5 1544 年塞里奥的开罗金字塔图像

信记载出自塞里奥（Serlio Sebastiano）1544 年出版的文献。[1]

该文献的主要内容是对所谓古罗马遗迹的复原，关于金字塔的记载只是捎带提出。

据作者描述，此图是根据其爬上金字塔，进入金字塔内部，并且仔细测量验证了红衣主教格里马诺（Marco Grimano）对此金字塔的描述而绘得。

据书中图像的绘制细节可知，作者塞里奥的绘图功力高超，他绘制了很多古罗马的古迹建筑结构图，其高超的制图水平，加上亲自测量过金字塔红

1 Serlio, Sebastiano Il Terzo Libro Di Sabastiano Serlio Bolognese, Nel Qval Si Figvrano, E Descrivono Le Antiqvita Di Roma, E Le Altre Che Sono In Italia, E Fvori De Italia Venetia, 1544.

衣主教的精确描述，包括金字塔底边长度、石块高度等准确数据，使人相信，如此绘制的金字塔应该是相当精准的，不会离遗迹实物太远。

然而，奇怪的是，作者呈现给我们的金字塔绘图形象，与今天开罗附近的任何金字塔都不像。其特点是图中金字塔石块长度很长。

红衣主教格里马诺特意强调了金字塔石块是很长的，作者也按描述把这种很长的条石在图上表现出来，特别强调金字塔石块是很长的，完全不同于今天我们所见到的那种接近正立方体的石块。所有这些石头都很硬、很长[1]。

大金字塔 175 层，每层石块的高度基本都不同，98 米高以上层的石块高度在 50—75 厘米之间。第一层最高，150 厘米左右，第二层次高 130 厘米左右，第三层次高 126 厘米左右，以上约有 35 层这样的石块，逐层高度是非线性变换的，实际数据与早期中西文献记载均相差甚远。

金字塔后边绘有一个有着弯曲头发的女人形象，此弯曲头发女人成为后世书籍中金字塔前斯芬克斯（狮身人面）像的直接来源。

看遍历史上早期的狮身人面像，虽然这些靠想象创作的作品不能直接证明什么，但可以很清晰地发现，其一路演变成今天的头戴内梅什巾冠的狮身人面像的过程。

从我们的分析可知，该书作者依据所掌握的关于开罗金字塔的准确资料，还原出来的金字塔形象，与今天我们看到的金字塔大相径庭。如果说今天的金字塔就是红衣主教格里马诺当时所看到的，定然不可能还原得如此不堪。要么就是红衣主教当初看到的金字塔如今已经消失，要么就是红衣主教附和着传说编造了一个动人的故事，也很有可能就是该书作者自己编造了一个故事。

通过分析后续不断出现的旅行者的描述与绘图，可以看出包括拿破仑团队在内的所有人的说法，都是不靠谱的。也就是说，所有亲历证人都没能正确描述出金字塔，这显然不合情理。据此可以得出结论：今天看到的开罗吉萨金字塔群并非什么古代建筑，而是出于 19 世纪伪造。

19 世纪之前对狮身人面像绘制最为精致的图像，当属拿破仑考古团队在《埃及记述》中的两张绘图。

---

1 Serlio, Sebastiano Il Terzo Libro Di Sabastiano Serlio Bolognese, Nel Qval Si Figvrano, E Descrivono Le Antiqvita Di Roma, E Le Altre Che Sono In Italia, E Fvori De Italia Venetia, 1544.

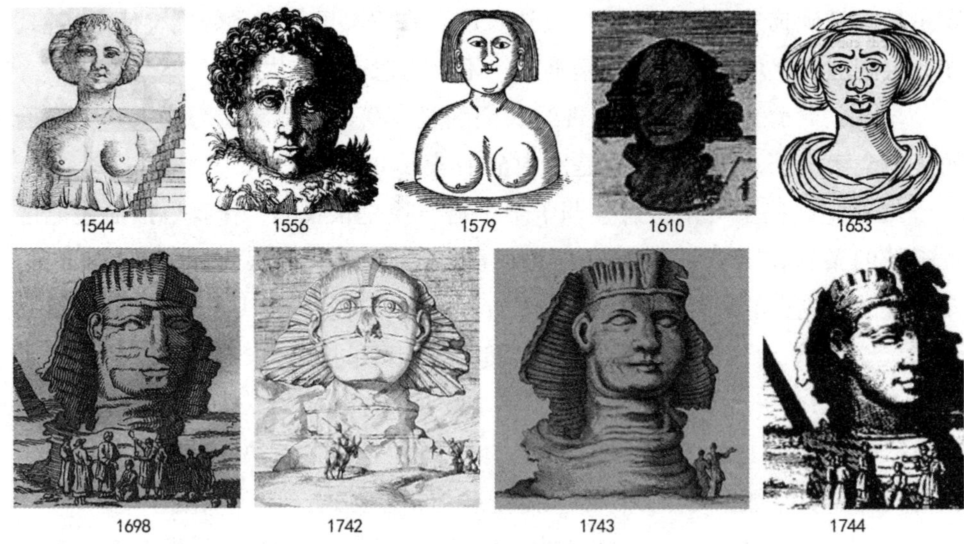

图 6 早期不同版本的狮身人面像形象图（图中数字为年份）

图 Pl11 作者是铅笔的发明人孔戴（Nicolas-Jacques Conté 1755—1805）。

图 Pl12 作者是杜特尔特（André Dutertre 1753—1842）。

两张图的共同特点就是绘制得异常精细，其雕版更可媲美今天的钞票版面。

经分析，孔戴绘制的那张图与杜特尔特绘制的图显然不能契合。

由塞里奥弯曲头发女人的曲发演变而来的狮身人面像的头巾有矛盾之处，两图在头巾上的条纹形成的放射性结构不同，此处见示意图的比较，孔戴的放射性结构中心在以头部为圆的圆心的鼻子处，杜特尔特的放射性结构中心不在以头部为圆的圆心的鼻子处，而在下巴位置。

关于狮身人面像的可信绘图还有波科克（Pococke, Richard）的文献[1]和诺登（Norden, Frederik Ludvig）游记中[2]的绘图。

波科克、诺登两人的绘图都宣称是在现场绘制的，并且据说两人都是于1730年代某年同一时间段到达现场的。两人所绘的图像其最大区别是波科克版本的鼻子部位完好无损，是高鼻梁，诺登版本的鼻子是破损的，现在学界认为诺登版本更可信一些。

1 Pococke, Richard ; Richard Pococke's Beschreibung des Morgenlandes und einiger anderer Länder (Band 1): Von Egypten Erlangen, 1771.

2 Norden, Frederik Ludvig ; Templeman, Peter [Hrsg.] *Travels in Egypt and Nubia* (Band 1) — London, 1757.

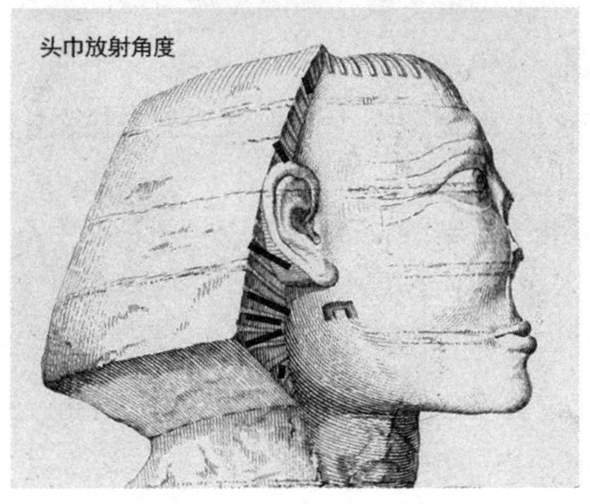

图 7　头巾放射线相关分析图

翻遍历史上所有吉萨金字塔的平面图发现，直到 1839 年出版的佩林（Perring John Shae）版本的吉萨金字塔平面图[1]，与今天所见大体契合。

之前的所有版本都各有特色，按绘图的时间顺序可以发现各个版本间有着微妙的传承关系。

各版本特色列举如下：

1 Perring, John Shae; Andrews, E. J. [Hrsg.]: The pyramids of Gizeh: from actual survey and admeasurement: *The great pyramid* —London, 1839.

波科克的狮身人面像是完好的

诺登的狮身人面像鼻子是破损的

图 8　狮身人面像鼻子破损分析图

1. 诺登版[1]：包括了四个较大的金字塔。

2. 波科克版[2]：波科克认为哈夫拉金字塔的东南曾经存在另一个大金字塔，并且此金字塔与胡夫金字塔以哈夫拉金字塔为轴呈现对称关系，此特点完全不同于其他人设计的位置关系。

3. 格罗伯特版[3]：胡夫金字塔南边的两个小金字塔，实际是马斯塔巴形式的墓地，偏离哈夫拉金字塔的狮身人面像。

4. 埃及描述版[4]：胡夫金字塔南边的六个小金字塔，不垂直于哈夫拉金字塔的狮身人面像设计。

5. 佩罗特版[5]：胡夫金字塔东边的两个小金字塔，而今天是三个。胡夫金字塔南边是马斯塔巴形式的墓地设计，不垂直于哈夫拉金字塔的狮身人面像设计。

---

1 Norden, Frederik Ludvig ; Templeman, Peter [Hrsg.] *Travels in Egypt and Nubia,* Band 1 — London, 1757.

2 Pococke, Richard ; *Richard Pococke's Beschreibung des Morgenlandes und einiger anderer Länder,* Band 1: Von Egypten Erlangen, 1771.

3 *Grobert, Jacques François Louis Description des pyramides de Ghizé*, de la ville du Kaire et de ses environs Paris, An IX [1800/1].

4 Jomard, Edme François [Hrsg.]: *Description de l'Égypte*: ou recueil des observations et des recherches qui ont été faites en Égypte pendant l'expédition de l'armée française, publié par les ordres de Sa Majesté l'Empereur Napoléon le Grand: Antiquités—Paris, 1809.

5 Perrot, Georges ; Chipiez, Charles Histoire de l'art dans l'antiquité: Egypte, Assyrie, Perse, Asie Mineure, Grèce, Étrurie, Rome (Band 1): L'Egypte — Paris, 1882.

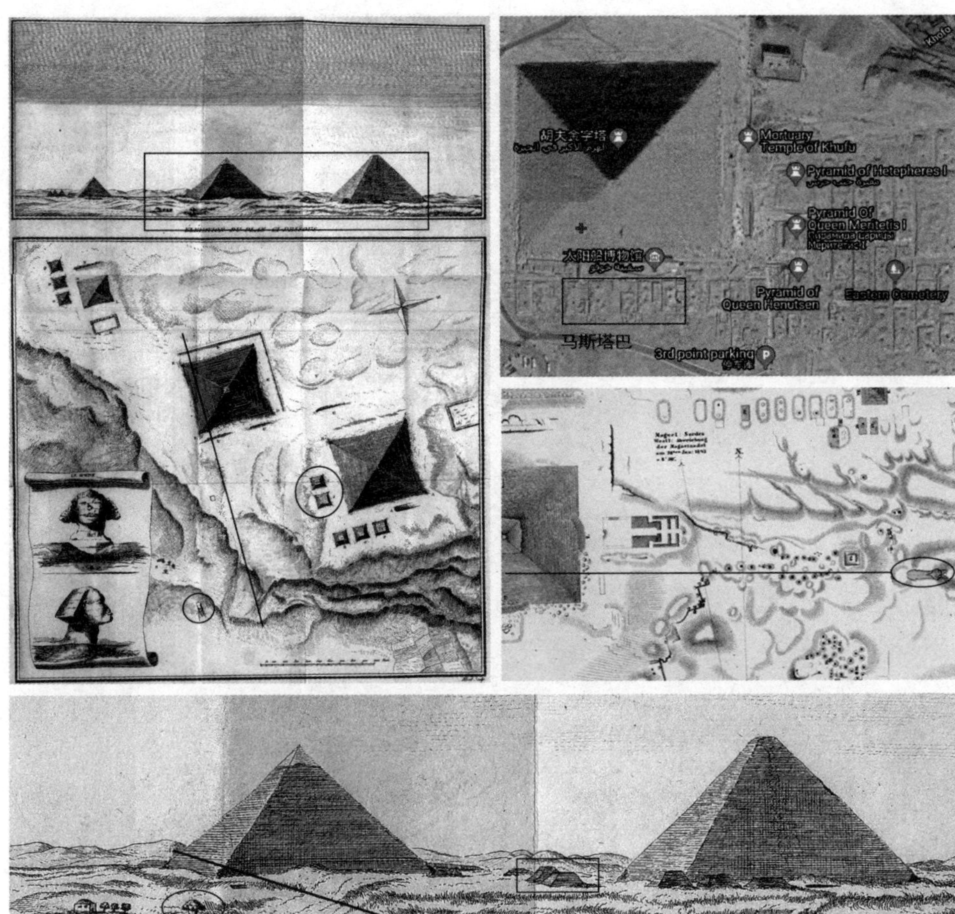

图 9　大金字塔南面的附属建筑存在矛盾

6. 佩林版[1]：与今天的金字塔基本契合。胡夫金字塔东边是三个小金字塔。胡夫金字塔南边是马斯塔巴设计，垂直于哈夫拉金字塔的狮身人面像。

图 10 中 1 图来自诺登版，2 图来自波科克版，3 图是拿破仑埃及学术团队的《埃及记述》[2] 内的图，4 图来自佩林版本，5 图是列普修斯的文献绘图 [3]。其中 1 图、2 图与现实情况相差甚远，这里不再进行分析。

4 图、5 图我个人认为金字塔群此时大体上已经伪造完成，与现存实物基

1 Perring, John Shae; Andrews, E. J. [Hrsg.]: *The pyramids of Gizeh: from actual survey and admeasurement: The great pyramid,* London, 1839.

2 Jomard, Edme François [Hrsg.]: *Description de l'Égypte*: ou recueil des observations et des recherches qui ont été faites en Égypte pendant l'expédition de l'armée française, publié par les ordres de Sa Majesté l'Empereur Napoléon le Grand: Antiquités (Paris, 1809).

3 Lepsius:Denkmaeler aus Aegypten und Aethiopien Abth.I.Bl 14.

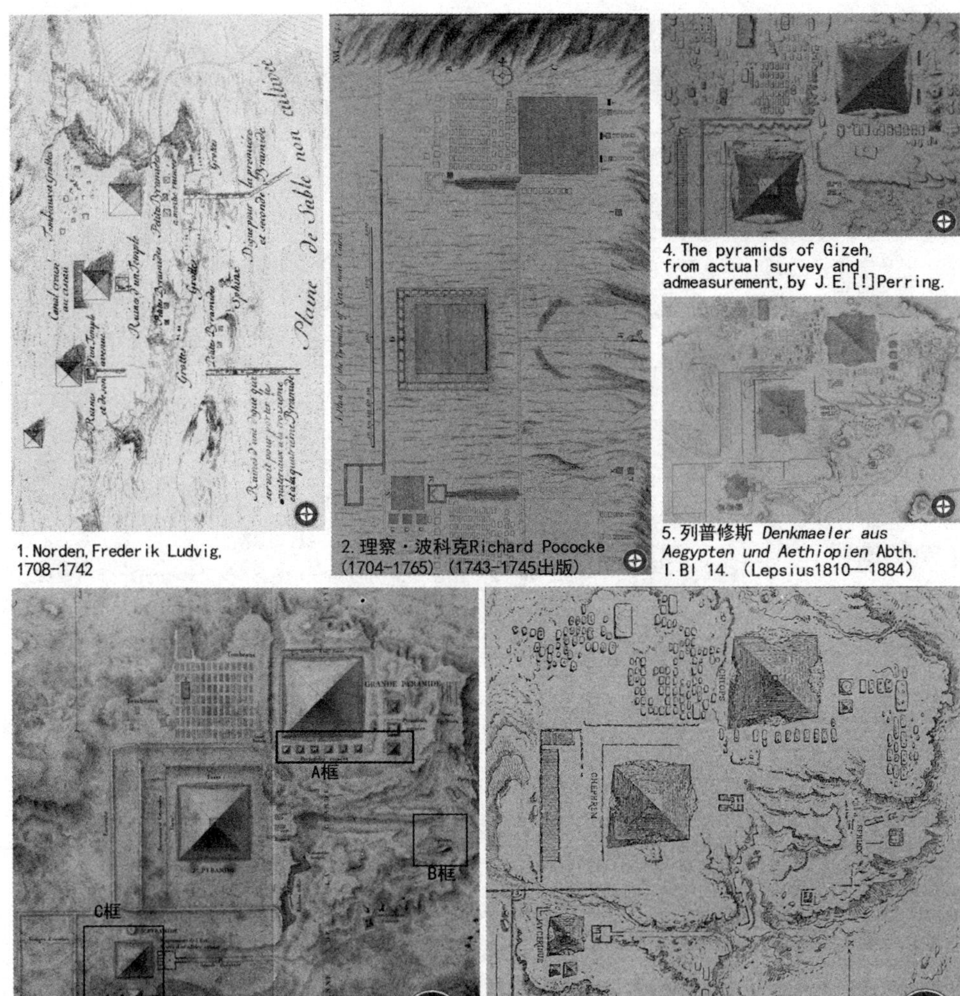

图 10　各版本的吉萨金字塔群平面图（各图方向标识为本文作者附加）

本吻合。

本次分析集中到 3 图《埃及记述》的平面图上。

发现 3 图与 4 图、5 图之间相差较大，过渡似乎猛了一些，缺失了中间环节，两者之间应该有个过渡图。——果然在 1882 年的出版物中发现了这个“缺失的中间环节”，就是 6 图佩罗特版[1]。

本文不分析其他矛盾点，只分析 2 图到 4 图、5 图是如何过渡的。取样

1 Perrot, Georges ; Chipiez, Charles Histoire de l'art dans l'antiquité: Egypte, Assyrie, Perse, Asie Mineure, Grèce, Étrurie, Rome (Band 1): L'Egypte — Paris, 1882.

点只标记在3图《埃及记述》的平面图上。

1.3图A框中胡夫金字塔的附属建筑物的设计过渡情况。

3图的B圈的六个小金字塔被修改为在5图、6图中的墓葬；6图将金字塔东面的三个金字塔改为两个；到了5图时候，将两个金字塔改回三个；6图中胡夫金字塔还是使用早期名字CHEOPS，也就是所谓的"吉萨大金字塔"被错误地认为是基奥普斯所建。

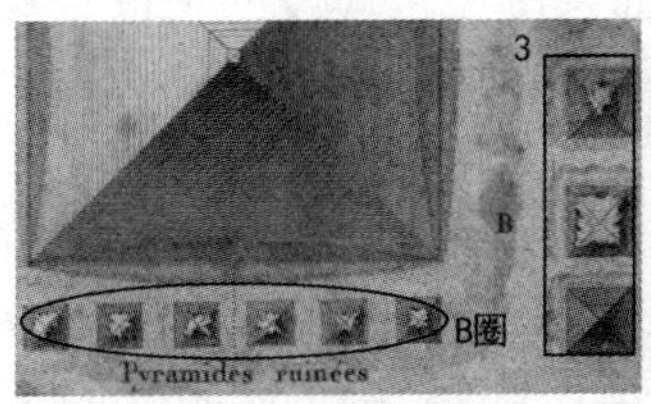

图11　胡夫金字塔的附属建筑物的设计过渡情况

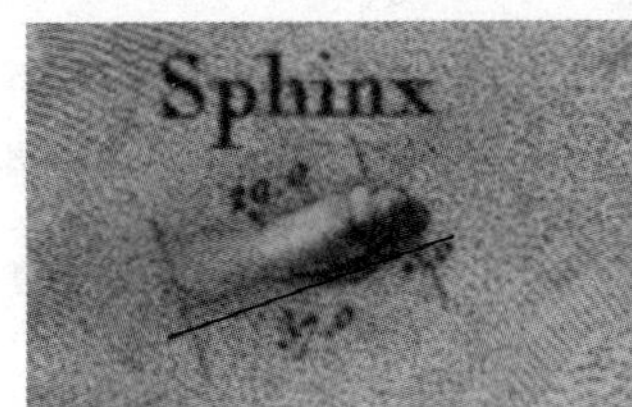

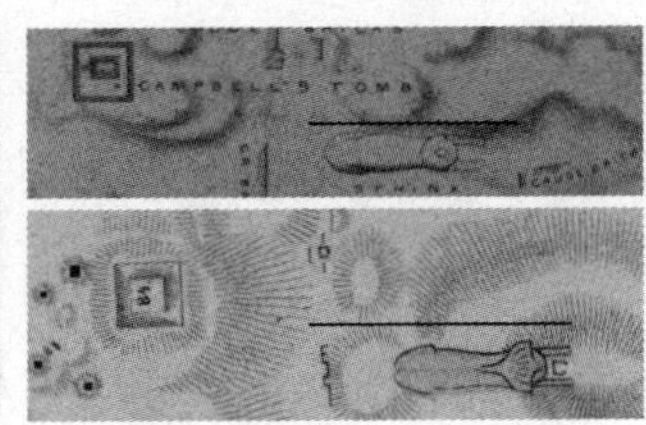
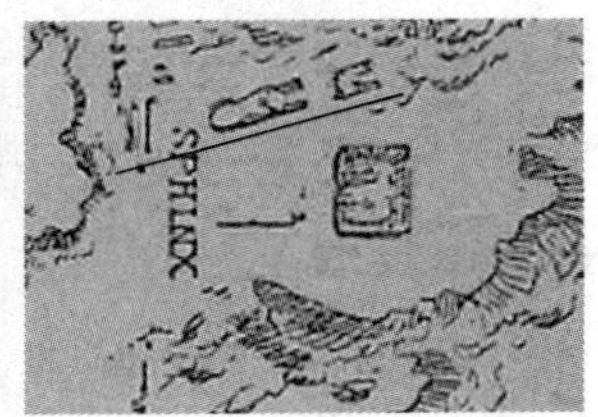

图12　狮身人面像的设计过渡情况

2.3图B框中狮身人面像的设计过渡情况。3图的《埃及记述》与6图的狮身人面像与今天呈现一定的夹角。

到了4图、5图中将此夹角取消，使得狮身人面像垂直于金字塔的东底边。《埃及记述》中有测绘数据，却出现了狮身人面像偏移的矛盾，这个矛盾点无论如何也解释不通。

3.3图C框中孟卡拉金字塔的设计过渡情况。6图将金字塔南面的三个金字塔改为两个金字塔，到了5图将两个金字塔又改回三个金字塔。5图继承了6图关于金字塔神庙遗址的方案，没有采用3图《埃及记述》的方案。实际上真正有价值的恰好是1图与2图，这两幅图都是18世纪的，是最早宣称现场绘制的作品，其可信度理应更高。感兴趣的读者可以自己去分析，一定能有所发现。

世界最著名的吉萨金字塔群是西方人后期伪造的说法，目前没有多少人相信。这并不奇怪，毕竟伪造工程的体量确实非常宏大，其瞒天过海的手法令人震撼。

伪造这些古遗址确实很费功夫，再加上各种不靠谱的传说故事，特别是拿破仑东征埃及时随军学者说确实看到了传说中的金字塔，因而多数人宁愿相信 4000 多年前的古代人有能力造金字塔，也不相信 19 世纪的人伪造了这些金字塔，甚至不相信 19 世纪的人有能力伪造金字塔。

最原始文献资料都在这里，古埃及的吉萨金字塔是真是假，大家可以自行辨别。

《埃及记述》中吉萨金字塔群主体建筑的参数都是按照古埃及的长度单位设计的，但是不太重要的附属建筑很多是按照法国人的公制长度单位设计的。以吉萨金字塔群的第三大金字塔为例说明如下。

最早绘制金字塔的人是诺登（Norden, Frederik Ludvig, 1708—1742）。诺登应丹麦国王克里斯蒂安六世的要求于 1737 年至 1738 年从埃及旅行到苏丹，同时做了大量笔记和现场绘图。诺登死后，他的书籍出版[1]。1 图中可以看到诺登并没有看到孟卡拉金字塔南边 3 图 C 框内对应位置的三个小金字塔，但是较远处有一个比三个小金塔大得多的金字塔，此较大的金字塔现实中并不存在。

拿破仑《埃及记述》中的孟卡拉金字塔，在其南边的三个小金字塔中，第一个比旁边的大很多，此金字塔在图纸中命名为 4^{E}，而孟卡拉金字塔被命名为 3^{E} 说明此金字塔是很重要的一个。现存遗址中对应此处的金字塔就小了几圈了，与另外两个小的差不多了，此处可以看出 4^{E} 金字塔原本是想与诺登版的那个第四个大金字塔相对应的。

比较金字塔旁边的神庙遗址，可以看到现实中建筑遗址存留着高墙，所以各个图纸中将此建筑遗址画了下来，比较各个版本图，此建筑遗址格局都是不同的。诺登图纸中此金字塔的比例最大，视觉上明显大于其他版本的建筑遗址。

幸运的是拿破仑团队版本中有单独一张图片，标出了此遗址的长度参数。因原图片方向的原因，这里旋转了一下角度，便于观察。

图纸中金字塔边长 102.2 米与 104.9 米，维基百科中资料为 102.2 米与 104.6 米，数据基本相同，既然此处数据对上了，我们有理由相信拿破仑团队

1 Norden, Frederik Ludvig ; Templeman, Peter [Hrsg.] Travels in Egypt and Nubia (Band 1) — London, 1757.

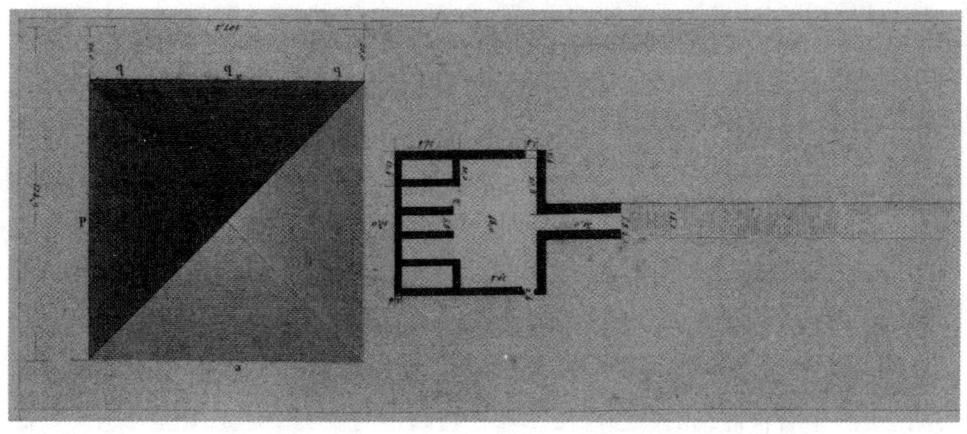

图 13 《埃及记述》中的孟卡拉金字塔平面图

的其他测绘数据应该也能对应。

但是矛盾来了，建筑遗址格局与今天所见的布局不同，我们看看参数情况：

侧门宽度 3.4 米，门廊长度 2.4 米；中轴线正门走廊宽度与中间房间的宽度相同，同为 5.8 米，中轴线正门走廊长度 31 米；墙壁有厚墙厚度 4.0 米、薄墙厚度 2.0 米、中等厚度 2.4 米三种尺寸。

建筑前庭空间宽度为 48 米，后边两个封闭房间长 24.4 米、宽度 12.4 米。刨去墙壁厚度计算得出室内长为 20 米、宽度 8 米。遗址墙壁距离金字塔 13 米。

可以看出拿破仑团队对此处建筑遗址的设计倾向非常明显。

还是那个问题，古埃及人不使用米制单位，据说使用肘（cubits），或叫作皇家肘（Royal cubits）。其来历不清楚，大约也是历史学家们编造出来的吧。

大金字塔的国王间宽度正好为 10 肘对应 5.234 米，也就是一肘等于 52.34 厘米，这个说法是我的推测，可能与专家所编造的暗合。

这里我们仍然假定拿破仑的数据准确，看看反算成肘是什么数字。这里用图纸中的参数作为例子。

20 米≈ 38.21 肘

8 米≈ 15.28 肘

4 米≈ 7.64 肘

48 米≈ 91.71 肘

13 米≈ 24.84 肘

31 米≈ 59.23 肘

可以看到，如果换算成肘的单位，没有一个数字是整数。

相信到了这里，但凡有点理智的人，都会认定这明显是使用了米制长度的设计图，这里还没算上建筑结构不同的更大矛盾之处。此图完全是设计图，不可能是什么测绘图。

简单比较一下就找到如此多的矛盾点，难道还不说明问题吗？尚未相信金字塔出于伪造的人，不妨开动自己理智的头脑好好思考一下，相信都会得出相同的结论，即吉萨金字塔群为后期伪造无疑。

再举个简单的例子，阿拜多斯塞提一世神庙的建筑结构[1]，埃及描述对应的测绘图[2]中有很详细的测绘尺度的数字资料，与现实中建筑结构对照，只要稍加比较就会发现，两个版本看起来虽然有点相似，但无论柱子高度、房顶样式、门廊长度均不同，两者完全不相契合。

也许有人会说：你所展示的那些图片都不是测绘图，不能当作证据。这里需要强调的是，是不是测绘图，要看是否有比例尺寸，以及是否有测量数据。这里的很多文献图都有精确到毫米级的测绘数据，可以看出相应的作者是希望大家认为自己的图是测绘图的，但是所谓测绘图完全与实物不契合，则说明实则为设计图无疑；由此来解释这一切矛盾，就很容易解释清楚，令人信服。

有些人不服气，但不服气之处仅限于自己不能理解部分。例如：

“以当时的条件没有能力伪造出金字塔”；

“我不相信有人会伪造如此多的遗址”；

“西方人不会如此无节操”；

“我认为西方人没有必要跑到埃及伪造实物，应该在自己老家伪造文物才更合理”，等等。

这些都与证据揭示的矛盾毫无关系。

要说古埃及元素的设计源头还是在西方的意大利。

西方人伪造古迹的套路是：利用早期传说，首先有到访学者宣称证实古迹，“有图有真相”；彼时伪造的古迹尚未建设，基于“国王新装”的心态，

---

1 Amice Mary Calverley (1896—1959) THE TEMPLE OF SETI I AT ABYDOS Amice Calverley’s Record of the Temple of Seti I.

2 Jomard, Edme François [Hrsg.]: Description de l'Égypte: ou recueil des observations et des recherches qui ont été faites en Égypte pendant l'expédition de l'armée française, publié par les ordres de Sa Majesté l'Empereur Napoléon le Grand: Antiquités (Paris, 1809).

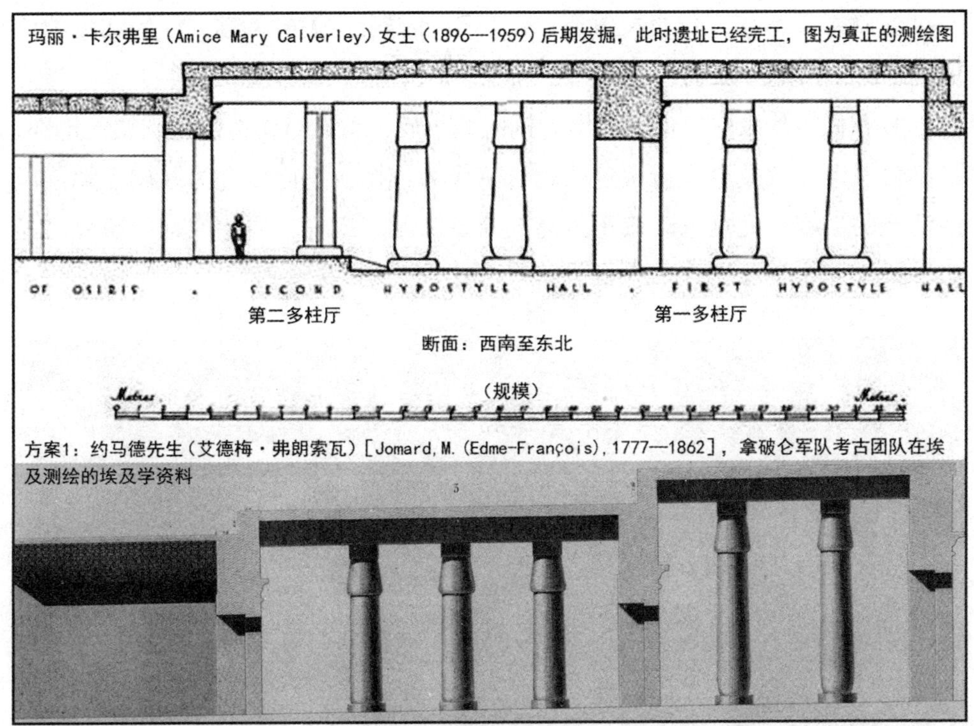

图 14　阿拜多斯塞提一世神庙剖面图

后续到访者会继续把谎言持续下去，宣称证实前人说法，同样“有图有真相”；由于条件限制，其他人又不能前去验证，只能采信这些信誓旦旦的证据；随着谎言越来越大，已经把事情搞大了，为了掩盖虚假宣传的丑闻，维护其特别的利益，在条件成熟后将虚构出的古迹实质化。

三、对最早的古埃及“圣书体文献”的验证

根据文献溯源，不难发现古埃及相关元素的设计根子还是在西方的意大利。最早关于古埃及相关元素设计的原始文献是 1559 年出版的[1]。

1 VETVSTISSIMAE... TABVLAE AENEAE AEGYPTIORVM LITERIS BEMBI MVSAEO AN. M.D.LIX. AENEAS AC IMP. CAES. FERDINANDO DENVO PVBLICAE VTILITATIS ERGO E TENEBRIS IN LVCEM, OPERA ET INDVSTRIA IACOBI FRANCI... HIEROGLYPHICIS CAELATAE TYPVS VICVS PARMENSIS ...PRODIT. M.D.LIX.

文献对于考据工作至关重要，而对于与历史相关的考据，原始文献的价值远远高于衍生文献。

现在做古埃及文字研究的学者则完全相反，首先对伪造的文献缺乏辨别，只拿着所谓的权威专家所编定的教科书作为依据，进而以此为基础去解读后期伪造的文献，完全忽略权重最高的原始文献。或许，原始文献的研究已经超出这些人的能力范围。

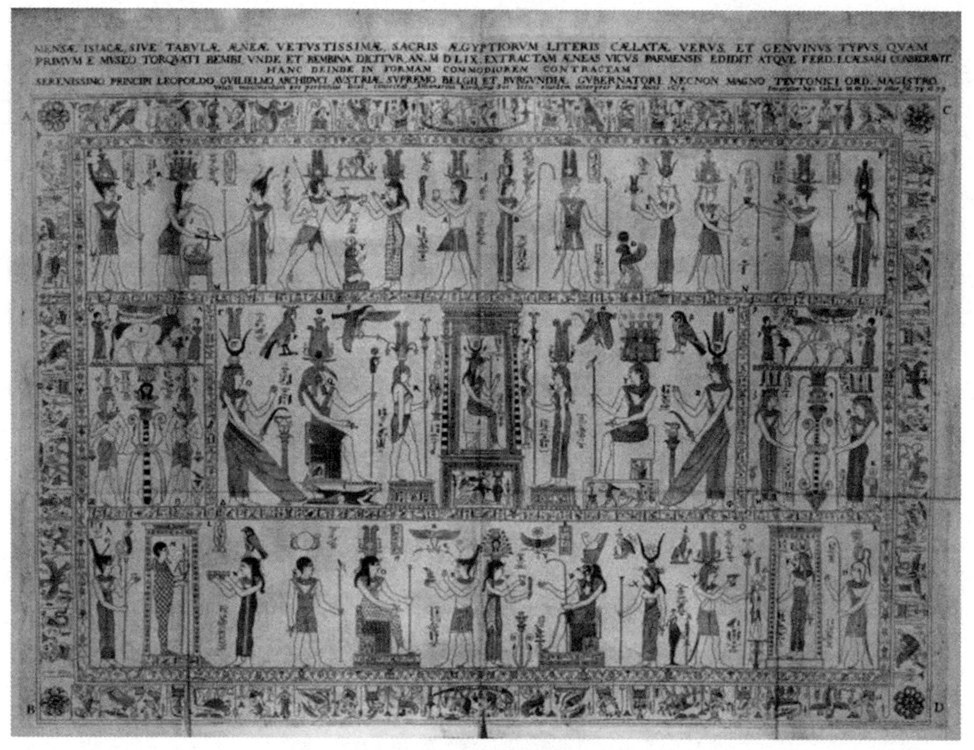

图 15　最早关于古埃及相关的元素的设计

本文的研究不会使用普通人研究埃及学的标准套路，而是采取直接分析有可信时间记载原始文献的方法，即考辨古史真伪的方法。

按时间顺序列出早期的文献，文献无外乎那么几种，除去没有图像资料的，就更是凤毛麟角了。

“埃及学之父”基歇尔（又译珂雪 Kircher, Athanasius,1602—1680）的汇编资料。基歇尔引用过上述资料，同时也证明了上述资料在年代上的可靠性。

因 1559 年的文献资料已经足够可以证明古埃及文明是伪造的，虽然其他晚期资料我也逐一研究，发现存在着各种矛盾，但对于本文而言失去了赘言的必要。

下面进行证明。

参见原始文献图片[1]，发现的事实如下。

1. 图像绘制非常精细，精准度非常到位，存在大量与“今天我们看到的古埃及文物”相同的元素。这些元素包括：人神形象、文字形象、动物形象、怪物形象、植物形象、器物形象、徽标形象，等等。

按照西方人认可的说法，可以推出“说法 A”：古埃及文明是古代的，不是近现代伪造的。如果不深入研究该文献，发现可以根据此文献的依据，由“说法 A”可以推导出“说法 B”：古埃及文明是古代的，不是近现代伪造，“1559 年有可信证明”。

2. 深入分析发现的事实。人神形象都是“今天我们看到的古埃及文物”中的常见题材。没有人可以否定文献中人神形象与“今天我们看到的古埃及文物”中的同一指向性。反过来证明原始文献绘图人看到了与“今天我们看到的古埃及文物”相同类型的人神形象的实物。推导出“说法 C”：该原始文献绘图人看到了与“今天我们看到的古埃及文物”相同类型的人神形象的实物。

3. 继续分析以上事实。事实上“今天我们看到的古埃及文物”都是人神形象与象形文字共存的，看到人神形象的实物，必然同时可以看到与之共存的象形文字。并且原始文献中大量存在的象形文字也证明了绘图人看到了这些文字。

这样根据“说法 C”可以推导出“说法 D”：该原始文献绘图人同时看到了，与“今天我们看到的古埃及文物”相同的象形文字系统的对应实物。

4. 所谓的古埃及象形文字相关的事实。古埃及象形文字特点鲜明，一些符号高频出现，例如：手臂、脚、水、猫头鹰、芦苇叶、眼镜蛇、篮子、胎盘、面包、绳结等。风格方面，古埃及文字系统与其他文字系统截然不同，非常易于区别。其中一些古埃及文字符号同样在原始文献中高频出现，此处可以证明该原始文献中的象形文字就是所谓的古埃及象形文字。

5. 回头仔细分析“说法 D”可信吗？该原始文献绘图人同时看到了与

---

1 Perrot, Georges ; Chipiez, Charles Histoire de l'art dans l'antiquité: Egypte, Assyrie, Perse, Asie Mineure, Grèce, Étrurie, Rome (Band 1): L'Egypte — Paris, 1882.

“今天我们看到的古埃及文物”相同的象形文字系统的对应实物。既然看到了对应实物，绘制的象形文字系统自然与“今天我们看到的古埃及文物”是相同的。那么该原始文献的文字系统有什么特点呢?

将原始文献的部分象形文字信息列举到图中，发现了非常诡异的事情：

见图中的A框内符号，这几个符号就是所谓“今天古埃及象形文字系统”中“水”的符号，对应发音N。经仔细查找原始文献对应的“水”的符号，通篇仅仅发现一个这样的“水”的符号。

这就出现了不可解释的问题：相当于中国人用汉字写文章，通篇文章中居然看不到笔画“横”一样诡异，或英文文章中几乎看不到字母N一样荒诞。

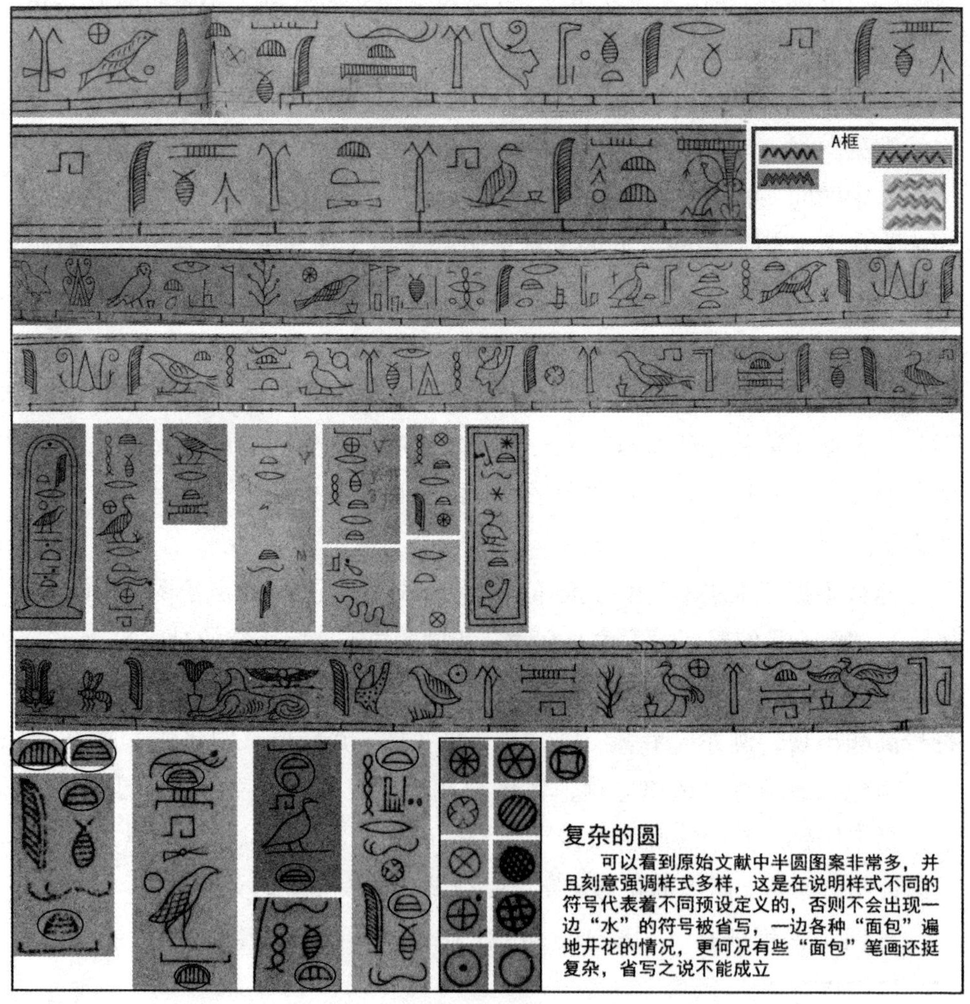

图16　最早文献文字截取图

如此诡异只有一个结论：原始文献通篇的“古埃及象形文字”是没有现实根据的，是作者胡编乱造的产物。那么会不会是这个“水”的符号被省写了？但前边说过文中还是有一处“水”的符号，其他地方被省写，显然没有理由。

见图中圆圈圈定处，这个半圆符号代表着“面包”，可以看到原始文献中该图案非常多，并且刻意表现出样式多样，这说明样式不同代表着不同的预设定义，否则不会出现一边“水”的符号被省写，一边各种“面包”遍地开花的情况，更何况有些“面包”笔画还挺复杂，省写之说不能成立。

同理的还有图中，原始文献作者设计了至少 10 种不同含义的圆圈样式，有专家考证此圆圈符号代表“胎盘”（还是转盘？）。如此可见根本就不存在省写的理由，也没有找到省写的符号，当然有的人也许能找到。

此时证明了“说法 D”该原始文献绘图人同时看到了与“今天我们看到的古埃及文物”相同的象形文字系统的对应实物完全不可信。进而否定了“说法 B”——古埃及文明是古代的，不是近现代伪造的说法，“1559 年有可信证明”。同时推导出“说法 E”——该原始文献的象形文字是作者胡编乱造的产物。进而推导出“说法 F”——该原始文献的人神形象是作者胡编乱造的产物。

如果有人不认可“说法 E”“说法 F”，强调找到省写的“水”的符号，或者存在其他关键性证据，可以进行质证，顺便请帮忙解读一下该原始文献象形文字的意义。

图中的勾画圈点痕迹，想必是古埃及学专家试图解读此原始文献内容留下的。

6. 那么对应事实的矛盾又来了。如果真的有这么一个古埃及文明，怎么能够出现其文明的元素与通过胡编乱造而产生的产物相契合的情况呢？难道是古埃及文明时期的人能掐会算，料定 1559 年有人可以靠胡编乱造，创造出与自己的古埃及文明体系大体相同的元素形象吗？

但凡稍有逻辑常识的人也不会这么想。那么真相如何呢？

答案非常简单，就是后人参考该原始文献逐步改进，看透不说透，逐渐伪造了包括其他后期文献、实物在内的古埃及文明。

很多朋友认为不可能伪造出如此规模的古埃及相关建筑。实际上可行性是完全不成问题的，如果有充足的财力物力，依托此原始文献和其他早期文字资料，完全可以在几年内打造出与原始文献及其他早期文字资料相契合、与今天看到的古埃及遗址基本相同或迥乎不同的做旧遗址来，无非就是几个主题公园的项目罢了。

很多预设“古埃及文明必须为真”为前提条件的朋友还是不以为然，只能说明他们缺乏逻辑思辨的能力。西方伪造者的无耻程度不是正常人可以理解的，一时难以接受古埃及文明伪造的说法，也不奇怪。

非古埃及的文物冒充古埃及文物的那就是另一个问题了。而在设计上最早定型的古埃及文字都在罗马的古埃及方尖碑上，基歇尔（Kircher, Athanasius 1602—1680）设计了早期文献中的一切古埃及文字资料。

在基歇尔的文献中可以发现其设计依托于早期文字记录，他使用的最早方尖碑资料中的古埃及象形文字还不是今天的样式，文字尚处于写实状态[1]，也没有方尖碑的王名圈信息，其后期设计的方尖碑逐步接近现有的形式，其中的一个包含大量扁平字体元素的方尖碑设计令人印象深刻，因为目前完全见不到此样式的设计，基歇尔在其专著中花大量篇幅介绍此扁平方尖碑。

但是基歇尔最终选定的古埃及方尖碑的样式并非其原创，而是来自前人的设计，基歇尔以前人的设计为基础，重新设计方尖碑，最终固化了方尖碑的基本格调，也确定了古埃及法老的五个名字的样式，以后的古埃及文字研究均离基歇尔的定调不太远。顺便说一下，可信可确定时间最早的方尖碑是无字的，与今天的圣书体方尖碑迥乎不同。

埃及文字创制者是基歇尔，依托传闻中的古埃及文字，在尝试了各种不同的圣书体设计方案后，最终选定了 16 世纪晚期设计的方尖碑上圣书体的字形样式，并在该设计样式的基础上进行拓展，为圣书体的后续演变方向定下最基本的调子。

后期研究者基本遵守该特征，罗塞塔时期系统小成，商博良、列普修斯、马里埃特等人进一步完善。后人评价基歇尔：虽然他撰写的象形文字的译文都与原意大相径庭，但他弄清了科普特语作为古埃及语的后继者的地位，为

---

1 Kircher, Athanasius Athanasii Kircheri ... Oedipvs Aegyptiacvs, Hoc Est Vniuersalis Hieroglyphicae Veterum Doctrinae temporum iniuria abolitae Instavratio: Opus ex omni Orientalium doctrina & sapientia conditum, nec non viginti diuersarum linguarum authoritate stabilitum.

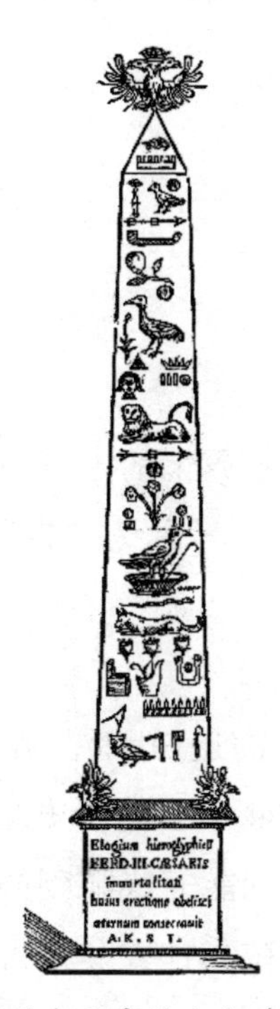

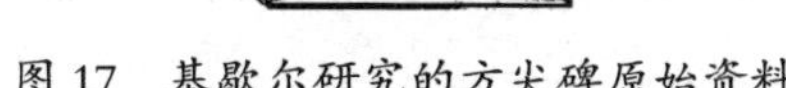
图 17　基歇尔研究的方尖碑原始资料

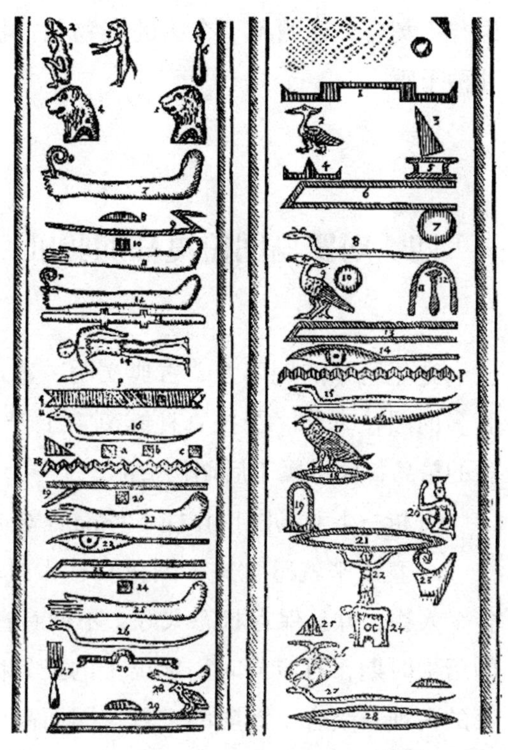
图 18　扁平字体的方尖碑设计

之后的研究奠定了基础。

那么，既然基歇尔参考 16 世纪晚期的方尖碑上圣书体进行设计，如何证明该方尖碑是伪造的呢？我们只需要证明原始文献与实物存在矛盾。

该方尖碑出自拉弗里（Lafréry, Antoine）编辑的文献[1]。该方尖碑就是罗马的弗拉米尼奥方尖碑（Flaminio obelisk）。拉弗里文献中设计的方尖碑只有一面的信息，可以很容易定位到今天方尖碑的具体位置，与实物对比细节部分相差悬殊，远没有达到契合实物的程度。

拉弗里文献中的记载与今天的实物是完全不同的，恰好与实物呈现镜像关系，此不同已经证明实物与文献不契合了。显然基歇尔利用这个原始的只有一面信息的方尖碑，设计出了另外三面信息，并把原始设计改为镜像关系的设计，突出自己的原创设计。比较基歇尔的记载与实物，同样是各种的错

1 Lafréry, Antoine [Hrsg.]Specvlvm Romanae Magnificentiae: Omnia Fere Qvaecvnq[ve] In Vrbe Monvmenta Extant, Partim Ivxta Antiqvam, Partim Ivxta Hodiernam Formam Accvratiss[ime] Delineata Repraesentans Romae, [circa 1593].

误与不契合，证明不了今天的实物是古物，反而揭示出实物与基歇尔所记的种种矛盾。

四、对罗马图拉真柱的验证

这里再举一例西方“古典文明”遗址因镜像关系露馅的古罗马古物——著名的图拉真柱。图拉真柱雕刻有上千个人物形象，号称为“古罗马文物”中的精品，同样属于后期伪造品。

分析一下罗马图拉真柱（Trajan's Column, Rome）。

一直以来就感觉这个图拉真柱太过高大上，净高近 30 米，雕刻了 2000 多个人物，并且保存状态太好，不似有宣称的 1800 年以上的历史。依据相应的历史时期，对应当时当地出土的工具情况，找不到能完成雕刻如此宏大规模的大理石组合、浮雕的工具。因而高度怀疑此图拉真柱并非是古罗马图拉真时代的实物。

这个图拉真柱有为古罗马时期所谓的各种证据：教皇命令、浮雕铭文、顶端彼得铜雕像、硬币、稍早前的绘画作品、各种各样的传说，这些证据除了妨碍视听与判断外，对判定图拉真柱的真实年代毫无益处，根本无法证明柱子是古罗马时期的。下面只用经得起质疑的证据对所谓的古罗马图拉真柱进行断代。

图拉真柱浮雕场面宏大，如果是后期伪造则难免漏洞百出，如果是真实的文物必然经得起验证。

今天挑出的矛盾点算是个开头，尚未对图拉真柱进行大规模的分析，但已经找到很多足以证明现存实物是后期伪造的证据。本文限于篇幅不便大量举证，需要指出的是图拉真柱出于伪造的证据实在是太多了，举不胜举。

见下面图分析。

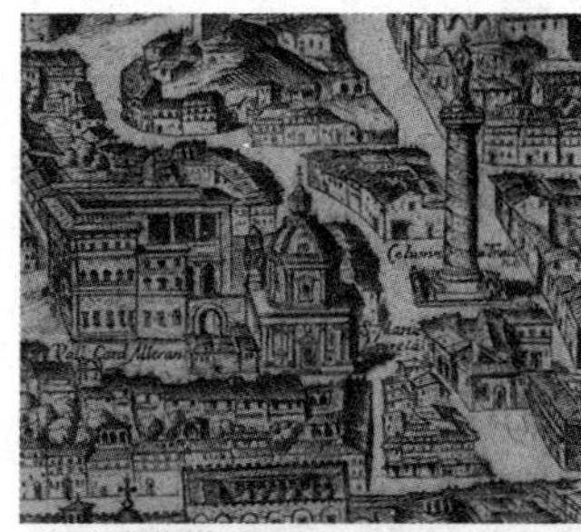

坦佩斯塔（Antonio Tempesta）1593年似乎证明了图拉真柱所言不虚

杜佩拉(Étienne Dupérac)于1575年的关于图拉真柱的绘图

瓦西(Giuseppe Vasi)）于1752年的绘图

难道在1593年之前，现在看到的图拉真柱已经存在了吗？

琳琅满目的硬币似乎能向我们证明着图拉真柱的真实可信

底座上绘制的图片是皮拉内西(Piranesi，Giovanni Battista)家族的作品，我们已经很熟悉了，这个家族设计了几乎所有的著名古埃及伪造遗址

发现致命的矛盾：

1.见（A框内局部放大图）

画面中有两根棍状物，应该是断箭，其中在D处标出了第二根断箭，比较发现：石雕中断箭只残余了很少一部分，实物中第二根断箭要比第一根断箭长得多

这种情况可以解释为皮拉内西绘制此图时，此断箭保存完好，后期保护过程中不小心被人碰残了，貌似没毛病，但矛盾的事情发生了，碰残的断箭没有露出残余的箭杆部分，而是露出下边盾牌的星形纹饰，这个石刻在此部分是浅浮雕，这个矛盾如何解释也不能自圆其说

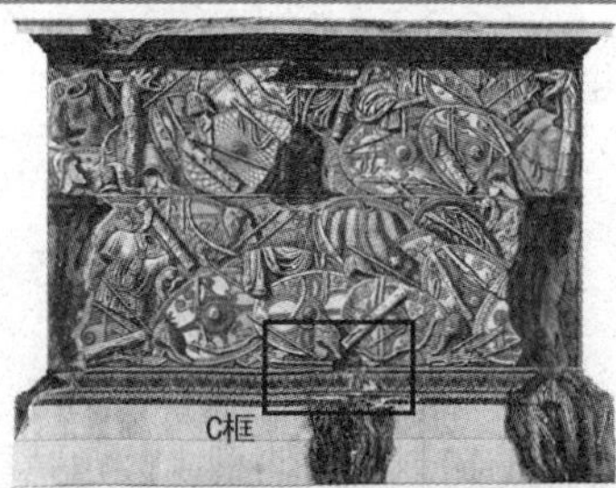

A 框内局部放大图

结论：图拉真柱非古罗马遗迹无疑，至少图拉真柱在1593年的时候尚未完成浮雕细节的雕刻工作。完成图拉真柱浮雕细节的雕刻工作至少是1750年之后了

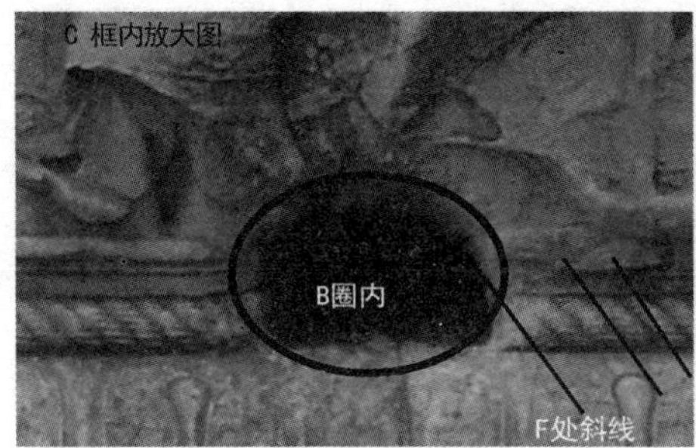

石刻做损则是黑黝黝的一个深洞

B圈内设计图的破损处明显可以看出层次，破损得并不是很深。斜线标记出雕塑的边缘分隔的麻绳纹理的方向。石刻与设计图的麻绳纹理走向完全相反

图 19　图拉真柱子分析 1

下面继续添加图拉真柱是伪造的证据。

1. 多西奥(Giovanni Antonio Dosio) 在1569年绘制的，此图拉真柱是顺时针螺旋上升的

2. 杜佩拉克于1575年绘图，此图拉真柱是顺时针螺旋上升的，见（A框的）局部放大，可以看到铭文，铭文虽然字迹不是很清楚，但是布局还是很清晰的

2图的铭文与B框内的现铭文完全对应不上

3. 坦佩斯塔(Antonio empesta)于1593年绘制的古罗马城鸟瞰图的一部分此图拉真柱是逆时针螺旋上升的

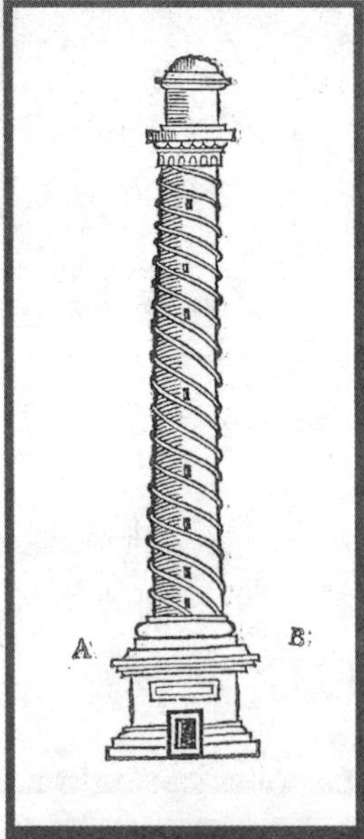

4. 巴尔迪(Bernardino Baldi) 于1612年绘制的，此图拉真柱是逆时针螺旋上升的，并且是双螺旋

6. 埃拉赫的菲舍尔(Johann Bernhard Fischer von Erlach)于1721年绘制的。此图拉真柱是逆时针螺旋上升的，此图同样可以看到铭文布局，见C框的局部放大

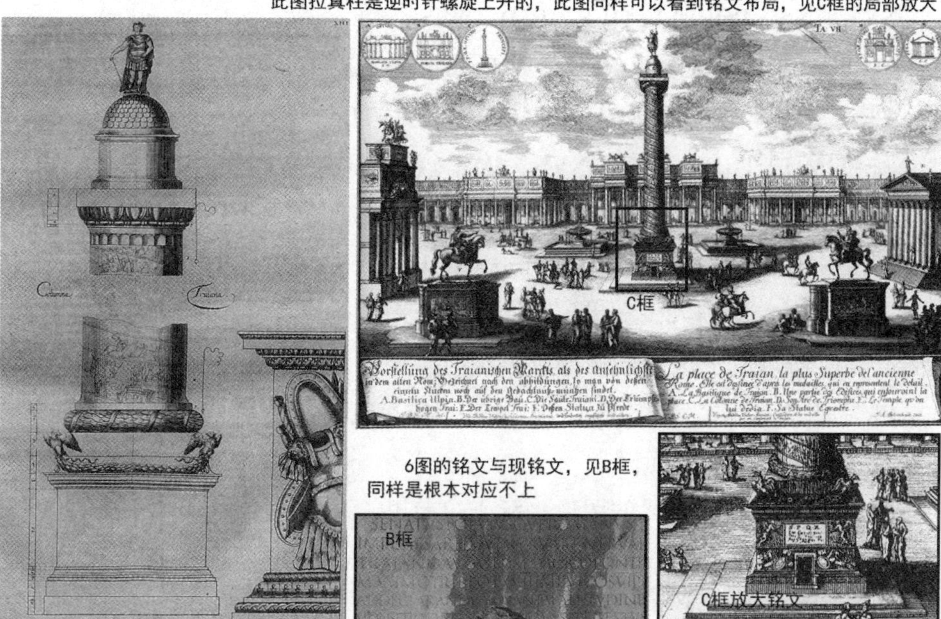

5. 迪厄萨特(Charles Philippe Dieussart)于1692年绘制的图标有测量尺寸，可以认为是测绘图

6图和2图的铭文，显示出上排就是“S.P.Q.R”，明显与出现在“康斯坦丁凯旋门”的内容铭文“S.P.Q.R”有相同含义

图 20　图拉真柱子分析 2

分析图拉真柱大的布局，采用的都是早于 1750 年之前的相关资料。

总结一下图拉真柱的螺旋上升方向，逆时针的有 3、4、5、6 图；顺时针的有 1、2 图。

可见绘图人连最基本信息还不清楚，完全都是在创作，没有一个人见过那个传说中的图拉真纪念柱。

这里的铭文是很重要的。它们是证明实物是古罗马时期的重要证据。稍作分析，我们发现这个证据不可靠，它们出现了不能自圆其说的矛盾。

绘图中的铭文上排就是“S.P.Q.R.”四个大字母，明显与出现在康斯坦丁凯旋门上的铭文有相同含义，只不过是被画家用到了图拉真纪念柱的铭文里了。

现铭文内容是：

SENATVS · POPVLVSQVE · ROMANVS

IMP · CAESARI · DIVI · NERVAE · F · NERVAE

TRAIANO · AVG · GERM · DACICO · PONTIF

MAXIMO · TRIB · POT · XVII · IMP · VI · COS · VI · P · P

AD · DECLARANDVM · QVANTAE · ALTITVDINIS

MONS · ET · LOCVS · TANT<IS · OPER>IBVS · SIT · EGESTVS

意思是说，罗马人民和参议院，因多年来图拉真凭文韬武略征服帕提亚，劳苦功高，所以造了这个纪念物。

伪造此柱并编造浮雕故事的目的，无非是为了给古罗马等西方古典文明史提供文物佐证，如此而已。

关于图拉真柱子最早的图像来源于拉弗里（Antonio Lafreri　1512—1577）的设计，后期巴托利（Bartoli, Pietro Santi 1635—1700）、莫雷尔（Morell, Andreas 1646—1703）等人在其基础上继续设计、发挥，实际施工则依照皮拉内西家族的最终定稿。

详细分析可以参考我对于图拉真柱的系列分析文章，此不赘述。

总而言之，所谓西方古典文明遗址的古罗马建筑，其原始设计多出于16世纪的凭空依托，很多设计师都参与原始设计，并没有建造实物，所谓古罗马建筑只存在于设计图上。

图 21　位于罗马图拉真广场的图拉真柱

而实体建筑则大多伪造于皮拉内西的大量所谓测绘（设计）之后。

皮拉内西家族对于伪造古罗马建筑“功不可没”。

以上只是笔者对西方古典及古代历史遗迹来历出于晚近伪造的几个例证。

实际上，笔者对几乎所有的西方古典及古代文明的重要历史遗迹都进行过同样的考察验证，遍观19世纪后西方发现的考古遗址，但凡与古罗马、古希腊、古埃及沾边的重要遗址，无一例外都指向伪造这一结论。

图 22 图拉真柱表面浮雕

本文作为引玉之砖，希望能够引起学术界的重视。有兴趣者欢迎参阅笔者更多的系列分析文章。拙文疏漏之处在所难免，如有疑问欢迎共同探讨。

以埃及旧地图研究尼罗河三角洲的演化与史实辨析

程碧波

一、引言

对于尼罗河三角洲地理演化的研究已经很多。斯坦利（Stanley D.J.）、沃恩（Warne A.G.）通过对北三角洲放射性碳年代岩心的地质分析，解释了过去35000年来海平面变化、气候振荡、沉降和运输过程的相互作用。[1]谢启红、邵先杰、乔雨朋、接敬涛、张珉、时培兵等认为尼罗河三角洲是比较典型的朵状三角洲，并据此建立起地质知识库。[2] Hadeer Sheashaa、赵小双、Alaa Salem、刘演、赖晓鹤、陈中原采用展 ^{14}C 测年、沉积物粒度和孢粉分析，认为剖面150 ~ 100 cm 地层为早全新世河流相沉积；100 ~ 27 cm 地层为早、中全新世（8000—4000 cal a BP）三角洲冲积平原沉积。[3]这也成为黄忠平推测尼罗河文明古老程度的依据。然而，这些研究方法均以推测计算为主，并没有实现完全还原相应历史时期尼罗河三角洲的效果。对于地理变迁等因素来说，与地理变

---

1 Stanley DJ, Warne AG. Nile delta:*"Recent geological evolution and human impact"*[J]. Science，1993,260(5108) : 628-634.

2 谢启红、邵先杰等：尼罗河现代三角洲沉积特征解剖 [J].《重庆科技学院学报（自然科学版）》，2016,18（2）:31—35。

3 Hadeer Sheashaa、赵小双等：尼罗河三角洲早—中全新世气候—环境变化对早期农业发展的影响 [J].《湖泊科学》，2018，30(3) : 857—864。

迁相联系的历史记录是最好的资料。尼罗河三角洲系由尼罗河水携带泥沙冲积而成，但是尼罗河三角洲冲积形成的速度，以及历史上尼罗河三角洲地震对于冲积效果的影响究竟如何，本文基于以埃及旧地图为主的历史资料，采取倒叙的方式来探讨尼罗河三角洲地理演化，可以逐步还原当时的真实情况。

二、埃及旧地图记录的尼罗河三角洲地理演化

（一）尼罗河三角洲的现状

图 1 是 2019 年 8 月 4 日在谷歌地图上截取的埃及尼罗河三角洲地图。

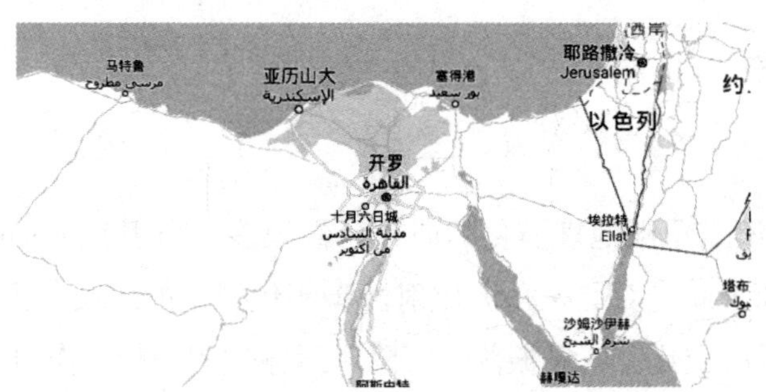

图 1　2019 年 8 月 4 日尼罗河三角洲地图

（二）1940 年地图中的尼罗河三角洲

图 2 是由英国陆军总参谋部地理科于 1940 年编制，1941 年由英国政府战争办公室出版的地图。地图以渐变色显示地形起伏，并显示铁路、主要道路、次要道路、大篷车路线和轨道、省和区的名称和边界以及沙漠、河流、沼泽和其他地形特征。[1]

从图 2 可以看出，在 79 年前的 1940 年：

1 Great Britain. War Office. General Staff. Geographical Section, *The Near and Middle East: Balkan Peninsula*, London,1941.

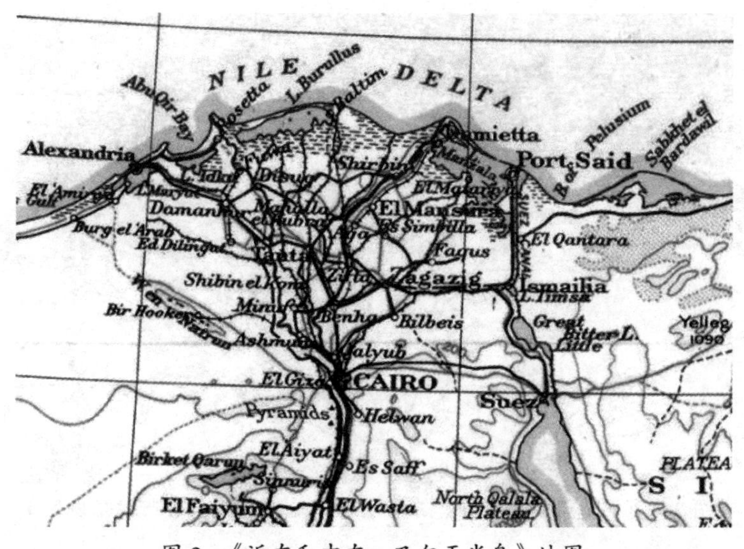

图 2 《近东和中东，巴尔干半岛》地图

在亚历山大港（Alexandria）左边；亚历山大港与拉希德（Rashid，其位置在图 2 中以地名 Rosetta 取代）中间；在 Rosetta 与巴提姆（Baltim）之间；达米埃塔（Damietta）与塞得港（Port Said）之间；在其中的湖面较图 1 显示的均有明显扩大。这说明在最近79年中，尼罗河的泥沙续填充三角洲的湖泊。

（三）1884 年地图中的尼罗河三角洲

图 3 绘制于 1884 年，由德国地理学家和制图师海因里希·基佩特（Heinrich Kiepert）完成。[1] 基佩特在柏林大学担任地理教授 45 年，于 1870 年到巴勒斯坦和埃及。他对小亚细亚特别感兴趣。他的第一部学术著作出版于 1840 年，是对古希腊及其殖民地的研究。

由图 3 知，前述的湖面明显扩大，说明尼罗河的泥沙继续填充三角洲里面的湖泊。

1 Heinrich Kiepert, *New General Map of the Asian/Eastern Provinces of the Ottoman Empire: Without Arabia, Dietrich Reimer,Berlin,* Around 1912.

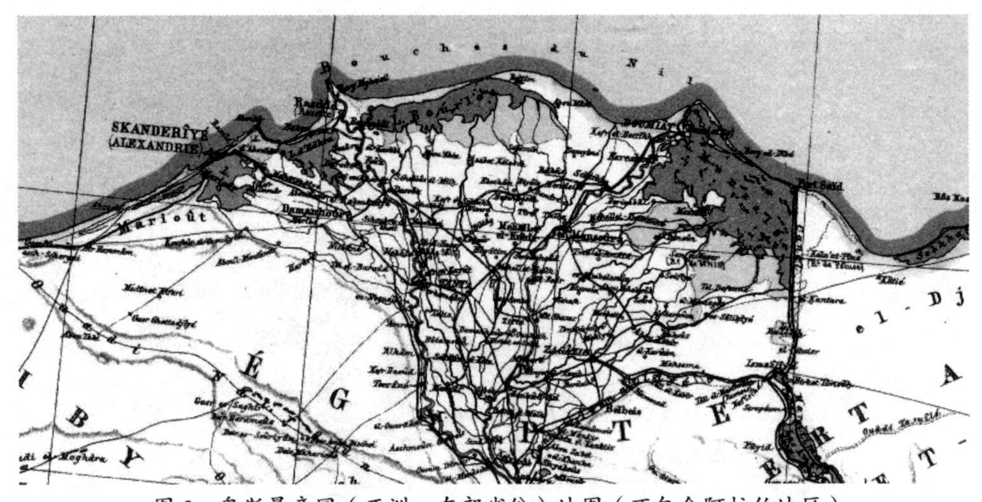

图 3　奥斯曼帝国（亚洲、东部省份）地图（不包含阿拉伯地区）

（四）1845 年地图中的尼罗河三角洲

图 4 在 Joseph Meyer 书目研究所（1796—1856）于 1845 年出版的 Grosser Hand 地图集（*Grosser Hand-Atlas über alle Theile der Erde*）中。[1] 此地图的一个不寻常的特点是提供了大量的距离尺度，这既反映了地图制作者的彻底性，也反映了当时缺乏国际标准化。这些里程包括地理里程、英语里程、法语里程、荷兰语里程、西班牙语里程、葡萄牙语里程、意大利语里程、丹麦语里程、瑞典语里程、俄语里程、希腊语里程。

图 4 中 Alexandria（亚历山大）左边的海岸线刚刚合拢，Alexandria 到 Rosette 之间有海湾，海湾内有一个内湖，这个内湖似乎亦刚刚合拢；在 Katieh 上面的湖泊与大海相连。

图 4　1845 年出版的最新的阿拉伯地图

1 Radefeld. Carl Christian Franz, *Newest Map of Arabia*, Bibliographisches Institut Leipzig, Hildburghausen, 1845.

（五）1798—1801年地图中的尼罗河三角洲

图5　近代油画《拿破仑远征埃及》

拿破仑·波拿巴1798年入侵埃及时，带来了160多名学者和科学家组成埃及科学和艺术委员会。他们对埃及的考古学、地形和自然历史进行了广泛的调查。图6出自拿破仑《埃及记述》。[1]1802年，拿破仑授权将该委员会的研究成果发表在一部具有纪念意义的多卷著作中，其中包括图版、地图、学术论文和详细索引。原版英译本的出版始于1809年。

图6比图4早40—50年，可以看到Alexandria与Rosette之间有大片湖泊，仅仅通过狭窄的湖岸相隔，Damietta下面的湖泊面积很大，远远大于图4中同一位置的湖泊面积。

（六）1570年地图中的尼罗河三角洲

图7出自佛兰德地理学家和学者亚伯拉罕·奥尔特利乌斯（Abraham

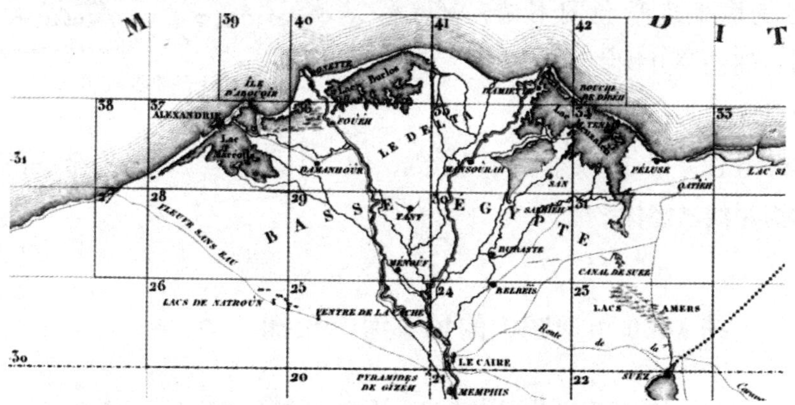

图6　出自《埃及记述》中“埃及地图集和部分边界土地（板块）”

1 Commission des sciences et arts d'Egypte, *Atlas of Egypt and Parts of Bordering Lands* (Plates), Paris,1818.

Ortelius 1527—1598）于 1570 年出版的第一版 *Theatrum orbis terrarum*。[1]它包含53幅地图，每幅都有详细的注释。这是第一个真正的现代意义上的地图集：一本装订的地图图版和附带的文本，专门制作一个统一的、完整的介绍。1570 年至 1612 年间，该地图册共有 7300 多册、31 个版本，使用包括法语、荷兰语、英语、德语、意大利语、拉丁语和西班牙语在内的多种语言。这张土耳其帝国地图创制于 1570 年，是 16 世纪奥斯曼帝国所有地图中最著名的。

图 7 《土耳其帝国地图》局部

在图 7 中尚未形成诸岛屿，其中尼罗河三角洲的海岸线已经趋于与非三角洲地区相平，换言之，在 1570 年左右时，尼罗河三角洲还不明显。

（七）1538 年地图中的尼罗河三角洲

图 8 是著名的佛兰德制图家杰拉杜·斯墨卡托（Gerardus Mercator 1512—1594）的早期作品。[2]现存的地图只有两份：一份来自美国地理学会图书馆，另一份在纽约公共图书馆。图 8 的方位是左朝北，右朝南。

图 8　双心形投影世界地图局部

图 8 比图 7 早 30 来年，可以看到，图 8 中尼罗河三角洲完全不存在，尼罗河的海岸线已经抹平了。

（八）约 1460 年地图中的尼罗河三角洲

图 9 出自 15 世纪下半叶尼古劳斯·日尔曼努斯（Nicolaus Germanus 1413—

1 Ortelius Abraham, *Representation of the Turkish Empire*, around 1570.

2 Mercator Gerardus, *World Map on Double Cordiform Projection*, 1538.

1471）对托勒密斯《地理导论》的复制本。[1] 作品中的表格中有简短的描述为序，以圆锥投影绘制，外部封闭在镀金框架内，内部封闭在表示地理坐标的另一个框架内。水体、山脉、平原和树林的颜色各不相同，特别鲜艳：蓝色、赭色、白色和绿色。

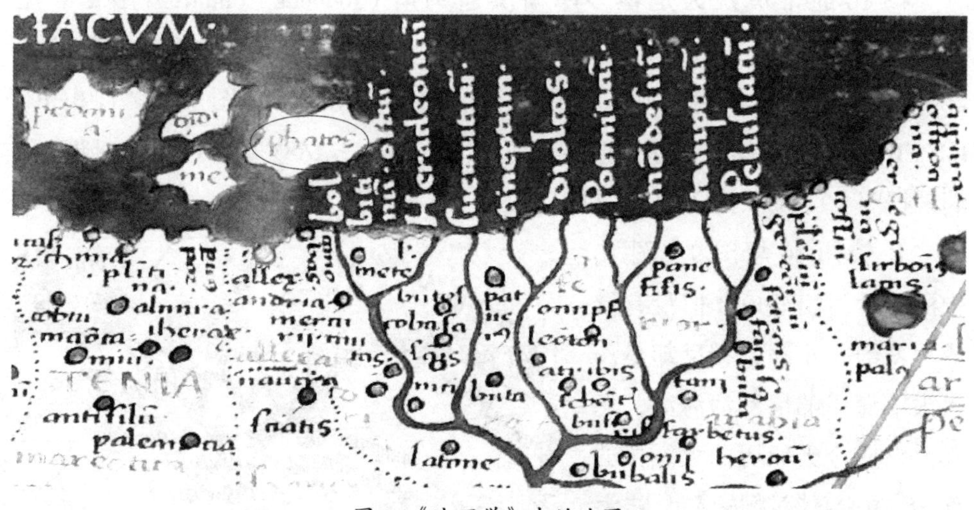

图 9 《地理学》中的地图

图 9 的年代需要作一简要分析。托勒密的《地理学》原稿中并无地图。从图 8 中尼罗河三角洲的形态来看，其与 1538 年图 8 极为接近，基本与三角洲以外的海岸线齐平。因此本地图与图 8 的时间相隔不远，相隔不会超过 100 年，而这恰好对应了复制人尼古劳斯的生平日期来。因此图 9 应是尼古劳斯或其同时代人绘制的当时最新的地图——除非托勒密与尼古劳斯同时代。图 9 有另一宝贵的标志，那就是地图左上方标注有名为“Pharos”的岛。Pharos 今天已经与尼罗河三角洲连成一片，相传公元前 280—前 278 年在 Pharos 岛上修建了亚历山大灯塔（相传灯塔于 1480 年因地震沉入海底），Pharos 也是今天亚历山大港的组成部分。但是在约 1460 年时的图 9 中，Pharos 岛明确标注了其远离海岸线。其具体如何远离海岸线，本文将在后面进行分析。这说明从 2019 年回溯到约 1460 年的过程中，尼罗河三角洲的海岸线的确大幅向后退缩了。由此亦可看出，英文“灯塔”一词来自 Pharos，而不是 Pharos 一词来自英文“灯塔”。此图还标注了与 Pharos 岛一起的其他几个岛屿，其意义会

1 Ptolemy, *Cosmography*, Copied by Germanus Nicolaus,around 1460–1466.

在本文后面体现出来。

（九）1432—1450 年地图中的尼罗河海湾

图 10 通常被认为是霍多库斯洪迪乌斯（Jodocus Hondius）在麦卡托（Gerard Mercator）工作基础上制作的《世界地图集：精细雕刻和绘制》的一部分。[1] 但是地图本身并没有提供这样的信息。相反，地图上有“TURCICI IMPER II”（土耳其君主苏丹穆罕默德二世，1432—1481）的半身像，随后我们根据图 10 会研判出更为具体的年代。

比较图 10 与图 9：图 10 中的尼罗河出海口非但没有形成尼罗河三角洲，相反却是深入大陆海岸的尼罗河海湾，尤其是对应今天亚历山大方位的部分，海湾深深嵌入大陆海岸。根据尼罗河出海口形成的速度推算，图 10 比图 9 应早 10—20 年或以上。保守取值为早 10 年以上，则图 10 的年代应在 1450 年之前，而这与土耳其君主苏丹穆罕默德二世时期是吻合的。因此本文确定图 10 为绘制于 1432—1450 年之间。图 10 还有另一信息，就是亚历山大的位置南移，移动到 Tidelli Arabia（即图 7 中 Torre de li Arabi）东南。

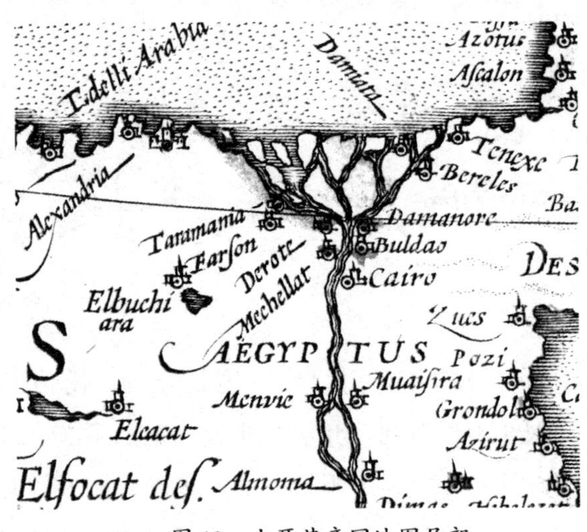

图 10　土耳其帝国地图局部

（十）1400—1432 年地图中的尼罗河海湾

图 11、图 12 的作者是塞尔维亚地理学家阿隆索·德·圣塔克鲁斯［Alonso de Santa Cruz（1505—1567）］所制作，是在神圣罗马帝国皇帝和西班牙国王查理五世统治时期制作，完成于菲利普二世。他完成的地图集由

1 Jodocus Hondius, *Map of the Turkish Empire* , Amsterdam, around 1600–1625.

111 张地图组成，展示了欧洲探险家从 1400 年到 16 世纪中期所做的地理发现。[1] 与中世纪晚期的 portolan 地图和地图集相比，他的地图对美学的关注较少，对地理细节的关注较多。Santa Cruz 去世后，他的继任者安德烈斯（Andrés García de Céspedes）试图抹去圣塔克鲁兹的名字，而把自己列为作者，并将此地图献给了菲利普三世。在手稿中，伪造的文本已经叠加在原件上，目的是掩盖真实的作者身份和创作日期。

图 11 所在的地图集中，地图的时间范围从 1400 年到 16 世纪中期。但是根据图 10 来看，图 11 的尼罗河海湾进一步朝陆地深入，图 10 中海湾口的几片陆地在图 11 中完全成为几个岛屿。因此图 11 的年代应在图 10 之前。但随后本文分析图 11 应在图 12 之后，而地图集时间范围从 1400 年到 16 世纪中期，所以本文推测图 11 应是 1415—1430 年左右的。这张地图的另一宝贵之处在于，它是尼罗河海湾的局部放大图，标注出了海湾中各个冲积岛的名字，并且还以众多的小点来画出了浅水区。这充分说明，并非是因为地图绘制者不掌握当时尼罗河出海口情况而把朝大海凸出的三角洲错误绘制为朝大陆嵌入的海湾，相反，地图绘制者刻意制作尼罗河海湾的局部放大图以标注海湾的各个细节，充分体现了地图绘制者对这个地区极其熟稔并作了大量的细节测绘工作。图 11 中开罗左下侧的尼罗河分为两支，从地理上说可能覆盖了吉萨大金字塔的位置，但由于地图不是 100% 精确，并不能对此下定论，但无论如何，吉萨金字塔即使存在，也必定是在尼罗河旁边。作为细节被标注得如此清楚的局部放大图，图 11 的开罗和尼罗河左侧的山脉之间，没有标注吉萨大金字塔，这说明此时吉萨大金字塔存在的可能性不大。

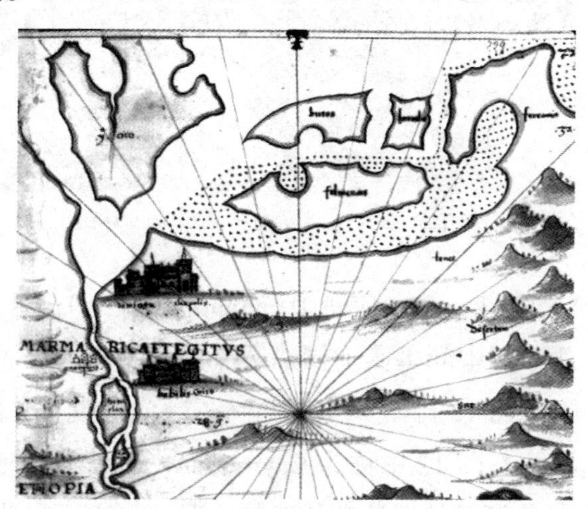

图 11　源自《世界岛屿地图集（详图）》

1 Alonso de Santa Cruz，*General Atlas of All the Islands in the World*，around 1539-1560.

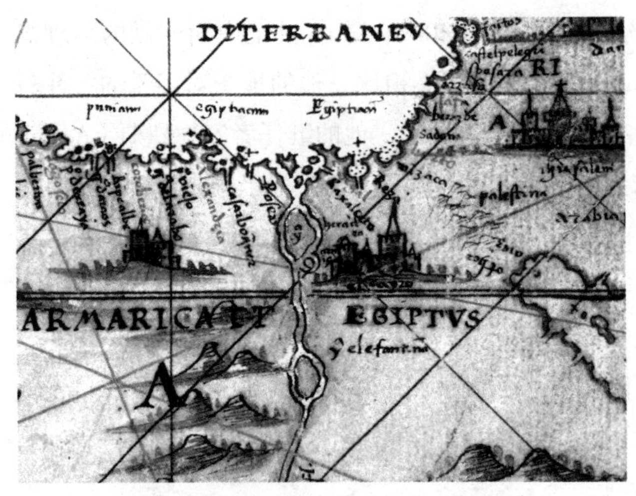

图 12 源自《世界岛屿地图集（详图）》

图 12 也在阿隆索·圣克鲁斯所绘制的地图集中。图 12 与图 11 的年代虽然极其接近，但仍有前后的时间差。图 12 中，尼罗河海湾中冲积岛的数量和规模相比图 11 进一步减少；开罗北部的达米亚塔（Damiata）城市尚未修建（按地理位置，Damiata 应是 Damanore 的前身）；且尼罗河在开罗分为两流向海湾，两条河中间事实上围成一个大的冲积海岛，冲积海岛已经到达开罗。由此研判图 12 比图 11 应略早，应为 1400 年左右的地图。图 11 中的 Cairo（开罗）在图 12 中称为 Cayro，而 Cay 是岛、礁石、沙洲的意思，这是符合图 12 中开罗位于沙洲位置的情况的，这也应是开罗称谓的真正来源。图 12 中只有地势较高的地方才有较大城市，开罗与另一城市呈东西对称列于尼罗河两边。图 12 中原本没有 Alexandria（亚历山大），有后来者用红字添上了 Alexandria 的名称。之所以研判红字为后来添加，是因为（1）红字颜色较淡；（2）红色与地图绘制的黑色勾勒风格不符；（3）红色文字很少，主体是黑色文字；（4）有些红色文字因为缺乏写字空间而写在了图形上。因此公元 1400 年左右，Alexandria 的名称应不存在。对比图 12 和图 10，图 10 中 Alexandria 位置有建筑标记，但图 12 在红字 Alexandria 位置无任何建筑标记，换言之，Alexandria 的地名以及可能具有建筑的雏形，应是在 1400 年之后的几十年中形成的，误差不会超过一百年。后面将进一步阐述 Alexandria 的地形分析。

三、由埃及旧地图推理的尼罗河谷地理演化

（一）《坤舆万国全图》的断代及其信息

《坤舆万国全图》上有关于尼罗河的重要信息：“天下唯此江至大，以七口入海。”结合 550—600 年之间就从尼罗河海湾快速形成三角洲的事实，可以推测当时《坤舆万国全图》所描述的，的确不单是说尼罗河“至长”，而是说“至大”，也即水量至大。问题是，这句话出自何时呢？现在来看图 13。[1]

图 13 《坤舆万国全图》局部

从图 13 可知，《坤舆万国全图》中的尼罗河入海口与今天三角洲的底部在一条直线上。而图 7 的尼罗河入海口已有凸起。因此图 8、图 9 与《坤舆万国全图》的年代较为接近。图 13 中尼罗河有 7 条分岔入口，但从图形上看均为主干分支。这可有两种解释，一是图 13 的确精确地画出了 7 条主干分支，二是图 13 仅仅是粗略地画出 7 个入海口，这 7 个入海口可能是分支的再次分支而致。在第一种情况下，图 13 应比图 9 更早，因为图 9 只有 5 条主干分支，此时图 13 应断代为在 1460 年之前。在第二种情况下，图 13 与图 8 相同，此

1 李之藻编《坤舆万国全图》，北京，1602 年。

时图 13 应断代为 1538 年之前。但从图 10 看，尼罗河在 Damanore 的北部不远处，就具有形成 7 条支流的可能（左边深入大陆的深海湾可能生成两条支流，深海湾右边已有一条支流，但继续往北不远处又分为两条次支流，继续往右有 3 条支流，一共 7 条靠近 Damanore 的主干分支）。从河水冲积泥沙的规律来说，是下游不断生成新的冲积岛屿，形成新的毛细分支，上游的河流分支不断合并，形成主干流。因此图 9 应研判为图 10 生成 7 条主干分支之后一段时间，在下游又冲积出新的岛屿，形成 9 个入海口，而靠近 Damanore 的主干分支合并为 5 条。但是随着尼罗河水的枯竭，之后这种分流能力越来越弱，所以之后的地图又从 9 个入海口逐渐缩减。综上所述，如果认为地图关于主干分支的画法是忠实于原始地理的，则图 13 应断代于图 9 和图 10 之间，也即 1432 年到 1460 年之间。如果认为图 10 不反映主干分支信息，而仅是标明 7 个入海口，则应断代于图 8 和图 10 之间，也即 1432 年到 1538 年之间。

（二）拿破仑关于尼罗河三角洲 3D 地图的河谷信息

图 14 《埃及记述》中尼罗河三角洲 3D 地图

图 14 与图 6 均出自拿破仑《埃及记述》。与图 6 的二维表达不同，图 14 画出了 1798—1801 年之间的尼罗河三角洲的 3D 地貌。

由图 14 可以看出，尼罗河一方面将海岸线朝大海推进，形成尼罗河三角洲，另一方面也在埃及陆地上冲刷出大片河谷，使得河谷地貌不断下沉。而埃及的 GIZEH（吉萨）、CAIRO（开罗）正好位于尼罗河谷的谷底。见局部放大图 15。

河谷底部形成的时间不会太久。根据 1400 年左右的图 12，从现在起仅仅倒溯 600 年的时间，开罗已经在海岛岸边，那么极其保守估计，从 1400 年再倒溯 1400 年，也就是在公元元年左右，吉萨和开罗河谷底部的

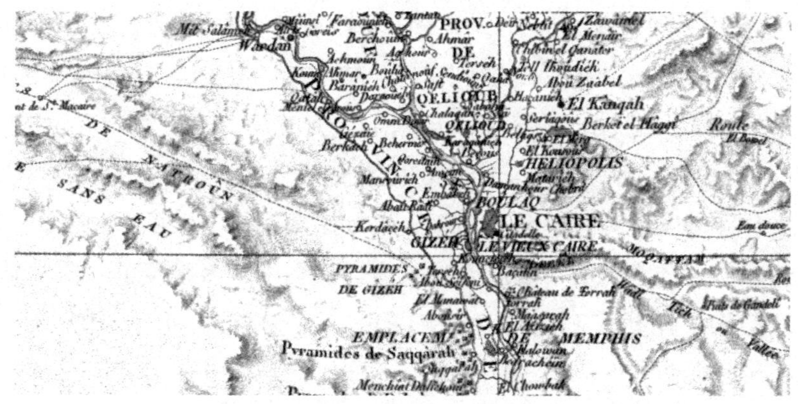

图 15 《埃及记述》中吉萨、开罗地区放大图

地貌应该完全没有定型。换言之，当时这个区域要么是海湾，要么地层比现在要高得多。

埃及受尼罗河巨大水量冲刷和冲积的地貌，不适合保存太过古老的遗迹。首先这些古迹要面对尼罗河冲刷陆地带来的河谷不断下陷，其次又要面对河谷下陷后海水的入侵，最后还要面对尼罗河水携带泥沙的冲积抬升。

吉萨地区最有代表性的古建筑是胡夫金字塔、海夫拉金字塔和门卡乌拉金字塔。这三座金字塔处于今天尼罗河三角洲的高地上，但从图 14 看，其仍然处于尼罗河谷冲刷地貌的谷底。这些金字塔何时建造、由谁建造，在西方已经缺乏档案记录。但是在中国却保留了迄今发现较早的关于埃及金字塔的记录。1623 年意大利传教士艾儒略在《职方外纪》中叙述："昔国王尝凿数石台如浮屠状，非以石砌，是择大石如陵阜者铲削成之大者。下趾阔三百二十四步，高二百七十五级，级高四尺。登台顶极力远射，箭不能越其台趾也。有城古名曰孟斐斯，今曰该禄，是古昔大国之都城，名闻西土……五百年前此国最为强盛……今其国已废城，亦为大水冲击，啮其下土，因而倾倒。然此城虽不如旧，尚有街长三十里。"本段所指"数石台"即应指胡夫、海夫拉和门卡乌拉金字塔。但是其数据显然夸大了。例如按艾儒略此石台高 1000 尺，按清朝 1 营造尺等于 0.32 米计，此石台将高 320 米。这已远超胡夫金字塔 146.49 米的高度。不过本段给出了大金字塔的建造方法：因山为陵，从山上削石而下。此营造方法较为经济，也符合中国帝王陵墓因山为陵的特点。但埃及金字塔还要应付河水冲击，所以其石头材料比中国陵墓要多。南怀仁于 1658 年来到中国，在《坤舆图说》中记述大金字塔的营造者、营造年代及做工："利未亚洲厄日多国（即埃及）孟斐府尖形高台，多禄茂王建造。地基矩方，每方一里，周围四里。台高二百五十级，每级宽二丈八尺五寸，皆细白石头为之。自基至顶，计六十二丈五尺。顶上宽容五十人。造工者每日三十六万。"本段对大金字塔仍极夸张，高 625 尺，即合计 200 米，仍远高于大金字塔实际高度。每方 1 里，清朝 1 里约为今天的 1.152 里，即 576 米，也远超胡夫金字塔底边 230 米的长度。但文中"多禄茂王"即托勒密王。因此本段给出了托勒密王建造大金字塔的信息。根据目前已知史料，托勒密王朝存在于公元前 305—前 30 年。而传教士白晋（1656—1730）也在《易引原稿》中说："自今二千年前……厄日多国（即埃及）其贤士名多禄茂，好学重儒……其人民皆长大平正，有类中国，故谓之大秦，或曰'本中国人也'。不信鬼神，祀天而已，彼国日月星辰无异于中国。"[1] 因此大金字塔似乎可定为公元前 305 年之后建造。地图上很难判定 600 年前吉萨大金字塔所在位置是否是在尼罗河流或海水中，因此将大金字塔定为公元前 305 年之后，不失为极为严谨的方法。而实际上 600 年前吉萨大金字塔如果存在，也已经在图 23 的海岛旁边了。

值得注意的是，《职方外纪》指出 500 年前（约公元 1100 年）孟菲斯最为强盛，后为大水冲击渐废，但艾儒略时尚有 30 里长街。30 里之说可能夸张，但仍较繁华。这与《坤舆万国全图》（之前本文已断代为在 1400—1538 年之间）中记述"门菲此（即孟菲斯）城为天下极大城"具有一致性。本文推测孟菲斯城的繁荣和废弃，并非由于被大水冲击，相反，正是因为尼罗河水冲积导致海湾线不断朝北移动，孟菲斯城也就跟着富庶的冲积层扩张，且土地有限而致人口集中，由此成为"天下极大城"。随着海湾线继续朝北推移，新的卫星城市开始涌现，孟菲斯城就逐渐废弃。而这些文献表述与现在历史关于"7 世纪阿拉伯人征服埃及时，孟菲斯遭到毁灭性的破坏"的表述是不吻合

---

1 中国文献中关于埃及金字塔的记述，实际上来源于欧洲传教士 17 世纪在中国创作的作品，如意大利传教士艾儒略《职方外纪》、比利时传教士南怀仁《坤舆图说》，就属于这种情况。上述这两部作品对于古埃及金字塔的记述并非出于中国文献，也非实地勘测，实际上是欧洲人在中国写的作品中将来自于欧洲的"传说"用汉字记述下来，充其量不过是欧洲人对埃及金字塔的一种传说，不能据此认为古代埃及真有那种石块金字塔建筑，或者说中国文献中有对金字塔的历史记录。据现代考古发掘，在现埃及境内，存在大大小小 111 座金字塔，在邻国苏丹境内所发现的金字塔达 200 余座。在埃及与苏丹的这种金字塔基本上属于土砖建筑，不过是晚近当地部落酋长的坟墓，不足为奇。然而，在埃及境内著名的三座大金字塔与众不同，不仅体格硕大无朋，而且都是巨大石块建筑，在没有钢制切割设备、大型运输设备及起重设备的古代，能完成这样的建筑值得怀疑。

图 16　埃及境内的一处由中小金字塔组成的金字塔群，埃及境内现有 111 处金字塔遗址，大部分为小型塔

的。这意味着孟菲斯现存的大量古建筑，可能是在 1000—1500 年这个繁盛时期所遗留。尼罗河边的建筑要面对尼罗河水的冲刷，所以有大量石质建筑亦为合理。

之前对吉萨、开罗河谷成型的时间估计实在过于保守，吉萨大金字塔建成时间应该在公元前 305 年之后。传教士对于时间概念并不清晰，例如《坤舆图说·卷下》中“自初生人类至今六千余年，世代相传”，这显然是缺乏历史感的话。因此我们下面进一步确定相关年代。

四、由三角洲地理演化所得人文结论

根据陈中原的钻孔数据，今天亚历山大城所在地有 S71、S72、S73、S76、S78 钻孔，S73、S76 数据显示其曾是潟湖环境，S71 数据显示在距今 7250 年的沉积层厚约 40 米、S72 数据显示在距今 6420 年的沉积层厚约 25 米、S78 数据显示在距今 6730 年的沉积层厚约 22 米。约 8000 年前尼罗河三角洲沉积地表在当时的海拔为 –19.53 米以下；约 5000 年前三角洲沉积地表在当时的海拔为 –15.53 米以下；约 2000 年前三角洲沉积地表在当时的海拔为 –5.53

米以下。此后海平面上涨速度为 1 米 /2000 年，而沉积增高速度至少为 2.8 米 /600 年，一直到 1400 年前后，三角洲沉积地表才第一次有机会露出海平面。事实上三角洲沉积地表在前述各个时期中会比保守测算的数据低得多。这说明距今约 8000 年到距今约 600 年时间，尼罗河三角洲的沉积地表从未曾高于海平面。

图 17 近代绘制的亚历山大城城市地图

根据历史学家阿利安等人的记载，亚历山大港原系亚历山大修建，后来成为托勒密王朝的首都。托勒密王朝在 Pharos 岛与大陆之间修了一道巨大的防波堤，由此形成两个安全港湾，托勒密二世下令在港口入口处的 Pharos 岛上修建亚历山大灯塔，位于防波堤的南端。后来尤利乌斯·恺撒曾经占领亚历山大灯塔。传说大灯塔于公元前 280—前 278 年建成，根据文献记载，塔分三层，最低的一层为四角柱，第二层为八角柱，最高一层为圆柱，再加塔顶上海神波赛东的雕像，整座灯塔高达135米，竟相当于一座40层高的大厦！在第三层，8 根圆柱撑着一个圆顶，并有螺旋通道通向顶部。这里安放着一面巨大的镜子，白天反射日光，晚上反射巨大火盆中点燃的灯火，据说灯光能照射到 56 公里远的海道。到底是怎么一回事，需要考证加以揭开。1994 年，在 Pharos 灯塔旧址附近修筑防波堤时发现了水下有 12 座狮身人面像，头部就重达 5 吨。狮身人面像的侧面刻有托勒密二世的称号。也佐证了托勒密王朝修建吉萨大金字塔。此外在海底还发现总数达 2000 具以上的巨型雕像。根据本文之前分析，可以研判亚历山大港的开始形成是在 1400 年以后，亚历山大灯塔的修建保守估计也应在 1432 年以后，实际上应在 1460 年以后。亚历山大图书馆据说也修建在现在的亚历山大城所在位置，此事如属实，则应为 1650—1740 年的事情。阿拉伯史学家伊本谢赫（1132—1207）在 1165 年访问亚历山大，写成了《艾列夫巴》一书，在书中详尽地记载了灯塔，应是对伊本谢赫的年代有错误记录。因此亚历山大应为 1400 年左右的人物，托勒密王朝应在 1400 年以后。恺撒则应更晚。亚里士多德是亚历山大的老师，柏拉图又是亚里士多德的老师，苏格拉底又是柏拉图的老师，因此亚里士多德、柏拉图和苏格拉底均应是 1300 年以后的人物。

图 18　近代绘制的亚历山大灯塔图片

2018 年 9 月 2 日，埃及国家文物部在脸书上宣布：一座村庄的遗址在开罗北部达喀里亚省的萨马拉地区（Tell el-Samara Area）被发现，是埃及最古老的定居点之一，可以追溯到 7000 年前的新石器时代，比第一任法老统治时期还早了约 2000 年。这意味着它在吉萨大金字塔（目前学界认为是埃及最古老、最著名的建筑之一）开始建造前约 2500 年就存在了（这里吉萨大金字塔的年代仍使用本文之前的学界数据以供比较）。古埃及文物部门的负责人艾曼·阿什马维表示，本次发现意义重大。在这个地区（指尼罗河三角洲），这些新石器时代的建筑（指储藏竖井）此前从未被发现过，此前只有在加比亚省的塞易斯发现过类似的遗迹。他所谓“类似的遗迹”是指埃及考古人员在塞易斯遗址发现的一座巨型红砖建筑的一部分，可能属于古希腊或古罗马时期的一间浴室。此外，他们还发现了一枚有托勒密三世头像而在托勒密四世时期使用（目前学界认为为公元前 221 年至前 204 年）的金币。这枚金币重约 1 盎司，金币正面刻画着托勒密三世的头像，他戴着耀眼的皇冠：金币背面图案则象征着繁荣，中间是丰饶羊角，周围写着托勒密三世的名字。

图 19　刻有托勒密三世头像的金币

萨马拉地区迄今为止已经发现了 47 个考古遗址，表明在距今 7000—5500 年前（年代经过 ^{14}C 校正）的尼罗河三角洲气候和水文条件都比较适宜人类活动，对应着古埃及文明的前王朝时期。[1] 但按照本文的地图，萨马拉地区在开罗北部，正处于 600 年内尼罗河三角洲的形成范围内。图 20 上标记处即为萨马拉地区，它目前的海拔均在 5 米以内，系泛滥冲积平原，因此萨马拉地区 600 年前也即 1400 年左右在图 10、图 11、图 12 中显系大海，而根据前述计算，在距今 8000—5000 年前远在当时海拔 –19.53 米到 –15.53 米之下，不可能是新石器定居点。因此萨马拉区域的遗址历史不会超过距今 700 年。

图 20　埃及萨马拉地区

综合亚历山大港、亚历山大灯塔、亚历山大灯塔水下狮身人面像侧面所刻托勒密王朝二世的称号、萨马拉托勒密三世头像金币、萨马拉区域形成等断代信息，可以研判：托勒密四世如果存在，则应在图 12、图 11 甚至图 10 的年代之后，也即在 1432 年之后。而此时埃及处于土耳其统治之下，因此托勒密王朝如果存在，应是土耳其统治下的地区性封建领主。如果托勒密一世开始修建吉萨大金字塔，那么托勒密王朝所修建的吉萨大金字塔历史亦应在距今的 700 年之后，误差也不会超过 100 年，而这相对吻合吉萨的河谷地貌演化历史。

同时根据古埃及文物部门“这些新石器时代的建筑（指储藏竖井）此

1 转引 Tristant Y，De Dapper M．Geoarchaeological investigations of a predynastic and early dynastic landscape．A view from the Eastern Nile delta (Egypt)，2009．

前从未被发现过，此前只有在加比亚省的塞易斯发现过类似的遗迹”来看，塞易斯也被认定为新石器时代的定居点。但由图 21，塞易斯仍在开罗以北，其海拔也均在 5 米以内，系泛滥冲积平原，处于距今 600 年内尼罗河三角洲的形成范围内，在距今 8000—5000 年前远在当时海拔 -19.53 米到 -15.53 米之下，也不可能是新石器定居点。因此塞易斯的历史亦不会超过距今 700 年。

而塞易斯所发现的巨型红砖建筑，按照网络上署名伟哥的文章《一块板砖揭开西方考古造假的谎言》，红砖本身亦可能是塞易斯地区年代不会太久的标志之一。

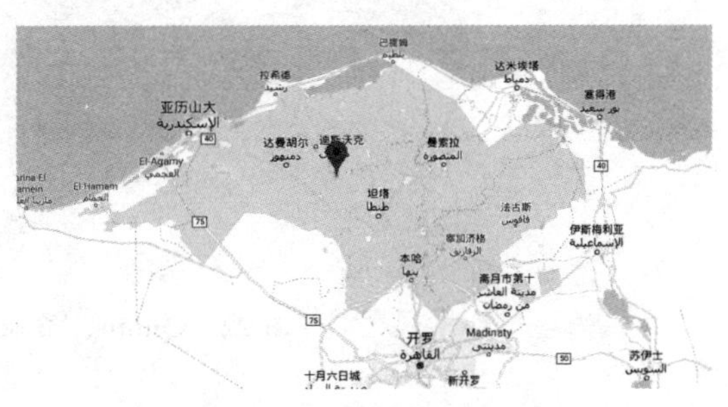

图 21　埃及塞易斯地区

与之并随有另一个问题，这就是纸莎草。莲花是上埃及的象征，而纸莎草是下埃及的象征，古埃及人上埃及的河神 Hap-Reset 戴着莲花，下埃及的河神 Hap-Meht 则戴着纸莎草。以孟菲斯为界，孟菲斯以北为下埃及，孟菲斯以南为上埃及。换言之，下埃及就是整个尼罗河三角洲。莎草纸，又称莎草片，是用当时盛产于尼罗河三角洲的纸莎草的茎制成。同样根据图 13，600 年前尼罗河海湾直逼开罗，下埃及并无大片冲积土地，不具备大规模种植粮食作物的条件，也不具备大规模种植纸莎草的条件。从 1400 年再往前溯 400—600 年，也即在 800—1000 年，下埃及基本没有冲积土地，粮食和纸莎草的大规模种植更不可能。

澳洲考古队在考古学家孟非·比塔（Manfred Bietak）领导之下，在尼罗河三角洲东区（Tell dl Daba Khatana-quntir），即圣经中的兰塞城考古。1996 年，比塔队在兰塞城发现了一个属于第十二王朝时期迦南人的村落民宅。这些住宅没有防城，仅由简单的围墙来抵挡动物。房屋是泥砖造的，屋内的“四房”设计却是典型迦南人房屋格局。房屋内外挖掘出来许多破陶器。陶器是考古学者用以辨别年代的利器之一。第一，因为陶器笨重，携带不易，居民迁移时常被丢弃在原出产地；第二，陶器的质料、形状、釉彩、雕饰直接反映出制造时代的文化、习俗、经济背景。而兰塞城出土的陶器，经鉴别是青铜时期中期的迦南式产品。这可能是考古史上第一次在埃及找到了以色列人寄居的直接证据。考古队也在这个村落的东南角空地处，找到以色列居民的墓地。墓的外表虽是埃及式建筑，内部的埋葬方式却完全依迦南习俗。男人的身上仍配戴者标枪、战斧及短剑，和以色列人在迦南地埋葬相同，考古遗址位置如图 22。

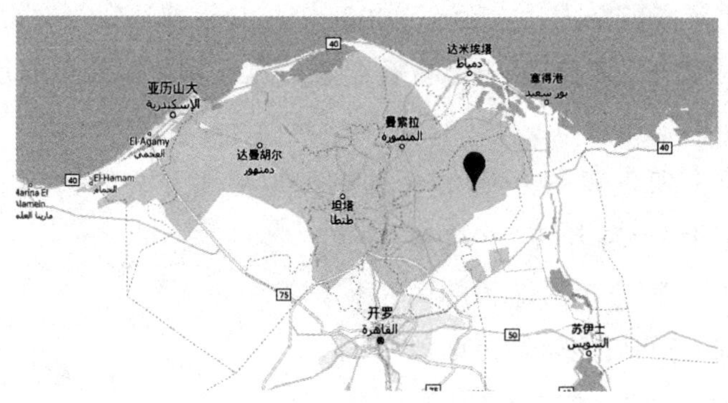

图 22　Quntir，圣经中的兰塞城

显然，从兰塞城地理形成来看，其真实历史亦不会超过距今 700—800 年。换言之，圣经中记载的出埃及记时间应远在此之后。

值得一提的是两个埃及的沉没港口城市，克诺珀斯（Canopus）和托尼斯–赫拉克利翁（Thonis–Heracleion）。考古界认为这两座古城建造于公元前 8 世纪左右，大约 1500 年前，洪水和地震将两座城市淹没。埃及水下考古学家弗兰科 · 戈蒂奥（Franck Goddio）在 19 年前首次发现了沉没的赫拉克利翁，当时弗兰科在水下找到了刻有铭文的石板，其上记录着从公元前 380 年一直到公元前 362 年的所有在位的埃及法老名字，并且看到一座供奉着赫拉克斯勒雕塑的神庙，通过这座雕塑，得以确认这里就是赫拉克利翁。只有持有许可证的考古学家和潜水爱好者才能进入沉没之城，所以这里的考古发掘工作虽然进展缓慢，但是每次都有新发现。在赫拉克利翁找到了大批宝藏：黄金首饰、青铜硬币、神像雕塑、沉船碎片，发现了一大一小两座神庙，神庙还保存着石柱、神像，它们一半被埋在海底约 1 米深的淤泥之中，一半露出泥土。一块出土于托尼斯–赫拉克利翁的完整石碑记录了公元前 380 年古埃及法老尼克塔尼布一世（Nectanebo I）的一项法令："从'希腊海'进口到托尼斯–赫拉克利翁的所有货物和在瑙克拉底斯进行的所有交易都要被征收 10% 的税，这笔收入将用于古埃及庙宇的修筑。"他们再用仪器将海底文物进行了彻底扫描，无论是水下可见的，还是埋在海底淤泥中的都在扫描范围内。结果一个古老建筑群被发现，包括皇宫、港口，以及许多船只、首饰和硬币。他们发现一艘完整仪式用船，它长 13 米、宽 5 米，船的主体部分被埋在 3 米厚的沉积物之下，船上满载金币和青铜硬币，还有大量珠宝。青铜硬币的年代可以追溯到托勒密二世统治时期。

从图 23 可知，这两个沉没的城市是在目前已经定型的亚历山大港往东北约 20 公里阿布基尔的外海，因此其应该修建于目前尼罗河三角洲沿海的湖泊形成之后，湖泊的北岸形成海岸，才能成为这两个城市的地基，否则这两个城市之前只能建在海中。对比本文地图，这两个城市至少应建在 1650—1660 年之后，距今不足 369 年。其石板上所刻公元前 380 年一直到公元前 362 年（考古界认定的时期）的所有在位的埃及法老名字，应断代这些法老所处时代为公元 1300 年以后。青铜硬币所指向的托勒密二世年代，比之前研判的时间又推迟了 150—200 年。可以退一步接受托勒密二世所铸钱币一直使用了 200 来年的假设。

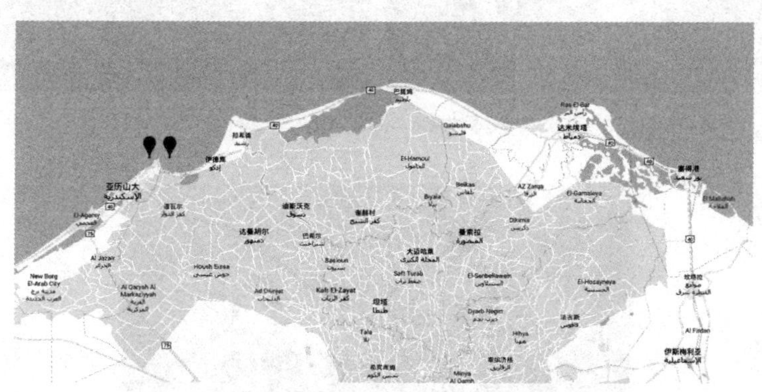

图 23　克诺珀斯（Canopus，地标左）和托尼斯—赫拉克利翁（Thonis-Heracleion，地标右）

从这两个城市的石碑石像等物体在海水中既无腐蚀又少海洋生物覆盖的情况来看，本文推断这两个城市修建历史距今不足 369 年是合理的。此外，城市修建后不一定是立刻沉入水中，而可能是过了一段时间后再沉入水中，因此沉入水中的时间可能距今不足 200 年甚至距今不足 100 年，可能作为生物覆盖少的解释理由。参见图 24。

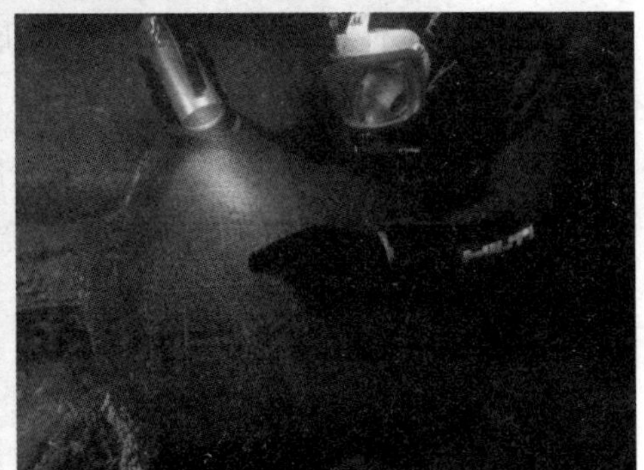

图 24 “沉没的城市打捞工作”的“现场照片”（组图）

图 25 中国海底文物（组图）

图 25 中的上图为 800 年的宋南海一号，下图左为丹东一号，100 来年的甲午沉船经远舰，下图右为南澳 1 号 450 来年万历沉船。

最后需要提一下罗塞塔石碑。罗塞塔石碑最早是在 1799 年时由法军上尉皮耶—佛罕索瓦·札维耶·布夏贺在一个埃及港湾城市罗塞塔发现，但在英法两国的战争之中辗转到英国手中，自 1802 年起保存于大英博物馆中并公开展示。目前考古界确定罗塞塔碑制作于公元前 196 年，刻有古埃及国王托勒密五世登基的诏书。石碑上用古希腊文字、古埃及文字和当时的通俗体文字刻了同样的内容，这使得近代的考古学家得以有机会对照各语言版本的内容后，解读出已经失传千余年的埃及象形文之意义与结构，而成为今日研究古埃及历史的重要里程碑。

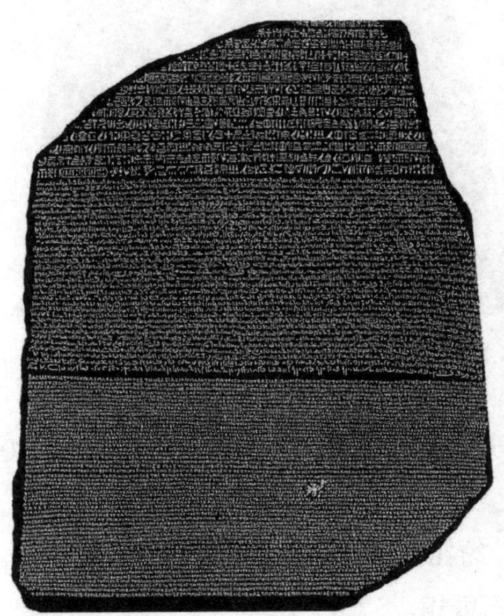

图 26　罗塞塔石碑正面图，其制作精美程度令人叹为观止

图 27　石碑侧面图，可见其整体面貌和损坏状况

罗塞塔（Rosetta）这块地初具冲积岛形状，其名字在 1570 年图 7 中首次出现。考虑到 1538 年图 8 较为粗略，以 1460 年图 9 为标准，可知罗塞塔的名字出现最早不超过 1460 年。整块罗塞塔地域在之前都是大海，罗塞塔碑的历史不会超过距今 559 年。这个估计已经放宽时间界限，因为罗塞塔石碑出土的地点是罗萨塔地区靠海一侧，所以罗塞塔石碑应是罗塞塔地区形成末期才可能出现。

从图 28 可知，罗塞塔石碑在目前尼罗河三角洲沿海的湖泊形成之后才可能出现。而这应该在 1650 年之后，罗塞塔石碑的历史则不会超过距今 369 年。正如黄忠平所研判的，罗塞塔石碑应属赝品。作为风化程度对比，可以参照真正经过岁月留痕的中国的石鼓文石碑。

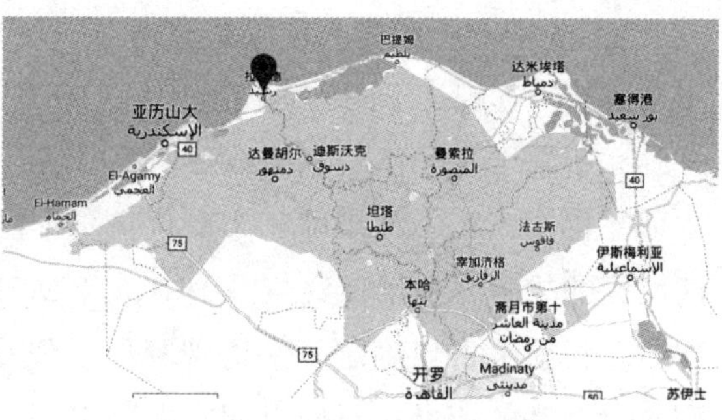

图 28　罗塞塔石碑出土地点

图 29　此两图均为中国的石鼓文石碑的不同侧面照片

石鼓文是秦刻石文字，因其刻石外形似鼓而得名。发现于唐初，共 10 枚，高约 2 尺，径约 3 尺，分别刻有大篆四言诗一首，共 10 首，计 718 字。《石鼓文》是我国现存最早的石刻文字，约在公元前 375 年。此两图为从不同方位拍摄的图片。原石现藏故宫博物院石鼓馆。

几成定论的“近代的考古学家得以有机会对照各语言版本的内容后，解读出已经失传千余年的埃及象形文之意义与结构，而成为今日研究古埃及历史的重要里程碑”，就是走了错误方向，这应该是古埃及历史与地图所揭示信息完全对不上的原因之一。

五、结语

本文使用的旧地图由于测绘条件的限制，不是完全精确，并且由于印刷等问题，并不是很清楚，致使有的城市在地图中不能找到，但对于说明本文的问题已经足够。本文至少可以从 6 个方面来保证其有效信息：

一是所采取地图均为世界著名地图；

二是几十幅地图构成连续演变，避免了单一地图可能出现的较大绘制误差；

三是尼罗河出海口是凸向大海的冲积平原，还是嵌入陆地海湾的海水和海岛，在地图绘制中非常清楚，两种地貌没有混淆的可能；

四是图 9 中 Pharos 岛明确标注了其远离海岸线，这说明从 2019 年回溯到约1460年的过程中，尼罗河三角洲的海岸线大幅向后退缩是真实演化过程，而不是地图绘制的偏差；

五是图 9 中的 Pharos 附近的几个海岛清晰地解释了现有亚历山大港防沙堤的形成过程，这几个海岛在其他地图中都没有出现，因此是弥足珍贵的信息；

六是图 11 为尼罗河海湾的局部放大图，标注出了海湾中 yoro、butos 等各个冲积岛屿的名字，并且还以众多的小点来画出了浅水区。地图绘制者刻意制作尼罗河海湾的局部放大图以标注海湾的各个细节，充分体现了地图绘制者对这个地区极其熟稔并作了大量的细节测绘工作，不存在把向大海凸出的冲积平原错误绘制为海湾的可能。

尼罗河冲积进度，是欧洲地图的天然漏刻，是一座大自然鬼斧神工的时钟，可以用于对地图较为精确的断代。由以上埃及旧地图可以得到以下结论：

（一）在 2019 年之前约 600 年，尼罗河三角洲尚未形成，尼罗河出海口尚是尼罗河海湾，其海岸线深入陆地，开罗已在海岛岸边。尼罗河三角洲的形成速度远超当前地质勘探的结论。1480 年如果有地震，其对尼罗河三角洲的形成不会造成多大影响。从图 12、图 11、图 10、图 9、图 8 中可以看出，如果有地震，只可能导致尼罗河三角洲外缘海岸的局部坍塌，尼罗河三角洲的生成是连续的，未因为地震而中断。

（二）距今约 8000 年前三角洲沉积地表在当时的海拔为 –19.53 米以下；距今约 5000 年前三角洲沉积地表在当时的海拔为 –15.53 米以下；距今约 2400 年前三角洲沉积地表在当时的海拔为 –8.3 米以下。距今约 8000 年到距今约 600 年的时期中，尼罗河三角洲的沉积地表从未曾高于海平面。

（三）Alexandria（亚历山大）的名字，在图 10 所示及之后一直存在，但其位置一直在随着海岸线而移动，并无一个长期稳定的位置。在图 12 的原图中，不存在 Alexandria 的地名，有后来者用红字添上“Alexandria”，但此位置没有建筑。Alexandria 的地名以及可能具有建筑的雏形，应是在 1400 年之后的几十年中开始形成的，误差也不会超过 100 年。由于法罗斯岛距离最初的亚历山大港约 30 公里，所以不可能有法罗斯岛上的亚历山大灯塔。灯塔如果存在，其也不会早于 1432 年，实际应在 1460 年以后。亚历山大图书馆的历史则更晚，应在 1650 年之后。

（四）现有 Alexandria 城经过钻孔测量，为沉积地层，距今约 2400 年前时其应远在当时海拔 –8.3 米以下，那时不可能在此修建城市，亦不可能在此修建亚历山大灯塔或亚历山大图书馆。Alexandria 在 1400 年之后，从一个小渔村对港口的最初选址，到被泥沙填没而搬迁，选择新的小海湾作为港口，再次被泥沙填没而搬迁，直到随着三角洲边缘来到法罗斯岛旁边，以法罗斯岛作为天然防波堤，构筑亚历山大港，并与其他几个岛连接构筑防沙堤，定型为现在的亚历山大港，其位置和形态都具有完整的进化路径。“在 1400 年之前已经有规模庞大的亚历山大港，然后被废置成为土耳其时代小渔村”的说法也是不可能真实的。在 1400 年后小渔村不可能是“规模庞大的亚历山大港”遗址，因为在尼罗河三角洲这个泥沙迅速沉积的地方，没有防沙堤就不可能成为“规模庞大”的港口。

（五）中国南宋时著名的地理学家赵汝适在《诸蕃志》中描述的建筑不可能是亚历山大灯塔。赵汝适说:“遏根陀国,勿斯里之属也。相传古有异人徂葛尼，于濒海建大塔，下凿地为两层，砖结甚密，一窖粮食，一储器械，塔高二百丈，可通四马齐驱而上，至三分之二，塔心开大井，结渠透大江以防他国兵侵，则举国据塔以拒敌，上下可容二万人，内居守而外出战。其顶上有镜极大，他国或有兵船侵犯，镜先照见，即预备守御之计。近年为外国人投塔下。执役扫洒数年，人不疑之，忽一日得便，盗镜抛沉海中而去。”这段话常被认为在描述亚历山大灯塔，但显属牵强附会。首先这段话没有讲任何灯塔的作用，而是讲军事防御工事；其次军事防御工事不可能建立在法罗斯这样小的孤立海岛上，其淡水供给需要沟渠与陆地上的江水连接，这等价于把法罗斯岛军事防御工事的水源交到敌人手里，因此若作为军事要塞，无疑是兵家死地。如果此防御工事真的存在，其应该是一面临海，一面临江，海与江交汇于工事背后，工事靠前占住出口，方有生存可能。从文字看极尽夸张，但举国国力不过两万人，因此如果此塔真的存在，也只能是某领主依海傍江修建的城堡，其位置即使在埃及，也不可能是在今天的亚历山大港，而应是在开罗附近或再上游。类似徂葛尼的名字有很多，并非就是亚历山大。

（六）埃及塞易斯和萨马拉两个区域的形成历史不会超过距今 700 年，因此其上的遗址亦不会超过 700 年，不可能存在 7000 年前新石器时代的遗址，亦不可能存在从埃及“前王朝”（^{14}C 校正后距今 6500—5150 年前）到“后王朝”（^{14}C 校正后距今 2614—2282 年前）的遗址。换言之，考古界对这些遗址的断代有误。

（七）吉萨、开罗由于处于尼罗河谷底，因此其地理状态稳定下来的时间并不长。亚历山大港、亚历山大灯塔、亚历山大灯塔水下狮身人面像侧面所刻托勒密二世的称号、萨马拉托勒密三世金币、萨马拉区域形成等断代信息，吉萨大金字塔的历史应在距今 600—700 年之后，误差也不会超过 100 年。托勒密王朝如果存在，则应是 1300 年以后的地区性封建领主政权。

（八）距今 600 年前尼罗河海湾直逼开罗，下埃及并无大片冲积土地，不具备大规模种植粮食作物的条件，也不具备大规模种植纸莎草的条件。从 1400 年再往前溯 400—600 年，即在 800—1000 年间，下埃及基本没有冲积土地，粮食和纸莎草的大规模种植更不可能。因此当时及之前的埃及不具备大量制造莎草纸的条件，也就不具备充足书写工具的条件。

（九）根据本文地图测算，亚历山大在 1400 年出现，他的老师是亚里士多德，亚里士多德是柏拉图的学生，柏拉图是苏格拉底的学生。因此亚里士多德、柏拉图和苏格拉底应断代为 1300 年以后。

（十）《至大论》（天文集）13 卷、《光学》5 卷、《行星假说》2 卷、《恒星之像》2 卷、《占星四书》4 卷、《平球论》、《体积论》，以及《地理学指南》8 卷等著作的作者克劳狄斯·托勒密长期在亚历山大城生活，其时代属于托勒密王朝之后，所以应为在 1400 年之后，与托勒密地图的实际作者前后相差不到 100 年。由此可推之，1295 年在东罗马帝国（拜占廷帝国）的首府君士坦丁堡（今土耳其伊斯坦布尔），僧侣马克西莫斯（Maximus Planudes，1260—1310）从帝国大教堂的图书馆中，寻找到托勒密的《地理学指南》的说法，也属错误的历史记录。即使今天的电脑信息时代，一个学者写一本开创性著作也需呕心沥血。在使用昂贵莎草纸和羊皮纸的时代，一个学者如何完成如此之多的开创性的著作，原本不需考古，只需常识即可判断。

（十一）4 世纪的希腊数学家帕普斯 (Pappus) 称古希腊几何学家阿波罗尼乌斯 (Apollonius) 曾在亚历山大港跟《几何原本》作者欧几里得的学生学习过很长时间。普罗克洛斯提到过托勒密一世 (Ptolemy I) 跟欧几里得的一段广为流传的对话，前者问学习几何有无捷径，欧几里得答曰“在几何中没有‘御道’(royal road)”。由此研判，欧几里得的年代亦为在 1300 年之后。希腊数学家帕普斯的生存年代亦不可能是 4 世纪，而应在欧几里得的年代之后。

（十二）《平面图形的平衡或其重心》《抛物线求积》《论球和圆柱》等书的作者阿基米德被父亲送到埃及的亚历山大城跟随欧几里得的学生埃拉托塞和卡农学习，因此他的生存年代亦在欧几里得的年代之后。

（十三）从兰塞城地理形成来看，其真实历史不会超过距今 700—800 年。换言之，圣经中记载的出埃及时间应远在此之后。

（十四）两个埃及的沉没港口城市，克诺珀斯（Canopus）和托尼斯–赫拉克利翁（Thonis–Heracleion），至少应建在 1650—1660 年之后，距今不足 369 年。沉没时间可能不足 200 年甚至不足 100 年。

（十五）罗塞塔碑的历史不会超过距今 369 年。尼罗河三角洲考古使用了各种现代先进科技，例如 ^{14}C 技术，但是测得的结果严重违反常识和地图档案记录，问题何在，值得深思。科技本身只是工具，工具是中性的，但是如何保证使用工具的学术共同体也是中性的，这拷问着所有学者的灵魂，也教育着人民群众。

《二十四史》是检验西方伪史的试金石

——以“食货志”为例

黄忠平

西方伪史能在中国传播，原因有三：一是因对西方物质与技术崇拜转而对西方文化的盲目崇拜；二是因中国经史教育不足而对传统史学知之甚少；三是中国历史研究、教育、传播的庸俗化，某些人热衷于以宫廷斗争、争风吃醋之类的故事曲解中国古代史，使社会大众失去了基本的鉴别力。

其实，只要我们浏览过《二十四史》，以一颗平常心来阅读西方史，就会对古希腊史产生深度怀疑。

一、《二十四史》的世界价值

重视历史记载，是中华民族的传统。仅以传世的史籍而论，自公元前841年起，中华大地上每一年发生的大事，史书皆有明确记载，后人难以随意编造。这是举世无双的伟大遗产，仅《二十四史》，便是胜过一切的“世界文化遗产”的遗产。

中国的史书，记录的是一个环环相扣、严丝合缝、相互支撑的人文与自然合一的大系统，一个有血有肉有灵魂的世界。事实上，只有中国的史书做到了这一点。因此在中国，自西周以来的历史，“考古”只能起到拾遗补阙的作用。

唐代史学家刘知几《史通·外篇》曰：

> 盖史之建官，其来尚矣。昔轩辕氏受命，仓颉、沮诵实居其职。至于三代，其数渐繁。案《周官》《礼记》，有太史、小史、内史、外史、左史、右史之名。太史掌国之六典，小史掌邦国之志，内史掌书王命，外史掌书使乎四方，左史记言，右史记事。

最晚在周，中国就设置了专职的史官，建立了完备的修史制度。因此，中国史学极其发达，形成了成熟的史学流派。《史通·内篇》曰：

> 古往今来，质文递变，诸史之作，不恒厥体。榷而为论，其流有六：一曰《尚书》家，二曰《春秋》家，三曰《左传》家，四曰《国语》家，五曰《史记》家，六曰《汉书》家。

所谓《二十四史》，指的是以司马迁创立的纪传体方式撰写的二十四部史书。《史通·内篇》解释道：

> 《史记》者，纪以包举大端，传以委曲细事，表以谱列年爵，志以总括遗漏，逮于天文、地理、国典、朝章，显隐必该，洪纤靡失。

用当今的话来说，《二十四史》记录的是在一定时间内，国人在一定规则下生产生活、生存发展的社会状态和得失总结。

《二十四史》由三者构成：

一是“纪”，以时间为纲逐年记载当年发生的大事，如《汉书·景帝纪》《宋史·仁宗本纪》。

二是“传”，是士农工商、男女老少、各行各业的优秀人物和极恶人物的传记，如《史记·廉颇蔺相如列传》《隋书·韦世康传》。

三是“志”，记载了人类赖以生存的自然条件和物质基础、社会得以规范的礼乐典章制度，如《汉书·食货志》《后汉书·郡国志》《新唐书·礼乐志》《宋史·刑法志》。

前二者合一，便知某年某月，某皇帝下旨让某大臣干某事，为此，某大臣又与某某大臣之间发生了某某事。这就是人们常说的中国历史，也是所谓的历史故事。

只有将“志”纳入，三者合一，我们才能知道：在一个集政治经济科技文化军事于一体的平台上，某一时间发生了某事。

今世与古代一样，既有千家万户的衣食住行的微观生活，也有政治经济科技文化军事的宏观环境；既有中国的帝王将相郡守县令的成败得失，也有周边国家的风土人情与国际关系。《二十四史》所记载的就是这样一个复杂的生态系统。

因此，只知道某些历史故事是不够的，不能做到以史为鉴。

某些人写的“中国史”，是通过拼凑一些“故事”，辅以大胆想象发挥，从而编造出一部官场权谋斗争史。

如果想了解古代的官场斗争，比如西汉的官场，就必须知道西汉朝廷有哪些衙门、职责分工如何，各衙门有哪些职官、责权利如何。在《汉书·百官公卿表》中，上至宰相及宰相府，下至全国有多少个县、乡、亭，直到乡一级机构及其职能，均清楚明白。

我们还必须知道各朝代的官员选拔程序与标准、官员百姓的文化素质。无论是研究中国古代的文盲率、基础教育的内容，还是讨论古代官员的选举、官员的素质，我们都必须了解古代的学校教育与选举制度。只有阅读了《新唐书·选举志》之后，才能大致了解唐朝的学校教育和人才选拔制度，对唐朝的文明程度、士人素质做出基本的判断。

古代政府与民间，也有法定的节假日、作息时间。我们阅读各类历史读物、唐诗宋词，自然会涉及古代的各种节日，如元宵节、端午节、七夕节等。古人是如何知道这一天是元宵节的呢？宋朝是如何编制历法的呢？在《宋史·天文志》《宋史·律历志》中，关于天文学发展简史、天文观测仪器设备、观测记录、历法编撰，均有记载。

中国是礼仪之邦。在古代，无论是官场还是民间，均高度重视礼仪制度。同样，在当今世界的外交场合，如果礼仪出错很可能导致严重后果。那么，在中国古代，比如明朝，自皇帝到百姓的婚丧嫁娶、皇帝大宴群臣、接待外国使臣、官员相见、百姓相见等场合，其礼仪制度又是怎样的呢？阅读《明史·礼志》，便可得到答案。

总之，当今人们遇到的问题，古人也会遇到，中国史籍也基本都有记载。

朝廷官场是政治，学校科举是教育，天文历算是科技，礼仪制度是规则，都必须有强大的钱粮基础的支撑，才能保持正常运行。即便是创造财富的工业，也必须有足够的钱粮保障，才能实现稳定的生存发展。一旦钱粮出现严重问题，全社会必然崩盘，出现大动荡。要想掌握各朝代的钱粮的基本状况，就必须阅读《食货志》。

二、古代中国的耕地与人口

古代社会，无论是哪一个国家或地区，它拥有多少耕地、能收获多少粮食，决定它拥有多少人口。

古代农业科技水平落后，粮食产量很低。

《后汉书·郡国志》：

> 顺帝建康元年，户九百九十四万六千九百一十九，口四千九百七十三万五百五十，垦田六百八十九万六千二百七十一顷五十六亩一百九十四步。

汉顺帝建康元年（144），全国户均5人，人均拥有的耕地面积为：

$$689{,}627{,}156 \div 49{,}730{,}550 = 13.867\text{（亩）}$$

汉朝的一亩，约为当今的0.7亩，13.867亩即为当今的9.6亩。

换句话说，在全国范围内，平均9.6亩地的产出，才能养活一个人；48亩地，才能养活一家人。

中国拥有发展农业生产的绝对优势，主粮单产远高于同时期的欧亚大陆任何国家或地区。原因有五：

其一，中国是欧亚大陆唯一的春、夏、秋、冬四季分明的地区，气候条件最好，雨热同季，最适合小麦、水稻等主粮种植。

其二，中国拥有广袤的土地、肥沃的平原，华北平原约有30万平方公里。

其三，中国河流湖泊密布，历代各级政府还组织兴修了无数的集灌溉与交通于一体的水利工程，如都江堰工程。

其四，中国政府重视天文历算，每年发布准确的用以指导农业生产的日历，自古以来，中国农民就是根据二十四节气安排农业生产。

其五，中国政府始终坚持以农为本，不仅从政策上支持农业生产，而且还组织编辑出版了大量的农业书籍，研制推广了大量的先进农具。

水利，是农业的命脉。兴修水利的工程，只有政府组织才能完成。历朝历代中国各级政府，从不间歇地进行着大大小小的水利工程建设。《元史·河渠志》：

> 昔者禹堙洪水，疏九河，陂九泽，以开万世之利，而《周礼·地官》之属，所载潴防沟遂之法甚详。当是之时，天下盖无适而非水利也。自先王疆理井田之制坏，而后水利之说兴。魏史起凿漳河，秦郑国引泾水，汉郑当时、王安世辈或献议穿漕渠，或建策防水决，是数君子者，皆尝试其术而卒有成功，太史公《河渠》一书犹可考……元有天下，内立都水监，外设各处河渠司，以兴举水利、修理河堤为务。决双塔、白浮诸水为通惠河，以济漕运，而京师无转饷之劳；导浑河，疏滦水，而武清、平滦无垫溺之虞；浚冶河，障滹沱，而真定免决啮之患。开会通河于临清，以通南北之货；疏陕西之三白，以溉关中之田；泄江湖之淫潦，立捍海之横塘，而浙右之民得免于水患。当时之善言水利，如太史郭守敬等，盖亦未尝无其人焉。一代之事功，所以为不可泯也。今故著其开修之岁月，工役之次第，历叙其事而分纪之，作《河渠志》。

伴随历朝历代的水利灌溉工程建设，缓慢增长的人口通过持续不断的垦荒，中国的耕地面积逐渐扩大。

其实，在古代中国，大多数时间里，耕地不仅不紧张，而且存在着大量的可供开垦的处女地。因为人口基数太小和生产力水平有限，农民没有能力耕种太多的土地。春秋时期，著名的商鞅变法的核心内容之一，就是吸引他国百姓来秦国垦荒。唐朝时，核心地区的关中、河南，仍然存在不少的无人区。宋朝也是如此,《宋史·食货志》记载：

官吏劝民垦田，悉书于印纸，以俟旌赏。至道二年，太常博士直史馆陈靖上言："……按天下土田，除江淮、湖湘、两浙、陇蜀、河东诸路地里敻远，虽加劝督，未遽获利。今京畿周环二十三州，幅员数千里，地之垦者十才二三，税之入者又十无五六……"

宋太宗至道二年（996）时，首都开封府周边的州县，仍然有许多荒地有待开垦，更别提其他地方了。

《明史 · 食货志》：

万历六年，户一千六十二万一千四百三十六，口六千六十九万二千八百五十六……总计田数七百一万三千九百七十六顷。

明代的一亩，约为当今的 0.85 亩。明朝人均耕地 9.8 亩，与汉朝相当；明朝耕地总量为 596,075,631 亩，较汉朝（汉朝耕地合 482,739,009 亩）增加了 23.48%，相应的，人口增加了 10,962,306 人，增长率 22.04%。

与明朝相比，汉朝只开发利用了 81% 的耕地。

如果和当今中国相比，汉朝开发利用的耕地，不足 30%。1998 年，中国耕地共 19.45 亿亩；1999 年以来，退耕还林还草 5 亿多亩后，目前仍拥有超过 13.4 亿亩的耕地。

这是农业技术和相关科技进步的结果。

研究历史时，我们必须高度重视这样的事实：在古代社会，只有存在大面积的可供开垦的处女地，这个国家或地区，才拥有进一步发展的空间，才有进一步创造文明的潜力，人口才能保持增长。

三、古代中国的粮食贸易与交通水平

我们以唐代（618 — 907）为例，讨论古代的粮食贸易问题。

中国地大物博，欧洲大陆不如中国的面积大。欧洲的"国际贸易"，放在中国，只能算是州际贸易，甚至是县际贸易。

中国是欧亚大陆唯一的春、夏、秋、冬四季分明的地区，即最适合发展农业的地区。但是，古代中国也不时出现区域性饥荒。

唐朝的首都长安（今西安市），位于号称沃野千里的关中平原。但是，长安城的粮食供应，一直颇为紧张。

长安城的缺粮，在西汉时就存在。随着关中人口的不断增长，到隋朝时，长安缺粮成为常态，隋文帝已经当上了“逐粮天子”。一旦关中粮食收成不好，隋文帝就迁往洛阳办公。因此，隋炀帝一直想迁都洛阳。

《新唐书・食货三》：

> 唐都长安，而关中号称沃野，然其土地狭，所出不足以给京师、备水旱，故常转漕东南之粟。

关中平原虽然是个好地方，但是，田地还是显得太少，不足以满足长安城的粮食需求，所以，一直需要从东南地区运粮补给。

关中平原，又称渭河平原，面积约 3.6 万平方公里。当时，在关中平原共设有京兆（即首都）、华州、同州、凤翔（岐州）等 4 个州府，据笔者粗略估计，实际统治面积约 4.4 万平方公里。

唐代天宝年间，4 个州府共辖 41 个县，共计 2,969,881，接近 300 万人。显然，在唐代，以约 4 万平方公里的肥沃土地的粮食产出，远远养不活 300 万人口。唐朝利用政府的力量，有组织地从外地调运粮食。有唐一朝，朝廷始终把“漕运”作为一个天大的事情来对待。所谓漕运，就是把全国各地应该上缴朝廷的粮草，通过水路运到京师。为此，唐朝政府不断地疏浚大运河、渭河，改进运输手段，完善储运调度模式，可谓想尽了办法。在唐代，凡是能够较好地完成“漕运”任务的官员，大都作为能臣干吏，获得提拔重用。

到了唐玄宗时期，京城粮食紧张局面，才得到初步缓解。《新唐书・食货三》：

> 开元初，河南尹李杰为水陆运使，运米岁二百五十万石，而八递用车千八百乘。

唐玄宗开元以来，随着政府财力大增，在几乎不计成本的条件下，水运陆运手段一起上，每年向长安运米二百五十万石，总算基本满足了长安的需求。但是，所谓的缓解，是在关中平原风调雨顺的年岁，才是有效的。其实，长安的日常粮食供应，主要是依靠市场，依赖商人。

每天，商人们源源不断地从外地往关中运输粮食。商人逐利。一旦瞅准时机，尤其是关中粮食歉收，农民吃饭也成问题了，商人们便会哄抬粮价，弄得民不聊生。

朝廷在长安储备了大量的粮食。一旦商人哄抬粮价，朝廷便会以强有力的粮食储备，来压制奸商，平抑市场物价。

唐玄宗就一再发过类似的诏书，比如《平粜诏》(《全唐文》卷三十三)：

> 嘉谷不登，……宜于太仓出粜一百万石，分付京兆府与诸县粜，每升减于时价十文。

这一年，关中粮食歉收，无良商人哄抬粮价。朝廷以每升低于市场价十文的价格，一下子抛售100万石粮食。(1石＝10斗，1斗＝10升；古人一天的口粮约为2升。)

长安粮食供应紧张的问题，在唐朝，始终未能得到有效解决。据史书记载，国子监曾多次放假，让来自全国各地的学生回家，以减轻粮食供应的压力。

大家都应该知道“长安米贵”的故事。据《幽闲鼓吹》记载，白居易进京赶考，拜谒顾况。顾况看了白居易的名片后，盯着白居易说：“京城的米价又涨价了，在这里生活，可艰难啦！”等看完白居易递上来的习作的第一篇后，赞赏不已，连忙说：“能写出这样的文字，在京城生活，就不成问题啦！”

其实，全国各地经由大运河，每年运抵洛阳的粮食数量巨大。在洛阳和周边地区，朝廷建立了多个规模巨大的仓库，用以储备这些粮食。同时，在长安城也建有多个粮库，“诸色仓粮总千二百六十五万六千六百二十石”，粮食储备可谓惊人。也就是说，朝廷只要把堆积如山的粮食，从洛阳转运到长安，问题也就解决了。尽管洛阳与长安之间的直线距离只有三百多公里，但是，在古代便是难以克服的巨大难题。

以大唐王朝的国力，也难以从根本上解决首都长安的粮食供应问题，其他地方的情况便可想而知了。

在古代，我国的交通水平，远远领先于世界各国。水路，尤其是安全可靠的内陆河道，就是古代的高速公路。二三千年来，我们的祖先凭借丰富的地理知识和先进的工程技术，开凿出一条又一条人工河。贯通全国的，如秦始皇造灵渠，打通了自长江通往岭南的高速水路；自春秋到隋朝，开通了钱塘江到海河的大运河。运河与江河湖泊互联，构筑起了全国性的高速水路网。区域性的高速水路网，更是数不胜数。

唐代的运输速度，国家标准是这样的,《唐六典·尚书户部》记载：

> 凡陆行之程：马日七十里，步及驴五十里，车三十里。……水行之程：舟之重者，溯河日三十里，江四十里，余水四十五里；……沿流之舟则轻重同制，河日一百五十里，江一百里，余水七十里。其三峡、砥柱之类，不拘此限。若遇风、水浅不得行者，即于随近官司申牒验记，听折半功。

1. 船运：如果将逆水、顺水折中计算，那么，在黄河，船平均日行 90 里；在长江，船平均日行 70 里；在其他水路，船平均日行不到 60 里。对三者再平均，则船平均日行 70 里，不足 35 公里。

2. 马驮：日行 70 里，不足 35 公里。

3. 人负重步行或者用驴驮运，日行 50 里，不足 25 公里。

4. 车运：日行 30 里，不足 15 公里。

车辆的运载能力，远小于船舶，其在平原地区才日行 30 里，速度仅为大运河的一半。可见，水运的效率，大大高于陆运。

如果一个地方出现饥荒，从 1000 公里之外运到，以最快捷的方式即船运，在全程天气晴朗、一路顺风的情况下，至少需要 28 天。如果是车运，则需要 70 天。

因此，在拥有广袤的良田美土的中国，尽管政府的粮食储备充足，但是，一旦出现规模稍大的地区性饥荒，往往无法保证及时救援。

研究历史时，我们必须正视这样的事实：在古代社会，受交通能力和粮食存储水平的限制，依赖远距离采购粮食，一个国家不可能维持生存发展。

四、春秋战国的货币与粮食贸易

古代史家以春秋战国时期的历史事实，论证了粮食才是国家最大的财富和实力，只有在粮食自给有余的前提下，才能确保生存，才有可能发展。

《汉书·食货志》：

> 凡货，金、钱、布、帛之用，夏、殷以前其详靡记云。太公为周立九府圜法：黄金方寸而重一斤；钱圜函方，轻重以铢；布、帛广二尺二寸为幅，长四丈为匹。故货宝于金，利于刀，流于泉，布于布，束于帛。太公退，又行之于齐。至管仲相桓公，通轻重之权，曰：岁有凶穰，故谷有贵贱；令有缓急，故物有轻重。人君不理，则畜贾游于市，乘民之不给，百倍其本矣。故万乘之国必有万金之贾，千乘之国必有千金之贾者，利有所并也。计本量委则足矣，然而民有饥饿者，谷有所臧也。民有余则轻之，故人君敛之以轻；民不足则重之，故人君散之以重。凡轻重敛散之以时，则准平。守准平，使万室之邑必有万钟之臧，臧繦千万；千室之邑必有千钟之臧，臧繦百万。春以奉耕，夏以奉耘，耒耜器械，种饷粮食，必取澹焉。故大贾畜家不得豪夺吾民矣。桓公遂用区区之齐合诸侯，显伯名。……有司言三铢钱轻，轻钱易作奸诈，乃更请郡国铸五铢钱，周郭其质，令不可得摩取鋊。

这段话，大致有以下几方面的内容：

1. 讲述了中国的货币史。早在夏商时期，中国已有成熟的货币。到了周朝，姜太公建立了严密的货币制度。到了汉朝，通过不断实践和理论总结，终于建立了国家掌控货币发行权、统一铸造发行五铢钱的制度。

2. 论述了货币的本质："流于泉"。货币是促进物畅其流的媒介。先秦诸子百家的著作一再强调：货币，饥不能食、寒不能衣，因此，货币并不是财富本身。一个国家，如果没有足够的实业，没有足够的粮食、布匹产出，货币再多也没有意义。

3. 叙述了中国古代的货币理论。古人也知道货币是个好东西，但掌握不好，就会成为坏东西，自古便有商人通过炒作货币、掠夺实业，而获取暴利。春秋时期，管子通过研究发现，市场上钱太多了，粮价就会暴涨；钱太少了，粮价就会暴跌；通货紧缩和通货膨胀都不利于发展经济，会令投机行为盛行，导致国家经济混乱。管子在治理齐国时，通过建立鼓励和保护实业、稳定市场和保护百姓利益的货币发行、市场调控制度，使齐国迅速富强起来，成为春秋五霸之一。

在生产力水平低下的古代，重中之重的实业，就是粮食生产；支撑货币发行及购买力的是粮食。

在《管子·轻重戊》有个故事。齐桓公对管仲说："寡人想降服鲁国，你有什么高招？"管仲说："好办。只要您和您的随员穿上鲁国织的绨（一种较好的丝织品）做成的衣服，在大街小巷闹市区溜达一圈就行了，剩下的事我来办。"桓公照办后，管仲找来鲁国商人说："你们鲁国的绨好啊，我家主人喜欢，你们赶紧送来吧，有多少我要多少，价格从优。"上有所好，下必甚焉，齐国人纷纷改穿鲁国绨做的衣服。鲁国商人在国内大规模高价收购绨。一年后，鲁国实现了"产业升级"全民从事纺织，靠从齐国进口粮食，没人愿意种地了。时机成熟，管仲建议桓公换回以前的服装，到大街小巷闹市区溜达一圈。不久，齐国官员百姓全部脱掉进口服装。随即，桓公下令关闭海关，禁止进口鲁国丝绸，禁止向鲁国出口粮食。一夜之间，鲁国丝绸成为垃圾，粮价大涨，经济崩溃，鲁国百姓纷纷逃往齐国。仅花了三年时间，鲁国向齐国俯首称臣。

这个故事，有两点启示：

第一，春秋时期，鲁国的工业基础相当好。鲁国商人通过所谓的"外放分工法"，仅一年时间，就将鲁国转变为"工业化国家"，开始搞"资本主义"了。

第二，粮食是国家的生命线。

第三，钱不能当饭吃，关键的时候，再多的钱也买不来粮食。

春秋战国时期最大的赢家，也是最后的赢家，是法家。法家从商君到韩非子，都强调谁掌握了粮食，谁就掌握了战争的主导权。

之所以如此，是因为古代粮食产量极低，应付灾荒的能力很弱。

《汉书·食货志》引战国时期魏国名臣李悝之作：

> 今一夫挟五口，治田百亩，岁收亩一石半，为粟百五十石，除十一之税十五石，余百三十五石。食，人月一石半，五人终岁为粟九十石，余有四十五石。……是故善平籴者，必谨观岁有上、中、下孰。上孰其收自四，余四百石；中孰自三，余三百石；下孰自倍，余百石。小饥则收百石，中饥七十石，大饥三十石，故大孰则上籴三而舍一，中孰则籴二，下孰则籴一，使民适足，贾平则止。小饥则发小孰之所敛、中饥则发中孰之所敛、大饥则发大孰之所敛而粜之。故虽遇饥馑、水旱，籴不贵而民不散，取有余以补不足也。行之魏国，国以富强。

战国时期，在魏国，一家人耕种土地，年收获粮食150石，除去纳税和一家五口人的口粮105石，剩余45石。但是，这是在正常年景下（即没有大的天灾）的产出。李悝说，天灾是经常发生的。遇上小灾，年收获的粮食100石，要么没法纳税，要么不够吃；遇上中灾，年收获只有70石，自家都不够吃；遇上大灾，年收获只有30石，农民没法活了。

根据李悝的建议，魏国实施了保护农民积极性的政策：丰收年景，由政府以适当价格收购粮食，实施国家战略储备。这大大增强了魏国应对灾害的能力，魏国因此富强起来，成为战国七雄之一。

自古以来，政府高度重视粮食储备，储备的标准是“九年之储”，即足以应对连年灾害的能力。《明史·食货志》：

> 明初，京卫有军储仓。洪武三年增置至二十所，且建临濠、临清二仓以供转运。各行省有仓，官吏俸取给焉。边境有仓，收屯田所入以给军。州县则设预备仓，东南西北四所，以振凶荒……嘉靖八年乃令各抚、按设社仓。令民二三十家为一社……有司造册送抚、按，岁一察核。

《清史稿·食货志》：

> 京师及各直省皆有仓库……（康熙）十九年，谕常平仓留本州县备赈，义仓、社仓留本村镇备赈。……户部题准乡村立社仓，市镇立义仓，公举本乡之人，出陈易新。

直到明清二朝，在政府的组织下，上至朝廷、下至全国的各个乡村，都建立了各类功能的粮仓。可见，直至一百多年前，举国上下都在储备粮食，随时准备应对从天而降的灾荒。

研究历史时，我们必须正视这样的事实：在古代社会，一个国家和地区，包括气候和土地条件很好的中国在内，所产的粮食能养活自己已属不易，不可能连年拥有可出口的粮食；任何国家，即便偶有余粮，也会首先留足战略储备，而不是出口。换句话说，在古代，不可能存在靠进口粮食而发展出来的国家级文明。

五、古希腊的耕地与人口估算

当今希腊国土面积 13 万平方公里，人口 1000 万。据称，当今希腊可耕种土地接近国土面积的 30%，即约 4 万平方公里。

古希腊对应于中国的春秋战国时期。当时，希腊半岛开发利用的耕地面积有多少呢？没有任何文献资料可查。我们暂且按照当今耕地面积的 40% 计算（高于中国汉朝），则为 1.6 万平方公里，即 2400 万亩。

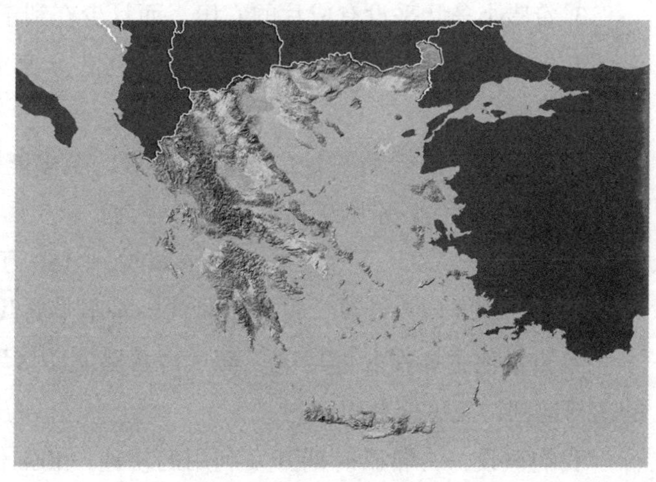

图 1　希腊地形地图

如果完全按照中国汉朝的标准（平均 9.6 亩地养活一个人）来计算，那么，古希腊时代，整个希腊半岛的人口总量为：

$$2400\text{万} \div 9.6 = 250\text{（万人）}$$

古希腊时期，希腊半岛显然没有这么多人口。

我们可以参考同时期的中国农民的耕种能力和粮食产出水平。《周礼·大司徒》：

不易之地家百亩，一易之地家二百亩，再易之地家三百亩。

《孟子·梁惠王上》：

百亩之田，勿夺其时，数口之家可以无饥矣。

春秋战国时期的一亩，大致为今天的三分之一。也就是说，良田约33亩，或者中田约60亩，或者差田约99亩，才可以养活一家人。如果以中田为平均水平（人均12亩）计算，春秋战国时期的粮食单产，较汉朝少20%；如果以差田为平均水平（人均20亩）计算，其单产只有汉朝平均水平的一半。

希腊半岛诸多不利因素，制约了其农业产出水平：

1. 希腊半岛是地中海气候区。地中海气候因雨热不同季，是主粮种植的天敌，必然导致主粮产量大幅度降低。

2. 希腊半岛是山区，土地贫瘠。

3. 希腊半岛几乎没有成片的农田，而且少有利于农业灌溉的河流。

4. 古希腊农业技术极端落后，比如，考古学家至今没有发现古希腊的农田水利设施。

毋庸置疑，古希腊耕地的平均亩产量，至多能够达到中国汉朝的60%。那么，古希腊时代，希腊半岛的人口总量为：

$$250\text{万人} \times 60\% = 150\text{万人}$$

按照户均5口人计算，古希腊时代，希腊半岛共约30万户人家。

希腊耕地主要在北部地区，而“古希腊文明区”则位于南部地区。希腊的南部地区，几乎全是山区。

我们假设，古希腊时期开发利用的耕地，40%位于南部的“古希腊文明区”，而且粮食亩产量与北方一样高。那么，“古希腊文明区”的人口总量为：

150 万人 × 40% = 60 万人

按照户均 5 口人计算，“古希腊文明区” 约 12 万户人家。

古希腊文明最重要的地区，是雅典城邦。雅典面积约 2550 平方公里，仅占希腊面积（约 13 万平方公里）的 1.96%。我们假设，希腊半岛的耕地是平均分布的，并且粮食亩产量一样高，由此，雅典的人口为：

150 万人 ×（2550 ÷ 130000）≈ 2.942 万人

事实上，雅典几乎全部是山地。学界公认，雅典位于希腊半岛土地最贫瘠的地区，其耕地数量、质量至多为希腊半岛平均水平的 60%，即雅典的人口为：

2.942 万人 × 60% ≈ 1.77 万人

按照户均 5 口人计算，古希腊时代，雅典城邦共约 3540 户人家。

平心而论，这已经大大高估了古希腊的农业水平，因为我们完全是按照中国差田产量来估算的，并没有考虑气候、灌溉等因素。地中海气候、低下的灌溉能力，决定了古希腊耕地的收获大大低于中国的“差田”。

如果以气候、灌溉等因素降低单产 20% 来计算，那么，希腊半岛的人口总量为：

150 万人 × 80% = 120 万人，24 万户人家

“古希腊文明区” 的人口总量为：

60 万人 × 80% = 48 万人，9.6 万户人家

雅典的人口为：

1.77 万人 × 80% = 1.42 万人，2840 户人家

其实，这依然是高估了古希腊的人口数量。

我们分析这样一个实例。

安徽省滁州市位于长江与淮河之间，属于风调雨顺的鱼米之乡，面积 1.33 万平方公里，人口 455.3 万。宋朝时，欧阳修在这里写下了著名的《醉翁亭记》。据《元丰九域志》，欧阳修担任郡守时，滁州下设三县，共 33,858 户人家。按户均 5 口人计，约 169,290 人。

汉朝时，滁州只是一个县，隶属于九江郡的全椒县。据《汉书·地理志》，西汉时，九江郡下辖 15 个县，共 15 万户人家 78 万余人。由此推测，在国泰民安的西汉时期，滁州市约 1 万户人家、5 万人，平均每平方公里 0.75 户人家 3.76 人。

即便按照滁州的人口密度来测算，雅典也仅 0.96 万人。

如果考虑到希腊半岛的土壤、气候等诸多不利因素，对古希腊正常的估算为：

1. 雅典城邦的人口不会超过5000人；

2. “古希腊文明区”的人口不会超过10万人；

3. 希腊半岛的人口不会超过30万人。

阅读《二十四史》的地理志有关山区郡县的人口数据，我们会发现，上述估算，很可能依然是大大高估。

据说，古希腊时期，希腊半岛存在着各自为政的数百个城邦。仅以200个城邦计算，那么，平均每个城邦至多1500人，即约300户人家300名青壮年男子。

六、古希腊城邦的粮食贸易与交通

在流行的“古希腊史”论著中，古希腊各城邦的人口数据是十分吓人的。不少作者宣称，古希腊人通过出口商品、进口粮食，实现了经济高速发展，人口成倍增长，从而创建了辉煌文明。

> 到公元前5世纪时，包括黑海在内的整个地中海地区环布繁盛的希腊殖民地……殖民地用船把以谷物为主的各种原材料运到人口过剩的希腊本土，作为回报，得到酒、橄榄油和诸如布和陶器之类的制成品。这种贸易使希腊本国的经济急速发展……转向商业性农业，使能够养活的人口比以前经营自给型农业时增长2—3倍……[1]

我们暂不考虑古希腊人出口什么，也不考虑买回的粮食如何发放到散居于崇山峻岭的各家各户，只探讨如何将粮食运回希腊。

据现行的古希腊史，古希腊人是海上的马车夫，一切靠船运；古希腊的“舰队”不断侵略地中海沿岸国家，建立隶属于自己的殖民地。

1 [美] 斯塔夫里阿诺斯:《全球通史》(上册)，吴象婴等译，北京大学出版社，2006年，第102页。

春秋战国时期，齐国禁止向鲁国出口粮食。那么，波斯帝国是否会禁止向希腊出口粮食？是否会派兵袭击、拦截希腊人的运粮船？

雅典人、斯巴达人，都是海上的马车夫，双方战争不断。那么，双方是否会派兵袭击、拦截对方的运粮船？

上述问题，当然无解。我们姑且搁下不论。

我们假设粮食运输线路畅通无阻，甚至没有海盗。基于此，我们来探讨希腊人如何完成粮食的运输。

据现行古希腊史，古希腊主要从埃及、黑海沿岸进口粮食。从埃及进口粮食的说法，显然是荒谬的。

1. 尼罗河三角洲是冲积平原，目前才 2.4 万平方公里。2000 多年前，尼罗河三角洲的面积远比今天小。

2. 埃及地区的气候条件差，不利于发展农业，粮食产量低，能满足自身需求已属不易。

3. 波斯是希腊的敌国，而埃及是波斯的属地，决定了这种粮食交易的可能性微乎其微。

4. 埃及距离希腊路程遥远，且运粮船必须沿着波斯的海岸线航行并获得饮食补给，这决定了粮食运输线路基本无安全性可言。

从黑海沿岸运输粮食，是否可行呢？

我们以距离希腊最近的保加利亚为例，展开分析。

图 2　古希腊三层桨船结构示意图

首先，我们看船只的载重量。据古希腊史，古希腊人的最先进的船只，是靠170名桨手摇桨的三层桨船，其载重量是：可装载200人（其中170名桨手、30名武装人员）和若干兵器。假设每名船员体重140斤，则每条三层桨船可以装载粮食：

$$140\text{斤} \times 200 = 2.8\text{万斤}$$

我们姑且按3万斤计算。这里，我们暂不考虑船员的重量。当然，这些船员是必须存在的。因此，事实上，我们的假设是每条船载重6万斤即30吨，与一千多年后征服者威廉横渡英吉利海峡的舰船的载重量相当。无疑，这大大高估了。其次，我们再分析航速。前面说过，在内河航行的唐代船只，每天航行不足35公里。按古希腊文献，古希腊的船只的航速也是如此,《伯罗奔尼撒战争史》：

> 奥德里赛帝国的海岸线是从阿布德拉到攸克星海中的多瑙河。一条商船沿着海岸航行，走最短的路线，在全程都是顺风的情况下，需要4昼夜才能走完全程；一位腿脚灵活的人在陆地上沿着最短的途径，由阿布德拉到多瑙河，需要11天的时间。[1]

由此可知，一名普通青壮年男子步行11天（无夜行）的路程，古希腊商船走完全程大约需要6个昼夜（综合商船顺风、逆风航行的速度）。也就是说，古希腊商船海上航行的速度，与普通青壮年男子步行速度相当。

我们知道，一名青壮年男子，长途步行的速度每天至多20公里。那么，古希腊商船即便是昼夜兼程，每昼夜至多能航行40公里。

从保加利亚到雅典的海上距离约1300公里。往返一次，为2600公里。

$$2600 \div 40 = 65\text{（天）}$$

如果运粮船始终做到昼夜兼程，往返一趟需要65天。

事实上，由于船员的体力原因、粮食和饮水补给原因、风暴等天气原因，商船均不可能一直昼夜兼程。根据《伯罗奔尼撒战争史》，古希腊船只每天都必须靠岸补给，船员也必须上岸才能休息。仅按船员每天每人休息8小时计算，路途时间就必须增加三分之一，商船往返一趟至少需要90天。

1［古希腊］修昔底德:《伯罗奔尼撒战争史》，徐松岩译，上海人民出版社，2017年，第244页。

由此可知，每条船每年只能往返 4 次，共运回约 12 万斤粮食。

据此，我们来分析雅典人口对运输能力的需求。

假设雅典城邦有 100 万人口，每人每天消耗粮食 1.5 斤，则雅典每年的粮食需求量为：

1.5 斤 × 365 天 × 100 万人＝ 54750 万斤

由于雅典本地的粮食产量只能养活 1 万人，所以，雅典的粮食几乎全部依赖于进口。那么，雅典必须运回的粮食为：

54750 万斤 ÷ 3 万斤＝ 18250（船）

雅典专门用于运输粮食的船只数量为：

18250 ÷ 4 ＝ 4562.5（艘）

专门从事运粮的船员人数为：

4562.5 × 200 人＝ 912500 人

解决 100 万人口的雅典的粮食需求，雅典必须建立约 4560 艘船、91 万船员的运粮船队。

这样的数据，显然是十分荒唐的。

事实上，在古代，无论中国还是西方，并非任何季节都适合航海：

> 当人厌倦的炎热季节渐渐结束时，太阳回归后五十天，是人类航海的最佳季节……但是你要尽快返家，不要等到新鲜葡萄酒上市，秋雨季节以及南风神的可怕风暴的来临……我不称赞春季航海，因为我心里不喜欢它，这个季节航海要碰运气，很少逃避得了厄运。[1]

在希腊周边的海域，一年之中，适合出海航行的时间不到一半。因此，古希腊商船的活动时间十分短暂，远航黑海地区，一年只能往返一趟。

值得强调的是，粮食是非常娇贵的东西，对储运条件如温度、水分、湿度、气体成分、害虫防治等方面的要求极高，稍有不慎，就会霉变、发芽、生虫。在2000多年前，根本不具备在潮湿的海面漂荡几个月的粮食储运能力。

从遥远的他国以船只运输粮食，来满足希腊的生存发展需求，完全不具备可操作性。

1［古希腊］赫西俄德：《工作与时日》，张竹明、蒋平译，商务印书馆，1991 年，第 21 页。

七、雅典的货币与粮食贸易

有专家说，古希腊时期，雅典帝国拥有 1000 万人口。

中国汉朝时人均占有耕地 9.6 亩。雅典帝国的疆域内，显然没有 9600 万亩土地。

假设雅典帝国拥有 600 万亩与中国一样肥沃、亩产一样高的土地（600 万亩即 4000 平方公里，希腊及其周边地区当然没有这样的大片农田），那么，雅典帝国必须另外找到 9000 万亩良田美土，专门为雅典帝国生产粮食。

9000 万亩即 6 万平方公里。这就是说，需要拥有与中国的气候一样、肥沃程度一样的 6 万平方公里的耕地，且其粮食产出 100% 归雅典帝国所有，1000 万雅典人才不会饿肚子。这种可能性为零，因为这个地方一定不在雅典帝国，耕种者也一定不是雅典帝国的农民。那么，雅典帝国只能是采购粮食。

古代粮食产量极低，寻常年景，流入市场的商品粮非常少，至多是粮食总产量的 10%。由此可知，至少要有 10 倍的耕地，即 60 万平方公里的耕地，定向为雅典帝国提供商品粮，才有可能满足其需求。

60 万平方公里就是 9 亿亩。按照人均 10 亩耕地计算，这就是一个拥有超过 9000 万人口的区域。

汉朝的耕地为 4.8 亿亩。这就是说，把汉朝的商品粮全部销往雅典帝国，依然只能满足其需求量的一半。

在欧亚大陆，必须同时存在一个与汉朝同样规模的国家，也将全部的商品粮销往雅典帝国，才能满足雅典帝国的粮食需求。

2000 多年前，欧亚大陆存在 9 亿亩的粮食产地吗？当然没有。即便存在这样的地方，也没有任何意义。

其一，汉朝不时出现歉收，没有粮食流入“国际市场”。中国如此，其他国家也会如此。即便是某一年有多余的粮食，政府也会坚决禁止外销他国。

其二，如果汉朝政府完全放开粮食市场，商人们必然会垄断市场，囤积居奇，面对急需粮食的雅典漫天要价。如果雅典想买尽中国市场上的粮食，不出三年便会破产。

其三，将数十万平方公里土地上的粮食集中于几个地方，再车载马驮、肩挑背扛、千里船运至雅典，一斤粮食的运费，估计得花去“半斤黄金”。雅典帝国即使遍地产黄金，恐怕刮光地皮也不够。在雅典帝国，粮食胜过奢侈品了。

其四，如此大规模的粮食转运，需要多少人员从事收购、储存、运输、看管！这些人员必然要消费大量的粮食。转运途中，还会产生大量的粮食损耗。这些粮食，能否满足转运人员自身的需求，也是值得怀疑的。

总而言之，可以肯定的是，在距今2500年前，举欧亚大陆之余粮，也养不活雅典帝国。

如果雅典帝国有1000万人口，那么，希腊半岛人口应不下2000万，是当今希腊人口的二倍。这显然是荒唐的。

八、结论

在中国春秋战国时期，希腊半岛至多30万人，“古希腊文明区”至多10万人，雅典地区至多5000人。在交通条件落后的时代，以这样的人口规模，散居于13万平方公里的崇山峻岭之中，不可能创造出任何高质量的文明来。

以雅典为例。雅典5000人口，则成年男子约为1000人。假设雅典的农户每年粮食产出有10%流向市场，那么，雅典从事非农业的成年男子总量，至多100人。以区区100人来承担政治、经济、科技、文化、教育、军事等工作，是难以取得任何成就的。

关于雅典的历史，只能是虚构，不可能存在真实成分。

大秦国与古罗马关系史实考辨

——兼论希腊化与古罗马伪史

黄忠平

汉朝以来，我国史籍对西域古国大秦的记载连绵不绝。根据中国文献对大秦的地理位置、社会和自然状况的描述，大秦就是非洲古国阿克苏姆，与西方史中的古罗马（含东罗马）毫不相干。事实上，西方史中的托勒密王国、塞琉西王国、横跨欧亚非的罗马帝国（东罗马），均不存在。

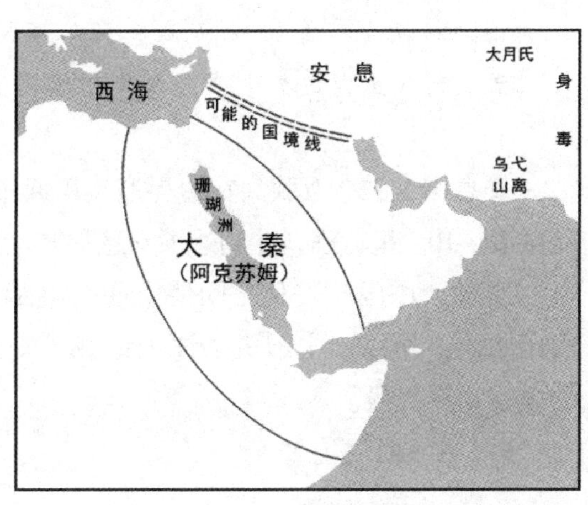

图 1　汉朝时大秦疆域示意图

一、塞琉西王国、跨欧亚非的罗马帝国均不存在

据通行的世界史著作，公元前 323 年，亚历山大大帝去世，亚历山大帝国分裂。塞琉西一世创建了以叙利亚为中心，包括今亚美尼亚、伊朗、伊拉克在内的塞琉西王国（前 312—前 64）。同时，在今以埃及为主的地区，也诞

生了一个以今亚历山大城为首都的托勒密王国（前 304—前 30）。后来，罗马先后吞并了这两个希腊化王国，成为横跨欧洲、亚洲、非洲的环地中海的罗马帝国。在图拉真在位时期（98—117），罗马帝国疆域西起西班牙、不列颠，东到幼发拉底河上游；南自非洲北部，北达莱茵河与多瑙河一带。地中海成为罗马帝国的内海。395 年，罗马帝国分裂为东西两部。西罗马亡于 476 年，东罗马于 1453 年为奥斯曼土耳其帝国所灭。

果如是，那么，中国西汉末以前，安息王国的西邻是塞琉西王国。公元前 64 年（即汉元帝元康二年）之后，安息的西邻为罗马帝国。总之，地中海东部沿海地区一直归塞琉西、罗马所有，不属于安息的疆土。

事实显然不是这样。

汉武帝（前 140—前 87 在位）时期，中国使臣开始进入安息王国。汉武帝时代的朝廷官员司马迁在《史记·大宛列传》说：

> 初，汉使至安息，安息王令将二万骑迎于东界。东界去王都数千里。行比至，过数十城，人民相属甚多。

安息国王派 2 万骑兵在边界迎接汉武帝的使臣，然后一路护送，历经数十座城市、几千里行程，才到达了安息都城。显然，安息是一个地域广大的国家。

自此，中国与安息之间使臣往来不断，中国使臣的双脚，踏遍了安息的山山水水。所以，中国史书详细记载了安息王国内外交通路线和路程、各地的风俗物产气候。

《汉书·西域传》：

> 安息国……北与康居、东与乌弋山离、西与条支接 。
> （条支）国临西海……安息役属之，以为外国。

《后汉书·西域传》：

> ……历罽宾，六十余日行至乌弋山离国……复西南马行百余日至条支。条支国城在山上，周回四十余里。临西海……转北而东，复马行六十余日至安息。后役属条支，为置大将，监领诸小城焉。

由此可知，安息国的疆域，南、西均直抵大海；安息的西部有一个濒临地中海、名叫条支的属国，由安息全面实施军政管理。

显然，安息的西部疆域，与现行“西方史”中的塞琉西王国全境、罗马帝国东部地区，是重合的。

及至隋唐，情况类似。

《隋书 · 西域传》：

> 波斯国，都达曷水之西苏蔺城，即条支之故地也。其王字库萨和。都城方十余里……波斯每遣使贡献。西去海数百里，东去穆国四千余里，西北去拂菻四千五百里，东去瓜州万一千七百里。

《旧唐书 · 西域传》：

> 波斯国，在京师西一万五千三百里，东与吐火罗、康国接，北邻突厥之可萨部，西北拒拂菻，正西及南俱临大海。

《新唐书 · 西域传》：

> 波斯，居达遏水西，距京师万五千里而赢。东与吐火罗、康接，北邻突厥可萨部，西、南皆濒海，西北赢四千里，拂菻也。

根据中国史书，隋唐时期的情况是这样的：波斯取代了安息。与安息一样，波斯的疆域也是南临印度洋，西抵地中海。显然，东罗马帝国的亚洲地区的疆域，与波斯王国的部分国土也是重合的。

有专家认为拂菻即东罗马，而拂菻位于欧洲地区（下文详述）。

波斯与中国的关系十分密切。波斯最后的国土，隶属大唐安西都护府治下的波斯都督府，其国王则是大唐的朝臣。《新唐书 · 西域传》：

> 龙朔初，又诉为大食所侵，是时天子方遣使者到西域分置州县，以疾陵城为波斯都督府，即拜卑路斯为都督。

波斯最后的国王、贵族均归顺唐代朝廷，多老死于中国，其后裔亦在唐廷为官。毋庸置疑，中国史籍关于波斯的记载最为权威。

在中国古代史籍中，从无出现过有关罗马（东罗马）帝国的记载。地跨欧、亚、非的罗马帝国、东罗马帝国，包括塞琉西王国，均为子虚乌有的存在。

二、大秦国的方位与首都

有专家认为，中国史书中的大秦，就是罗马（东罗马）帝国。

从汉朝直到隋唐，中国一直与“大秦”存在种种联系。《后汉书·西域传》：

> 自皮山西南经乌秅，涉悬度，历罽宾，六十余日行至乌弋山离国……安息国居和椟城，去洛阳二万五千里。北与康居接，南与乌弋山离接……和帝永元九年，都护班超遣甘英使大秦，抵条支。临大海欲度，而安息西界船人谓英曰：“海水广大……”英闻之乃止……自安息西行三千四百里至阿蛮国。从阿蛮西行三千六百里至斯宾国。从斯宾南行度河，又西南至于罗国九百六十里，安息西界极矣。自此南乘海，乃通大秦。

其中包含以下重要信息：

1. 汉和帝永元九年（97 年），按照西方史书的说法，正是罗马统治地中海东岸的时候。中国使臣甘英奉命经安息出使大秦。甘英抵达“临西海”的“安息西界”条支，打算自此渡海前往大秦。因安息船夫的“海水广大”之类的话，甘英就此作罢。

2. 从罽宾一直往南走，抵达印度洋边的乌弋山离国（《汉书》：“至乌弋山离，南道极矣。”）。自此，骑马沿波斯湾北岸向西走 100 多天，抵达安息的属国条支的都城。

3. 条支国都城在地中海边。据《汉书》“自条支乘水西行，可百余日，近日所入云”可知，这个“西海”不是印度洋，更不可能是波斯湾，只能是地中海。

4. 大秦在条支（安息）之南；从条支乘船，可以抵达大秦。

条支国都城应该在当今以色列或以色列以南的一个海滨城市，而大秦则在此以南的地方。

裴松之引《魏略·西戎传》，是与《后汉书》所载在时间上最为接近的信息：

> 大秦国，一号犁靬，在安息、条支西，大海之西，从安息界安谷城乘船，直截海西，遇风利二月到，风迟或一岁，无风或三岁。其国在海西，故俗谓之海西。有河出其国，西又有大海。海西有迟散城……国有小城邑合四百余，东西南北数千里。其王治，滨侧河海，以石为城郭……泽散王属大秦，其治在海中央，北至驴分，水行半岁，风疾时一月到，最与安息安谷城相近，西南诣大秦都不知里数。驴分王属大秦，其治去大秦都二千里。从驴分城西之大秦，渡海飞桥长二百三十里，渡海道西南行，绕海直西行……于罗属大秦，其治在汜复东北渡河，从于罗东北又渡河，斯罗东北又渡河。斯罗国属安息，与大秦接也。

结合《后汉书·西域传》的内容，得出以下信息：

（1）大秦的首都，位于大河口的河海交汇处。

（2）安息在北，大秦在南。两国之间，有两个重要的交界处：安息的安谷与大秦的泽散、安息的斯罗与大秦的于罗。

（3）无论是从于罗出发，还是从泽散、驴分出发，前往大秦的首都，均为一路向西南方向而行。

据此，已经十分清楚，大秦的首都在当今的埃及一带。显然，现行世界史中的托勒密王国、罗马（东罗马）帝国的埃及省，又与大秦的疆土重合。

托勒密王国及其首都亚历山大里亚，不可能存在过。

尼罗河三角洲是冲积平原。近年来，地质专家根据尼罗河现代三角洲地层钻孔岩心数据分析，证实了中国史籍记载的准确性、真实性。

> 距今2000—3000年以后，海平面已十分接近于现代，并趋于稳定，导致此时（尼罗河）三角洲平原上的潟湖已基本成型，但它们的规模远比现今大得多。据大量钻孔资料分析可知，这些潟湖的南界（也就是最大海侵范围）可继续向南延伸10—30 km不等，横向也远较现代扩展得多。例如三角洲平原中部的布鲁卢斯潟湖曾经向东扩展至达米亚德河的西侧（钻孔S40—31处），平原西部的伊德库潟

湖西区都曾是潟湖环境（钻孔 S73—76 处）。[1]

2000 多年前，当今尼罗河三角洲的潟湖的南界至少要南移 10 至 30 公里，而南界附近的三五公里的地方必然是湿地，不可能形成城市。那么，2000 多年前的海滨城市，应在当今海岸线以南数十公里的地方。

根据埃及旧地图所展示的尼罗河三角洲变化过程，程碧波认为，尼罗河三角洲的形成历史不超过距今 600 年，由此可以推及尼罗河三角洲上的其他相关人文古迹历史不超过距今 700 年。[2]

科学界早有人怀疑西方的"古埃及文明"之说：

> 埃及文明为什么兴起于三角洲地带，是长久以来考古学家迷惑不解的问题。……只是大约公元前 6500 年至 5500 年时，海面上涨减慢到大约每年 1 毫米，泥砂才得以淤积出今日的三角洲，很快便有人在这肥沃的土地上务农。[3]

前引《魏略 · 西戎传》这段话，记录了尼罗河三角洲形成期的现象：大秦国的国土，诸如泽散、驴分的小岛星罗棋布。各岛相距甚近，故以长达 230 里"渡海飞桥"相连。

显然，西方史中的托勒密王国、罗马（东罗马）帝国埃及省、亚历山大里亚学派、罗塞塔碑之说，纯属虚构。

三、大秦国的疆域

在古代中文文献里，大秦始终是疆域广大的国家，并具有以下特征：

第一，大秦是西域最大的国家。《魏略 · 西戎传》：

1 陈中原：《尼罗河三角洲全新世海平面变动及其对环境的影响——与长江三角洲的对比》，《海洋学报》，第 24 卷。

2 程碧波：《以埃及旧地图研究尼罗河三角洲的演化与史实辨析》，参阅本书文章。

3 胡季平：《海平面变化与古埃及文明》，《海洋世界》，1994 年第 6 期。

> 自葱领西，此国最大，置诸小王甚多。

第二，大秦居于两海之间。《北史·大秦传》：

> 大秦国，一名黎轩，都安都城……地方六千里，居两海之间。

图 2　景教碑，现存于西安碑林

第三，大秦盛产珠宝，十分富裕。《十二游经》：

> 阎浮提中……东有晋天子，人民炽盛；南有天竺国天子，土地多饶象；西有大秦国天子，土地饶金玉；北有月支天子，土地多好马。

《后汉书·大秦传》：

> 大秦国一名犁鞬……土多金银奇宝，有夜光壁、明月珠、骇鸡犀、珊瑚、虎魄、琉璃、琅玕、朱丹、青碧。

对大秦国疆域的四至描述较为清晰的，当属“大秦寺僧景净书”的《大秦景教流行中国碑》(以下简称《景教碑》)的碑文：

> 案《西域图记》及汉魏史策，大秦国南统珊瑚之海，北极众宝之山，西望仙境花林，东接长风弱水。

这里的东、西二至，我们已经无法知晓，最多也就是猜测一番，故搁下不论，重点探讨南、北二至。

（一）南部疆界

“大秦国南统珊瑚之海”表明，大秦拥有一个盛产珊瑚的内海。我们据此入手。

唐杜佑《通典·大秦》记载了大秦国在“珊瑚洲”人工养殖珊瑚的状况：

> 西南涨海中可七八百里，行到珊瑚洲，水底有盘石，珊瑚生其上。大秦人常乘大舶，载铁网，令水工没，先入视之，可下网乃下。初生白，而渐渐似苗坼甲。历一岁许，出网目间，变作黄色，支格交错，高极三四尺者，围尺余。三年色乃赤好。后没视之，知可采，便以铁钞发其根，乃以索系网，使人于舶上绞车举出。还国理截，恣意所作。若失时不举，便蠹败。

《新唐书·大秦传》有同类记载，但较简略。

《魏略·西戎传》中，“大秦海”有一个显著的地理特征：

> 大秦海，西东各有一山，皆南北行。

大秦海的东西两岸，各有一座南北向的山。显然，大秦海也是南北走向。

在自西亚、北非到欧洲的广大区域里，能同时满足盛产珊瑚和相应地理特征的，唯有红海。

元朝使臣刘郁在阿拉伯半岛一侧，目睹了红海采珊瑚和珍珠的场景，并记入《西使记》中。随后，汪大渊也来到这里，《岛夷志略》所述与《通典》所载甚为接近：

> 国居辽西之界，乃国王海之滨……地产青琅玕、珊瑚树，其树或长一丈有余，或七八尺许，围一尺有余。秋冬民间皆用船采取，以横木系破网及纱线于其上，仍以索缚木两头，人于船上牵以拖之，则其树槎牙，挂挽而上。

汪大渊称红海为“国王海”，与《魏略·西戎传》中的“大秦海”颇有相通之处，这说明至少在某一个时期，红海为大秦的内海，属于“国王”所有。

大秦的南界已经明确：拥有红海两岸的大片土地，南界直抵印度洋。

（二）北部疆界

据“条支国城在山上”“（甘英）使大秦，抵条支。临大海欲度”，和景教碑“北极众宝之山”，可知大秦与安息的北部边界，为一座濒临地中海的山。

《魏略·西戎传》：

> 道出河南，乃西行，从且兰复直西行之汜复国六百里。南道会汜复，乃西南之贤督国。且兰、汜复直南，乃有积石，积石南乃有大海，出珊瑚、真珠。且兰、汜复、斯宾、阿蛮北有一山，东西行。大秦海，西东各有一山，皆南北行。贤督王属大秦，其治东北去汜复六百里。汜复王属大秦，其治东北去于罗三百四十里，渡海也。于罗属大秦，其治在汜复东北渡河，从于罗东北又渡河，斯罗东北又渡河。斯罗国属安息，与大秦接也。

可见，在安息与大秦的交界处，还有两大特征：一是有多条河流；二是有多宝的、东西走向的山。

为了简便起见，只要锁定了“且兰、汜复直南，乃有积石，积石南乃有大海，出珊瑚、真珠”，就可以将且兰、汜复定位于西奈半岛北部地区；而大秦与安息两国的交界处（于罗、斯罗二城），可能在今以色列南部地区。所谓“积石”，则是西奈半岛南部山区。这里，确实是一个著名的“众宝之山”，正与景教碑之“北极众宝之山”相合。结合前面关于大秦与安息交界处的分析，可知大秦北边濒临地中海。

大秦南抵印度洋，北临地中海，故而史称其居两海之间。

四、大秦国的气候与物产

（一）大秦的纬度与气候

《北史·大秦传》：

> 大秦国，一名黎轩，都安都城。从条支西渡海曲一万里，去代三万九千四百里。其海滂出，犹渤海也，而东西与渤海相望，盖自然之理。

这一段话，内容丰富。南北朝时，中国有了从大同出发，经陆路抵达大秦的距离概念；中国知道了大秦大致纬度，知道从渤海出发，一直往东，可以进入地中海而抵大秦。地中海位于北纬30°至45°之间，渤海位于北纬37°至41°之间，确实是遥遥相望的。

两“唐书”中，将拂菻、大秦混为一谈，而其中有关大秦的许多事实，只能发生在地中海以南的地区。

大秦是一个气候炎热的地方。《旧唐书·西戎传》：

> 拂菻国，一名大秦……至于盛暑之节，人厌嚣热，乃引水潜流，上遍于屋宇，机制巧密，人莫之知。观者惟闻屋上泉鸣，俄见四檐飞溜，悬波如瀑，激气成凉风，其巧妙如此。

夏季酷暑难耐，拂菻国国君通过引水冲刷房顶来降温。在君士坦丁堡即今之伊斯坦布尔，是无须这样的降温工程的。

（二）大秦的植物

史籍关于大秦植物的记载，与其气候是一致的。《魏略·西戎传》：

其土地有松、柏、槐、梓、竹、苇、杨柳、梧桐、百草……大秦多……一微木、二苏合、狄提、迷迷、兜纳、白附子、薰陆、郁金、芸胶、薰草木十二种香。

这对应于大秦的“十二种香”，在中国文献中频繁出现。《法苑珠林》卷三十六：

苏合香,《续汉书》曰：大秦国合诸香，煎其汁，谓之苏合。
薰陆香,《魏略》曰：大秦出薰陆。《南方草物状》曰：薰陆香出大秦国，云在海边，自有大树生于沙中，盛夏时树胶流出沙上。
兜纳香,《魏略》曰：出大秦国。
迷迭香,《魏略》曰：大秦出迷迭。

薰陆香即乳香。隋文帝为起塔一次性赏赐数千斤薰陆香,《法苑珠林》卷四十：

宜请沙门三十人谙解法相兼堪宣导者，各将侍者二人，并散官各给一人，薰陆香一百二十斤，马五匹，分道送舍利，往前件诸州（笔者注：十七州）起塔。

在地中海沿岸、西亚和非洲北部，能够拥有如此丰富的植物种类的，唯有埃塞俄比亚。其中有些植物如竹子，唯有埃塞俄比亚才存在。据《埃塞俄比亚药用植物资源考察报告》：

埃属山地高原国家，一般海拔在1500米至3000米之间，在非洲地势最高，素称“非洲屋脊”。埃全境位于赤道以南4°，海拔跨度较大，高原和山地温暖湿润，低地草原高温少雨，植物区系异常丰富，这里的植物呈垂直带状分布。
它不仅是多种作物的起源中心，也是许多种野生植物和药用作物的起源中心。
（在埃塞俄比亚）草药市场上出售松香、葫芦巴、乳香、没药和苦苏花（kuosso）等当地传统药，乳香和没药还远销中国和东南亚及欧美国家和地区。乳香和没药分别是从乳香树和没药树的茎部割取汁液凝固而成的，燃烧时发出浓烈的香味，是寺院中烧香的原料。乳香和没药还具有散风活血、舒筋止痛的功效……[1]

（三）大秦的动物

史书关于大秦动物的记载，也提供了与植物相同的指向。

《后汉书·大秦传》：

（东汉）桓帝延熹九年，大秦王安敦遣使，自日南徼外献象牙、犀角、玳瑁，始乃一通焉。

《新唐书·拂菻传》：

开元七年，（拂菻）因吐火罗大酋献师子、羚羊。

《太平寰宇记·大秦国》：

（大秦）地多狮子……

象、狮子、羚羊，在西方史中的罗马帝国，尤其是开元七年（719）的东罗马（疆域仅限于欧洲地区），都不可能存在；而在埃塞俄比亚一带，则属于“方物”，即土特产。

综合气候、动植物的信息，埃塞俄比亚一带是大秦国的一部分。

1 邱声祥：《国外医药·植物药分册》，1990年第5卷第4期。

五、大秦国即阿克苏姆王国

埃塞俄比亚历史上的阿克苏姆王国的统治模式、区域、时间，均与大秦国相合。

> 被视为现代埃塞俄比亚起源的阿克苏姆王国是非洲大陆最著名的文明古国之一，因其都城为阿克苏姆而得名。阿克苏姆王国兴起于基督纪元之初……公元1—7世纪是阿克苏姆王国繁荣昌盛的时期……公元4—6世纪是阿克苏姆王国的鼎盛时期，其所辖领土包括今厄立特里亚、埃塞俄比亚北部、吉布提、索马里北部、苏丹东部以及阿拉伯半岛的红海沿岸地区……公元6—7世纪，阿克苏姆失去了对阿拉伯半岛的红海沿岸的控制……公元3世纪，阿克苏姆国王利用该国濒临红海、水陆交通方便的条件，指挥军队跨过红海，征服了阿拉伯半岛的也门地区，几乎把红海变成阿克苏姆的内湖……它铸造的货币分为金币、银币和铜币三种，一些银币和铜币还镶有金线，铸币上一般都有当时统治者的头像。考古学家在今天埃塞俄比亚北部、埃及、阿拉伯半岛的也门和汉志地区、苏丹共和国东南部等地，挖掘出大量阿克苏姆王国的铸币。[1]在公元3世纪末期，阿拉伯半岛西部的三个地区，也进入阿克苏姆城市国家统辖范围之内。[2]

估计是因为“托勒密王国”和“罗马帝国”的强势话语权，上述著作回避了阿克苏姆王国对埃及的统治权问题。

关于阿克苏姆王国对阿拉伯半岛的统治区域，菲利普·西提说：

> 据四世纪中叶的阿克苏姆铭文记载，阿比西尼亚国王自称他是“阿

1 钟伟云:《埃塞俄比亚》，社会科学文献出版社，2016年，第36—38页。

2［美］萨义德·A.阿德朱莫比:《埃塞俄比亚史》，董小川译，商务印书馆，2009年，第16页。

> 克苏姆、希木叶尔、赖丹、哈伯舍、赛勒哈、帖哈麦的国王”……阿比西尼亚人，原是来援助阿拉比亚的基督徒的，但他们像在通常情况下一样，作为征服者停留下来了。他们变成殖民者，自公元525年至575年，他们停留下来管制那个地方的人民，他们的远祖原是从那里迁移到非洲海岸的。被公认为是阿克苏姆总督的艾卜赖海，在当时的首都萨那，建筑了一座当代最壮丽的主教大礼拜堂……公元575年，波斯皇帝应赛义夫的恳求，派遣韦海赖兹统兵八百名，击溃阿比西尼亚驻防军，从可憎的非洲人统治之下解放了也门。[1]

据何芳川《阿克苏姆》：

> 到了公元4世纪国王厄查纳统治时期，阿克苏姆国家进入了它的全盛阶段……阿克苏姆国家的这一强盛阶段，一直持续到公元六世纪。……阿克苏姆君主开始采用“万王之王”的称号，……在“万王之王”的治理下，王国划分为国王直接管辖的本部领土和四周许多“万王之王”的藩属。……从公元三世纪末起，直至八世纪，历代阿克苏姆的“万王之王”都铸造了自己的金、银币或青铜币。阿克苏姆的铸币，其形状、大小都同当时拜占庭帝国及地中海世界的铸币相近。铸币上一般都有国王的头像，徽记用日轮、新月或十字架。国王头像的胸部常饰以麦穗，这是土地沃产的象征。[2]

如前所述，大秦的首都位于埃及尼罗河口。考古学家在埃及挖掘出大量的阿克苏姆铸币，可为佐证[3]。此外，还有一个无可回避的事实是，“历史上，埃塞俄比亚正教的主教由埃及亚历山大的大主教委派。这一传统一直延续下来，直到20世纪50年代中期，埃塞俄比亚皇帝才取得主教的任命权，但埃塞俄比亚教会仍承认亚历山大教会至高无上的权力。”[4]“到了6世纪末，萨珊波

1［美］菲利普·西提:《阿拉伯通史》，马坚译，新世界出版社，2015年，第52—58页。

2 何芳川:《阿克苏姆》,《西亚非洲》(双月刊)，1985年第5期。

3 钟伟云:《埃塞俄比亚》，社会科学文献出版社，2016年，第38页。

4 同3，第24页。

斯帝国控制了也门，结束了阿克苏姆王国对也门的统治。随后，萨珊波斯攻占了埃及，进一步切断了阿克苏姆与红海沿岸地区的贸易联系。”[1] 埃塞俄比亚正教作为一种独立的宗教，其主教由埃及亚历山大的大主教委派，也可从侧面证明埃及曾经是大秦的统治中心。

时间、地理、货币、商品等资料也表明，与中国、印度、安息往来的“大秦”，就是阿克苏姆王国。濒临印度洋且红海为其内海，阿克苏姆王国十分重视海洋权益。

> （埃塞俄比亚）古代还有过一个尊号 Bahr–Negash（Negus），直译为“大海之王”……这个称号的含意是，这个国王不仅统治上述的地区，而且还统治大海以至大海对岸的地方。[2]

凭借也门地区，大秦首先通过波斯湾与安息、印度保持密切的商业往来。《后汉书·西域传》：

> （大秦国）以金银为钱，银钱十当金钱一。与安息、天竺交市于海中，利有十倍。

《梁书·诸夷传》：

> 身毒即天竺，……其西与大秦、安息交市海中，多大秦珍物珊瑚、琥珀、金碧珠玑、琅玕、郁金、苏合。

随着海上贸易的不断深入，大秦又建立了直达中国的海上外交和贸易通道。早在延熹九年即 166 年，大秦的使臣就通过海道第一次来到中国。《魏略·西戎传》：

> 大秦道既从海北陆通，又循海而南，与交趾七郡外夷，比又有水道

1 钟伟云:《埃塞俄比亚》，社会科学文献出版社，2016 年，第 38 页。

2［英］理查德·格林菲尔德:《埃塞俄比亚新政治史》，钟槐译，商务印书馆，1974 年，第 903 页。

通益州、永昌，故永昌出异物。

经持续努力，大秦掌握了联通中国的两条海道：从印度洋经水路，分别抵达交趾、云南等地。

六、大秦与拂菻的关系

拂菻本为音译，又被译作拂林、茀林、拂临、佛朗、佛郎、富浪等。

（一）拂菻国的地理位置

拂菻作为国名，正式出现于中国史册似在《隋书》。《隋书》中，拂菻没有专门立传，只给出了大致的地理位置，其他情况尚很模糊。可知拂菻是新出现的国家，最早是在南北朝晚期。唐朝与拂菻有了官方往来，自此，关于拂菻的记载越来越清晰。有趣的是，也是自唐朝起，开始将拂菻、大秦混为一谈，地理位置合并为波斯的西北。

《隋书》：

> 波斯国……西北去拂菻四千五百里……（《波斯传》）
> 发自敦煌，至于西海，凡为三道，各有襟带。北道，从伊吾，经蒲类海铁勒部突厥可汗庭，度北流河水，至拂菻国，达于西海。（《裴矩传》）
> （铁勒）自西海之东，依据山谷，往往不绝。……拂菻东则有恩屈、阿兰、北褥九离、伏嗢昏等……总谓为铁勒，并无君长，分属东、西两突厥。（《铁勒传》）

《隋书》给出了拂菻的地理位置：西南与波斯隔海（博斯普鲁斯海峡）相望；西北面，在黑海北部与西突厥所属的铁勒部之恩屈、阿兰、北褥九离、伏嗢昏等部落相邻。

唐朝廷很清楚拂菻的情况，大唐曾与拂菻为邻。唐高宗显庆年间，苏定方平定西突厥。朝廷随即派遣专业人员对原西突厥属地设州置县。在此期间，朝廷任命阿罗憾为“拂林国诸蕃招慰大使”出使拂菻,《大唐故波斯国大酋长右屯卫将军上柱国金城郡开国公波斯君丘之铭》：

君讳阿罗憾，族望波斯国人也。显庆年中，高宗天皇大帝以功绩有称，名闻□□，出使召来至此，即授将军，北门□领侍卫驱驰。又差充拂林国诸蕃招慰大使，并于拂林西界立碑，峨峨尚在，宣传圣教，实称蕃心。诸国肃清，于今无事……[1]

根据阿罗憾出使的时间和“西界立碑”，我们可以推断阿罗憾的主要使命之一是确定大唐与拂菻之间的边界。该墓志作于景云元年（710），并宣称阿罗憾树立的界碑“峨峨尚在”。也就是说，直到此时，唐朝与拂菻的国土相邻。

拂菻的地理位置稳定。《宋史·拂菻传》将其地理位置与气候准确对应起来，拂菻是一个气候寒冷的国家：

拂菻国东南至灭力沙，北至海……言其国地甚寒，土屋无瓦。

（二）拂菻国与大秦国的关系

地中海北岸的拂菻和红海地区的大秦，作为两个不同的国家，长期并存。

显然，修唐史者并未具体分别大秦、拂菻。在《通典》、两“唐书”中，大秦、拂菻的统治者、政治制度似乎是一致的。更值得注意的是，自《隋书》谈及“拂菻”起，史书中便以“拂菻传”替代了“大秦传”，并强调拂菻又名大秦。那么，原大秦与这个拂菻的王族，是否为同一家族呢？史料表明，有这种可能。

据杜佑《通典·边防九》引《经行记》：

摩邻国，在秋萨罗国西南，渡大碛行二千里至其国。其人黑，其俗

1 周绍良:《唐代墓志汇编》(上)，上海古籍出版社，1992 年，第 1116 页。

犷，少米麦，无草木……[1]

《新唐书·拂菻传》：

自拂菻西南度碛二千里，有国曰磨邻，曰老勃萨。其人黑而性悍。地瘴疠，无草木五谷……

显然，《经行记》之“秋萨罗国”和《新唐书·拂菻传》之“拂菻”，均指原“大秦国”。只有这里的西南才是大沙漠，沙漠之外才是黑人区。可见，原大秦所在地，当时也被称为“秋萨罗”。

《史集》称拂菻国的王族为“怯撒剌”：

他们（富浪人）攻占了古老的怯撒剌族鲁木（拜占庭）国王（malik）的领土，灭掉了这个古老的王族。[2]

“秋萨罗”正与“怯撒剌”之音相近。

很有可能，拂菻与原大秦国的王族为同一家族。

下面，我们根据《宋史》中的蛛丝马迹做一些推测。《宋史·大食传》：

（宋）太宗因问其（勿巡）国，对云：“与大秦国相邻，为其统属。今本国所管之民才及数千，有都城介山海间。”

当时，大食早已分裂，与宋朝往来的有诸多“大食”，“有勿巡，有陀婆离，有俞卢和地，有麻啰跋等国”。勿巡因与大秦相邻而成为大秦属国。

此时的“大秦”，可能就是层檀。庞元英是宋朝的主客郎中（即外交官），他在《文昌杂录》卷一说：“主客所掌诸番……南方十有五……其三曰拂菻，一名大秦，在西海之北。……其十三曰层檀，东至海，西至胡卢没国，南至霞勿檀国，北至利吉蛮国。其十四曰勿巡，舟船顺风泛海二十昼夜至层檀。”庞元英依然将拂菻与大秦相等，但地理位置是正确的。其对层檀的四至的勾

1（唐）杜佑：《通典》卷一百九十三《边防》九，浙江古籍出版社，2000年，第1041页，此书据商务印书馆于1935—1937年编印的《万有文库》十通本影印。

2［波斯］拉施特：《史集》，余大钧、周建奇译，商务印书馆，1997年，第222页。

勒，非常重要的一点是“东至海”。

从勿巡距离层檀“舟船顺风泛海二十昼夜”可知，层檀是一个地域广大且海岸线漫长的国家。《宋史·层檀传》：

层檀国在南海傍，城距海二十里。熙宁四年始入贡。海道便风行百六十日，经勿巡、古林、三佛齐国乃至广州。其王名亚美罗亚眉兰，传国五百年，十世矣。人语音如大食。地春冬暖。贵人以越布缠头，服花锦白氎布，出入乘象、马。有奉禄。其法轻罪杖，重罪死。谷有稻、粟、麦。食有鱼。畜有绵羊、山羊、沙牛、水牛、橐驼、马、犀、象。药有木香、血竭、没药、鹏砂、阿魏、薰陆。产真珠、玻璃、密沙华三酒。交易用钱，官自铸，三分其齐，金铜相半，而银居一分，禁民私铸。

层檀的气候（春冬暖）、物产（动植物）、货币（金、银、铜币）、地理位置和广大疆域，均表明就是大秦。

熙宁四年即1071年时，该国使者称“其王名亚美罗亚眉兰，传国五百年，十世矣”，那么，可能在571年左右，大秦王朝发生了大的变故。正是这时候，阿克苏姆被波斯击败，失去了阿拉伯半岛；也是这个时期，“大秦传”从中国史书中淡出，并将大秦、拂菻混为一谈。

对此，我们推测，大秦王朝因为某种灾难性的问题，王朝的一部分势力逃亡到了拂菻地区建国，自称大秦，以为正统。

（三）大秦国称作拂菻

史书所称的拂菻，多是指位于伊斯坦布尔一带的拂菻。

在历史文献中，位于埃塞俄比亚的大秦，也被称为拂菻。

在唐朝以后的中国史籍中，大秦一直展示着其不容忽视的存在。其力量深入到了天竺。宋朝赵汝适《诸番志》：

天竺国隶大秦国，所立国主悉由大秦选择。

元朝汪大渊《岛夷志略》:

> 天竺，居大食之东，隶秦王之主。去海二百余里，地平沃。

赵汝适和汪大渊所说的天竺，均指印度次大陆西部隶属于大秦的一个小国。

摩洛哥旅行家伊本·白图泰穿过现今沙特阿拉伯境内的茫茫沙漠，抵达了巴士拉，然后他转向东北，朝圣了圣地伊斯法罕，再折回西南，经过设拉子、纳杰夫，抵达巴格达。白图泰在巴格达遇见了伊儿汗国的大汗不赛因，随着他一同去了伊儿汗国首都大不里士。白图泰在元顺帝至元年间到达中国泉州。出版的著作《伊本·白图泰游记》，是世界中世纪史上最有名的游记之一。白图泰发现，埃塞俄比亚人在印度次大陆十分活跃，是闻名印度洋西部的战斗群体。

> 我搭乘扎凯尔船，船上有弓箭手五十人，阿比西尼亚战士五十人，他们称雄于这一带海上，如果船上有他们的一个人，印度的海盗和异教徒便不敢轻举妄动。[1]

图3 伊本·白图泰画像

在中国史料中，这个“大秦”也被称为拂菻。如《岛夷志略》:

> 古里佛……其珊瑚、真珠、乳香诸等货，皆由理、佛朗来也。
>
> 甘理，其国迩南冯之地，与佛郎相近……所有木香、琥珀之类，均产自佛郎国来，商贩于西洋互易。

《岛夷志略》中的佛朗、佛郎，在《元史·郭侃传》给出了精确的方位:

1［摩洛哥］伊本·白图泰:《伊本·白图泰游记》，马金鹏译，华文出版社，2015年，第348—349页。

（郭侃）从宗王旭烈兀西征。……又西行三千里，至天房……侃与战，大败之，巴儿算滩降，下其城一百八十五。又西行四十里，至密昔儿。……（密昔儿算滩）遂降。戊午，旭烈兀命侃西渡海，收富浪。侃喻以祸福，兀都算滩曰："吾昨所梦神人，乃将军也"。即来降。

1252年，郭侃跟随旭烈兀远征西亚。一路势如破竹，在占领巴格达之后，又轻松拿下了麦加（天房）、埃及（密昔儿），随后又奉命渡海，收服了富浪。

郭侃收服富浪的第二年（己未年），即1259年，因旭烈兀西征大捷，元宪宗时派出使团慰劳。使团成员刘郁在《西使记》中详细叙述了所见所闻：

丁巳岁，取布达国，……布达之西，马行二十日，有天房，内有天使，神国之祖葬所也……西有密实勒国……国西即海，海西有富浪国。妇人衣冠如世所画菩萨状，男子僧服……西南海也，采珠盛以革囊，止露两手，腰絙石坠入海，手取蚌并泥沙贮于囊中，遇恶虫以醋噀之即去，既得蚌满囊，撼絙，舟人引出之，往往有死者。……珊瑚出西南海，取以铁网，高有至三尺者。

众所周知，天房所在地即麦加。而密实勒国，当为吉大港。这里的海，必然是红海。这里的海西，当然就是吉大港对岸的埃塞俄比亚一带。刘郁对舟人在红海取珍珠珊瑚和富浪国人服饰的描述，也与史书对大秦的记载高度吻合。无疑，这个富浪国正是大秦。

（四）位于土耳其一带的小拂菻

唐朝开元十五年前后，赴天竺取经归国的慧超，在《往五天竺国传》写道：

（大食）彼王不住本国，见向小拂临国住也。为打得彼国，彼国复居山岛。处所极牢，为此就彼。……又小拂临国傍海，西北即是大拂临国。

慧超说，在大食与西北的拂菻国之间，还有一个小拂菻。拂菻位于小拂菻的西北；小拂菻，与大拂菻隔海相望。此处拂临即指拂菻。

慧超所说，在史书中也有记载，即苫国、夏腊。

《新唐书·大食传》：

> 大食之西有苫者，亦自国。北距突厥可萨部，地数千里。有五节度，胜兵万人。土多禾。有大川，东流入亚俱罗。商贾往来相望云。

《通典·边防九》引杜环《经行记》做了更详细介绍：

> 拂菻国在苫国西，隔山数千里，隔山数千里，亦曰大秦。其人颜色红白，男子悉著素衣，妇人皆服珠锦。
>
> 苫国在大食西界，周回数千里。造屋兼瓦，垒石为壁。米谷殊贱，有大川东流入亚俱罗，商客籴此粜彼，往来相继。人多魁梧，衣裳宽大，有似儒服。其苫国有五节度，有兵马一万以上，北接可萨突厥。

根据杜环的描述，尤其是“有大川东流入亚俱罗”和“北接可萨突厥”，地理指向十分明确：“小拂临”在当今土耳其一带。

“小拂临”经济繁荣，有自己的政权和军事力量。该国人的身材长相、服饰文化，均明显不同于大食、波斯。

慧超所言大食攻取“小拂临”，史书也有记载，《唐会要》卷一百：

> 又案贾耽四夷述云……其奚深后有摩诃末者，勇健多智，众立之为王，东西征伐，开地三千里，兼克夏腊，一名钐（音所鉴反）城。

类似记载，也出现在两“唐书”。

夏腊又名钐城，钐、苫同音。小拂临、苫国、夏腊，三者是一回事，这是值得我们注意的，它很可能是真实的“古希腊”。

从《汉书》至两“唐书”，小拂菻所在的地区一直隶属于安息、波斯，并不是一个独立的国家。直到大食兴起、波斯败亡，才诞生了苫国。

（五）拂菻的含义

古籍中，拂菻常用来泛指景教徒和以景教徒为主的国家或地区。

在《史集》中，这种现象便十分明显。基督徒为主的地区，被称为“富浪地区”；凡是基督徒，均被称为“富浪人”，包括攻占伊斯坦布尔的多国联军，也一概称之为“富浪人”。如：

> 密昔儿（埃及）……宰相怕失儿苦黑到来，便篡夺了国家政权，并向富浪人求援。……两军交战，富浪军战败……[1]

随着蒙古西征大军的到来，欧洲的“富浪人”退回欧洲，发展为“法兰克人”。到明朝中晚期，“富浪人”再一次出现在中国史册，《明史》称之为佛郎机。

七、大秦人或是中国移民

西域地区一直称中国为秦。

汉朝因推翻秦朝而得天下。汉朝人称西域的一个国家为大秦，这是一个令人震惊的现象。如果大秦与中国没有十分密切的关系，汉朝的这种做法，是不可想象的事情。

的确，中国古文献关于大秦人、大秦文化的记载，蕴藏着浓厚的中国元素。《后汉书·西域传》：

> 其人民皆长大平正，有类中国，故谓之大秦。

《魏略·西戎传》：

> 其俗，人长大平正，似中国人而胡服。自云本中国一别也，常欲通

1［波斯］拉施特：《史集》，余大钧、周建奇译，商务印书馆，1997年，第140页。

使于中国，而安息图其利，不能得过。其俗能胡书。

大秦人身材、长相，与中国人差不多，只是穿戴不同；大秦人自称，他们本是中国人的一支，他们一直期盼与中国建立直接联系的通道。

根据《伊本·白图泰游记》，埃塞俄比亚人显然不是黑人。

（麦地那）圣寺的仆役和神职人员是一些阿比西尼亚等地的青年人，他们形态美丽，面貌清秀，衣着雅致。为首的称作仆役长，他真像大官人一样。[1]

阿克苏姆王国的政治制度近乎照搬周礼。

从公元3世纪起，国王就被称为“万王之王”……王国由众多的小王国组成，小王国的国王们臣服于万王之王，并定期向万王之王进贡实物，在皇帝需要作战时向皇帝提供士兵和给养。所罗门王朝还制定了一套严格的爵位和称号系统，如最重要的爵位有国王、亲王和公主、掌玺官、大法官等。军事爵位则包括公、侯、伯、子、男等五级爵位。皇帝不断地在王国各地巡视，以保证各地统治者效忠自己。[2]

中国史籍中也有不少近似的记载，如《魏书·大秦传》：

其王都城分为五城，各方五里，周六十里。王居中城。城置八臣以主四方，而王城亦置八臣，分主四城。若谋国事及四方有不决者，则四城之臣集议王所，王自听之，然后施行。王三年一出观风化，人有冤枉诣王诉讼者，当方之臣小则让责，大则黜退，令其举贤人以代之。其人端正长大，衣服车旗拟仪中国，故外域谓之大秦。

1［摩洛哥］伊本·白图泰：《伊本·白图泰游记》，马金鹏译，华文出版社，2015年，第75页。

2 钟伟云：《埃塞俄比亚》，社会科学文献出版社，2016年，第30、41页。

尤其值得注意的是，唐朝时，来自大秦的景教徒宣称，大秦国的国教景教乃“老子化胡”的结果。《景教碑》：

宗周德丧，青驾西升。巨唐道光，景风东扇。

大意是，东周时，因为朝政紊乱人心不古，老子西去化胡。如今大唐承继并光大道教，景教回归故里。

唐太宗贞观十二年诏书充分肯定景教教义与道家的一致性,《唐会要》卷四十九：

详其教旨，玄妙无为，观其元宗，生成立要。词无繁说，理有忘筌。济物利人，宜行天下。

至元十九年，元朝使臣杨庭璧抵达印度次大陆西部的俱蓝。当时寓居于俱蓝的也里可温教（景教）教主，主动求见并随同杨庭璧来到中国，向元世祖称臣，自愿缴纳岁币。

《元史·马八儿等国传》：

（至元）十九年二月,（杨庭璧）抵俱蓝国……三月……时也里可温兀咱儿撒里马及木速蛮主马合麻亦在其国，闻诏使至，皆相率来告愿纳岁币，遣使入觐。

《元史·世祖本纪九》：

（至元二十年九月）寓俱蓝国也里可温主兀咱儿撒里马亦遣使奉表，进七宝项牌一、药物二瓶。

景教教义有着浓厚的中国风，我已在有关文章中做过讨论，这里不再赘述。这里，再提出若干线索，供方家参考。

1. 埃塞俄比亚的主体民族的语言阿姆哈拉语，为单音节语言，与汉语同类，而大不同于亚欧其他语言。

2. 其教堂（如救世主大教堂）之门有门钉。

3. 有诸如万字符、八瓣十二方位等大量中国式图案。

4. 宗教活动中，音乐占有崇高地位。

5. 与中国文化同源的金字塔、方尖碑，作为阿姆哈拉文化的典型作品之一，遍布于其统治区。

八、结论

自汉朝以来，长期与中国保持密切外交和商贸往来的大秦，是埃塞俄比亚历史上的阿克苏姆王国。大秦疆域辽阔，一度囊括埃及、苏丹、东北非、阿拉伯半岛的西部和南部，红海为其内海。大秦在印度洋周边和西亚也十分活跃，势力曾达印度次大陆西部。大秦很可能是中国古代移民创建的国家。大秦创立的景教，他们自称是老子化胡的结果。景教后来发展为基督教。那时凡是信奉基督教的国家和人群，均被称为拂菻。

如何彻底证无古希腊
——兼谈破除西方伪史的方法论

裴　峰

一、引言

2013年何新先生《希腊伪史考》出版，开启了国人对古希腊文明真伪的质疑，来自民间的相关学术产出可谓如火如荼，俨然兴起了一场“西史辨伪运动”，成为了“西史辨伪学派”，所指不仅限于古希腊，几乎延伸至整个西方文明史，包括更早的古埃及到两河的文明源流，近则是古罗马乃至文艺复兴，最后锁定于19—20世纪被炮制的“西方中心论”。与此冰火两重的现状是，来自国内欧洲古典学学院派的声音，对此思潮要么先是视而不见、不屑一顾，继而大加鄙夷；要么是噤若寒蝉。

为何会出现这样的分裂和对峙之态，西史辨伪学派认为自己发现了历史的真相、真理，但其观点却难被主流认同、采纳。究其原因，抛开学术上的守旧、本位压力之外，不能不归结于说理之本身尚欠充分，大众之理解还有障碍。

面广则难免流于涣散无序，本文将试着拎出这中间的难点和重点，厘清西史辨伪所需的“方法论”，以期有效地突破此胶着之态。

二、古希腊——西方伪史之根枢

西史辨伪自质疑古希腊始，历经数年，可是古希腊依然不倒，依旧在学界内奉为圭臬。“射人先射马，擒贼先擒王”，毋庸置疑，古希腊堪称西方伪史或西方中心论的根枢，根枢既立，藤蔓缠绕不败，根枢拔起，猢狲一哄而散。对此根枢的认识必须清楚明晰，才可深知“毕其功于一役”的必要。根枢系于古希腊体现在以下方面：

1. 古希腊上承古埃及、两河文明，下启古罗马，依仗所谓的“亚历山大大帝”东征和“希腊化时期”的传说，对地中海沿岸的文明进行了统一性整合，影响力辐射到亚、非、欧三洲，乃至中亚、南亚次大陆（印度）地区。

2. 西史所称的“文明重获”就是古希腊文明在近两千年后通过“百年翻译运动”及文艺复兴的重获，质而言之就是古希腊典籍的重新发现，而此前的古埃及等在文献典籍上影响甚微，此后的古罗马则以古希腊为依托。

3. 古希腊构成西方精神（意识）文明的根基。西方之宗教、历史、哲学、文学、戏剧、政治学等社会科学，皆以古希腊文献为基底。

4. 古希腊亦构成西方物质文明的根基及所谓科学的源头。天文、地理、物理、几何、医学等自然科学所打造的“学科之父”，几乎都宗古希腊为滥觞。

5. 古希腊的自由、民主实践构成西方“普世价值”的核心，也成为其源远流长的佐证。诚然，没有跨时空的历史纵深和积淀，所谓的普世性就无从谈起。

综上所述，所谓的古希腊文明构成了西方中心论史证的压舱之石，其现实影响力也可谓深远。中国人的“言必称希腊”之病早在 1941 年就被毛泽东主席在其发表的《改造我们的学习》中痛斥过，而时下的学术界，几十年前的死灰又呈现了“言必称希腊，文必引希腊”之状，较其时有过之而无不及。

故此，系于古希腊的这个根枢就是西史辨伪的重中之重，仅仅一般意义上的援引说理，断言其子虚乌有还远远不够，需要给出一个逻辑完全自洽的证明。其一，要说服大部分人特别是理工背景的人，需要逻辑的严密性而非引注的权威性；其二，对于普通读者，非专业人士，需要浅显易懂的逻辑链，或曰其习得知识、经验可以完全把握的范畴。此即该命题证明的必要性，后文将由此延伸，尝试给出一个证明的理想范型。

作为说理过程，证明“其非”要比正向阐述“其是”轻松容易，一个漏洞的发现就可以证明“其是”不成立；同理，论证“其是”的若干论据中有一项瑕疵，则满盘皆输。所以，当务之急，与其费神劳力地引经据典说明古希腊真相如何，中学西渐、中学西被该是怎样的过程，西学如何实质上以中学为源，还不如直捣黄龙去证明所谓的古希腊文明压根不存在，这样已成无源之水的西学之源自然就水落石出。或者说至少在证成其不是什么后，再说明其可能是什么，才能有效地说服更多的受众。

给出一个逻辑严密证明的必要还在于伪史当下处于举证倒置之态，作为已成普遍认知的历史叙事，要推翻之，言其伪造，则必须类似于法庭刑辩，要给出充分的证据，不能只是列出一堆怀疑，脑补一堆可能，牵强立论大呼有贼，“叫嚣乎东西”让对方举证来证明自己的无辜，对方懵然而认为无此义务，一地鸡毛之后自然会被反唇讥笑以偏概全、无理喧闹。

最后还需特别指出的是，证明的目标到底是证伪还是证无，其用词也值得一番考究，“名不正则言不顺，言不顺则事不成”。正如本文的题目用了“彻底证无”古希腊，即力求目标更为明晰，除恶务尽，以防死灰复燃。因“伪”字是一个程度模糊的概念，可深可浅，可零可整，像真伪之于真假、虚伪之于虚无都非等同的内涵。故仅称证伪并不能精确表达古希腊文明的实态，“证无”才可避免“野火烧不尽，伪说吹又生”的反复。

明晰了此目标，下一步就是知己知彼地分析此文明证无工程到底要面对哪些困难。

三、证无古希腊的困难

就西史辨伪已涉及的古希腊文明各个方面而言，可谓是千疮百孔、漏洞百出，但要想彻底证伪、证无，依然困难万分。首先，我们先看流传时间、接受人群等不涉具体细节所面临的问题：

1. 流传时间长：伪史垒造已经数百年，在中国流传亦逾百年。

2. 接受人群众：地球上几乎所有的人群，都受现行教科书之“惠”，自学堂之始就接受伪史叙事。

3. 覆盖地域广：和人群一样，几乎没有幸免之地，涵盖整个地球。

4. 倚靠威权强：背靠当前经济和军事最强大的西方世界，其代表者美国正是依赖古希腊文明的“辉煌”，支撑起“世界警察”的角色自信，并以此“合理”地对他国进行精神碾压和价值输出。

其次，面对历史和现实两向夹攻：

1. 历史方面，有所谓“重获”的古典文献，有遗留文物、遗存遗址，铺天盖地地经过现代传媒手法包装；有号称以“史实”为背景的各种书籍音像、电视电影；当下更是配合无处不在的网络载体等文化作品对大众持续洗脑。

2. 现实方面，有美国所代表的西方文明世界在政治、经济、文化、科技、军事全方位的强势地位，以之所形成的一种似是而非的、来自文明“高地”的现实压力。

再次，就是在中国出现残酷的文化迷失、历史虚无的现实。西方伪史某种意义上就是以中华文明史为标靶，对标而成，从内容上有意掩盖中华文明史的光辉。如前所述，伪史侵入已然一个世纪，中华人民共和国建立之初还有所扭转，近几十年的全球化浪潮中，中国全方位强调以美国为师，一度形成了“中美国”之态，此种境况下澄清伪史，重申“华夏之光”，则要面对更多的压力。

最后，必须面对伪史已经层累成网状所带来的挑战。整个西方的文明史是一个经历了数百年的层累过程。采用了真假掺混，真的放大，假前有假，远古上古的伪史互相映衬，中古的罗马时代也对上古亦有援引，如此一种盘根错节、互相证明的网状形态。这构成了某一个点上虽然错漏百出，但你并不能完全推翻它，推翻的过程涉及互证的联动，这是很困难的，除非你能把整个文艺复兴至16世纪之前（东罗马帝国于1453年陷落），或者罗马陷落的5世纪（中世纪开始，西罗马帝国于476年灭亡）之前的西方史学推翻；最低限度能够把罗马帝国之前（前27年之前）的古希腊和希腊化时期的史学给整个推翻。这样才能有比较充分的证伪效果。

“西方伪史”辨伪之难，还在于下面的“白纸逻辑”。正因其上古、远古历史是白纸，中古历史甚少，这为其整个“层累”式建构，提供了便利，所谓“一张白纸可以画最新最美的图画”，你很难找到其相互之间自相矛盾的地方。这不似中国的古文献，浩如烟海，可供研究比对，伪托的文字中，很容易找到人物、地名、事件、语言习惯等谬误，前托时代的伪作，总有这样那样的马脚显露。由此，我们可以很容易把古籍中极少的托伪篇目，把托伪于先贤的书籍如《黄帝内经》《孔子家语》《神农本草经》等找出来，形成共识。这实质就牵涉了“西方伪史”辨伪之难的另一个方面——语言习惯已经无法还原。

西方语言几乎都是表音文字，号称自起始就是口语化的写作，加上原稿都已经不存在，经历过几次的语言间转译才是现在流传的样子，所以很难去回溯古希腊应是什么样的语言习惯；甚至于古希腊到底是用什么样的语言在写作，也只能是通过出土的莎草片文献来感知。这个量太小不足以互相辨误，况且这些出土的莎草片文献本身也是疑云丛生，这样的辨析便失去了基础。甚至可以这样说，迄今也无法完全确认，古希腊人的写作语言到底是什么样子，现在的希腊文文献大多是后来二次回译的，虽有一本本号称百万字的著作在手，但已不是庐山真面目。这不似我们经学诸子的文字，比如《论语》，即使再过一万年，当年孔夫子的著述，公元前 5 世纪、春秋末期的文字习惯，就是《论语》的那个样子，而《韩非子》的笔墨挥洒，能找到其师承荀子的踪影，其飞扬的文采就是秦朝将要建立、公元前 3 世纪时中国的书面语言习惯。

再者，这些文献多属文艺复兴前后突然出现的，其来源要么号称从阿拉伯文转译，但阿拉伯文的中间版本却无从查考，要么是各种传奇性、挖宝式地“重获”，且这种“文物”重获持续了数百年，一直延续到当代。这些文献的作者信息也多语焉不详，生平无籍，流传过程有一个达 2000 多年的“黑洞”，根本无从追溯其版本流传路径，版本学对其几乎失效。总而言之，对“西方伪史”产生怀疑很容易，因其有太多的不合常理；但要证伪，又非常困难，即使缩小范围到那个很明显错误百出的上古史—古希腊和希腊化时代（公元前 800—前 27），也是如此。

有人说 2000 年前发生过一次特大彗星撞地球，你说没有发生，很可能就陷入到抬杠——他证明不了发生，你也证明不了没发生，因为证人、证物太过稀缺了；还有一比就是法庭之上，作伪证是很容易，嘴皮一张一个是或否而已，但要确定其伪则要付出十倍百倍精力和时间。这就如同计算机《密码学》中有一个陷门函数（Trapdoor one-way function），做一个正向的变换计算很容易，但你拿到了变换后的值，想去回溯原始值则异常困难，除非变换人给你密钥，告诉你如何“做伪”的真相，我想西方人永远都不会给出这个真相，或者最初的那批始作俑者根本就没有留下这个真相的密匙。故此可见，即使在西方内部，数百年来一直也是吵吵嚷嚷，真相难以寻觅。

专业困难当然需要专业地克服，非专业困难则多是限制了真相真理的快速传播。即便如此，西史辨伪派仍不遗余力，从历史长河的蛛丝马迹之中去求取真相，以“人民战争”的形式去求取传播，取得了很大的阶段性成果及影响力。

四、目前的证无方法和各自弱点

当下对西方伪史的论证方法大体可归类如下。

（一）运用文献考据学论证

通过西方文献援引、分析来说明其是什么，伪在哪里。这很好地利用了部分国人对于西方文献权威的迷信，堡垒从内部来攻破。学理方法上可算因袭了“古史辨”之法。“古史辨”属20世纪初对中国影响深远的历史学运动，虽承继了乾嘉考据之学，思想却多属舶来以“疑古”来考辨中国史，今还以其人之道，反制西史之身。

图1 《西方文明的东方起源》，[英] 约翰·霍布森著，山东画报出版社，2009年

此法可以带来起初的震撼，尤其对于某些西史拥趸者、迷信者，一下子打开了疑惑、迷茫进而考辨的天空。

这类考证多是从西方的文献中寻章摘句来寻求一些观点、论据，呈现了以前被中国学界有意无意忽略或避而不谈的西人疑古部分，对受众很具吸引力，易于接受，但进入胶着态却有一根本局限，即仍然依托了西方叙事的权威性，试图用此洋人之说，来否定彼洋人之说，左右互搏，西矛攻西盾，此说彼说不过是各自边倒的采信差异，就注定从根本上难以全面拿下西方伪史。你可以采信马丁·贝尔纳的《黑色雅典娜》、约翰·霍布森《西方文明的东方起源》之说，我当然可以笃定更早更权威的黑格尔、孔多塞与孔德所言，况且西人的说法，部分国人的认同本身就有一些障碍。故仅依托西方文献章句的证伪，效果好会是将信将疑，差则是口水仗后熬成一锅混沌。

故而，西人的这些著作是好的入门读物、堡垒之内的辅攻，这样的文献考据式批评也是必要的，它表明西史辨伪不是国人的政治攻讦、向壁虚造，而是由来已久、源远流长的客观存在，辨伪首当是一个求真求实的学术问题而非意识形态问题，也充分说明这些西史文献有注水不可全信，从而把受众引领到怀疑、质证的状态。

可见此方向必不可缺，但容易陷入自说自话、各自表述、各自采信、西矛西盾自相攻击，但其权威性不破的拉锯之态。

（二）运用单点的文献、文物和考古新论来论证

这方面的论证可以做到聚焦于一点，有时可以彻底地拿下一个堡垒，例如李兆良先生的《坤舆万国全图解密》所取得的成就。另外，对于文物和遗址还有很好的形象感知、现场感受来与受众互动，例如板砖、金字塔和巨石阵的证伪。这个方面的弱点就是单点目标所涵盖的历史信息有限，没有整体代表性和还原能力，虽然可以各点攻击，但文献、文物、遗址的量浩如烟海，此伏彼起，整体不破。

图 2 《坤舆万国全图解密》，李兆良著，上海交通大学出版社，2017 年

此外，对于文物个体、文献样本，即使费了九牛二虎之力来证明目标是一个赝品或托伪之作，造伪方即便承认是修补或翻新、翻抄、重建的，却仍然不能厘清翻新、翻抄前是否存在，状态如何？西方也无义务配合你去掘其祖坟，提供样本加以深入辨析，这就无法高效地利用现代的科技手段进行研究、断代，况且还没有这样权威性国际合作性组织存在，这样的深入

研究要么没有可能，要么不具备权威的可信性，最后只能止步于疑。

接着用《坤舆万国全图解密》举例，我们虽证据确凿地证明了图上的地理信息，是来自于明朝的郑和时代（1420年左右）产生的地理知识，但很难还原在1600年代，这些知识是由利玛窦带来中国，还是带出中国；或者说无法还原此时东西方地理、地图学的真实状态来进一步澄清历史的迷雾。对于金字塔和狮身人面像的遗址研究，我们虽可以得出现在所见的文物不是数千年前所建的古埃及文物，但无法厘清这些遗址的具体建造和翻建过程，结论顶多是通过其托古，坐实其有所浮夸、断代有误，终究还是不能彻底否定其代表的文明形态。

要言之，考古学、文物、文献的离散点本身就不能系统地表征连续性或整体性的历史及文明。即使推翻整个西方的考古学的体系，只能证明其研究有误，不能得出历史真相是如何，大不了回到说不清、道不明的糨糊之态。

故仅以此角度去论证，注定是另一个口水泛起的战场，反方甚至会反击你是盲目自大，民族主义抬头。

（三）还原书写载体、工具、生产力、社会发展水平，证明其文明标志物的不可产出

这方面最具典型的是用莎草片及羊皮纸的载体形态，来证明亚里士多德300余万字传世文献的产出不可能。用生产力水平和耕地的面积来论证埃及的人口数量，从而证明金字塔在公元前2500年左右的建造不可能。用地质学的材料及海岸线的变化来论证托勒密王朝时代亚历山大港不存在。

此方面确实可以旁征博引，写成说理性很强的专业论文。但洋洋洒洒、说千道万之后，理解力和说服力往往受制于：时间久远难以精确回溯，变量众多难以精准把握。

因涉及该地域某个历史断面的整个社会发展水平还原，论证不可避免地陷入信息量庞大，归纳变量众多的局面，造成理解和接受度大打折扣。论证过程中有很多条件假设作为前提如：耕地总面积，亩产量，莎草片出产量，羊皮需求量，金属工具应用水平，航海能力，进出口贸易状况，当时的植被、粮食作物情况，气候、土壤、海岸线的变化，等等。

普通受众对于理解1+1只能产出2，而不能产出千或万是没有障碍的，

一旦面对多变量的高次方程求解马上就有了专业门槛，若各变量单体本身还处于研究讨论、尚无定论阶段，还要进行分段、条件分析就难上加难了，所以，这种论证是很缜密也很具专业的高深，初听还算有理，但真的完全信服，超出了受众的知识和经验背景所能把握的范围，这个信服要么难以建立，要么留有余地。

此法多用于撼动某柱点，也具有上面所论及的整体难破的缺陷。

（四）与中国史的对比和援引来证伪

无疑，回归中国信史的权威性，来戳穿西方伪史中的谎言，对于有信史传统的国人是很具说服力的，由此可望重建西亚、欧洲文明史的大脉络，至少可以还原某些关键史实的真相。

西史辨伪这几年，不乏不断的努力，比如前面所言及的社会发展水平分析，限于西史的资料如此稀少也不可靠，一般都是以中国史的同期史料来对比引证的。此外还尝试了对中国史载的安息、条支、波斯、大秦、拂菻等国的确切地理位置、历史变迁进行考证，甚至于对基督教形成的确切时间和源流也进行探寻分析。

这虽是一个价值洼地，想成定论却十分困难，主要限于以下掣肘：

1. 中国正史对地中海地域的记载还是少得可怜，且这些近似于游记的记载到底是一手亲历，还是几手后的收集，可靠性无从定论。

2. 史载的人名、地名都是音译，经过千余年的岁月变迁，难以和当前或欧洲史上的目标进行无争议地对译、匹配。

3. 方位、里程和疆界缺乏明晰的图示和精确的描述，因这些历史记载本身就不是为当下之研究目的所撰，释解中就有很大的猜测成分，很多都是孤证，难以定论。

4. 历史久远，沧海桑田的变化难以把握，造成对记载的解读出现很多自相矛盾或多解并立，或解读本身就是基于了很多条件假设，如《山海经》的释读等。

5. 古文的释读，包括句读，有时也不可避免地呈现一些歧义性。

综上，此法也陷入了用本身不太确定的论据去作论证，很难得出确定的结论，信的人觉得十分有理，不信的人则认为牵强附会。这个方向需要更多的工作，也值得进一步深挖努力扩大史料的涉猎范围，但对于目前的状况概括而言就是：史料稀少，释解模糊，新释猜谜，孤证难立。

最后，需要特别说明的是，以上所列的方法虽各有千秋、各呈强弱，仅供规避、改进之参考，不代表优劣之别、褒贬之义；相反，任何一个方向的努力都是有意义的。伪史的影响如此之深远，澄清说服工作不可能一蹴而就，不同背景人群适宜不同的说理方法，个体的认知也会经历渐进的阶段，不同阶段的最佳说服策略也会随之转移。比如对西史呈迷信态的人，当头的棒喝就是西方文献考据质疑，将其引领到一个敢怀疑的状态，才会进一步听你说什么。

下面将论及的理想证明则是力求最大可能、最大力度地服务于某个阶段点，特别是对踌躇骑墙、留有余地的人的彻底说服，使之顿悟式转化。

五、理想证明的几个要点

承接前述，这里总结一个理想证明的要点及所要追求的效果。

（一）首先需要有整体的撼动性

也就是说证明的主攻目标本身要是构成文明的基本要素，否定之则可以构成对整个文明形态的颠覆。正如前面所论述过的，浩如烟海的个体文物、遗址，永远证伪不完。即使证伪了某标志性文物、某重要遗址也难以构成对其文明的彻底否定。

一个形象的类比就如一块巨大的石板，如果不具备掀翻的能力，在四周撬动，只是让其摇晃或发生偏移而已，石板岿然不动。

（二）追求无可置辩的效果，而非口水战拉锯战

1. 要达到无可置辩的效果，需要用双方都认定的无争议的史料，并留有充分的余量。比如我们说整个欧洲在公元 1100 年之前，既不能造纸也不能印刷，这是谁也无法来抬杠的。

2. 要用大历史轨迹来构成论据，而非轨迹中的某点细节。细节的认定如果构成关键证据，则必然会形成拉锯战，而历史大轮廓则很难起争议，也很难伪造。比如1600年代发生过大量的耶稣会士来华传教，这是谁也无法否定的事实，但这些耶稣会士到底是来中国传播西方的科学还是来盗取中国的典籍则很难一下说清。再比如上世纪发生过抗日战争和随后成立了中华人民共和国，这是谁也无法否定的历史大轮廓，至于抗日战争各阶段，国共两党各自作用的大小，国民党为何会溃败到台湾岛，想结论之，自然会起争议。

3. 多用证悖逻辑，也就是多用悖谬矛盾来证明目标不是什么，不可能发生什么，而不轻易正向地用归纳法尝试说明其是什么。

（三）不设前提，有几分证据说几分话，步步为营，循序渐进

在举证倒置的情况下，没推翻西史的某记录之前，要做到：宁信其有，不强说其无；宁信其是，不强说其非。

只有达成“不易”之证，尘埃落定之后，再辅以真实历史脉络重建，此时才会让人信服，事半而功倍。

譬如在没有证无古希腊之前，我们想要厘清中学西渐，中学西被是怎么回事，强说西方文明是以中华文明的西传为根基，只会让西史信奉者反感，被认为是说自说自话、自大颠倒。

（四）受众群体最大化

当前的国情形态，更多是要说服普罗大众，而非少数权威学者，要走“农村包围城市，学生影响老师，民科围猎官科”的道路。故表述方式上要力求科普化而少论文之风，无专业之门槛；力求普通受众可从习得的知识、经验中理解论证过程，而不是在一堆专业的词汇之中只见唾沫横飞，却因知识结构所限而半信半疑。

理想的证明要是不依赖中西方任何个人的说法或判定，不管他是多么权威的学者，运用公认的教科书式历史知识和大轮廓信息，进行逻辑推理证明；将复杂的说理变成简单的数学、简明的逻辑问题，不仅有正向的推理演绎，得出结论，最好还能依此进行反向验证。

六、《大回环》的论证实践——文字文献历史大轨迹综合证明法

拙著《大回环（上篇）——中华文明的辉煌、迷失与复兴》一书在序言里声称，要“首次尝试用理工的证明之法，来论证古希腊伪史的虚妄”，全书也用了近八成篇幅沿此主线来解决这一核心问题，遵循的是由点及面，正向到反向，两面夹击的论证加验证。在每个重要的支柱点分别证伪并使之呈现岌岌坍倒之态后，再整体由一个横扫平面的证明将其彻底掀翻，笔者在此研讨会摘出部分内容并命名为——文字文献历史大轨迹综合证明法，下面分析其如何达成上面所求的理想证明。

（一）整体撼动力

这个历史大轨迹，就是文字文献所生发的基础和所需的时间及轨迹，由此来证明古希腊文献所需的文字及词汇量的生发有不可逾越的悖谬矛盾存在，属于不可产出。

文字及词汇量无法产出，自然就无法产出所有宣称的巨著文献，这就实现了整体的撼动力：证无了文字文献，无从赖之叙事，就证无了文明。

为了易于把握整体性，除了文字本身是作为西方自己定义的文明史标准的基本要素外，我们进一步深化阐发这种文明标准来加深理解，把人类文明史的产出分成两个大类，意识（也有习惯称精神）文明和物质文明，意识文明和物质文明是相互能动作用的。意识文明的生产即人类知识的生成过程，知识的生产则可以大轮廓地划分为以下几个里程碑：

语言产生→文字产生→词汇量丰富的文献产生→纸张出现→印刷术出现→电脑及网络出现

每一个里程碑代表人类知识生产、传播方式跨时空能力一次爆炸性的突破，每一步的发生都需要充分的时间衍生和清晰的渐进脉络。其本身就属于

整体性、连续性的大历史轮廓，而非孤立、离散的随机事件，对此，下文将进一步详述。

词汇量的多少，实则对应社会可交流、传递（记载）的知识量的多少，而载体及对应书写方式沿这几个里程碑的演变就体现了知识跨时空传播能力的发展高度，此能力又反馈回来影响知识的生成能力。

文字的产生及知识文献化是人类文明史中的大事，不是每一个历史上的文明形态都具备这样的产出，文明的早期没能生成成熟文字著述系统的反而是常态，后来基于文明间的交流学习才较晚地产出文字系统的比比皆是。

古希腊文明史的记录正是在这几个大里程碑上，出现了生成的悖谬，下面将进一步详细展开说明。

同时可见，这个证明过程是从人类文明最基本的元素，即文献所代表的知识产出过程来分析的，毫无疑问具备整体的撼动性和大轮廓特征。

（二）无可置辩的效果

证明过程严格沿用西方人自己主张，教科书式言之凿凿的史料，并留有大幅余量，或者说，论证过程对这些史料的精准度并无太高要求。

考究的是文字、词汇量、文献等知识产出的大历史轨迹，多是证悖逻辑。

将词汇量、传世文献作为一个整体轮廓分析，其产出及流传是一个全社会普遍参与的连续过程，不似文物或遗址是离散、孤立的历史产出和遗留，地下的文物可否被发现是一个随机事件，是否涉及作伪、可否被正确解读也是一个或然过程，故其难以全息、正确地还原文明的历史形态。此外，作为知识及文明的承载物，词汇、文献被社会无数个体所随机携带，其必须持续地向下流传并逐渐增长，如果流传中断则文明消亡。这种群体的随机运动，在这里就是指社会对各种文献的产出，对词汇的传承，想突然到达一个高度或突然截断到消失都难以出现；孤点容易讹传，社会化的持续行为则难掩伪说，必将显露出悖谬矛盾。词汇量可较清晰地计量并呈渐增态，直接制约着著述能力及产出，以此为分析目标具备数学的严密性；还可类比随机数、随机运动正是现代密码科学坚不可摧的数学基础，由其无序所达成的坚固性，来达成数理逻辑化地理解。

（三）不预置前提，无征不信

主论证过程完全在西人自己的说法上去分析、结论，拒绝任何武断的带前提的说法或判断。

（四）难点的主客体转换

在其他论证方式下，西方的古文献缺乏，都将成为其说不清的最后避风港。现在我们直接以无文献（后世伪托）为证明目标，此避风港就不再可避。

（五）达成受众群体最大化

我们所要说服的目标受众，普遍从孩提时代就读书识字，英文学习更是近几十年的重中之重，只要是读过书，便有学习经验，对于文字、词汇量、文献的习得知识及感知便极为丰富，故从这个方向去论证，理解门槛低，以达成受众群体最大化。

七、证明综述

经过上节的铺垫，这个证明就很简明了。限于篇幅，这里难作详细的展开，述其梗概，列出要点，加以逻辑推演过程便足以说明。有进一步兴趣的读者可参阅《大回环（上篇）》的相关章节。

（一）正向证明

首先通过书中前面部分逐一辨析过的，古希腊文明代表性人物的著述，发现一些共同的超常特点，如下：

1. 文明初起之时的口语化鸿篇巨制。
2. 原稿皆灰飞烟灭，版本流传路径无迹可循，多属千余年后重获。

3. 这些作者都可留下长篇的著述，自己的生平却很少有确切的只字片语，皆不太可考。

《大回环》对古希腊各单点目标证伪	与中国典籍的简单对比
标志著述 亚里士多德（前 384—前 322？传世约 300 万字，名下千万字） 《荷马史诗》（前 8—10 世纪？2.8 万行，约 30 万字） 苏格拉底（前 469—前 399？） 柏拉图（前 427—前 347？约 60 万字） 亚历山大图书馆，亚历山大大帝（前356—前323？）（藏书 50 万—70 万卷） **历史学家** 希罗多德（前 480—约前 425？传世约 75 万字） 修昔底德（前 460—前 400/396？传世约 60 万字） 色诺芬（前 440 年左右—前 355？，相传也是亚氏的弟子，传世约 100 万字） 波里比阿（前 204—前 122？名下 300 多万字，传世约 45 万字） **剧作家**（传世都在 200 万—300 万字） 埃斯库罗斯（前 525—前 456？） 索福克勒斯（前 496 年—前 406？） 欧里庇得斯（前 480—前 406？） 阿里斯托芬（前 446—前 385？） **自然科学家** 数学家毕达哥拉斯（约前 580—约前 500？）（勾股定理） 几何之父欧几里得（前330—前275？《原本》约35万字，传世总数约 100 万字） 物理学家阿基米德（前 287—前 212？传世约 20 万字） 天文学家托勒密（约 90—168？《天文学大成》约 40 万字，传世总数约 100 万字） **医学家** 希波克拉底（前 460—前 370？传世约 30 万字）	**先秦** 《论语》15900 字 《老子》5056 字 《易经》24107 字 《尚书》25700 字 《诗经》39234 字 《楚辞》约 34000 字 《孟子》34685 字 《礼记》99010 字 《左传》196845 字 《庄子》约 80400 字 《荀子》约 90800 字 《韩非子》106131 字 《墨子》76516 字 **汉唐** 《史记》50 多万字 **明清后** 《红楼梦》前 80 回约 61 万字，总字数 73 万 《三国演义》约 64 万字 《水浒传》96 万字 《西游记》82 万字

此历史大轮廓导致了以下悖谬矛盾：

1. 文字生成悖谬——没有足够的生成时间

教科书式的历史信息　古希腊从公元前 800 年借用腓尼基字母，几乎同时就开始产出《荷马史诗》，不到 300 年就遍地开花地进行鸿篇巨制地写作。注意，公元前 800 年时是借用字母，两者字母表实质迥异，才刚开始产生单词。

和中文的生成过程比较　从可以简单记录到口语化写作，中文的演化时间大于 2500 年，而从理论上分析，表音文字这个过程应该更复杂、更费时，原因是：

（1）字母到单词是两次生成过程，先生成字母，稳定字母表后才可以让单词慢慢趋于稳定。

（2）表音语言对于时间、空间两个维度的不稳定性，没有标准化的组织和工具的情况下，很难锁定积淀。

（3）表音语言的语法复杂，需要更多的时间慢慢建立。与同是表音的英文生成过程比较：英文也是公元 5 世纪借用拉丁字母起始，字母表的稳定至少花了 600 年时间，用了 900 年时间方可翻译圣经；英文标准化是经过了至少 1200 年（直到约 1750 年稳定），在传入的纸张和印刷术（1494 年传入英国）的帮助下，“火箭”式推动才完成的。

2. 词汇量生成悖谬——词汇量无法生成

先可定性地粗略分析一下支撑百万字著述所需要的词汇量支持：

和英文类比　以英文为母语者的中等水平，单词量要在两万到两万五左右才可以自由化写作。要想进行百万字的亚里士多德百科全书式写作，没有个三、五万的词汇量无法完成。英文是依赖字典完成词汇量的积累和标准化。

和中文对比　中文的著述门槛远低于英文，3500 个常用汉字就覆盖了现代出版物用字的 99.48%，用 1339 个不同的字写出《论语》，小学生常用汉字表约 2500 字。

为何如此？因字母文字不可避免地都会陷入词汇量巨大。字母文字的最小语言单位是字母，以单词来对应万事万物，字母单独无含义；而表意的中文最小单位是字，单字便具意涵，固定数百或上千的常用根字即可进行文字记录，海量词语可由二、三、四的根字排列组合逐渐生成，无须死记。

进一步用逻辑严密而简明的数学语言来对比阐述如下：从汉字到词可以看作是二维图像信息的组合对人脑产生的理解反应，汉语根字数量合适，正好在个人记忆的能力范围之内，其组合能力无限，表意能力亦无限。相比而言，字母文字的字母表不可太大也不可太小，太小意味着造词能力有限，字母需要大量重复使用，单词长度增加，才可造出新词，就会记忆困难；太大意味着复杂度增加，同样记忆困难。字母因为简单，图像的信息量小，外形上易于相互混淆，对字母表的大小形成了制约；字母表固定后就是这少量字母的单维度地线性拼接，不具备汉字根字几乎可自由拼接造词的二维组合能力。总之，字母文字字母量少且不具意涵，作为表意基本单位的单词，在生成上比汉语的字词多了一个层次，而表达能力上少了一个维度，从而易碎片化；直白而言，汉字的根字集合比西文的字母集合，具备更强的表意能力和更好的词汇组合、扩展能力，也具备更优的学习曲线，更不用说汉字在千年传承中不依赖发音，在时空上所表现出来的超强稳定性。

以上数个因素综合起来，注定了字母文字词汇量惊人。另外就是较汉字相比的稳定性问题，因为表音，受个体发音器官和习惯所限，口音各异，需面对时间和地域两个维度的流变，进一步造成锁定及规范困难。牛津词典历时近 50 年于 1928 年编成，共 12 册，词汇量已达 40 多万。

中文的语法稳定过程时间远短于表音的英文，走了一个从书面文言到逐步口语白话的渐进演化之路，用表达的非精准性和简洁来降低著述开启的门槛，所以越早期的文言，多义性越明显，释读越困难。即便如此，中文也是借助字典才得以完成字词的累积和规范化。西方表音语言的口语化著述，一上来就声称可追求和口语等同的精准性和表达的丰富性，这会是一个很高的衍生门槛，历史演进的真实过程为如何，后文在综合分析以后，将对此进行更多的探讨。

此时可以得出一个公理化的结论：超过数千以上的词汇量，就超过了普通人可以记忆的极限，不借助类字典式的标准化和流通，口语化百万字著述要么无足够词汇量写成，要么写成了也无法流传，或者无法达成社会化普遍理解，也就失去了其产出的社会基础。

词汇量所需的生成和锁定时间远远不够，而字典，是自由化口语鸿篇著述的必然产出和必需工具。不仅拼写，读音、词义皆需要字典标准化才可稳定，表音语言还面临复杂的语法标准化问题。没有标准化过程，就无法实现社会著述和研学的普遍化，更无法跨越数千年进行释读和传承。

3. 口语化著述的词汇累积和标准化关口——字典生成悖谬

字典作为表征及锁定整个社会知识的词汇集合，是鸿篇著述的刚需，一旦出现将被无数个体携带，不可能集体失传。而历史所载的希腊文字典是在16世纪，有了纸张和印刷术之后才出现的，比拉丁、法、英、德文强不了多少，它们都是集中在16—17世纪才问世，英文则到1755年才有真正意义的《约翰逊英语词典》。

古希腊塑造了一堆的“某某之父”，唯独忘记了“字典之父”，更无字典或相关记载传世。

对比分析中文字典、梵文字典、拉丁文字典、英文字典的生成过程和各阶段的词汇量收集情况，可以得出以下结论：

（1）支持口语化写作词汇量的字典，都经历了千年的演化。

（2）字典是表音文字口语化写作固定词汇形、音、义必须通过的集合点。

（3）廉价的书写载体（纸张）是字典产生的前提条件。

故而，在没有字典工具的情况下，古希腊的鸿篇巨制是如何写作完成的？是如何在当时的社会流传的？如此多的词汇量又是如何传承学习的？失传2000多年后重获又是如何被准确地释读的？这都是字典的生成悖谬。

4. 个人著述能力悖谬

中西横向对比：从前面表格就可以看出，古希腊的个人著述能力已经达到中国明清时代的水准，且是突然爆发，没有渐进生长过程。

西方纵向对比：古希腊的个人著述能力超过古罗马，远胜于中世纪，某些突出的个人如亚里士多德，甚至达到了当下电脑时代的水平。

5. 社会整体文明（著述能力）倒退悖谬

古希腊“早熟”的著述能力带来一个无法解释的社会演进困窘，其随后的罗马及中世纪是退化的，在文艺复兴时期才恢复到了古希腊的水准。更具体的矛盾是：借助公开的英文字典的收词量记录，时至1582年，理查德·马卡斯特收录的词典 *Elementarie* 中，英文的书写词汇量还只有8000个左右，1668年，由威廉·劳埃德（William Lloyd）再次收录时还不到12000个；此时的地中海文明圈，还没有进入公元前5世纪希腊人口语化、鸿篇巨制的自由写作状态；故此，几十年后的1687年，牛顿在进行其科技论文《自然哲学的数学原理》写作时，还在拉丁文和英文的使用选择间徘徊。拉丁文的发展显然是早一点，但其字典的最早记录也是晚至1286年才出现，是由约翰内斯·巴布斯（Johannes Balbus）编纂，一本词汇量极少、简陋得难称之为字典的圣经阅读辅助词汇表——《天主经》（*Catholicon*），真正具意义的拉丁文字典是1502年才发行的《安布罗吉奥·卡莱皮诺词典》（*Ambrogio Calepino's Dictionarium*），及至1532年，发行了一个更成熟的版本《拉丁语词典》（*Thesaurus Linguae Latinae*）。如此巨量的词汇和知识突然人间蒸发，从一个随机、流动性的社会群体内消失，这是怎样的一个2000年社会倒转，经历过飞跑又重新学步这样可笑的悖谬矛盾！且偏偏是词汇，除非是经历过种族灭绝，否则不可能人间蒸发的文明产出物。同样，如此多的古希腊鸿篇巨制得以“写成”，为何却没有完成及传下来更为紧要的辞书类著作呢？而且，这些巨著中也没见任何辞书类的相关记录。

6. 承载及传承悖谬

演生悖谬　著述能力与承载物廉价易得易用是相辅相成的，无法想象古希腊如何在莎草片这样“是草而非纸”的原始载体上，经短短300年时间就演化出超前的口语化著述能力，历史上其他对比记录都在千年以上。

口语化、修辞悖谬　在莎草片如此稀罕并难以书写的情况下，惜墨如金是自然之理，如何能支持修辞化，不吝词句的口语化著述？词汇量少之时，晦涩难懂、词义变迁是自然之理，古希腊何以能没有这个逐步成长的过程？或这个过程如果发生过，何以能不留演进痕迹，一步登天？

原稿集体遗失悖谬　人类如果能发展到古希腊如此鸿篇巨制的写作阶段，则书写载体、书写语言及词汇量，特别是对于如何保存这些典籍以及版本有序地流传就不会是一个问题，如成问题，就无法形成知识积累的正循环，无法衍生出这样的文明形态，何来原稿“集体”灰飞烟灭？

作者生平无考悖谬　既然鸿篇巨制可以准确流传千古，为何作者的生平及师承脉络、学问源流却无法同步流传？个别或可理解，为何几乎是所有的著述者皆生平无考？

总而言之，文献的产出和版本留存是社会著述能力的表征，而词汇量、书写工具、传承载体构成社会著述能力的三个基本要素，其发展是连续渐进、互为条件、相辅相成的。古希腊原始、极弱的书写工具和传承状态，无法支撑起海量词汇的演生需要，也无法支撑起鸿篇巨制大量产出的历史叙事。

（二）反向符合性验证

第一个反向验证还是通过历史大轮廓进行回溯，欧洲社会到现在语言、文字也没有统一，在法、英、德语各自发展，形成鼎立之势之前，按照西史叙事依次出现的语言有：

希伯来语（前 8 世纪—公元 1 世纪）→古希腊语（前 8 世纪—东罗马陷落）→拉丁语（前 3 世纪—文艺复兴）→英语（公元 5 世纪—当下）

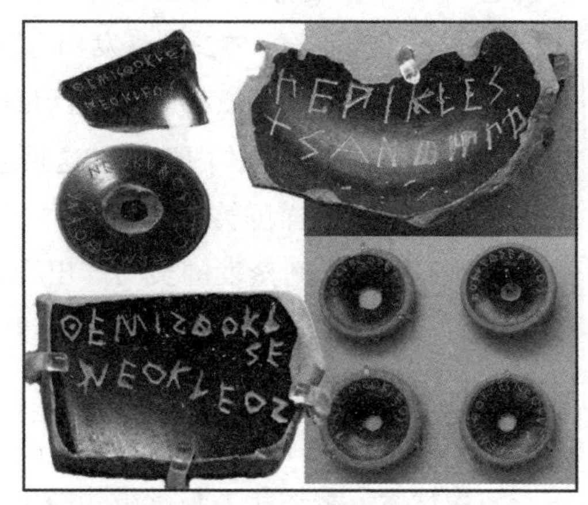

图 3 “陶片放逐法”——陶片显露出古希腊文字处于原始阶段

为何不断有新的语言产生和旧语言死去？这说明不管是希伯来语、古希腊语、还是拉丁语，在历史上从来没有形成强大的著述能力及足够的词汇量，不会产出多少有价值的著作，不能带来足够的影响力和标准化能力，这才有当下欧洲语言之现状。或者说，以上任何一种语言，若在纸张西传前，具备百万字著述的能力，依赖知识系统传承的自我影响、锁定能力，现在的欧洲语言一定统一在该种语言之下（按：元朝推行蒙文及清朝推行满语的失败可见文字及知识传承的锁定力），而不是每次各自回到原始状态从字母、单词重新开始。所以，在法、英、德各国摸索各自语言文字的成熟道路之前，西方文明体系从来就没有出现过这样一套他们所梦想的古希腊语言文字系统。

第二个反向验证是古希腊“引以为豪”的民主形式，有出土文物辅证的“陶片放逐法”，此陶片显露出古希腊文字和著述的真实状态，即还处于原始阶段，否则不会用如此原始、低效的方式来行使这项最威权、最根本的国家权力。

第三个反向符合性验证来自诸玄识和董并生先生近年的研究：一项是莎士比亚作品的产生过程揭秘，另一项就是所介绍的美国波特教授的“汉字密码”展开说。这些历史研究进一步地还原、验证了纸张和印刷术在这些表音文字的海量词汇锁定和标准化中不可或缺的作用，其词汇量的飞速扩展乃至表意功能的摄入，以增强其表达能力，这和当时汉语的输入影响是分不开的，由此可见古希腊时代脱离这些生成条件独自“早熟”，抵达口语化著述状态是多么地不切实际。

其实理解了上文的思路，对莎士比亚著作的证伪就很明了，莎著最少需要 3 万的词汇才可以写出，而莎翁所在的时代，英文自我记载锁定的词汇远远没到这个量级，故此，莎著只能是后来托伪、层累之作。此法也可以推及到罗马时代各色的鸿篇著述。

学界沿袭西方的成说一直宣称，表音语言的口语化著述，能说话就可以写作，不会提笔忘字，可大幅降低了西文的写作门槛。其实大谬不然，这种口语化著述，非但不是西方能快速进入鸿篇巨制的利器，相反却是一个桎梏；因为表意语言词汇量的巨大，语音在时间、空间两个维度的不稳定，在文明的早期，没有纸张和印刷术的帮助之下难以锁定标准化足够的词汇，造成起始门槛太高而难以跨越，就无法循序渐进地演化出成熟的文字著述系统，无法进行长篇著述，继而造成了欧洲狭小的地域，各种语言纷呈，长期文字独立的历史形态。实质而言，这一制约并非历史的偶然，正是由表音的字母文字造字、造词的基本特点和思想方法所决定的。

如此亦可解释，在文艺复兴前后，在中国造纸术和印刷术西传的帮助之下，西方表音语言才逐渐克服了这一障碍，借助词典锁定了足够的词汇，其口语化著述的优势才得以展开。自此，西方逐渐开启了知识研习的大众化，进而专业化到理论化，迎来了知识积累和爆炸的黄金时代，进入到了意识和物质文明快速迭代发展的快车道。欧洲各国的语言及著述能力都是在这一时期取得了突飞猛进的发展，却因各自为政、各自发展，使一度在少部分人中通行的拉丁文却成为了“死亡的语言”，随后没有足够的政治力量和历史纵深来完成同一化，造成了当下语言分立的现状。换言之，脱离了文艺复兴这个时代和“四大发明”“中学西传”这样外部条件的输入，去臆造一个早 2000 多年古希腊的口语化著述时代和科学奠基时代，是禁不住逻辑推敲的。

八、更一般化的论证和结论

根据前面的讨论，至此已经由点及面，正反两个方向证无了古希腊的文字著述系统，无此系统就无从产生其文明的承载物——古希腊文献，这些文献就只能属于后世伪托，具体说来只可能是出现字典前后的文艺复兴时期的产物；古希腊意识文明实际处于一个很低级的原始状态，借助物质和意识之间的相互能动性，其物质文明也难以演化到相当的高度，从而证无了西方文明史中万般推崇却属全盘虚构的那个古希腊。

在本文的结尾给出几点更一般化的、简洁的表述和总结：

人类的知识或意识文明的发展史被文字、文献较真实、系统地记录下来了，这是一个在较大时空范围内才可以衍生的人类文明成果，根深蒂固地持续对后世产生影响并留下记录痕迹，想系统性地造假异常困难。

强大的文字和词汇量形成的著述系统代表强大的文明，已经浸润整个社会人群所随机携带、继承，而被雪藏、湮灭，回到原始状态重新起步，在约2000年后被重获是不可能发生的。

词汇量和记录载体发展到一定程度，对文明成果进行记录，并作为进一步发展所必备的知识基础，故古文献的流传如同文明发展的循序渐进，会构成一个近似连续递增的数学曲线，西方的文献存留显然不符合这样的数学规律。换言之：作为文明及知识载体的文字文献，在历史的过程中必然构成一个近似连续、递增的数学曲线，如果不符合则涉及作伪，属于统计学加文献学意义之上，可归结为“文明”的“孤本”，“孤证”不立。

在中国话语权框架的文明史观、文明古国评判上，文字和文献及其真实发生程度应该提到一个更高的高度。

历史是唯一可以回溯并指导人类文明前行的学科，以信史为本，以史为鉴来解决现实问题，是华夏文明千百年来立于不败的终极智慧之一，西方文明至今还以伪史愚人且自愚中，没有践行此大智慧，还在笃信类同“修昔底德陷阱”的伪史经验。

面对古希腊这样的跨度2000多年的伪史及以之为基的西方中心论，若以此伪史为据，不仅泱泱华夏乃至全人类都将被指引到文明演进的歧途之上。故此，迫切需要证无古希腊，迫切需要破除西人伪史进而破除西方中心论！

（附:《大回环》全书及更多西史辨伪作者的文章结集见爱传统网：https://www.ict88.com/）

西学之中学渊源

孟晓路

我这个题目叫“西学之中学渊源”，主要是从学科体系的角度来看待中学与西学。今天，我们必须面对的一个最大的事情是中西方关系以及中西文化的关系，而文化的核心是学术，那么中学和西学的关系就显得非常重要、非常关键，是我们必须面对的一个不可回避、不可忽略的问题。要认识中学与西学，我觉得一个系统的角度就是学科体系。只有从学术范式、学科体系去了解中学与西学，才能完整、清晰地认识中西学术。

一、以学术范式即学科体系楷定中学与西学

学术范式就是学术的对象、方法与内容的全体系统，可以用学科体系来代表。所以，在我们的语境里，学术范式与学科体系这两个概念大致上可以互换。

（一）学科体系可全面表示学术之对象、方法与内容，故可代表一种学术，因而分别可以中学与西学之学科体系来代表中学与西学

学术的对象就是从事学术之初要解决的问题，方法就是解决问题的途径与办法，内容就是以某种方式将问题解决后所得到的以一套言说表达出来的答案。一个学科的成立，必须有确定的对象以及相对确定之方法和内容。所

以，一个学科体系可以代表一种学术的范式，即全面完整地表示这种学术之对象、方法、内容的系统。这样，我们就可以用中、西的学科体系分别来代表中学与西学。

（二）中学范式即中学学科体系：经、史、子、器。西学范式即西学学科体系：宗教、哲学、科学、文艺

中学的学科体系就是经、史、子、器，西学的学科体系就是宗教、哲学、科学、文艺。我们在下面会详细介绍这两个范式，给出其二级乃至三级学科。

（三）我对学术范式之认识过程

我对学术范式的认识过程可分为三个阶段。第一个阶段就是西方中心论的境界。我们都是从西方中心论中走出来的，在这个境界里面我们对学术范式是无意识的；我们就认为我们所习惯的、我们被教育的这一套哲学、科学、文艺的体系是天经地义的，只能用这个来从事学问，来认识我们的学术及一切学术，没有学术范式的意识。

第二个阶段是 2003 年我写了一篇文章《三大学术规范》，以此为标志，才有了范式的意识。也就是意识到在西方的学科体系，在西方的范式之外，还有另外两个完全独立的学术范式和学科体系，即中国和印度的体系。印度的学科体系就是五明。

最后这个阶段，以 2014 年我写的《中学统摄天下学术论》和 2015 年写的《西学之中学渊源》为标志。在第二阶段的时候，还停留在互摄的认识，认为中、西、印是平等的。曾有学生问我，若这三个学术是平等的，那它们之间的统一怎么完成呢？当时我的回答是：或许以西摄中、印，也许以中摄西、印，亦可以印摄中、西，就是这种互摄的解决办法。其实这是有问题的。第三个阶段超越了第二个阶段即民族主义阶段，达到了夷夏观。达到夷夏观之后，学术也就要相应地分为夷学与夏学，要用夏学统夷学，而不能用夷学统夏学，即只能用中学来统摄西、印。

二、近代以前之欧洲乃文化荒漠，西学源于中学

这个题目的背景，就是西史辨伪所达到的一些结论，受诸玄识老师和董并生兄的许多恩惠。近代以前的欧洲是文化荒漠，近代文明乃西方第一个文明，埃及、两河、希腊、罗马皆出于近代伪造，西方文明系中华之子文明，西学源于中学。这基本上都是诸玄识那本《虚构的西方文明史——古今西方“复制中国”考论》里的观点，我完全赞同。这个题目所说的“西学源于中学”，都以诸老师的相关结论为前提。

三、诸学科体系

（一）科学教学术学科体系

十三学科大类：哲学、经济学、法学、教育学、文学、历史学、理学、工学、农学、医学、军事学、管理学、艺术学。

十三学科大类归为三类：

哲学。

科学（社会科学：经济学、法学、教育学、军事学、管理学、历史学）

（自然科学：理学、工学、农学、医学）。

文艺（文学、艺术学）。

（二）亚里士多德学科体系

工具论：逻辑学（范畴篇、解释、前后分析、论辩、辨谬）。

理论科学：形而上学、数学、物理、自然学（天文气象、生理、心理、动物学、植物学）。

实践科学：伦理学、政治学、家政（理财、经济）学。

创制科学：诗学、修辞学、辩证法。

（三）四学

经：易、书、诗、三礼、春秋三传、尔雅、孝经、论语、小学、儒家。

子：晚周诸子，即道、墨、名、法、阴阳、纵横、杂、农、小说。

教，道教、佛教。

史：编年史、正史、别史、传记等。

器：天文、算法、工、农、医、法、政、理财、地理、术数、艺术、文、兵。（政、地理、工、理财/食货在旧史部，文学即旧集部，其余在旧子部）

（四）印学/五明：内明、声明、因明、医方明、工巧明

工巧（营农工业、商估工业、事王工业、书算计度数印工业、占相工业、咒业工业、营造工业、生成工业、防邪工业、和合工业、成熟工业、音乐工业）。

我们要找到，现在我们所使用的这个全盘西化的学科体系，它到底是哪里来的？我们先要有一个整体的对比和认识。

十三学科大类，即是今天中国所使用的一个学科体系，是纯科学教的学科体系。它都给了编号，与排列次序一致，哲学是第一大类，乃至艺术学是第十三大类。下面把它放到西学的四大科目里面去。哲学是四大科目里面本来就有的一科。科学则包括属于自然科学的理学、工学、农学、医学和属于社会科学的经济学、法学、教育学、军事学、管理学、历史学。文艺包括文学和艺术。这里面没有神学，没有宗教；所以我们说这是一个纯科学教的学科体系，因为它把神学宗教给删掉了。补充上神学，那就是西方学术的完整学科体系了。而西方完整的体系是耶教与科学教的混合体系。

要找到西方学科体系的来源，看这几个分类，对比一下看与哪个更像。显然（一）当中那些学科更多地跟（三）当中的器部各科相像，而跟亚里士多德的这个学科体系并没有多少对应。逻辑学、理论科学、实践科学、创制科学，这是亚里士多德学科体系的一级学科。在十三大类里边基本上看不到对应。这些二级学科也不能对应。形而上学勉强对应哲学，家政学对应经济学，除此之外，就没有了。

四学是中学体系的详细分类，它给出了一级学科和二级学科两个层次。上面是我对传统四部分类做了一个调整的结果。经、史、子、器这是一级学科。“经部”包括易、书、诗、三礼、春秋三传、尔雅、孝经、论语、小学、儒家，这里将原在旧子部的儒家提入了经部。“子部”包括两部分，晚周诸子即除了儒家之外的九家，道、墨、名、法、阴阳、纵横、杂、农、小说；子部除了包括诸子之外还包括两个教，也就是中国除了儒教之外的另外两个重要的教，即道教和佛教。在清朝的《四库全书》里，道教和佛教都放在子部。“史部”有编年史、正史、别史、传记、奏议、地理、政书等。这是原来的分类法，我现在把地理、政书等分出来放入了器部。我用一个等字表示史部下属的二级学科没有列全。“器部”，我把子部还有史部的一些分科之学提出来跟集部文学进行了合并。我在括号里边指出这些分科在原有的那个老四部里的位置。政、地理、工、理财在旧史部，文学就是旧集部，天文、算法、工、农、医、法等这些都在旧子部。

这个十三大类跟中学各科的对应性要比跟亚里士多德学科体系的对应性学科强得多，工、农、医、艺术名称完全相同，军事即兵，理财即经济，历史即史学，文学即集部，哲学类诸子，理学亦与天文、算法大致相当。若考虑到教育学、管理学本是新近中国自己设立的学科大类，则此科学教学科体系中之各科，在中学之学科体系中全部能找到对应！

附识：

问：您这里所列的器部下属各科是您总结的还是“四库”里面本来就有的？

答：全部都是“四库”里面的分类，都是四库全书里边本来就有的。天文、算法、农、医、法、政、地理、名、术数、艺术、兵，都是“四库”里原来就有的二级学科，食货原在正史中（即正史之食货志），工原在政书中，系三级学科，文学即“四库”之集部，原是一级学科。这些学科都是在四库全书里面本来就存在的，不是我编出来的。

我最近还有一个比较重要的发现，就是史官在历史上的地位非常高。《周礼》说王“设官分职”，分设了几个职呢？可以说分设的职位就是四类，即史、王、官、民。史官是天官，三百六十官是治民之官，史官是独立于三百六十官系统之外的另一个大系统！“四学”与“四职”一一对应，也可以说，“四学”出于“四职”。四学即经、史、子、器，四职即史、王、官、民。“经”出于王，“史”出于史官，“子”出于三百六十治民之官，“器学”则用于教民。诸子各出于王官之一，按照《汉书·艺文志》的说法：道家出于史官，墨家出于清庙之守，名家出于礼官，法家出于理官，阴阳家出于羲和之官，纵横家出于行人之官，杂家出于议官，农家出于农稷之官，小说家出于稗官。“经部”是王所统领的一部，因为它的作者都是王，包括孔子都是王，我们要认识到孔子为王，孔子是素王，是立法之王。经是立法之王所立的治世的大纲大法。那么“史部”就是记录这个大纲大法实际施行的痕迹。所以史部和经部两者都是道术。《庄子·天下篇》说：“其明而在数度者，旧法世传之史尚多有之；其在于《诗》《书》《礼》《乐》者，邹鲁之士、缙绅先生多能明之:《诗》以道志、《书》以道事、《礼》以道行、《乐》以道和、《易》以道阴阳,《春秋》以道名分。其数散于天下而设于中国者，百家之学时或称而道之。”这就将史、经、子说全了，在《庄子·天下篇》里边很明确地说到了这个史、经、子的结构。史官所传的就是史学，即道术的事迹；诗、书、礼、乐、易、春秋，这是王所立的治世大法；诸子就是百官各自所掌之学问，也就是一支一节的方术。这是《庄子·天下篇》里面所给出的我们关于经、史、子、器分类的证明。史官所传授的是史学，王就开出经学，百官流出子学，民就对应器学。也就是说民所从事的是一些具体的劳动，就要学习相应的知识技能，例如农民要学习农学，商民要学习理财，工民就要掌握工学等。

那么这样我们就有了一个很直观的认识，就是十三学科大类跟中学的“器部”非常地像，如果我们将历史学并回文学（历史大类是新近从文学科里分出来的），也把管理学、教育学并回去，这样科学教各学科基本上都可以在我们的器部里找到与其一一对应的。所以我们认为，与其说甲出于乙，不如说甲出于丙；也即，与其说现代学术来自亚里士多德希腊的学术，不如说来自中国的学术体系。

通过这个研究我们可以找到西学真正的源头。我们要复兴西学中源说，我们要给西学中源说正名！本来，这在主流学术看来已经成了一个声名狼藉的观点了，被讥讽为中国人自高自大不认识世界的结果，其实这代表着当时中国人非常清醒地对中西对夷夏的认识。诸玄识先生言：一位西方学者持类似观点，其曰：汉学在现在是一个小小的不起眼的学科，然而在17世纪它却创造了许多西方社会学科以及其他学科，甚至神学！西学中源说最早见于明末清初，主要涉及天文算法领域。这个天文历法的确是非常重要的东西。文明形成的四大要素里边，有文字，有数学，有历法，还有就是史官制度。天文历法非常重要，天文历法与史官制度基本上是一回事，因为前者乃由后者所掌，史官最重要的职务就是制定和颁布历法，这是太史最重要的职责，在周礼里面都有，所谓“正岁年以叙事”，郑玄注：“太史，日官也，天子曰日官，诸侯曰日御。”由此可见史官最首要的职责是制定颁布历法。明末清初，来华传教士拿出所谓“西法历算”。当时的学界精英，如黄宗羲、方以智等人立即看出，所谓西法，实脱胎于中法！从而始倡“西学中源”说。我们今天看得更加清楚了，传教士所炫耀之西法历数，基本可以断定在其来华前根本不存在于西方，系来华后由中国教徒如徐光启等人对于大统历、授时历等夏历加以篡改的结果！试想，如西人所声称，在其土所行乃与中土完全不同之儒略历、格里高利历。夏历系阴阳合历，需要通过置闰以及安置节气来调和太阴、太阳这两部分，格里高利历则系纯阳历，只需考虑太阳这一部分就可以了；所以前者比后者要复杂繁难得多。且彼时、彼土尚无一天文台，无系统的天文观测记录；制定粗陋简单之格里高利历、儒略历已经勉为其难，夏历在彼土既不行之，推算又如此繁难，有何必要又有何可能在彼土推定此既繁难又无用之物呢！汤若望历明至清，其在清朝尚未掌握置闰之法，而胡乱置闰；终因预测日食失败而险些被杀。由此更可见，崇祯历书之真正制定者乃中国教徒，汤若望全系窃取作者之名。故至多年以后，仍不能掌握其基本算法！西学中源说始于天文历算领域，至清末孙诒让作《周官政要》，王仁俊作《格致古微》，从而将此说推广至政教及器学领域。古人受资料及信息之局限，对于西学中源之论证在深度、广度以及严谨程度上皆有所欠缺，吾人处此全球化大交通大互联之时代，资料信息之获取千万倍易于古人，一切以前没于水下者都将浮出水面，在黑暗中者都将置于光天化日之下，不复隐藏。吾人将在更加广阔的领域，以更加深刻严谨的论证，完整系统地成立西学中源说！

印学包括内明、因明、声明、医方明、工巧明。内明就是各个宗教的教义，印度各个宗教是各有内明，如佛教就是经律论，婆罗门教就是四吠陀，九十六种外道也各有自己的经论和戒律，那就是它的内明。声明相当于中国的小学，就是文字、训诂、声韵之学，包括字母词根语法，还有就是文学、修辞、唱诵也在这里边。因明就是印度逻辑，相当于中国的名学，这是从学科性质上来说的，究竟而言它们是不等的。医方明是印度医学，相当于中国的医学和西方的医学。前面那些包括得都比较单一，就是工巧明里面包括的东西多，基本上相当于中国的器部。工巧明也有二级学科，营农工业、商估工业、事王工业乃至音乐工业，跟中国的器部有重合的，但重合不多。所以现在的十三大类来源于印学工巧明的可能性也不大，因为二者重合得太少了。工巧明在印度是没有分化的，它是一个比较混沌的状态。正如诸玄识老师所说，因为印度以出世、形上道的追求为主，缺乏适度的自然挑战，它的生活环境太好了，没有必要开出详悉的器用之学。

以上是从直观上去观察现代学术与现代学科体系的来源。

四、教与文明的两种大的类型

下面概述教与文明的两种大的类型和三小类。两种大的类型是神教和人教，神教即以神为中心，以信仰为宗旨，就是诸老师所概括的神的社会；以人为中心，以理性为宗旨就是人教，就是人的社会。进而我们还需要在人的社会、人教里面再分出两个类型，这样才能够把中与西的教及文明分清楚。中与西不是一个类型，虽然近代西方文明也是一个人的社会，但是中国儒教文明与之有天壤之别。

中国的人教，也就是儒、释、道的中华文明，它是率性的；科学教即现代西方文明，它是纵欲的。率性与纵欲有天壤之别，“率性之谓道”，“小人之中庸也，小人而无忌惮也”。性和欲需要严格区分，性是我们的本性，欲是人欲，两者根本不同！所以西方的现代文明就是把儒教文明从“率性”学成了“纵欲”。

科学教对儒教之拙劣模仿。从形式上看，科学教跟儒教各方面都很像，例如两者都没有专职神职人员组成的教团，他们都以学校作为传教的教堂，这是一个科学教对儒教最主要的模仿，就是从形式上，从教育体制上去模仿儒教。以学校为教堂，不设专门的教堂，科学教就把自己隐藏在无人能知的地方，大象无形，大音希声！你看，少有人知道儒教的存在，科学教也一样，我们哪知道有科学教啊！之前，我看到何新先生谈过科学教，他说他不信科学教；我的一个修唐密的师兄蒋劲松有一个“科学拜物教”的提法，我受了他们两位的启发，然后我对科学教进行了系统性阐发，这样我们就发现了科学教，科学教是需要被发现的！

所以我们说，现代西学是与中学失之毫厘而在西方差之千里的结果，这是我们一个总的结论。下面来看它是怎么由中学衍出，怎么又从中学失之毫厘变成了在西方的差之千里。

西学的学科体系被我们分成四大科目。先看哲学，哲学是科学教学术的总的人生观和世界观，所以马克思主义哲学将哲学定义为系统化、理论化的世界观和人生观。哲学起到了替代宗教的作用，也就是说在科学教之前，在耶教的时代，是用宗教来对人们进行世界观和人生观教育；到了科学教的时代，就改用哲学了，哲学成了人们学习建立世界观和人生观的课本，世界观、人生观教育就从耶教教堂移到了学校，现在的学校还在用哲学来教育我们的人生观和世界观。

五、全部哲学皆系近代事物，哲学乃欧产之子学

我们说雪山（喜马拉雅山）以西是神教的天下，雪山以东是非神教的天下。雪山以东即中华文明。雪山以西是印度、伊斯兰国家、东欧、西欧，它们都属于神教的天下。我们提到的印度婆罗门教、伊斯兰教、东罗马的耶稣正教、西欧的天主教等，都是神教的文明体系和学术体系，都以神为核心，强调非理性的信仰。婆罗门教依然如此，就不用说耶教跟伊斯兰教了。非神教的、以人为中心、以理性方法为工具的生存方式，只有在中华文明和中华的经、子之学也就是儒、释、道三教中才有。那么我们不得不把哲学的来源归给中华的经、子之学，归给中华的六艺之教，以及先秦诸子百家，还有后来的释、道两家，总之就是经、子之学。天下之中最像哲学的只有中华的经、子之学，中华的六经以及诸子百家。跟其他学术体系对比，这个相近性就特别凸显出来了。哲学与经、子之学最相近。哲学相对于神教经典，跟经、子之学是属于一类的，是属于重人的，是以人的理性为核心，而不是以对神的信仰为核心的。这种对比，把哲学与神教的经典和中华的经、子之学进行对比，发现哲学与经、子之学甚近，与神教相差甚远。所以我们可以初步下结

论说：哲学的源头不在古希腊，因为古希腊的文明和学术是子虚乌有；不在西欧中世纪黑暗的文化荒漠里，因为文化荒漠不可能产生学术；也不在西欧之外的神教，因为二者迥异而非同类；哲学的真实来源在中华的经学、子学之中。有此，也就有下面的命题：

全部哲学皆系近代事物，哲学乃欧产之子学；此说可谓振聋发聩！对于我这个观点，诸玄识老师相当认可。现在我们要大声疾呼，将更多的人从希腊迷梦中唤醒。

子学和经学的关系：经是母体，子出于经。我们中华的诸子是这样的，中土子学出于六经，这是马一浮先生最先给我们开示的一个非常重要的观点：六艺统诸子，诸子乃六艺之流失。例如他认为，法家出于礼经，道家老子出于易经，庄子出于乐经，墨家出于礼经、乐经，名家出于春秋经等。中土诸子出于六经，那么说哲学是欧产之子学，我们的根据就是哲学也出于经学。所以我们把哲学跟中土诸子列为同类，称之为“欧产诸子”。正是庄子所说，“其数散于天下而设于中国者，百家之学时或称而道之”，这是中土诸子；那么，其数散于天下而设于欧土者，欧土百家黑格尔、柏拉图等时或称而道之，这就是哲学。总之哲学跟诸子就有这两点相同，其一，两者都出于经学，其二，两者都离经而自立，都不尊经了。此两者是相类似的，所以我们把哲学叫作“欧产诸子”，即将“哲学”鉴定为“子学”。

这就涉及我们对学术范式和学科的认识。我是搞中国哲学的，我的专业就是中国哲学。学界主流从事中国哲学的方法被称为反向格义，即是用西方的学科系统来认识中国的学术。现在我们要正过来，用中国的经、史、子、器来认识天下一切学术。我们要依此认识我们自己，也把西方的诸学科放入到我们经、史、子、器里面去认识。这两个做法是大不一样的。这就涉及关于我第二个阶段与第三个阶段的对比，即我为什么要抛弃第二个阶段那种平等互摄的观点。当时我认为以中统西与以西统中是平等的。现在我认为这样认识是有问题的，以中统西顺理成章，以西统中就是颠倒。为什么这么说呢？我们有两个根据：一个就是中学本身具有这种统摄能力，唯中学具有统摄天下学术的能力，夷学不具备；另一点就是我们今天要讲的中学是祖宗，西学是孙子。以祖宗统孙子顺理成章，以孙子统祖宗是颠倒。

我们认清了学术的源流，由经学统哲学就顺理成章，以哲学统经学则好比以枝统干本末倒置。甚至在哲学的认识里面，实际上连枝都说不上了。因为哲学把儒、释、道本身的传承系统都打破了，它是以时代来划分的，按照时代讲一家一家的学问，这里边没有儒、释、道各自的传承，它不讲儒家哲学，而是讲孔子的哲学、孟子的哲学，讲先秦时代的孔子、老子、孟子、庄子、管子、荀子、韩非子。枝还是有传承的，本来原本的结构是有枝有干，经学是主干，子学是旁枝，枝上是一家一家的叶子。第一步就是把枝、干弄混，将儒、释、道平列，等经学于诸子，把儒家和诸子并列起来，把主干的地位取消掉，成了儒家哲学、道家哲学、法家哲学等。但这还是有传承的，它进一步把儒、释、道、法的这种传承性破掉，那就成了叶子的状态，成了一家一家按时代来讲的哲学。以上就是用西方的哲学来消灭我们经、子结构的大体脉络，所以我们要回到原本状态，就能找到路径。

下面我们具体地就哲学如何出于经学，给出一个粗略的说明。法国传教士向欧洲介绍的理学与经学，先派生了法国唯物主义，后流出了德国古典哲学。前者是在 17、18 世纪，后者是在 19 世纪。先有法国唯物主义，代表哲学家为比埃尔·培尔、赫尔巴赫、狄德罗、爱尔维修、拉美特利等；再有德国古典哲学，代表哲学家为莱布尼兹、沃尔夫、康德、黑格尔、费尔巴哈等。这方面诸玄识老师和董并生兄都讲了很多，这两派哲学跟经学的关系都是比较明显的。朱谦之先生 20 世纪 20 年代写过一本书《中国哲学对欧洲的影响》，朱先生的书也对这个过程有详细介绍。

以上是近现代哲学。上午诸老师也讲了，所谓古希腊的哲学其实比近现代哲学晚出，是在近代哲学产生以后，才回过头来去伪造它的源头。为了掩盖宋明理学和经学这个真实的源头，用那个最后定型的希腊语、拉丁语伪造出现在定本的《柏拉图全集》《亚里士多德全集》以及其他一些神学家、教父的著作，例如奥古斯丁、阿奎那等人的作品。这样，一切哲学皆是近代事物就说得通了。古希腊不存在，哲学史上所讲的那些很早的东西其实更晚。

六、宋明理学之断见启发出哲学，哲学乃近代科学教人生观之主体承载者与担当者

我们说宋明理学的断见启发出哲学，换句话说就是理学在中国失之毫厘，而在欧土产生了谬以千里的果实。宋明理学本身存在问题。我对经学的认识就是从宋明理学开始的。我在大学读宋元人注四书五经，读新儒家的作品，基本上都属于宋明理学这个系统。要走出来，进入汉唐经学，也就是十三经注疏这个系统。最近我达到了一个更大的突破，发现了廖平先生的经学。廖平先生进一步突破了郑玄的框架，真正统一了经学，以一个不可思议的方式，即用大统小统说，统一了两汉的今古文经学。所以，我们不但要超越宋明理学，可能还要继续超越郑玄、孔颖达的汉唐经学，当然这是后话。

宋明理学问题很大，郑玄的问题没有宋明理学那么大，他的最大问题是混淆了今文经学与古文经学的家法。他也想统一今古，但却是以一种乡愿的方式，即通过混合今古去达成的，这种混合之学既无今之用，亦无古之用，从而成为一种无用之学！今文经学、古文经学的区分在于制度，是两套系统的制度，他有时候从今文经学取一点，有时候又从古文经学取一点，把两套制度混合之后，这两套制度的大用就都发挥不出来了。所以廖平先生的意见就是重新分清今古，这两套制度要重新厘清，这样才能各发挥其大用。以大统即《周礼》和《尚书》治理全球天下，以小统即王制和《春秋》来治理中国，这样一来，这两套制度就分别得以发挥其大用。那么，治中国也有制度了，治全球天下也有制度了。而且这是一个系统性的安排，大统、小统除了空间上的适用范围不同以外，还有时间上的所适用的未来时段也不同。根据皇、帝、王、伯的镜像对称次序，小统适用伯、王，即孔子之后的较近未来；大统适用于帝、皇，即离孔子更遥远的未来，即我们之后未来那个中国已经建立起全球天下体系的升平大同时代。廖平先生当时就写出了《地球新义》，就是为未来的全球天下设计出了一个合乎经学义理的制度框架，以

此来证明孔子的学问不仅仅是治中国的，它本身也包含着治理全球天下的大纲大法。经学不仅能治中国，更能治天下！这样经学才是全人类的普世价值！如果仅能治中国，在这个全球化的时代，经学就失效了。所以廖平先生用这个不可思议的方式，在那个风雨如晦的全盘西化的年代，在一片打倒经学的呼声当中，坚守了经学，非常值得我们推崇。经学在廖平先生之后就中断了，他的弟子蒙文通先生已经不再搞经学了，马一浮先生也只搞理学。所以发现了廖平先生，我们就找到了一个非常有前景的复兴经学的路向。我希望能够接续廖平先生这个路向，只要我们在这个路向上不断用力，经学就一定能复兴起来！

宋明理学的问题之一就是断见。他们要排佛，佛教主张的他们就反对。本来佛教不是一套人为编造的教义，它是一套对世界的如实认识。你反对佛教，跟佛教故意立异，这样就伤害了儒学。因为儒学与佛教对世界人生的认识是完全一样的，它们都是认识到了本性，见到了宇宙人生的真相。所以，在孔颖达的经疏里，也是认为我们的生命来源于精灵和肉身的结合，我们的死亡就是精灵和身体的分离，跟佛教的轮回观是完全一样的。有人会说：唐代佛教大盛，孔颖达这个解释是受了佛教的影响才有的吧？则以下所引《灵枢》及《论六家要旨》中文字可除此嫌疑！《黄帝内经·灵枢·天年篇》载："黄帝问于歧伯曰：愿闻人之始生，何气筑为基，何立而为楯，何失而死，何得而生？歧伯曰：以母为基，以父为楯；失神者死，得神者生也。黄帝曰：何者为神？歧伯曰：血气已和，荣卫已通，五脏已成，神气舍心，魂魄毕具，乃成为人。又，百岁五脏皆虚，神气皆去，形骸独居，而终矣。"短短数十字，将中国古人之生命观表达得极清楚。《史记·太史公自序·论六家要旨·道家》一段亦曰："凡人之所生者神也，所托者形也。神大用则竭，形大劳用则敝，形神离则死。死者不可复生，离者不可复反，故圣人重之。由是观之，神者生之本也，形者生之具也。"可知中国古人正统之形神观，固与范缜一类异端性的唯物形神观大异（范缜其实是要故意与佛教立异才树新说，未想到此一异说恰背离了华夏缘起说之正统）。盖与印度佛教思想全然一致也。以母为基，以父为楯，得神者生；正佛法所云：父精、母血、神识三者和合乃能生人之意。宋明理学为了立异，就不承认这些，不承认有天堂、地狱，不承认有轮回。这就导致它落入了断见。

那么，整个近代哲学将世界分成了唯物、唯心、二元论及不可知论，这全都是断见，就是不承认有灵魂，不承认有来生，一死百了，不管是唯心还是唯物都是如此。整个近代哲学都是宋明理学启发出来的，我刚才已经阐述了这个过程。法国唯物主义当然是唯物主义了，德国古典哲学就是唯心主义，二元论是一个混合，其实笛卡尔那个体系不能叫作二元论，所以近代哲学里并无二元论一型，不可知论就是模棱两可不下判断。总之近代哲学主体就是唯心、唯物，这两个都是断见，不管是谢林、黑格尔这些德国古典哲学家，还是法国唯物主义者这些人，他们都明确不承认有来生。他们这个断见是由宋明理学启发出来的，因此可以说宋明理学的断见启发了哲学的断见及纵欲的世界观与人生观。

宋明理学虽是断见，但它还没有提倡纵欲，这就是它失之毫厘。那么哲学就是依照宋明理学的这个萌芽，把它顺理成章地充分展开，而断见一定会导致纵欲。因为宋明理学是刚刚出现问题，它还没有来得及在逻辑上展开，到了科学教就彻底把断见的逻辑展开了，这就是纵欲的人生观，这是对科学教本质性的认识。于是，哲学就成了近代科学教人生观的主体承载者和担当者。我们说，哲学是断见的世界观及纵欲的人生观，科学就是用来贯彻这个纵欲的人生观之工具。

七、朱子之格致启发出西学理性、经验两大流派及科学

> 所谓致知在格物者，言欲致吾之知，在即物而穷其理也。盖人心之灵莫不有知，而天下之物莫不有理，惟于其理有未穷，故其知有不尽也。是以大学始教，必使学者即凡天下之物，莫不因其已知之理而益穷之，以求致乎其极。至于用力之久，而一旦豁然贯通焉，则众物之表里精粗无不到，而吾心之全体大用无不明矣。

上面这段话出自朱子的《格致补传》。这里以此例来说明我们的经学如何启发出了哲学的两大流派以及科学。朱子的《格致补传》并非《大学》中原有的内容，这一段是朱子添上去的。但是，朱子的《大学章句》很早就被翻译成欧洲文字并传到欧洲去了，所以它的影响非常大。朱子整理的《四书》是最早被翻译到欧洲去的中国经典之一，所以朱子这段《格致补

传》中的内容在欧洲应该产生了非常大的影响，直接启发出了科学。想想看，西方中世纪的耶教里一点科学精神都没有，科学不可能从耶教里自生。那它是从何而来呢？原来，正是来源于这个出了问题的经学。我们说，朱子的《格致补传》是他自己的理解，并非《大学》的原意。《格致补传》对《大学》的理解有问题，而且问题很大。我在拙作《大学注》里面详细地讨论了这个问题。我认为格物致知不是工夫的所在，而只是引入工夫的前提。它是用来立志的，只需要对宇宙、人生的大体脉络，对于家、国、天下的本末次序有一个大体的认识就可以了。不需要一物一物地把这个理穷到极致，把所有的理都穷到贯通的程度，不需要的！那么朱子的解释就完全偏离了正确的路向，他把工夫放在格物上，他给格物工夫设置了一个凡人永远不可能达到的目标，也就是这里说的："至于用力之久，而一旦豁然贯通焉，则众物之表里精粗无不到，而吾心之全体大用无不明矣。"就是要把天下一切物的理都要清清楚楚地穷尽之，我们说这个全体大用的境界朱子自己也没有达到，他是以盲引盲，就像柏拉图是以盲引盲一样。柏拉图的理念世界完全是他的想象，他认为可以证入这个理念的世界，但是他并没有证入。他认为通过数学、辩证法就可以回到这个理念的世界，开出这个理念世界的认识工具，然后去直观理念。柏拉图预设了一个目标，他自己没有达到，就领着大家一起乱撞。朱子也是一样，他自己没有达到，就让整个 800 年当中的中国人都沿着这个路线去走。他这个错误的路向后来传到欧洲就导致了科学的出现。

我引的这段中，"天下之物莫不有理"以及"至于用力之久，而一旦豁然贯通焉，则众物之表里精粗无不到，而吾心之全体大用无不明矣"，就是欧洲哲学理性派的宗旨。前者是理性派的本体论，后者是理性派的认识论。"是以大学始教，必使学者即凡天下之物，莫不因其已知之理而益穷之"，这种在一物一物上去格物、去穷一物一物的理的方法就是经验派的方法，也就是科学方法。

为什么说朱子这个解释是经学的失之毫厘呢？本来这种科学方法在我们中学中是有的，但是这不是立志之前要做的工夫，它是立志之后要做的诚意工夫的一部分，就是诚意里边的那个道学的部分。这个工夫要放在诚意里边去做就没有问题，就是这个"即凡天下之物，莫不因其已知之理而益穷之"，要是放在诚意里面去做就没有问题。但是朱子把它作为一种单独的工夫，放在诚意之前去做，这样诚意就永远也来不及进行，永远开始不了，就停留在格物上了。这样向内的修养就没有了，所以这正是导致纵欲的科学教人生的契机，科学教泛滥于外物流荡无归的人生路向就这样被误导出来了。

我是说朱子失之毫厘，没说他彻底错；这里边的微妙关系要妥善把握。到了他们那里，在有毒的文化自然环境里被极度放大。

八、科学如何自中华器学衍出

前面讲了哲学是如何从经学导出来的，下面看科学是如何从中华器学当中衍出。

先来看两者之不同。这里讲两点：首先器学是在经、史、子、器框架里边的器学，科学是在哲学、科学、文艺里边的科学，它们所处的框架不同，还是要把二者放到各自学术范式的母体里看这个问题。也就是说前者是在道的管控当中的学问，后者是脱离了道的管控而独大，这个非常重要。然后就导致了下面这一点：器学是生态的、可持续的，是健康的类型；科学是反生态的、不可持续的，是癌变的类型。这里由第一点导致了第二点。

我们说哲学、中土诸子都出于经学，但是都脱离经学自立了，它们妄自尊大，不再承认经学。下面是对哲学与科学如何出现的一个总体认识。神学禁欲过甚，时间长了就导致反弹，这是它的内因。外因就是宋明理学这个断见的引入。里应外合，就导出了这种纵欲的人生观，由哲学来教育大家；那么科学就是这个纵欲人生观的工具和实现的手段。基本上就是这样一个脉络。

近现代文明是一个工业文明，所以工这个东西是第一要素、第一关键。所谓欧洲奇迹的关键有二，工业革命与海外殖民地的攫取，而此皆是中国技术引入之结果。近代文明乃工业文明，工学乃关键。我们一定要意识到这一点。因为在现代科学教学术体系里，工学处在一个非常末端的位置，在整体地位上非常不受重视，西方更加重视的是数学、物理，他们认为数学、物理影响了一切的自然科学和社会科学。其实我认为不是这样的，是工学影响了一切门类的科学。所以我说科学中其他的科目，都是工学的附属学科，包括社会科学。我们下面会讲到医学是工学的附属学科，农学是工学的附属学科，这是自然科学；社会科学也是一样的，法学、政治学、经济学都是工学的附属学科，这就是由现代技术来组织社会生活所导致的，我们现代的生活是由技术来范成的，现代生活是为技术服务的，是按照技术的要求来安排的。所以整个现代制度和社会科学也要为工学服务。所以法学、政治学、经济学也都成了工学的附属学科。

问题是，在所谓的古希腊学术当中独缺工学！这是我研究第欧根尼·拉尔修的《名哲言行录》中那些希腊大哲的著作书目时发现的。他介绍了整个希腊重要的哲学家和学者，列出了非常详细的书目。当然这些都是伪书，连这本《名哲言行录》本身也是伪书。这些书目里边没有工学，我统计了，一本关于工学的书都没有，农学的书也很少。只是德谟克利特的书里边有论农业的，还有一个就是赫西俄德的《工作与时日》，我觉得赫西俄德的这本书可能是仿照中国的《月令》写的，就是谈论某个季节农民干什么，农业生活如何按照季节来安排。有点农学因素，工学因素是没有的。我们说近代科学最重要的是工学，但是这个最重要的东西在古希腊著作里面却没有。尽管如此，还硬要说古希腊是现代学术的渊源，怎么能够令人信服呢？

所以，维护西方中心论的人就要拼命贬低工学的地位，说是理论科学开出了工学，导致了这些技术的出现。而这根本就与事实不相符合。我们说第一次工业革命和第二次工业革命都跟理论没有关系，都是些不认识字的工匠搞出来的。火车的发明者史蒂文森、蒸汽机的发明者瓦特、珍妮机的发明者哈格里夫斯，他们都不识字，这些发明怎么可能是从牛顿体系推导出来的呢？事实上，这全都是中国技术引入的结果。例如自动织布机只是动力的变化，中国的织布机我小时候都看到过，是用脚踏的，有梭子和经纬线等，自动织布机与脚踏织布机都是一样的，有了后者，再变化一下动力非常简单。就是说，中国的这些生态技术如何变成了反生态技术，是非常容易的，只是一个动力的变化，那些基本的技术并没有增加什么东西！西方伪造了它的技术史。它的说法是先有理论，由理论生出了技术，这与历史事实全然不符。

九、科学中各科源自中华器学，中国工学加上那些中国同类学科共同导出了今天科学的学科体系

本节要说明科学中这些具体的学科是如何从中华器学衍生出来的，我的结论是中国工学加上那些中国同类学科共同导出了今天的科学学科体系。

（一）工学

现代工学直接来源于中国工学，技术乃现代文明最关键之因素。这些技术从哪里来，李约瑟先生已有定论：现代工业文明所立于其上的那些基础性技术 80% 来自中华，所以工学乃是从中国来，这是毫无疑义的。由于脱离了道的管控，舍道而从欲，就将健康的生态的中国技术转变为癌化的反生态的现代技术。

（二）农学

现代农学是中国工学及农学共同作用的结果。中国的农学先传到西方，康乾时代的农业技术传到欧洲后导致了西方的农业革命，当时他们如实地学习中国传统农业。当西方农业在引进土豆并大面积种植土豆以后，大面积单一种植导致病虫害无法控制，于是发明了农药。重茬导致地力下降，他们不知道休耕轮作，先是进口鸟粪，后来鸟粪不够用，就发明了化肥。这样，农药、化肥就成了现代农业的两个最初，也是最基本的因素。后来又有了动力灌溉，以及由石油催动的农业机械的运用。所以，整个以石油为特征的现代农业就是这么来的，先有中国传统农业的传入，然后加上这些变异，导致了现代农业。现代农业其实是现代工业的一个附属行业，与西方医学一样，因为它整体上依赖于工业，化肥、农药、农业机械都是工业产品。

（三）理学

1. 炼丹术→炼金术→化学

炼丹术衍生出了炼金术，本来炼金术是炼丹术里面附带的一个东西，就是我们的黄白术，我们要炼成仙用的大丹啊！黄白术只是用来为炼丹提供财力支持的。结果西方就学到了这个，真正的炼丹术没有学到。炼金术由阿拉伯人传给西方人，牛顿他们就天天搞这个，也没搞出来。牛顿下功夫最大的两门学问是神学和炼金术。在研究炼金术的实践中，金子没炼出来，却衍生出了近代化学。从中国的炼丹术转而为西方的化学，我们看到了华夏高级学术是如何在被蛮夷学习的过程中一步一步蜕变为有害的低劣学术的。

2. 物理学

物理学乃是唯物自然哲学，源自对于宋明理学之误读。

17 世纪之荷兰是接触东方学问之窗口，笛卡尔长期居于荷兰，从而接触到理学，将理读为 reason（理性），将气的世界观衍为以太的自然哲学。牛顿的自然哲学则是对笛卡尔的自然哲学体系批判继承之产物。笛卡尔作为西欧第一位哲学家（哲学第一人）明显乃理学之徒也。

3. 数学

希罗计数法无进制或曰一进制，只有整数，无分数、小数，无九九口诀表，四则运算中百以上加减已极困难，乘除不会算，故希腊数学只是一个经不起推敲之伪概念。欧西近代数学实源于中国数学也。程碧波与文行先生的文章，已说得很清楚。牛顿—莱布尼兹微积分发明权之争甚为可笑，亦甚可耻，实皆抄袭自中国数学也。

4. 历法

希腊、罗马无史官制度、无天文台、无数学，不可能有精确的历法，格里高利历精确到 365.2425 天，与郭守敬《授时历》完全相等。其一，不可能有如此巧合，必是抄袭，且不可能中抄西；其二，上文已言古希腊、罗马计数系统无小数，如何有“.2425”之出现？故格里高利历系将授时历阴阳合历之阴历部分删去而将阳历部分简化变形而成。

（四）医学

如现代农学，现代医学亦可看作现代工学之附属学科。它里面真正的医学成分很少。即西医非直接承自中医，西医仍系中国工学之附产物也。

（五）经济学

Economy 之正译当为家计学，译为“理财”（陈焕章）、“计政”（严复）、“食货”亦较日人译为“经济”要好得多。

中国正统思想（重农无为）→魁奈、杜尔哥法国重农学派政治经济学（重农，无为）→亚当·斯密之学（重工，自由）→马克思之学（重工，计划）。

由此可见工学对于政治经济学之决定性影响。亚当·斯密受《货殖列传》影响：看不见的手 / 价值规律即《货殖列传》中的“物贱之征贵，贵之征贱”。

（六）法学、政学

政法荒漠之欧洲建立郡县国家，其基本制度多模仿自中国，具体即康乾盛世之中国。

中国政道中一个非常重要的方面，陈焕章名之为教育选举，它有两个阶段：一是汉魏两晋之选举，一是隋唐以后之科举。中国由教育选举组织全能政府（涵盖行政、立法、司法）。在西方，教育选举被模仿为公务员考试制度，用于选拔有限政府（三权分立之政府）中次要的事务官人选。这样一来，西方教育选举制度就从组织全能政府的唯一途径变成组织有限政府里次要部分的一个途径，西人新发明出来由政党组织政权的主要部分，因而选举制度在现代国家中就降为一个特别次要的制度。

西方法学声称源出于《罗马法》,《罗马法》的宗旨即天赋人权的自然法，与上帝法相对立，明显是近代观念。实际上《罗马法》乃近世为掩盖中国法学这个真实来源而编造。

（七）军事学

亦是现代工学的附属学科。“四个现代化”之概括非常好，体现了科技即现代工学之决定性地位。

（八）艺术学

亦深受现代科技之影响，如音乐中声、光、电、化之系统运用及绘画中肌理技法等。

十、文学艺术

林鹏先生、诸玄识先生与董并生兄之相关论文如《莎士比亚剧作是基于中国文化及文学的伪造》《西方文学与“中国风”》等文章，已足可说明西方文学源自对中国文学之拙劣模仿。

所谓的古希腊戏剧并不存在，西欧的第一部戏剧乃是伏尔泰根据《赵氏孤儿》改编的《中国孤儿》。歌剧与话剧分别源自中国戏剧中唱与念。如在夏历中是阴历与阳历之完美结合，在中国戏曲中，唱、念、做、打亦是一体完美之结合。西人不能学全，故只取其一部分。于历法，儒略历和格里高利历取阳历，回历取阴历；于戏剧、歌剧只取其唱，而话剧只取其念；程式化之做、打即付之阙如矣。

十一、history

对西学中 history 与中学之史学严加区分！

（一）在西学中 history 属于文学下亚科。

学 history 者授文学学位，故 history 与其说是史学，不如说是文学，其真实性甚至不如中土小说家言，也就是说西学中实无史学一科！

（二）history 与史学三个方面对比

1. 史官制度：中国有史官，西方无。

2. 书写方式：history 推测（据考古、文艺作品等）与编造，史学根据史官之实录书写。

3. 目的：history 为当代人之利益辩护（所谓一切历史皆为当代史正是西人之夫子自道，亦只适用于 history，对于中国之史则绝不可如此说也）；史学为后人提供借鉴与经验教训。

（三）综（一）（二）两条的结论

西学中之 history 与中学史实不相侔，将 history 翻译为历史实为误译，西学中实无史学一科！可直接翻译为“伪史”或音译为“黑丝追”，还仍将其置于文学科下，作为文学的一种，与小说、戏剧并列为同类可矣。

（四）history 系中学中史学之假冒伪劣品

形式多效颦于史学，然因无史官制度之实录，故实质上则大为变质，而成为虚构之伪史。

十二、神学

耶教史与希、罗不可分，神学之成立依托于希腊哲学，耶教组织结构依托于罗马帝国，希、罗既伪，则耶教史亦为伪史也。

耶教神学据称为希腊哲学与基督宗教之结合，希腊哲学著作既出于宋明理学，则神学不得不说为宋明理学之次级产物也，现行版本之新旧约及东西方教父之著作皆甚为晚出，不早于 17 世纪。以希腊文、拉丁文之最后定型为限界。

佛教、回教生出东正教，东正教生出天主教，然后天主教生出新教。假设耶稣生于 11 世纪，彼时印度、中国西藏地区皆有佛教；耶稣来学，后返回中东，将佛教与当地之原始宗教相结合，创立新约之教，此教之正传则为正教。正教传入西欧，变形为天主教，17—18 世纪天主教传教士来华，学得宋明理学，于是以理学为模范制造其经文与教义，为掩盖之，则谎称乃与希腊哲学相结合。

所谓的阿奎那之著作《神学大全》，实为 17—18 世纪之际耶稣会士之伪造，深受宋明理学影响，却将宋明理学谎称为古希腊之亚里士多德，则伪中之伪也。

欧洲经济学的中国源头

——重商主义、重农主义概念辨析

诸玄识　郝晓彤

大学教科书所描述的世界历史，源出于19世纪西方中心论的知识体系，经济史的部分也不例外。假如抽掉西方伪史的内容，重新审视西方历史，就会显露出异常清晰的历史本来面目。

伊曼纽尔·沃勒斯坦就近代以前的欧洲作了如下描述：

> 在中世纪晚期的欧洲，既没有世界帝国，也没有世界经济，只有基督教"文明"。欧洲大部分地区都是封建的，即由自给自足的小经济单位组成。这种经济单位以这种剥削方式为基础：少数贵族阶级直接地占有庄园内产出的少量剩余农产品。[1]

中世纪晚期的欧洲呈碎片化局面，无统一的政治，无共同的语言，无共同的经济生活。

欧洲自古以来缺乏从事农业的基本条件

气候条件上，欧洲半岛有气温偏低，日照不足，降雨量小的缺陷，不适

1［美］伊曼纽尔·沃勒斯坦:《现代世界体系》第1卷，郭方、夏继果、顾宁译，社会科学文献出版社，2013年，第26页。

合农业发展。“欧洲地中海沿岸并不拥有肥沃的农田。正相反，南欧的地貌环境与中欧和北欧一样，是沼泽或岩石地，不具备农业生产的环境。欧洲人对农产品的需求常不得不依靠欧洲以外地区”。[1]

18 世纪北部欧洲的日耳曼村落状况

“在原来日耳曼人的地区中，定居地具有村落的形式，而不是独立的农场居地。村与村之间原先完全没有道路连接。因为每一个村落在经济上都是独立的，没有同邻村往来的必要。之后，道路也不是有系统地开辟的，而是由来往行人根据需要踩出来的，今年出现，明年又复消失……

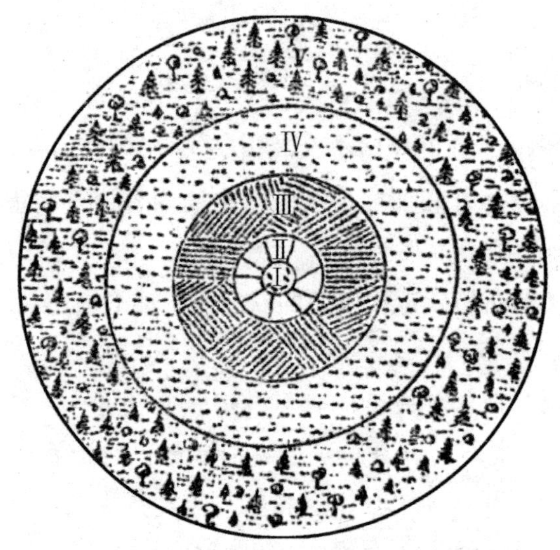

图 1　18 世纪的日耳曼农庄示意图[2]

“这个图上，第一区（Ⅰ）即核心地带，是排列不规则的宅地。第二区（Ⅱ）是用篱笆围起来的园地，其数目与村落中原有的宅地相同。第三区（Ⅲ）是耕地。第四区（Ⅳ）是牧场。每个家庭都享有在牧场上放牧同等数目牲畜的权利，但牧场并非共有，而是分成固定份额的。第五区（Ⅴ）是森林，但森林有时也并不完全属于村落；在这一区里，伐木权及采集厩舍的垫草和

1 ［土］易卜拉欣·卡伦:《认识镜中的自我——伊斯兰与西方关系史》，夏勇敏等译，新世界出版社，2018 年，第 192 页。

2 ［德］马克斯·维贝尔:《世界经济通史》，姚曾廙译，上海译文出版社，1981 年，第 4 页。

作为饲料的果实等权利也由村落居民平等享有。”[1]

这种聚落并非农业社会的形态，在其布局中牧场的面积更大。农业不仅原始，且只能起到对经济的补充作用。

以上所述与教科书中所描述的欧洲历史完全不同，而这才是欧洲历史“农业社会”的真相。在17世纪与中国的文化及技术接触之前，欧洲没有像样的农业生活。没有像样的农业生活，会有商业吗？不可能。商业是建立在社会积累基础之上的，一个社会若没有剩余，就不可能有成熟的商业活动。没有农业生活，也没有商业活动，但近代欧洲却产生了两个专有概念：重农主义与重商主义。

一、重商主义概念的起源

什么是重商主义

欧洲开始走向世界时，采用了“重商主义”（Mercantilism）方式。然而当时并没有“重商主义”一词。欧洲所谓“发现新世界”的航海国家：西班牙、葡萄牙、荷兰、英国等，都有其海盗渊源。

随着《马可·波罗游记》在西欧的流传，遥远的东方有一个富裕的国度，就成了原始、野蛮、贫穷的欧洲人心目中的天堂。西班牙“发现”西印度，葡萄牙寻找东印度，荷兰接踵而至，西班牙远征菲律宾，以及英国在北美的殖民活动，都是以寻找、征服中国为动因的。甚至欧洲各国所设立的多家“东印度公司”，如英国的东印度公司、荷兰的东印度公司等，也以经略、蚕食中国为最终目标。总之，欧洲所谓的大航海时代，其唯一目的就是寻找、抢劫中国并向外开拓殖民地。

“地理大发现”的动力——寻找中国

“正是亚洲的吸引力导致了在1492年之后西半球‘新’世界的‘发现’

1［德］马克斯·维贝尔：《世界经济通史》，姚曾廙译，上海译文出版社，1981年，第4—5页。

及其被纳入旧世界的经济和体系中，导致了在1498年瓦斯科·达·伽马的绕非洲航行之后欧洲与亚洲的关系更加紧密。以后的几个世纪里，人们继续积极地寻找另外一条经由西北航线绕过或通过北美——以及向东通过北冰洋抵达中国的途径。”[1]

“有关大西洋贸易的文献极其浩繁，远比关于规模更大，也更重要的跨（环）非洲—欧亚贸易的文献丰富得多。但是，这些文献大大忽视了美洲继续作为前往亚洲的中转站这一角色的巨大吸引力。继续探寻前往中国的西北通道，这种努力决定了加拿大历史的许多方面，而加拿大也被视为一个与同样为中间站的美国互补的平行通道。迟至1873年，加拿大托利党的一份报纸还对一项修建通向太平洋的铁路的合同表示欢迎，因为‘它用最短的路线和最便宜的运费给蒙特利尔带来印度、中国和日本的贸易’（Naylor 1987：476）。”[2]

哥伦布的航海——“印度”（指称中国）事业

“印度事业（La Empresa de las Indias），如哥伦布后来所称道的他的事业，简单来说就是向西航行到达印度（亚洲）。这是其目标，其他一切念头都附属于这个目标。他希望抵达‘印度’时通过贸易或征服得到黄金、珠宝和香料。”[3]

哥伦布“发现新大陆”本身就是海盗行为

“1495年2月，哥伦布让12艘船回西班牙为他运他急需的补给。哥伦布带给西班牙宫廷的那些表功的消息，以及他的伙伴的描述，证明这些向往新世界的西班牙人的唯一目的就是抢劫、暴力和占领。哥伦布对新时代的贡献固然巨大，但是他的这些报告依然令人毛骨悚然。他给被遣返西班牙的人一些抓获的野人和从野人手中换到的黄金，他以此为诱饵为自己换取马匹、牲畜、绵羊和各种食品。他还说，把岛民变成奴隶，让那些野蛮敌对的加勒比人因毫无人

1 ［德］贡德·弗兰克：《白银资本》，刘北成译，中央编译出版社，2013年，第52—53页。

2 同1，第67页。

3 ［美］塞·埃·莫里森：《哥伦布传》，陈太先、陈礼仁译，商务印书馆，2017年，上卷第104页。

性而受到惩罚是天经地义的。他鼓励商人把货运往古巴。商人们在那里可以用商品换到伊萨韦利亚人，让他们作自己的奴隶。哥伦布迎合西班牙理财家的贪心，因为还可以抽取从这个岛运往西班牙的这些商品的税。”[1]

螳螂捕蝉，黄雀在后

早期西班牙、葡萄牙的探险者身为海盗，自不必多言，紧随其后的荷兰、英国也不甘落后。例如，16 世纪中叶到 17 世纪初，英格兰最大的一笔投资就是海盗事业，国家为海盗船发牌照，批准其从事海上劫掠营生。

于是，欧洲那些从事贸易的商船纷纷自卫，“为防海盗而加强武装，结果反倒又助长了海上劫掠风。因为每艘商船都配备武器自保，碰上收益不足而又有机会可劫掠他船以补足收益时，每一艘船自然而然立即变为海盗船”[2]。

重商主义的强盗逻辑——武力 + 贸易

在世界历史的发展过程中，贸易与武力侵略是伴生的一对搭档。武力侵略可迫使君主同意向外开放港口。欧洲人对开拓亚洲贸易的热望促成了他们征服新大陆的行为，并将势力范围扩张到亚洲沿海国家；通过征服新大陆获得了足够的白银，使其得以开展同亚洲的贸易。欧洲在美洲殖民地的数量不断增加，又为欧洲与大西洋间的贸易提供了条件，西非、欧洲及美洲由此被紧密联系到一起。贸易的发展导致了武力征服，而武力征服又促进了贸易发展。

美洲金银是西方世界兴起的初始条件

伴随地理大发现而涌入西欧的美洲金银，是制度变迁和西方世界兴起的初始条件。其逻辑是：金属货币供应量的迅速增加及随后的“价格革命”导致了社会财富的重新分配；依赖地租收入的旧式贵族衰落，从事海外贸易和掠夺的商人阶级兴起；各阶级力量的此消彼长体现在与国家和君主的关系上；通过

1 [俄] 施洛塞尔:《世界史》1864 年，俄文版第 11 卷第 185—186 页，转引自马克思《历史学笔记》，中国人民大学出版社，1992 年，第 3 册第 62 页脚注。

2 [美] 彭慕兰、史蒂文·托皮克:《贸易打造的世界——1400 年至今的社会、文化与世界经济》，黄中宪、吴莉苇译，上海人民出版社，2018 年，第 292 页。

向统治者提供财政、税收支持，商人阶级的政治地位不断攀升，并向国家政权内部延伸势力。随即，国家性质发生变化，越来越倾向于满足新兴阶级的利益，为在对外贸易中摄取更多财富并使其财产更加安全，商人阶级需要一个强权政府来保护，结果在“重商主义”的外贸政策中，国家的求强与商人的求富达到了“完美”融合；新兴阶级的壮大最终促发了重在界定和保障“新贵”之产权的资产阶级革命，其中英国的“光荣革命”是全欧洲的“代表作”；商人和被资产阶级化了的新兴阶级，是18世纪最具“生产性的”集团。[1]

重商主义的历史实践——环球殖民

图2　雕版画《奥提那人如何处理那些被杀的敌人》

这幅雕版画出自列·莫奈《美洲》一书，虚构了北美印第安人的残忍品性，描绘的场景是印第安人肢解被他们杀死的敌人。画面上可以看到印第安人将敌人头皮整个割下并烘烤，肢解的四肢烘烤后挂在长矛上带回家园。

1 张宇燕、高程:《美洲金银和西方世界的兴起》，中信出版集团，2016年，第35—36页。

“1492年开始的400年里，欧洲人征服了美洲的所有土地，开始了环球航行。绕过美洲大陆最南端，北上秘鲁、墨西哥，穿越太平洋到达菲律宾，在那里西班牙人建了马尼拉港。把澳大利亚和新西兰变成殖民地，占领了非洲的好望角、罗得西亚及肯尼亚等地区。印度成了英国君主的私产，而亚洲和非洲其他地区则被葡萄牙、法国、德国、荷兰、意大利商人占领。中国被迫将沿海贸易的主导权让给了欧洲贸易公司，日本也被迫参与西方势力主导下的贸易体系。

“整个大航海时代可看作一个征服过程：16世纪，葡萄牙人控制了印度洋，西班牙和葡萄牙人征服了中南美；在17和18世纪，英国、荷兰和法国接管了北美、印尼和印度；19世纪，欧洲人又将自己的意志强加于中国和日本，并取得了印度支那、澳大利亚及非洲大部分地区的控制权。”[1]

商业资本代表一种掠夺制度

“只要商业资本是对不发达共同体的产品交换起中介作用，商业利润就表现为从侵占和欺诈中产生。生产方式造成了商人资本占据了剩余产品的绝大部分。这部分缘自它是各共同体间的媒介，这些共同体基本上还是生产使用价值，对于它们的经济组织来说，进入流通的那部分产品的出售，也就是产品按照其价值的出售还是次要的；部分是因为在那些生产方式中，商人与之做生意的剩余产品的主要占有者，即奴隶主、封建地主、国家（例如东方专制君主）代表供人享受的财富，对于这些财富，商人会设下圈套。这一点亚当·斯密在有关封建时期的引语中已嗅出来了。占统治地位的商业资本，到处都代表着一种掠夺制度[2]。它在古代和新时代的商业民族中的发展，是和掠夺、海盗行径、绑架奴隶、征服殖民地结合在一起的；在迦太基、罗马，后

1 ［美］杰克·戈德斯通:《为什么是欧洲？世界史视角下的西方崛起（1500—1850）》，关永强译，浙江大学出版社，2010年，第65页。

2 马丁·路德在1524年发表《论商业和高利贷》，指出:“现在，商人经商冒着巨大的危险，他们会遭到绑架、殴打、敲诈和抢劫。既然商人对全世界，甚至在他们之间干了大量的不义行为和盗窃抢劫行为，那么，上帝让这样多的不义之财重新失去或者被人抢走，甚至使他们自己遭到杀害、绑架又有什么奇怪呢？……国君应对这种不义交易给予严惩，保护自己的臣民，使之不再受商人的掠夺。因为国君没有这么办，所以上帝就假手骑士和强盗来惩罚商人的不义行为。”转引自陈志强:《马丁·路德的高利贷理论研究》,（北京）《世界史》杂志，2002年第2期。

来在威尼斯人、葡萄牙人、荷兰人那里，情形都是这样。”[1]

重商主义概念

“重商主义是16—18世纪风行于欧洲的一种经济学说和经济实践。它主张应由政府控制国家经济，以便削弱竞争方国家的实力。它是政治上专制主义在经济上的翻版。重商主义者们（英国的托马斯·曼和斯图尔特、法国的J. B. 柯尔贝尔、意大利的A. 塞拉）从未使用过这一名词，待亚当·斯密在《国富论》（1776）中使用后，这个词才流行起来。重商主义包含若干原则：

THE WEALTH OF NATIONS
Adam Smith

图3 《国富论》封面

1. 一国的财富必须是金银等贵金属。如果无此类矿产，就得通过贸易来取得。

2. 对外贸易必须保持顺差。

3. 这些欧洲国家大多拥有殖民地，可作为出口商品的市场和原料供应地。

4. 殖民地不得发展制造业，殖民地和母国间的商业应由母国垄断。

5. 强国必须人口众多。因为人口众多方可提供劳动力、市场和兵源。

6. 人们的需求，特别是对进口奢侈品的需求必须减少，因为进口物品能耗尽宝贵的外汇。必须通过厉行节约的法令保证降低需求。俭省、节约、吝啬都被认为是美德，因为只有这样才能创造资本。重商主义为早期资本主义的发展准备了良好的气候，提供了获利前景。”[2]

重商主义的本来含义是强盗掠夺的意思。重商主义并不是商业，而是暴力抢劫，强买强卖。到18世纪，相对于重农主义概念，亚当·斯密给这种海外征服行为起了一个名字，美其名曰“重商主义”。亚当·斯密对政治经济学影响巨大，尤其是他在成名作《国富论》（*The Wealth of Nations*）中的一些观点（首创GDP概念），至今仍然影响着现代人和企业的经济行为。

---

1 马克思:《资本论》第3卷，载《马克思恩格斯全集》中文版，第25卷，人民出版社，1975年，第369—370页。

2《不列颠百科全书·国际中文版》（修订版）第11册，中国大百科全书出版社，2007年，第123页。

重商主义只认货币

“重商主义是西欧封建制度解体和资本主义制度产生时期资产阶级的最初的经济学说。它的发展经历了早期和晚期重商主义两个阶段。两个时期的重商主义者对什么是财富和财富源泉的看法一致，都认为货币是财富的唯一形态，认为货币多少是衡量一个国家富裕程度的标准，要使国家致富必须增加货币。”[1]

新大陆最早以可可豆为货币

“事实上，可可豆非常珍贵且稀有，以致被拿来充当货币。阿兹特克经济大部分以面对面的实物交易为基础，因而可可豆代表着迈向货币化的重要发端。可可豆有时有仿冒品，证明了可可豆的确被视作一种货币。根据第一任西班牙总督的说法，空可可豆壳塞进黏土，看起来‘和真的没有两样，有些豆子品质较好，有些较差’。

“以树的果实当货币，听来或许荒谬，但事实上，西班牙人在墨西哥中部沿用这传统数十年，在中美洲部分地区更沿用了数百年。在 18 世纪的哥斯达黎加，总督仍用可可豆当钱买东西。天主教修士是将可可豆引进欧洲的最大推手，而有些这类修士更曾建议西班牙也以可可豆为货币。”[2]

由此可见，以贵金属为国际贸易的货币并非天然首选。

国际贸易货币的起源

亚当·斯密说:“在未开化社会，据说曾以牲畜作为商业上的通用媒介。牲畜无疑是极不便的媒介，但我们却发现，古代往往以牲畜头数作为交换的评价标准，即用牲畜交换各种物品。据说，阿比西尼亚以盐为商业交换的媒介，印度沿海以某种贝壳为媒介，弗吉尼亚用烟草，纽芬兰用鱼丁，我国西印度殖民地用砂糖，其他若干国家则用兽皮或鞣皮。直到今日，苏格兰还有

1 又璋:《简评三部〈贸易论〉》，载《贸易论（三种）》，商务印书馆，1982 年，第 1—2 页。

2 ［美］彭慕兰、史蒂文·托皮克:《贸易打造的世界——1400 年至今的社会、文化与世界经济》，黄中宪、吴莉苇译，上海人民出版社，2018 年，第 156 页。

乡村用铁钉作媒介，购买麦酒和面包。”[1]

人们由于感觉到不方便，于是开始了使用金属货币。“各国使用的金属并不相同。古斯巴达人用铁，古罗马人用铜，而一切富裕商业国的国民却使用金银。”[2] 亚当·斯密说的一切富裕商业国指的就是组成以中国为中心的世界贸易体系的国家。

白银的需求来自以中国为中心的世界贸易体系

“白银在欧洲、美洲和亚洲的全球贸易中的作用很早就得到重视。芬恩（J.K.Fynn）和吉拉尔德斯（F.Giraldez）的新见解是：16 世纪，4 个大陆间稳定的海上路线连通后，能够解释全球市场的创立的，正是白银市场。16 世纪末，中国是这种金属的主要买主，而说西班牙语的美洲国家以及德川时代的日本，则是主要的供应地。”[3]

“15 世纪，中国开始用白银取代贬值的纸钞和铜钱，随之引发深远的效应，影响遍及五大洲。中国人将丝卖给英国人、荷兰人，而后者以西班牙比索支付。这些西班牙比索乃是黑奴在墨西哥、玻利维亚所铸造的。铸币原料则是西班牙殖民当局通过招募印第安原住民开采出来。有些白银则是通过西班牙人的帆船直接输入中国。”[4]

16 世纪开启了国际贸易的白银时代

“贸易于 16 世纪达到前所未有的蓬勃，这时新的交易媒介白银问世。输入中国的白银最初来自日本、越南、缅甸，然后来自美洲，且从美洲输入的白银数量之多前所未有。接下来三百年，全球生产的白银有近一半流入中国，供铸币所需。直到 19 世纪鸦片战争逆转了白银流向，中国政府又开始印纸钞。”[5]

---

1 [英]亚当·斯密：《国民财富的性质和原因的研究》（上卷），郭大力、王亚南译，商务印书馆，1972 年，第 21 页。

2 同 1，第 22 页。

3 [法]弗朗索瓦·吉普鲁：《亚洲的地中海：13—21 世纪中国、日本、东南亚商埠与贸易圈》，龚华燕、龙雪飞译，广东省出版集团新世纪出版社，2014 年，第 148 页。

4 [美]彭慕兰、史蒂文·托皮克：《贸易打造的世界——社会、文化、世界经济，从 1400 年到现在》（增修版），黄中宪译，台北如果出版社，2019 年，第 14 页。

5 同 4，第 45—46 页。

16 世纪欧洲人对金银的欲望

以中国为中心的世界贸易体系需要大量白银作为一般等价物，于是激发了落后的欧洲人的热情，他们想方设法到世界上去寻找白银。这就是西方重商主义的起源。

1492 年，当哥伦布带着关于新大陆的报告胜利返回后，卡斯提尔[1]的枢密院几乎立即决定占领这块土地。此后，所有探索新世界的西班牙冒险家们似乎都怀着同一动机，就是“对美洲金银的强烈欲望”。[2]墨西哥的征服者科尔特斯承认：“我们西班牙人人都受着一种心病的折磨，这种病只有黄金才能治愈。”哥伦布说：“谁拥有了黄金，谁便可以在这个世界上为所欲为。拥有了黄金，甚至可以使灵魂上天堂。”贵金属的作用似乎从来没有像在 16 世纪那般重要，它甚至被视作是“人民的养料”。[3]

图 4 《1521 年的掘金者》中的插图

右图描绘的是当时西班牙人与印加皇帝（左）的接触，印加皇帝拿着盛着黄金的盘子，问西班牙人他们是否吃黄金，西班牙人作出肯定的答复。

贫穷的欧洲人从美洲抢劫白银，搭上亚洲经济列车

“数据显示，世界经济主要是以亚洲为基础。在哥伦布和达·伽马之前的几个世纪里欧洲人就一直叫嚷着要归顺它。但在这些欧洲开拓者（不是世界开拓者）之后的几个世纪里，欧洲人还是在十分艰难缓慢地爬行，勉强地搭上亚洲经济列车。他们只是到了 19 世纪才在车头找到了一席之地。

1 卡斯提尔，15 世纪伊比利亚半岛中部的封建国家。其女王伊莎贝拉支持了哥伦布的探险事业，1479 年该国与斐迪南的阿拉贡王国合并，完成了西班牙王国的统一。——原注

2［英］亚当·斯密：《国民财富的性质和原因的研究》（下卷），郭大力、王亚南译，商务印书馆，1972 年，第 133—134 页。

3 张宇燕、高程：《美洲金银和西方世界的兴起》，中信出版集团，2016 年，第 40 页。

“那么，西方是如何兴起的呢？严格地说，欧洲人先是买了亚洲列车上的一个座位，然后买了一节车厢。名副其实贫穷可怜的欧洲人怎么能买得起亚洲列车上哪怕是三等车厢的车票呢？欧洲人想法找到了钱，或者是偷窃，或者是勒索，或者是挣到了钱。那么究竟是怎么找到钱的呢？最重要的途径是，欧洲人从他们在美洲发现的金银矿那里获得了金钱。第二个途径是，他们在那个最好的赢利行业中‘制造’了更多的金钱，强迫美洲当地人给他们开采白银。”[1]

波托西银矿的开采及大量金银流入西欧

“在美洲新大陆接二连三发现的金、银矿山拨动着欧洲人的心弦。最为激动人心的是 1545 年秘鲁玻利维亚境内波托西银矿的发现。1563 年万卡韦利卡水银矿被发掘后，波托西银矿获得全面开采。几年内，这座世界上最丰裕的银矿的白银产量就已超过当时世界银产量的一半以上。”[2]

“1495 年后，西欧新增的全部贵金属中，有约 85% 来自新大陆的金银矿。据官方的保守数据，在 1521 年至 1600 年间，仅秘鲁和墨西哥的矿山就生产出 1.8 万吨白银和 200 吨黄金，并以合法途径涌入西班牙，进而通过各种渠道进入到西欧几个重要国家。”[3]

同是重商主义，却有两种不同的结果

西班牙、葡萄牙是早期的重商主义政策的实践者。然而，没等到西方的崛起就没落了。抢来的钱用完了，就衰落了。而以法国、英国为代表的重商主义国家，却迎来了下一轮的发展与增长。这是为什么呢？原来，法国与英国在此期间引进了中国儒家的经济学，并给这种经济学起了一个名字，叫作

1 [德]贡德·弗兰克:《白银资本》，刘北成译，中央编译出版社，2013 年，第 261—262 页。

2 波托西被命名为“帝王之城”，城徽上刻着如下箴言:“我是富裕的波托西，世界的宝库，国王们的垂涎之地。”而菲利普二世（1555—1598 年在位）更是对其盛赞不已。他感叹道:“对于一个贤君抑或名主而言，这座高耸云端的银山足以促成其征服世界的霸业。”参见张凯:《秘鲁历史上的“米达”制》(《拉丁美洲史论文集》，东方出版社，1986 年，第 76 页)；Hemming,John, 1970, *The Conguest of the Incas,* New York：Harcourt Bace Jovanovich Press, p. 407.

3 张宇燕、高程:《美洲金银和西方世界的兴起》，中信出版集团，2016 年第 42—43 页。

重农主义。

西班牙殖民运动的最终结局——衰败无力的妖怪世界

“西班牙的绵羊和美洲的白银支持了西班牙在欧洲的战争。它所造成的皇家官僚政治的成长，远超过西班牙经济能力的极限。寅吃卯粮的结果是向外国金融业者举债，而以未来进口的白银和出售羊毛的税收为抵押。外国金融业者乐得把钱借给西班牙。西班牙始终没有一套清晰的经济政策，其帝国政府不过是财富进入意大利、日耳曼和荷兰国库的管道。1609 年到 1614 年，政府将不肯改宗基督教的回教徒 25 万人逐出西班牙南部。此举进一步削弱了西班牙的农业。17 世纪中叶，甚至西班牙羊毛的外销也不能与英国相争。到 16 世纪末，西班牙的造船业已敌不过北欧造船所的新技术。资本开始流入私人贷款及政府债券，因为贷款及债券的利率高于投资直接生产事业的利率。1600 年的西班牙，已是塞万提斯在《唐·吉诃德》中所描写的衰败无力的妖怪世界。西班牙的经济不过是为其他的经济处理商务，是‘外国人的母亲，西班牙人的继母’。”[1]

强盗抢来的东西，用完就完了，并不能给他的社会增添任何光彩，留给子孙的只是对其祖辈掠夺土著居民行为的负罪感。

最早的世界贸易规则起源于朝贡制度

“以中国为中心，以权力和礼仪的威光来教化四海，这就是中华理念的实质，即世界是以中国为中心的这样一个观念。但是我们，从对外关系管理的角度看，这一观念不是简单的、排他的中华至上的理念，它通过藩部、土司和土官、朝贡、互市等关系将不同国家的元素整合吸收进来。尤其是在朝贡关系中，中国很少关注对方自有的行政程序为何，而是只要其接受由朝贡体制规定的礼仪关系即可。”[2]

“中国的朝贡制度，为遍及东亚、东南亚的长程贸易，协助提供了一套可

1 [美] 艾里克·沃尔夫:《欧洲与没有历史的人》，贾士蘅译，台北麦田出版社，2003 年，第 155 页。

2 [日]滨下武志:《中国、东亚与全球经济——区域和历史的视角》，王玉茹、赵劲松、张玮译，社会科学文献出版社，2009 年，第 41 页。

资依循的准则。朝贡制度的主要目的在政治、文化而非经济，但它协助提供了一个‘国际’货币制度，使大片地区的人有共同的奢侈品品味，为许多商品立下品质标准，对何谓得体行为至少促成某些共同认知。”[1]

“朝贡制度虽然明显未将经济利益放在首要考量，却同时协助确立了一个广大的共同市场，赋予该市场共通货币，界定了主流品味（此品味有助于打造出值得为其生产供应商品的市场），创造了时尚、行为两者的标准（该市场里的上层阶级，借这些标准确认对方是可以交易的对象，而不致有损身份地位或冒太大的违约风险）。如今，这些功用分由许多看似不相关的市场参与者（从国际货币基金到圣罗兰公司）来行使，但我们并未摒弃其中任何一项功用。在贡品贸易集中于北京的时代，这种贸易不因仪式化而失却商业意涵，也不因具有通商贸易的实质而失却仪式意涵。”[2]

由此可见，欧洲的重商主义，从其最初的动因来说，受到来自中国为中心的国际贸易体系的吸引与诱导，在贸易制度的形成上受到中国对白银货币需求的影响，而最初的国际贸易规则，则发端于明清朝贡制度。

《职贡图》所绘的，是唐太宗时南洋的婆利、罗刹与林邑国等前来中国朝贡及进奉各式珍奇特品的景象。《职贡图》绘有12国使者，使者虽然站立姿势雷同，但或文静秀弱，或质朴豪爽，或机智慧敏，呈现出来自不同地域、

图5 《职贡图》（唐）阎立本 绘

（宋）苏轼《阎立本职贡图》

贞观之德来万邦，浩如沧海吞河江，音容伧狞服奇庞。
横绝岭海逾涛泷，珍禽瑰产争牵扛，名王解辫却盖幢。
粉本遗墨开明窗，我喟而作心未降，魏征封伦恨不双。

---

1 ［美］彭慕兰、史蒂文·托皮克:《贸易打造的世界——1400年至今的社会、文化与世界经济》，黄中宪、吴莉苇译，上海人民出版社，2018年，第23页。

2 同1，第36页。

不同民族、不同年龄的独特气质，并均具有作为使者的恭谨欣喜的情态。

二、重农主义的本来含义

儒家学说开辟欧洲的农业时代

如前所述，从气候条件上，欧洲半岛有气温偏低，日照不足，降雨量小的缺陷，不适合农业发展。欧洲在面向东方寻找中国的过程中展开其重商主义的同时，从法国开始，在引进中国儒学经济思想的过程中形成了“儒家自然秩序的科学”（后来被称为所谓的重农主义），同时从中国引进了以耕犁为代表的农业技术，由此引发了包括英国的欧洲农业革命，从此欧洲开始有了真正的农业。

“重农主义”（Physiocratie）本意为“儒家自然秩序的科学”

重农主义一词的法语为Physiocratie，意谓自然的统治，由此引申出人类社会须服从自然法则以谋求最高福利的含义。朗索瓦·魁奈（Francois Quesnay，1694—1774）为欧洲经济学的创始人，在鼎盛时期该学派被称为“经济学家”。Physiocratie一词据说创自魁奈，杜邦1767年编辑魁奈选集时，在书名中首次使用Physiocratie，作为他们理论体系的名称。其本来含义指儒家自认体系，因此魁奈被尊为“欧洲的孔子”。

图6　朗索瓦·魁奈

1758年他写出著名的《经济表》，用图表来说明社会各经济阶级和部门的相互关系，以及在它们之间支付的流通。他提出了经济平衡的假说。他提倡自由放任经济政策。自由放任经济的思想及名词应当来自中国无为哲学的启发。魁奈对中国有所研究，曾著有《中华帝国的专制制度》。

“后来斯密在《国富论》中，将魁奈等的理论与重商主义相对应，称之为‘农业体系’

（Agricultural System）。Physiocratie 一词随斯密学说成为农业体系的代名词。唯西方经济学著作在形式上仍沿用原来的术语，尽管在内容上往往因袭斯密的解释，仅把它看作是‘农业体系’或‘重农主义’；而中日的经济文献也把这一术语译作‘重农主义’，称魁奈的团体为‘重农学派’或‘重农主义者’，称其理论为‘重农主义体系’。难怪中日学者中有人提出异议，认为把魁奈学说看作只偏重农业是一个‘错误思想’，将此派学说称为农业体系‘是不适当的名词’；认为应把原来的法文术语直译为‘自然政治派’云云。

“因此，根据杜邦的定义，重农主义就是‘自然秩序的科学’，或如迈尔西埃所说，是‘政治社会的自然根本秩序’。”[1]

近代欧洲社会变革的实况

欧洲历史基本上被 18—19 世纪西方中心论的经典化运动窜改得面目全非了，以至于我们现在已经很难见到当时真实情况的记录。

我们找到下面这段文字，也许由于该著作没有被当作经典的缘由，似乎逃过了被经典化改窜的命运。从这里，我们可以看出当时欧洲社会的某些真实的迹象。

> 在对古代的描述中，各地树林密布，野兽成群，居民尚未开化，野蛮成性，不习手艺，政府像是一伙人或一群人。但是在现代，树林被砍伐，狮、熊和其他野兽被消灭，再也没有食肉动物与人住在一起，人驯养猫、狗供自己使用。在从前是树林的地方种上了谷物，并且用木材建立起城市、城镇和乡村。人们穿衣习艺，而那些小的人群和家族便扩大为大的国家和王国。[2]

这里所描述的近代史是这样的：第一，开始了农业谷物生产，说明早先英国并没有什么农产业；第二，当时的建筑是以木质建筑为主，这个参以伦敦 1666 年大火的情况来看，非常真实，由此可见，欧洲的所谓哥特式石头建

1 谈敏：《法国重农学派的中国渊源》，上海人民出版社，2014 年，第 86—87 页。

2［英］尼古拉斯·巴尔本：《贸易论》，刘漠云、陈国雄译，载《贸易论（三种）》，商务印书馆，1982 年，第 67 页。

筑大教堂等，包括巴黎圣母院，都是晚出的；第三，当时人们开始了穿衣裳的习俗，说明在此之前[1]，英国人是夏天穿树皮，冬天穿兽皮的；第四，表明了英国人开始了工匠艺术生活，所谓习艺是也；第五，小的人群与家族开始扩大，终于有了政治生活的感觉。

欧洲近代农业技术革命以中国为摹本

近代早期的欧洲农业极为落后，而与精耕细作的中国传统农业有着天壤之别，它甚至远低于两千多年前的中国先秦水平。“18 世纪以前欧洲的原始和无望的农业（primitive and hopeless agriculture），与公元前 4 世纪以后的发达和优异的中国农业，两者是根本无法比较的。”[2]

“1931 年，保罗·莱塞（Paul Leser）[3] 首次指出现代欧洲的犁起源于中国。如果没有引进中国的犁，欧洲就可能不会有农业革命。的确，追溯到两千多年前，荷兰‘杂牌’犁的各个特征在中国都能找到。难道这仅是一种巧合吗？最近，弗朗塞斯卡·布雷否定了这种巧合的可能性，因为欧洲的新型犁，与中国早期发明的犁太相近了。事实上，中国的铁制犁铧领先于 1784 年欧洲人詹姆斯·斯莫尔（James Small）（所谓犁的鼻祖）所发明的那种模型。而且，欧洲新型犁的突然发现，与已经使用了约一千年的犁迥然相异，表明这并不仅仅是个巧合。无论如何，显然是（17 世纪居住在东亚的）荷兰人带回了实际的中国犁的模型，并据此创造了荷兰犁或‘杂牌’犁，这种犁随后又被改造为英国瑟勒姆犁。[4] 正如英国学者罗伯特·坦普尔所做的结论：

> 在欧洲的农业革命中，没有能比采用中国犁这样更重要的因素了。当我们思考欧洲仅仅利用 200 年的时间就突然赶超了中国农业时，

---

1 在西方伪史体系中，18 世纪末先有了古典时代的概念，19 世纪时才提出文艺复兴的概念，在这两者之间被称为千年黑暗的中世纪概念最后形成。因此，在这部未被改窜的经济学著作中，仅有古代与现代的提法。在此之前，指欧洲被中国风影响之前（16 世纪之前），即作者所指称的古代。

2 Robert K. G. *Temple: China: Land of Discovery [and Invention],* Patrick Stephens Limited, 1986, p.20.

3 德国著名农业史学家（1899—1984）。

4 Ibid.pp.581–583.

我们就知道我们所假定的西方在粮食生产上的优势是多么浅薄。[1]

“旋转风扬机……像铁制铧犁一样，也是直接由中国传入的。18 世纪 20 年代，旋转风扬机由耶稣会士首次传入法国，在法国引起了广泛关注。各种模型也被传入瑞典，被乔纳斯·诺伯格（Jonas Norberg）等瑞典科学家进行了改进。有趣的是，诺伯格打破了欧洲的常规，承认‘我从三个不同的中国模型中获得了灵感’。最后，荷兰水手在 1700—1720 年间也把旋转风扬机带回到欧洲（最初发现在巴达维亚使用）。

图 7　16 世纪欧洲画家老彼得·勃鲁盖尔的一幅画作，图中展示了用一种犁耕作的景象

“在条播机使用之前，种子是通过手工播种的。手工播种速度慢，效率不高，不少庄稼还长不出来，因为一些种子掉进了土层深处；聚集成一团，竞相吸收阳光、水分和营养。这与中国在公元前 3 世纪首次发明的多管播种机形成了鲜明的对比：

> ……用收成来衡量，它的效率要高出 30 多倍，但这只是 1700 年或 1800 年时的水平。几个世纪里，中国的农业生产率一直领先于西方，如果世界上的两个半球能够看到的话，这种鲜明的对比，与当今‘发达世界’和‘发展中世界’的对比非常相似。

1 ［英］约翰·霍布森：《西方文明的东方起源》，孙建党译，山东画报出版社，2009 年，第 101 页。

“……播种机和中国其他发明不同，不可能由欧洲水手直接带回欧洲。但是极有可能，条播机的设计理念通过关于这种装置的书籍和操作手册传播到了欧洲。例如，曾德昭在其《中华帝国史》（1655）一书里这么讲述：

> 我在路过河南时，看到有人正在用三个铁制犁头或犁铧的犁在犁田，每耕一个来回，能挖三个犁沟。由于土壤易于播种（种子在此为菜豆），就把种子放到紧绑在犁顶部的袋子或方形的盘子里。通过这种方法，种子就随漏斗的晃动而震动，被轻轻撒播到了土里。于是，土地也同时被翻耕，来年收获的希望就由此播种下了。

“当然，曾德昭所描述的是锄式条播机，记录的时间是 1655 年。……毫无疑问，这样公开探讨中国的首创发明，有利于欧洲人在闲暇时间仔细研读。应特别注意的是塔尔的《马耕农事》（1733）一书，书中概述的条播机基本工作原理，几乎是中国公元前 3 世纪原版手册中所记录的原理的翻版。[1] 实际上，布雷就声称，塔尔的条播机系统酷似‘中国北方的农作习惯，以至于有人想假定塔尔是从中国借来了条播机的系统栓锁、原料及盛种子的漏斗’。……

正如布雷所指出的：

> 有人可能说，欧洲条播机是早期园艺技术——例如（果树）坐果的必然发展。然而，恰恰在中国农业信息自由传播的那一段时期，欧洲发明家一下子就开始生产像中国一样可以直线同时播种几排谷物的机械，这决不可能是偶然的。

“此外，似乎杰思罗·塔尔成功地保守了‘他的’条播机东方起源的秘密。在这方面他是如此成功，以至于直到 1795 年英国农业部才获知条播机实际上在东方使用很久了。农业部就设法请人送来了一台条播机（还有一个犁）。

“……通常情况下，我们没有被告知的是，正因为中国及美洲的帮助、欧洲才取得了那么多成就。

“被英国人称为重大农业突破之一的新型作物轮作方法，完全是中国人最

---

1 *Tull´s principles and the Chinese formula are reproduced in Bray,* Science, VI（2）.p. 559, 560。

先发明的。令人吃惊的是，中国人早在16世纪已完善了多种轮作方法，这些方法都可以在《齐民要术》里面找到。这些方法不但用途广泛，而且高度精密细致。……此外，18世纪英国采用的一些创新性的轮作作物方法，中国早在12世纪的时候就使用了（如蚕豆、甘薯、粟、大麦和小麦、萝卜的轮作）。如果这些知识和方法没有传到欧洲去，那将会让人感到不可思议。同样重要的是，新大陆向英国提供的许多农作物，对于农业革命来说也是非常重要的。它们包括：萝卜、马铃薯、玉米、海鸟粪、胡萝卜、卷心菜、荞麦、啤酒花、菜籽、苜蓿以及其他草料植物。”[1]

引进中国的农业技术及儒家经济体制，同时，在思想上引进宋明理学、儒学的思想观念与政治制度，这就是后来所谓的启蒙运动、法国大革命及英美文官制度的改革。这就是西方现代文明的真正来源。

西方“经济学”及“政治经济学”源于中国

西方“经济学”起源于18世纪的法国，“经济学”的创始人魁奈被称为是“欧洲的孔子”。这位欧洲历史上第一位“经济学家”本是路易十五的一名御医。魁奈于1756年劝说路易十五模仿中国古代仪式，举行籍田典礼。[2]魁奈作为欧洲古典经济学的创始人，被归并为“重农学派”。马克思说他“是法国的第一个经济学家，魁奈使政治经济学成为一门科学；他在《经济表》中概括地叙述了这门科学”[3]，重农学派的所有重要经济概念都能从中国旧经济中找到近似样品；相反，在欧洲先行的思想材料中倒不易碰到这种情况。[4]

法国路易十六的财政部长安·罗伯特·杜尔哥（Anne Robert Turgot）与当时的重农主义者关系密切，提倡中国的经济观念。后来他被称为政治经济学的创建者。

原来，不仅“政治学”、哲学、科学，就连欧洲的“经济学”甚至“政治

---

1 [英]约翰·霍布森:《西方文明的东方起源》，孙建党译，山东画报出版社，2009年，第181—185页。

2 张成权、詹向红:《1500—1840年儒学在欧洲》，安徽大学出版社，2010年，第245—246页。

3 马克思:《哲学的贫困》载《马克思恩格斯全集》，中央编译局编译，第4卷，人民出版社，1958年，第138页。

4 胡寄窗:《中国古代经济思想的光辉成就》，中国社会科学出版社，1981年，第2页。

经济学”也来源于中国的影响。[1]

欧洲第一部经济学著作《经济表》受儒家学说的影响

魁奈的《经济表》是欧洲经济学的第一部真正文献。后来魁奈在《农业国经济统治的一般准则》中，对《经济表》的内容进行了阐述，从中可以看出中国儒家学说的影响。

准则第一：“主权应当是唯一的。”在以往的欧洲，并没有主权的概念。当时的欧洲呈现政治上的碎片化与分裂化特征。从路易十四开始，欧洲第一次有了君权神授的概念，这就是中国儒学影响的一个重要标志。

准则第二：“国民明显地应该接受构成最完善的管理的自然秩序一般规律的指导。”这就是儒学中民众服从为政者管理的理念，自然秩序就是来自宋明理学自然法概念的含义。

准则第三：“君主和人民决不能忘记土地是财富的唯一源泉，只有农业能够增加财富。”当时在欧洲，人们的观念都将货币视为唯一的财富的源泉，因此盛行强盗逻辑的重商主义；欧洲没有真正的农业，因此不可能有只有农业才能够增加财富的观念。这里正是来自儒家崇本抑末，重农轻商的观念。

准则第四：“租税不应过重到破坏的程度。”文中详细的注释中提到什一之税，显然是中国古代什一之税的翻版……

《农业国经济统治的一般准则》共列出30条准则[2]，限于篇幅这里不能一一进行分析，有兴趣者可以详细加以研究。

亚当·斯密的《国富论》根源于司马迁的《货殖列传》

阿瑟·赖特说，“现代经济理论早在《礼记》和《大学》中就已出现”[3]，西方近代经济学在中国有经学和子学源泉。后者包括管子、老子和司马迁等的思想。杨瑞辉、侯家驹、桑田幸三等认为亚当·斯密大体是“祖述”司马迁

1 参看董并生：《虚构的古希腊文明——欧洲古典历史辨伪》，山西人民出版社，2015年。

2［法］朗索瓦·魁奈：《农业国经济统治的一般准则》，载《魁奈经济著作选集》，吴裴丹、张草纫译，商务印书馆，1979年，第331—367页。

3 Arthur F. Wright: *The Confucian Persuasion,* Stanford University Press, 1960, p.289.

的思想而成就其学说的。[1]

对照司马迁的经济专论来阅读《国富论》便知，亚当·斯密的理论体系并非原创。《货殖列传》冠以老子之言。老子论“自由竞争”和“自然均衡”，如“我无为而民自富”“民莫之令而自均”“天地不仁，以万物为刍狗，圣人不仁，以百姓为刍狗”。哈耶克曾引《道德经》“我无为而民自化，我好静而民自正，我无事而民自富”等句子。研读《史记》可发现，在这里，与西方古典经济学相类的概念已是一应俱全、炉火纯青。重要概念如下10点：

《国富论》与《货殖列传》主要观点对照

国富论	货殖列传
重商主义	求富，农不如工，工不如商
私利动机	天下熙熙，皆为利来；天下攘攘，皆为利往
拜金主义	凡编户之民，富相什则卑下之，伯则畏惮之，千则役，万则仆，物之理也
追求利润	与时俯仰，获其赢利，以末致财，用本守之
发财致富	工虞商贾，为权利以成富，大者倾郡，中者倾县，下者倾乡里者
自由竞争	贫富之道，莫之夺予，而巧者有余，拙者不足 富无经业，则货无常主，能者辐辏，不肖者瓦解
经济周期	物盛则衰，时极而转，一质一文，始终之变
价值规律（价格波动）	物贱之征贵，贵之征贱 贵上极则反贱，贱下极则反贵
放任政策（无形之手）	农而食之，虞而出之，工而成之，商而通之。此宁有政教……？ 人各任其能，竭其力，以得所欲 各劝其业，乐其事，若水之趋下，日夜无休时，不召而自来，不求而民出之自然之验
体制优劣	善者因之，其次利道之，其次教诲之，其次整齐之，最下者与之争

亚当·斯密的“无形之手”概念源于中国

学术界对亚当·斯密与司马迁有无直接思想渊源的问题尚有争论。杨瑞辉认为：斯密的“无形之手”的信条贯穿于《国富论》中，而司马迁的《史

1 侯家驹：《先秦儒家的自由主义经济思想》，载于香港《中国社会科学季刊》，1993年第3期。

记》中已首创相关理论，司马迁在价格机制中阐明“无形之手”。[1]两人的分析有共同的哲学基础：典型的中国的自然秩序。并得出相似结论：政府干预应该适度。亚当·斯密可能通过杜尔哥和两位访问巴黎的中国人那里，获取了中国的相关知识。[2]反驳的学者们提出，亚当·斯密的价格机制形成于1764年他去欧洲大陆之前。[3]

我们认为：

1. 欧洲启蒙时代，巴黎是文化中心，也是东西方汇聚之地，在那里产生了受中国文化影响的欧洲第一个经济学派——重农学派（其领袖为魁奈）。亚当·斯密在学习和研究时，不能不吸取这方面的信息。

2. 亚当·斯密的挚友休谟，是撷取中国文化的枢纽人物，在哲学方面上承莱布尼茨，下启诸多欧洲后生，在经济学方面令亚当·斯密受益匪浅。[4]

3. 亚当·斯密于1764年去法国见重农学派人物，当有益于增进其经济学水平和完成《国富论》。

雅各布森（Nolan Pliny Jacobson）认为：在17—18世纪，欧洲的重要学者都在促进“东方影响西方思想”。在苏格兰则是休谟和亚当·斯密，后者的“无形之手”和人性论酷似道家所论——合理调节社会中的人际关系。休谟的人性论源自《孟子》，而亚当·斯密则推崇休谟这一思想。孟子的博爱思想影响了亚当·斯密的《道德情操论》和魁奈。魁奈通过在华耶稣会士吸取中国哲学，形成了重农学派理论。休谟与魁奈许多次深谈，这期间，休谟的密友亚当·斯密正在构思《国富论》。魁奈的理论成为欧洲启蒙运动在政治经济学方面的核心。杜尔哥同样是基于中国哲学而著书立说的。[5]

所以，派格登说：“在19世纪，自由放任经济学（laisse faire economics）

---

1 香港中文大学教授杨瑞辉：《市场之道：司马迁与看不见的手》，《太平洋经济评论》（美国期刊），1996年9月。

2 同1.

3 McCormic, Ken，Sima Qian and Adam Smith Author: *McCormic, Ken Source: Pacific Economic Review,* volume 4, number 1, February 1999, Adam Smith versus Sima Qian: Comment on the Tao of markets Authors: Chiu, Y. Stephen; Yeh, Ryh-Song Source: *Pacific Economic Review*, volume 4, number 1, February 1999.

4 *Eastern influences on Western philosophy: A reader,* Edited by A. L. Macfie, Ediburgh University Press, 2003, p.3. and pp.119–121.

5 A. L. Macfie: *Eastern influences on Western philosophy,* pp.122–123.

这个概念通过亚当·斯密和重农学派追溯到中国。中国无疑是魁奈的楷模。”[1]

经济学的自由概念起源于道家“无为而治”观念

1. 欧洲“自由放任”经济学概念最初见于法文

“自由放任概念源自于法文词汇，但对这一概念的首先推出者存在歧见。一种说法是，重农学派的米拉波、杜邦和迈尔西埃等人认为应归功于古尔内（1712—1759）。杜邦曾将古尔内与魁奈同列为重农学派的创始人，而古尔内的两位追随者杜尔哥和康替龙都与重农主义者关系密切，故使人们确信：自由放任的原则最先由古尔内明确提出，然后为重农学派和古尔内学派所普遍接受。

“另一说法是，杜尔哥在《古尔内颂》中提到柯尔贝尔时代的商人勒让德，说 1680 年路易十四的财政大臣柯尔贝尔曾向商界询问，国家做些什么能有助于他们时，这位商人尖锐地回答：‘让我们自由放任。’（Laissez-nous faire）

“还有一种说法是，柯尔贝尔说：‘自由是商业的灵魂，我们必须放任人民选择最便利的方式。’自此‘自由放任’遂成为一个开创性的名词。[2]自由放任一词产生于柯尔贝尔时代这个观点，为相当多的经济学者所接受。

“还有一种说法是，翁肯在《自由放任与自由通行原则》中，提出这一原则应归于重农学派的先驱达让逊侯爵（1694—1757），他在《回忆录》中使用过这个名词。达让逊说：‘不要干预，这必须是每个国家的座右铭。’这里的‘不要干预’（Do not interfere）一词，据称其法语原文就是‘自由放任’（Laissez faire）。”[3]

2. 英文“自由放任”概念始于富兰克林

“自由放任一词在英文中最初见于美国富兰克林在 1744 年所阐述的贸易原理中。美国政治家杰弗逊主张‘最少的管理是最好的管理’，也被认为是对法国达让逊的政治格言的继承。可见，自由放任概念是 17 世纪后期至 18 世纪前期的产物，且肯定是归功于法国思想界的。

---

1 Anthony Pagden: *Facing Each Other: The World´s Perception of Europe and Europe´s Perception of the World, Ⅱ*, Ashgate/Variorum, 1964, p.418.

2 参见杜兰特:《世界文明史》第 24 卷《路易十四与法国》，台湾幼狮翻译中心，1979 年，第 31 页。

3 谈敏:《法国重农学派的中国渊源》，上海人民出版社，2014 年，第 194—195 页。

“经济学说史中自由放任这个平凡的用语，只有被重农学派的著名学者论证和大力宣传后，才形成一个体现经济自由主义思想的完整的思想和经济政策，并对之后的经济理论和实践产生深远的影响。”[1]

自由经济的开山祖——魁奈

“自由放任一词在法文中有多种表达方式，如 laissez faire（自由放任）[2]、laissez passer（自由通过）[3]、laissez aller（听之任之）、le monde va de lui-m ê me（各人自行其是）[4] 等。又以前两词为经济学者所常用。这两个词中，有人认为 laissez faire 创议在先，后来古尔内增补了 laissez passer 一词。A. 马歇尔可能也因此将其解释为：‘让人们做他们想做的任何事，去他们想去的任何地方。’[5] 韩讷认为 laissez faire 意谓‘随事物之自然’，laissez passer 意谓‘听人民之自由’[6]。二者均体现了自由放任的精神，尤以 laissez faire 一词，现已成经济学说史中的通用词汇。

“重农学派是从自然秩序中引申出经济自由主义。法国皇太子曾问魁奈：‘如果你是国王，你会干些什么呢？’魁奈答：‘什么也不干（Nothing）。’皇太子又问：‘那么谁来统治呢？’魁奈答：‘法则（The law）。’[7] 他指的就是自然秩序的法则。这表明了重农学派对自由放任与自由秩序关系的理解。

“自然秩序是个人利益和公众利益的统一，而这个统一又只能在自由无拘的体系之内才能实现。‘社会运动是自发的而非人为的，一切社会活动所显示的追求快乐的愿望，不知不觉使理想的国家形式得到实现。[8]’‘只有自由和私

1 谈敏：《法国重农学派的中国渊源》，上海人民出版社，2014 年，第 196 页。

2 其英语译文有多种形式，如 leave it alone,freedom to do 或 freedom to make 等。——原注

3 其英语译文为 let go 或 freedom to pass。——原注

4 其英语译文为 the world, goes on of itself。——原注

5 转引自 W. J. 萨缪尔斯：《重农学派的经济政策理论》，《经济学季刊》第 76 卷，第 157 页。

6［美］韩讷：《经济思想史》，臧启芳译，商务印书馆，1926 年，第 182 页。

7 谈敏：《法国重农学派的中国渊源》，上海人民出版社，2014 年，第 45 页。转引自 H. 希格斯：《重农学派》。

8 转引自夏尔·季德、夏尔·利斯特《经济学说史》（上册），商务印书馆，1986 年，第 20 页。

人利益才能使国家欣欣向荣。[1]’这就是‘自由放任’的真谛。

“自由放任体现在重农学派的经济政策上就是自由贸易政策。主张在国内取消商品流通的一切限制；对外则允许农产品和工业品自由进出口。只有自由竞争才符合自然秩序的要求，一切垄断、限制和干涉都是违反自然秩序的。所以他们被认为是‘自由贸易的创始人’[2]，是‘第一个自由贸易学派’[3]；魁奈则被视为给英国自由贸易政策以很大促进的斯密的自由经济思想的‘发源地’[4]，主张自由放任与排斥政府干预是同一事物的两个方面。”[5]

理想的市场经济在儒家中国

意大利经济学家乔万尼·阿里吉（Giovanni Arrighi）提出，德国学者贡德·弗兰克乐见“以中国为中心的世界经济”（sinocentric world economy）的再现，这早在亚当·斯密的预料之中。斯密认为整个18世纪的最大的市场经济不是欧洲，而是中国。亚当·斯密描绘历史中国的经济已“固定”（stationary），并非指“停滞不前”（stagnation），而是指达到了其地理和人口限度的最佳状态（optimum size）。亚当·斯密把经济发展分为“自然的”（和谐性）和“非自然”（突破性）。中国走的是自然的市场经济道路，劳动密集型发展，旨在改善民生。欧洲国家则是耗损生态的非自然、资本密集型，从殖民地攫取资源，金融控制全球，牟取暴利。亚当·斯密把中国视为自然的经济发展的榜样。欧洲的发展道路是“无休止的资本积累和扩张权力”，凭借军事手段推行其自由意志。阿里吉认为：亚当·斯密相信，是中国而非欧洲成为“最适当的政府追求的市场经济发展的典范”。[6]

1［法］朗索瓦·魁奈：《人口论》，引自《魁奈经济著作选集》，商务印书馆，1997年，第166页。

2 同1，第33—44页。

3 A. I. 布隆菲尔德：《重农学派的贸易思想》，第731页，《美国经济评论》，1938年，第28卷。

4 冯作民：《西洋全史》十二，《法国大革命》，香港燕京文化事业股份有限公司，1975年，第41页，转引自谈敏：《法国重农学派的中国渊源》，上海人民出版社，2014年，第197—198页。

5 谈敏：《法国重农学派的中国渊源》，上海人民出版社，2014年，第197—198页。

6 Peter J. Kitson: *Forging Romantic China: Sino-British Cultural Exchange 1760－1840*, Cambridge University Press, 2013, pp.18-19.

亚当·斯密在北京

概括来说，“欧洲国家发动连年战争，来掌握连接东西方海上航道的完全控制权，因为控制与东方的贸易是其追求财富和权力的关键资源。相反，对中国的统治者来说，同发展与邻国关系并将人口稠密的疆域融入以农业为基础的国民经济相比较，控制这些贸易通道远没那么重要。众所周知，正因如此，明朝没有在控制东西方海上航道上浪费资源，而是集中精力发展国家市场，走上了后来被斯密引为典范的通向富裕的‘自然’之路”[1]。

据乔万尼·阿里吉和弗兰克等的观点，启动世界经济的宋明时代中国的发展，更符合亚当·斯密经济学（源于中国）所要求的“自然均衡”（文化确保尽量在“人与人、人与自然之和谐”前提下发展、创新）；1840年前的明清在经济和贸易上仍是世界主轴（近代西方处于边缘），其社会公平和效益都优于同期的西方各国，后者正在全面模仿、复制中国的物质与非物质文化。然而，西方用暴力和罪恶的手段反客为主，以摧残其余世界和地球生态为条件与代价；这种做法最终导致了世界大战与核恐怖，而且不可持续。进入21世纪，“天时地利”发生改变——全球“地缘政治”的经济与战略优势从“单纯海洋”的西方，转移到了“陆海有机”的中国。因此阿里吉说《亚当·斯密在北京》（*Adam Smith in Beijing*）。相比之下，“资本主义在底特律”是自然均衡糟糕的反例。

弗兰克在研究19世纪及20世纪的世界经济政治格局时指出：“我们现在大致看清，如果拥有更多的西方文明，对世界来说是个灾难，会是我们经历比过去更多的灾难性事件。……过去和现在的状况都是，全球20%的人口使用和恶化了全球80%的资源。……只有20%的人口，特别是其中的2%、4%或8%，得益于西方文明，其余的人则被迫为此承担代价。”[2]

这里，阿里吉与弗兰克等学者，简洁地将重商主义（炮舰主义）与重农主义（儒家自然主义）分别概括为欧洲道路（海盗强权）与中国道路（自然均衡）两种模式。

综上所述，欧洲最早出现的重商主义，是以寻找中国为出发点的。这种

1［意］乔万尼·阿里吉：《亚当·斯密在北京——21世纪的谱系》，路爱国、黄平、许安结译，社会科学文献出版社，2009年，第326—327页。

2［德］贡德·弗兰克：《19世纪大转型——重新定向19世纪的亚洲和世界政治经济格局》，吴延民译，中信出版集团，2019年，第355—356页。

重商主义并不是什么经济概念，而是一套暴力抢夺，强买强卖，炮舰主义的强盗逻辑。对中国实施抢夺行不通，于是按照中国的贸易规矩做一把买卖；其间，国际货币采取白银结算，也是出于以中国为中心的世界贸易体系的需要。在此过程中，由于发现了美洲的银矿，开采出大量白银，从而满足了与中国贸易的需求，欧洲才开始进入以中国为中心的世界贸易体系。历史上真正的第一个国际贸易规则，是从明清朝贡制度开始的。

在与中国接触的过程中，法国、英国引进了儒家的农业思想及制度。被称为“欧洲的孔子”的法国学者魁奈，为该学说起了一个名字叫作“儒家自然秩序的科学”（Physiocratie）；后来被亚当·斯密拿来与“重商主义”概念对举，称之为“重农主义”。这就是欧洲经济学及政治经济学的起源。正因为在引进中国农业技术的同时，导入了重农主义思想，才使得欧洲稳定的社会制度的确立，从而避开了重商主义的陷阱。最后，现代的自由主义经济学观念以及市场经济规则，也是“重农主义学派”从中国引进欧洲的产物。

概而言之，辨析清楚所谓重商主义与重农主义的实际内涵，有利于帮助我们认清欧洲经济学的来龙去脉，了解“中学西被”的真相。同时，几百年来欧洲的扩张政策中既有显著的重商主义的倾向，又有重农主义的因素，分辨两者有助于我们鉴往知来，判明今后世界政治经济格局的发展趋势。

“世界伪史”纪年体系来历揭秘

诸玄识　董并生

近代以前的欧洲，既没有历史观念，也没有历史学的概念。

现行欧洲版的“世界历史”为中国历史纪年体系的翻版与拉伸。因其并无历史事实作为依据，因而我们称之为“世界伪史”。

“世界伪史”始作俑者为16、17世纪之交的法国人约瑟夫·斯卡利杰（1540—1609）。斯卡利杰为文艺复兴后期的神职学者，是真正的“西方历史学之父”。其主要著作有《时间校正篇》（1583）及《年代学宝典》（1606）等。

斯卡利杰主要事迹一览

1. 按照中国历史年表杜撰世界古代史时限。
2. 欧洲历法的起源——抄袭授时历。
3. “耶诞纪年”的由来——出于斯卡利杰弟子的发明（1627）。
4. 编造约瑟夫斯《犹太古史》——伪史孤证。
5. “古希腊历史”的来历——移花接木。
6. 炮制古埃及年表——生搬硬套。
7. 虚构两河流域历史——指鹿为马。
8. 杜撰中世纪历史——千年倒影。
9. 引入“自然法”概念——宋明理学。

一、按照中国历史年表杜撰世界古代史时限

“斯卡利杰编年”（西方版的世界编年史）是参照中国历史的编年系列而杜撰出来的；亦即，斯卡利杰用“中国模型”设计了古今脉络的时空框架，其后，西方学者们再依照它来构建“西方中心论”的世界历史。[1]

16 世纪以前的欧洲人没有时间观念

近代以前的西方不存在统一的、具有客观标准的时间序列，不用，也没有年代概念。乃至中世纪的欧洲人都不知道他们自己的确切年龄。[2] 人们只是盲目地跟随自然的节律，而无抽象的和统一的时间规律；基督教有一个笼统的、模糊的“象征时间”——在时间上和空间上无所不包的“创世→末日”模式（例如：新生的事物就归为“神造万物”，天灾人祸就归为“末日”），基本上是巫术或迷信。阿拉里克·霍尔写道：

> 在前近代的欧洲，时间是主观的和大量的经验……而不是客观的和绝对的编年（年代：chronology）。它有一个框框，也可以被测量；但框框和测量的核心，仅是反映个人与社群的生活与经验。中世纪的人没有单独的时间概念。时间是循环、直线和象征。……大部分自然的、直接的时间概念是循环现象。日常生活被决定于一系列异样的短循环，对其预测可以提供例行和安全的感觉。理解时间的循环是基于事物重复和再现的韵律，因而是可预测的……（例如生长和谢落、升起和沉沦。——引者）
>
> 存在着三种主要的循环：1. 基于自然的重复（例如昼夜、季节）；2. 社群的仪式；3. 事物的再现。不像前两者，第三种不是基于规律性：犹如幸运之轮，它会变化，让人知道将来不同于现在，但在时间上是不确定的。周期性的观念是基于过去几代人的经验。个人生

1 诸玄识：《虚构的西方文明史——古今西方“复制中国”考论》，山西人民出版社，2017 年，第 28 页。

2 Shulamith Shahar: *Growing Old in the Middle Ages: Winter Clothes Us in Shadow and Pain,* London: Routledge, 2004, p.29.

> 命的确定性质（从生到死）形成了线性时间的观念，它强调清晰的开始与结束。……基督教简单地把历史视为"拯救历史"，通过神的代理来实施；它以"创世"为开始、以"末日审判"为终结，这两个点形成了"线性时间"……[1]

英国历史学家彼得·伯克指出："整个公元400—1400年的千年，欧洲不存在历史感，即使受过教育的人也是如此（during the whole millennium 400—1400 there was no sense of history even among the educated）。"什么叫"没有历史感"？那就是：A. 对于时间错乱，缺乏感觉；B. 缺少历史证据的意识；C. 不懂事物的因果关系。[2] 托马斯·格里克在《中世纪科技与医学百科全书》中指出：至少到16世纪，欧洲人尚无计算时间的实践。[3]

17世纪欧洲人的时空观念

欧洲神职学者基于中国的编年史，来铸造"圣经编年"及其子系统"古典文明"与"古老文明"的编年史；再以被中华文明所打通、联通的全球地理，为其"历史空间"。

在接触到中国文化与历史之前，西方学者（神职学者）基本上是既无时间概念，也无空间概念。在时间上，在中国历史观念的影响下，是17世纪才形成"公元纪年"的（伪史叙事谎称"古已有之"）；在空间上，"巴比伦"原本不在美索不达米亚地区，而是中世纪的带着伊斯兰建筑风格的欧洲哥特小镇。[4]

背景："创世纪"纪年法及伊斯兰纪年法

犹太教的"创世纪纪年法"——从创世纪到"末世"共6000年。

---

1 Alaric Hall: *Interfaces Between Language and Culture in Medieval England,* Leiden: Brill, 2010, p.207.

2 Peter Burke: *The Renaissance sense of the past,* Edward Arnold, 1969, p.1.

3 Thomas F. Glick: *Medieval Science, Technology, and Medicine: An Encyclopedia,* NY:Routledge, 2005, p.128.

4 A.Fomenko: *History: Fiction or Science Chronology* 1, p.44. 诸玄识：《虚构的西方文明史——古今西方"复制中国"考论》，山西人民出版社2017年，第4页。

> 到7世纪末，大家在《塔木德》(Talmud)中发现了赫利家族，其中记载说世界应持续6000年，2000年的混沌、2000年的法治、2000年由救世主治理。[1]

按：塔木德是口传经典，其形成书面经典时间很晚，不会早于阿拉伯使用纸张传播伊斯兰教之前。

伊斯兰纪年法以黑蚩拉(Hijra)为纪元(穆罕默德从麦加迁到麦地那)，选择了与太阴历的朔日相合的一天定为回历纪元，又名穆罕默德历。回历元年1月1日相当于公元622年7月16日。特点：伊斯兰历为阴历年，没有一年四季循环的观念，每年有12个完整的月份，从新月到下一个新月为一个月。依循这种计月方式，每个月只有29或30天，虽然同样有12个月，但伊历年会比阳历年的一年12个月少11天左右。[2]另外一个特点是只往下数，不往上溯。

虚构的"古希腊、罗马"纪年

"古希腊"三大史学家之一色诺芬在其《希腊史》中使用了几种纪年方法。且看他是如何纪年的：

> 翌年，在第93届奥林匹亚竞技会上，在新增设的项目双马战车竞赛中，爱利斯人攸阿哥拉斯获胜；在斯塔狄亚赛跑比赛中，库伦涅人攸波塔斯折桂。这一年，在斯巴达，攸阿齐普斯担任监察官；在雅典，攸克特蒙担任执政官。[3]

在上述色诺芬《希腊史》这一段记述中，涉及奥林匹亚纪年、斯巴达监察官纪年、雅典执政官纪年等几种所谓"古希腊"的纪年方法。[4]

实际上，上述这3种古希腊的纪年法出于17世纪之后的编造。另外，所

1 [法]安田朴:《中国文化西传欧洲史》(下册)，商务印书馆，2013年，第732页。

2 [美]马歇尔·哈济生:《伊斯兰文明》(上卷)，第1册，张人宏译，台北商务印书馆，2015年，第294—297页。

3 [古希腊]色诺芬:《希腊史》，徐松岩译，上海三联书店，2013年，第13页。

4 董并生:《虚构的古希腊文明——欧洲"古典历史"辨伪》，山西人民出版社，2015年，第122—125页。

谓古罗马时代的"罗马建城"纪年法也是同期伪造。[1]

伪书《伯罗奔尼撒战争史》的纪年

编年史《伯罗奔尼撒战争史》从第 1 年记录到第 21 年。

以第 6 年为例。我们看到，在这里除了所谓编年的"第 6 年"及"冬季里"的概念之外，都是"翌日""昨日""前天""起初""后来""同时"这样相对的时间概念，没有任何概念可以作为历史年代的依据。就像"从前有个山，山里有个庙，庙里有个和尚……"的故事一样，这样的故事可以永远讲述下去，却与历史无关。[2]

《伯罗奔尼撒战争史》是一部典型的伪书，该书应该出现在斯卡利杰"发明"编年史之前，因此没有所谓的奥林匹亚纪年、斯巴达监察官纪年、雅典执政官纪年等纪年法。

中国编年史对欧洲的三个"冲击波"

中国编年史在斯卡利杰前后对欧洲的影响，形成三个"冲击波"：

1. 门多萨（1585）中华大帝国史→斯卡利杰 + 乌雪的西方编年；
2. 卫匡国（1658）中国上古史→福修斯 + 佩塔维斯的西方编年；
3. 利玛窦（1615）+ 卫匡国 + 杜赫德（1735）→欧洲启蒙时代的历史观。

斯卡利杰的编年论著所基于的中国历史的信息，是不准确的；例如"斯卡利杰在 16 世纪末说，根据旅行者的报告，自从世界开始以来，中国已有 8 万年了"。[3] 所以，对于破绽百出的斯卡利杰模式，被卫匡国所带来的中国信息所修正（17 世纪下半期）。[4]

---

1 董并生：《虚构的古希腊文明——欧洲"古典历史"辨伪》，山西人民出版社，2015 年，第 271—275 页。

2 同 1。

3 Cours D'étudeshistoriques: *Chronologielitigieuse,* 5, Firm in Didotfréres,Paris, 1843, p.13.

4 诸玄识：《虚构的西方文明史——古今西方"复制中国"考论》，第 35 页、121 页，山西人民出版社，2017 年。

中国编年史“冲击波”的表现

从1769年首次在日内瓦刊印的《阿玛贝德书简》中的关键概念胡椒、茶叶、咖啡、丝绸、香料以及卡利卡特（古里）、印度人等可以看出，当时欧洲人由“发现”东印度而对东方世界感到惊奇。修道士是当时欧洲的主要知识分子，从该书简中“他们最多只是自69,649年以来才被造成，而我们的年代却已经是115,652年”这句话，可知当时欧洲人对历史纪年的认识完全不靠谱。

伏尔泰于1741年介绍了一个传奇性故事，借一位在荷兰的中国商人之口讲到东方的历史，说中国与越南（交趾/东京）及日本之间的战争史长达22552年时间，说蒙古帝国向欧洲天主教会派出使团的时间为上帝创造世界之前的50,000,007,912,345,000年（五万万亿零七十九亿一千二百三十四万五千年），尽管伏尔泰也许是在讲述一个戏弄天主教的笑话，然而这也反映出欧洲在受到中国历史纪年冲击后所产生的思想混乱。[1]

16世纪的百年纪年法——“世纪”概念的诞生

埃里克·库珀说：皮斯卡托《城区教会记事》（Piscator, 1526年）分为连续的几个百年，这是作者获得了新的历史方法。……首次在历史著述中分为百年，即是《城区教会记事》。但该书是在皮斯卡托死后30年，被提及于新问世的佛拉西斯《马格德堡世纪史》（*Magdeburg Centuriators*, 1559年）；这个历史方法开始出名，以致英语中的“世纪”（century）一词的诞生，可能是直接受此影响。……中世纪后期，存在着多种尝试来实行百年的计算方法。[2]

《马格德堡世纪史》则分为13个百年，每个百年中堆积素材，各个事件都是孤立的，全无联系，也没有具体时间。以致在文艺复兴期间和稍后，即受中国影响的“历史学的创世纪”那几代西方学者，谈及这部糟糕的著述，不堪回首；因而把它当作失败的案列。[3]

---

1 林鹏：《略论中学西被》，该文是林鹏为诸玄识《虚构的西方文明史——古今西方“复制中国”考论》所写的序言，山西人民出版社，2017年。

2 Erik Kooper: *The Medieval Chronicle,* Rodopi, 1999, pp.137.

3 诸玄识《虚构的西方文明史——古今西方“复制中国”考论》，山西人民出版社，2017年，第43页。

“百年纪年法”本身说明欧洲此前无史学

17—18世纪的西方学者是这样批评《马格德堡世纪史》的，即“把教会史安排在诸多百年中，首次被《马格德堡世纪史》所采用。……这在许多方面是绝对令人厌恶的，因为它不仅剥夺了读者对历史的兴趣，而且作者未能展示时间的真实联系。它们潮涌而出（教会题材），一个又一个堆在那儿。”[1]

“歌德在他的《颜色论》中说：按照百年来划分的历史……很不方便。没有实际内容，人的生活和行为犹如走过场。韦尔什博士尤指责：……这是最武断的和最令历史无趣的算法，使人分心和烦恼。‘它犹如我们研究地质学，不是连续性地勘察自然层位，而是站在一英里的圈外去观察其空间。’”[2]

这说明，在佛拉西斯著《马格德堡世纪史》之前，即在16世纪中叶以前，西方没有历史和历史学，现有的上古历史学，都是近现代伪造的。[3]

设计“圣经编年”——欧洲编年史的发端

西方历史年代学的奠基人是约瑟夫·斯卡利杰（Joseph Scaliger, 1540—1609）。他按照自己设计出的“神学编年”（圣经编），设计了古代希腊、罗马、埃及、波斯、巴比伦和犹太的历史。在学术上，现行的西方世界历史被称为“斯卡利杰历史”（Scaligerian history），其时间序列被称为“斯卡利杰编年”（Scaligerian chronology）。

图1　斯卡利杰画像

凯利教授在其所著《现代历史学的基础》一书中，称：“斯卡利杰是最伟大的语言学家，他的里程碑性的《编年校正篇》（*Emendations of Chronology*）是在那个世纪的历史学上的主要贡

1 James GARDNER: *Repertory of Biblical and Theological Literature,* Johnstone& Hunter, 1855, p.285.

2 Bricker: *Reformed and Catholic,* Wipf and Stock Publishers, 1979, pp.194–195.

3 诸玄识：《虚构的西方文明史——古今西方“复制中国”考论》，山西人民出版社，2017年，第43页。

献。”[1]

掇拾伪史资料，抄袭中国时间

作为现代西方历史与历史学的祖本，“斯卡利杰历史”有两个主要的直接来源。一是早于它一个世纪的安尼乌斯（Annius）所伪造的“泛西方”的历史资料，其年代非常混乱，只有故事，没有历史；尽管斯卡利杰起先揭露它，但最后在编纂伪史时，又大量采用了其故事素材。一是关于中国历史的信息（那时尚不准确），斯卡利杰主要利用中国的朝代与帝王年表来设计圣经的时间轴和“古代文明”编年史的；尽管他没有注明出处，实际上是欲盖弥彰。斯卡利杰将两者结合，“相反相成、推陈出新”！[2]

古罗马、希腊、埃及编年都采用中国年代坐标

斯卡利杰在设计罗马、埃及以及其他编年系列的过程中，无不效仿“中国模型”——不仅应用中国历法，[3]而且效仿中国历史。美国人类学家詹姆斯·伯克斯说：

> 在斯卡利杰构思罗马、希腊和埃及等时间线的过程中，“中国的通史编年被认为是相对可信；因为迄今为止，它的基于六十年的甲子循环仍在使用，而且与该国的高度的历史学传统相得益彰，事事有案可稽”。[4]

---

1 Donald R. Kelley: *Foundations of Modern Historical Scholarship: Language, Law, and History in the French Renaissance,* Columbia University Press, 1970, p.265. 诸玄识：《虚构的西方文明史——古今西方“复制中国”考论》，山西人民出版社，2017 年，第 56 页。

2 诸玄识：《虚构的西方文明史——古今西方“复制中国”考论》，山西人民出版社，2017 年，第 27 页。

3 R. L. Reese, S. M. Everett, and E. D. Craun: *The origin of the Julian Period: An application of congruences and the Chinese Remainder Theorem,* Amer. J. Phys. 49（1981），658–661.

4 H. James Birx: *Encyclopedia of Time: Science, Philosophy, Theology & Culture,* Volume 1，SAGE, Publication, Inc., 2009, p.186. 见诸玄识：《虚构的西方文明史——古今西方“复制中国”考论》，山西人民出版社，2017 年，第 74 页。

虚构西方世界历史谱系

斯卡利杰运用中国（朝代 / 帝王）编年史作为蓝本，创造了西方的世界历史谱系——包括罗马和埃及的朝代——帝王系列。

斯卡利杰在其著述中"隐瞒原型、掩盖真源"，那就是：在这个虚构的"泛西方"的历史架构中，不仅在史学体系上的"中国原型"被隐瞒，而且在文明体系上的"中国真源"被掩盖。后者即"损东益西"——斯卡利杰硬是要"太阳从西边出来"，无中生有地在"世界的西陲"搞出更大、更久的"文明"来。[1]

虚构历史——偷天换日

然而实际情况又是怎样呢？牛津大学研究员诺沙夫特指出：

> 通行的历史的时间轴，是被传奇的胡格诺派语言学家斯卡利杰伪造的……现在已发现确凿证据，说明"斯卡利杰编年史"是个偷天换日的骗局，它是基于"心想事成"的虚构。……如果查实，我们（西方）的教科书必将重写！[2]

进而，历史学家米哈伊洛夫写道：

> （神职学者）斯卡利杰和佩塔维斯（Dionysius Petavius，1583—1652）……创造了古代世界历史的西方中心模式（Eurocentric model），自那以来，它被所有的西方历史学家、考古学家和政治家视为"古代史研究的科学基础"。
>
> 僧侣们采集了凌乱而重复的中古纪年记事，其时间跨度只是在他们之前的四分之三世纪；精心制作了"历史理论"，在用它来充当各个古代历史的原始编年，其时间跨度拉长至中世纪的4倍，并且胡乱罗列历史事件和人名……

---

1 诸玄识：《虚构的西方文明史——古今西方"复制中国"考论》，山西人民出版社，2017年，第34页。

2 C. Philipp E. Nothaft: *Dating the Passion: The Life of Jesus and the Emergence of Scientific,* Leidon: Brill, 2012, p.1.

> 斯卡利杰还把许多他那个时代的拉丁文作者的著述，作为古典文献的基础，这是一系列假的古代文字及其相关材料……他企图证明，西方文明从远古就已存在，并且理所当然地征服“不文明的民族”。[1]

17—18 世纪持续两百年的欧洲“编年史”热

在斯卡利杰之后，欧洲学术界出现了长时间的“编年史热”（the fever of chronology）。耶稣会士尤为积极，其中有法国人佩塔维斯和意大利天文学家里奇奥利（Giovanni Battista Riccioli, 1598—1671），在新教中，英国作家约翰·玛夏姆（John Marsham, 1602—1685）和荷兰人文主义者老福修斯（Gerardus Joannes Vossius, 1577—1649）。他们的事业被耶稣会士带回的中国编年文献所支持。[2]

从斯卡利杰开始，16 世纪末至 18 世纪末的 200 年中，好几代的西方的“编年史家”，坚持不懈地参照中国历史及其朝代帝王的时间序列，来设计、修正和调整他们的基于圣经的历史学——西方版的世界历史；有关中国的资料主要来自门多萨、利玛窦、卫匡国和杜赫德等人的著述，从相对粗糙到相对精确，而西方的“历史学的创世纪”则随之从草创到臻于“完备”。[3]

定位欧洲编年——以伏羲与尧为坐标

历史学家伍尔夫指出：利玛窦（1552—1610）……获得了明朝的标准历史，被铭记为跨越中国与西方文化之鸿沟，……在历史学上是双重绑定（double bind）：在欧洲，中国（历史）记录不仅被用来协调圣经，而且被用来协调那被语言学家——诸如斯卡利杰——所开发的古代王国的新编年史（reconciling Chinese records not only with the Bible, but also with the new chronology by philologists such as Scaliger）。

1 *Key to the Vedas*, Mikhail Mikhailov, part 1, 2005, p.80. 诸玄识：《虚构的西方文明史——古今西方“复制中国”考论》，山西人民出版社，2017 年，第 27 页。

2 Pascal Richet: *A Natural History of Time,* University of Chicago Press, 2007, p.47.

3 诸玄识：《虚构的西方文明史——古今西方“复制中国”考论》，山西人民出版社，2017 年，第 67 页。

卫匡国于1658年发表的《中国上古史》，把中国远古帝王伏羲定位于欧洲编年之中，那是公元前3000年代的早期；别的可做定位的中国帝王分别对应于亚当、诺亚和其他的大洪水之前的人物；以及公元前2400年的尧时期，被定位于暴发诺亚洪水时期。[1]

图2 《利玛窦像》(明)游文辉作，布面油画，1610年

这段引文中所说的被斯卡利杰所开发出来的“古代王国的新编年史”，即古代埃及、美索不达米亚、波斯、希腊和罗马等。这就是说，基于中国朝代系列的“斯卡利杰编年”是西方版的世界历史的“脚本”。[2]

18世纪中叶宋君荣标准确立

如果说，16世纪末至17世纪中叶，斯卡利杰和佩塔维斯利用中国朝代年表来重建“圣经编年”和设计西方历史及“公元纪元”；那么，17世纪下半期至18世纪下半期，欧洲学者在反宗教和俗世化的同时，直接参照中国的时间轴线和历史坐标。美国汉学家卫思韩（John E. Wills Jr.）写道：

> 法国耶稣会士宋君荣（Gaubil，Antoine, 1689—1759）于1723年4月到达北京……（这位）18世纪最伟大的欧洲的汉语言学家，……被路易十五任命为皇家数学家。……1751年，伦敦皇家科学院授予他荣誉会员，表彰他提供有关中国科学的信息。他的比较“圣经编年”与中国历史，包括详细分析的天文学资料，扩大了法国学者在此方面的辩论领域。这部著作为欧洲全面接受中国编年（标准）奠

1 Daniel Woolf: *A Global History of History,* Cambridge University Press, 2011, pp.206–207.

2 诸玄识：《虚构的西方文明史——古今西方“复制中国”考论》，山西人民出版社，2017年，第66—67页。

定了基础。[1]

宋君荣的主要著作有《中国蚀的计算》《中国天文学史》《中国天文学》《古代中国对黄赤交角的观测》《1735年的七星表》《公元前206年以前的中国王朝天文史》等。

将世界古代史设定在公元前3500年到公元5世纪之间

根据科罗夫斯基威茨等学者的研究，[2] 通行于今的官方的历史编年，起源于神职学者斯卡利杰（1540—1609）。他设定了最重要的历史事件的确切日期，诸如伯罗奔尼撒战争、特洛伊战争和罗马的建立，等等；但所有的历史日期都没有被证明，都是将错就错。后来的编年史家均为萧规曹随、以讹传讹，以致斯卡利杰的门徒佩塔维斯（1583—1652）把如此编年史定型，并且被现代官方所接受。奇怪的是，尽管科学昌明，罕有历史学家来修正那些被斯卡利杰和佩塔维斯所设定的假的历史日期。

总而言之，按照斯卡利杰和佩塔维斯及其追随者，世界古代史发生于公元前3500年到公元5世纪之间（包括埃及、两河、希腊和罗马等）。但这样的结论，明显存在着年代的可信度问题，却并没有被任何独立的学术研究确认过。[3]

二、欧洲历法的起源——抄袭授时历

虚构的成说：教皇格里高利十三世颁行格里高利历（1582年），格里高利历来源于古罗马儒略历。

考证：格里高利历就是元朝授时历（1281）

授时历比格里高利历早301年。

---

1 John E. Wills, Jr: *China and Maritime Europe,* 1500-1800, p.170—171. 诸玄识：《虚构的西方文明史——古今西方“复制中国”考论》，山西人民出版社，2017年，第68页。

2 *Investigation of the Correctness of the Historical Dating by Wieslaw Z. Krawcewicz,* Gleb V. Nosovskij and Petr P. Zabreikohttp://www.world-mysteries.com/sci_16.htm

3 诸玄识：《虚构的西方文明史——古今西方“复制中国”考论》，山西人民出版社，2017年，第68页。

所谓格里高利十三世1582年颁行格里高利历，实际上是后来的说法。因此，实际上格里高利历出现要更晚得多。

古罗马儒略历出于虚构

虚构的成说：儒略历出于罗马共和国独裁官儒略·恺撒（尤利乌斯·恺撒）。

真相：约瑟夫·斯卡利杰编订了儒略历（见1583年《时间校正篇》），儒略·恺撒是斯卡利杰父亲的名字。[1]只有斯卡利杰的儒略历，没有罗马共和国独裁官儒略·恺撒（尤利乌斯·恺撒）的儒略历。

虚构的古罗马儒略历概略

儒略历（Julian calendar）是由罗马共和国独裁官儒略·恺撒采纳数学家兼天文学家索西琴尼的计算后，于公元前45年1月1日起执行的取代旧罗马历法的一种历法。

儒略历中，一年被划分为12个月，大小月交替；四年一闰，平年365日，闰年366日为在当年二月底增加一闰日，年平均长度为365.25日。

儒略历比回归年365.2422日长0.0078日，400年要多出3.12日。从公元325年定春分为3月21日提早到了3月11日。1500年后由于误差较大，被罗马教皇格里高利十三世于1582年进行改善与修订，变为格里高利历（Gregorian calendar），即沿用至今的世界通用的公历。

儒略历的故事经不住推敲

按照成说，公元前46年，罗马帝国恺撒大帝组织学者编了一部历法，一回归年为365.25日。从此，欧洲开始了儒略历时代。

据黄忠平先生的研究，俄罗斯一直沿用儒略历，即俄历。著名的十月革命，并不是发生在公历1917年10月，而是俄历10月25日，公历11月7日。这就是说，误差已累计至13日。根据这个儒略历活化石，我们可以不查任何

1 约瑟夫·斯卡利杰的父亲儒略·恺撒·斯卡利杰（1484—1558）。

资料，做一个简单的倒推。儒略历，一年 365.25 日，每 4 年闰 1 日。今日公历为年 365.2425 日。那么，实行儒略历，则：

1. 每 4 年会透支 0.03 日（0.2425 × 4 − 0.25 × 4 ＝ −0.03 日）。

2. 每 133.33 年，会透支 1 日（1 ÷ 0.03 × 4 ＝ 133.333 日）。

3. 透支 13 日，历时 1733.329 日（133.333 × 13 ＝ 1733.329 年）。

4. 以 1917 年计算，那么，儒略历的元年应该是公元 184 年左右（1917 年－ 1733.329 年＝ 184 年），即中国东汉时期。

显然，如果儒略历真的存在过，那么，它的起始年应该在公元 184 年左右，与恺撒大帝没有关系。

至于耶稣纪元（基督纪元），更不靠谱。诸玄识指出“欧洲 17 世纪的著作仍然记载耶稣诞生于 11—12 世纪”。更加显而易见的是，1667 年，巴黎天文台成立，这是法国历史上的第一个天文台。1675 年，英国历史上的第一个天文台格林尼治天文台成立。这时，明朝已经灭亡 30 多年了。[1]

格里高利历袭取中国授时历

“现代世界所使用的‘公历’是格里高利历。它是怎么来的？成说认为是出自古罗马的儒略历。然而，实际上不存在什么古罗马的儒略历，倒是斯卡利杰根据其所掌握的中国资料，造出来一个‘儒略历’；而且在此过程中，他根本没有提及在此之前有一个格里高利历。那么，格里高利历从何而来？

“如果格里高利历真是 1582 年问世的话，那么在其后的百年中，从斯卡利杰开始，众多的知识精英设计、修订和批评‘圣经编年’和‘古文明编年’及其相关历法，就应该：A. 参照格里高利历，而不是依靠中国历史的时间序列。B. 聚焦于格里高利历，念兹在兹；而不是围绕‘中国标准’，亦步亦趋。C. 就会在编年史上有所共识，人同此心、心同此理；而不是时间观念的混乱，莫衷一是，各执一词。（最后是用中国时间加以协调、妥协）

“元朝的授时历的精确度与‘公历’（格里高利历）基本一致，而且比后者早 300 年，它在很久以前已经传到欧洲。那么，授时历是不是格里高利历儒略历的原版呢？

“唐纳德 · 沙普斯说：‘哪一个历法是最精确的？最精确的古代历法起源于

1 见黄忠平（生民无疆）新浪博客2017年10月8日博文:《浮云遮不住，大道正回归》。

古代中国，它是 12 年一循环，每一年用不同的动物命名。早在公元前 5 世纪，中国人确立了太阳年为 365.2444 天，每月是 29.53059 天，非常准确……’”[1]

公历起源于授时历

“我们可以这样推断‘公历、公元’的缘起，即斯卡利杰掌握了授时历或以它为核心的中国历法和天文知识，以及编年时序与天干地支（计算方法），由此编造出来儒略历（改变一下起始日期而已），它就是‘古罗马儒略历’的来历，或是其原型。

“进而，基于儒略历的‘公历’——格里高利历——又是什么时候出现的呢？那应该是在斯卡利杰的门徒佩塔维斯根据中国的相关资料编造出‘公元’（公元前）纪年法之后，即在 17 世纪中叶以后，格里高利历才出现（被冠名于先前的教皇的名字‘格里高利’）。欧洲各国通用格里高利历是在 18 世纪中叶以后。”[2]

哥白尼的“日心说”理论也脱胎于授时历

内容：哥白尼“日心说”抄袭雷乔蒙塔纳斯的著作；

雷乔蒙塔纳斯的知识来源为元朝的授时历

时间：1504 年

地点：意大利的波隆那[3]

事件：哥白尼获得雷乔蒙塔纳斯的《星历表》和《天文学概要》

来历：雷乔蒙塔纳斯的《星历表》和《天文学概要》抄袭了郑和的《星历表》

---

1 Donald K. Sharpes: *Advanced Educational Foundations for Teachers,* NY: Routledge, 2002, p.213. 见诸玄识:《虚构的西方文明史——古今西方“复制中国”考论》，山西人民出版社，2017 年，第 58 页。

2 Brian Nugent: *A Guide to the 18th Century Land Records in the Irish,* Corstown, 2013, p.31. 见诸玄识:《虚构的西方文明史——古今西方“复制中国”考论》，山西人民出版社，2017 年，第 63 页。

3 意大利城市，位于北部波河与亚平宁山脉之间，也是艾米利亚—罗马涅区—罗马涅的首府。

源头：郑和的《星历表》以郭守敬的授时历为基础。[1]

“公历”的来历[2]

约瑟夫·斯卡利杰编订儒略历参照元朝授时历。

从历法来说，中国上古文献《尚书·尧典》就已经明确提出一年为366日[3]，杜预《长历》曰：“《书》称期三百有六旬有六日，以闰月定四时，成岁。”将365又4分之1日说成366日，是因为“举全数而言，故曰六日，其实五日四分之一”。《史记·历书》记载了黄帝制定历法：“黄帝考定星历”；三代的历法：夏正、殷正、周正[4]，以及汉代的太初历等。子曰“行夏之时”是也。其后经过历代不断修订，到元代所测定、颁行的授时历则进一步精确化，将一年确定为365.2425日，距近代观测值365.2422日仅差25.92秒，达到了在利用现代科学手段进行实际测量之前所能达到精准度的极限。

图3 1962年发行的郭守敬纪念邮票

在授时历颁行300多年后，欧洲才有了格里高利历，现代世界通行的历法就是以格里历为基础的。然而，这部“伟大”的“格里历”是从哪里来的呢？据说是16世纪意大利医生、天文学家、哲学家、年代学家阿洛伊修斯·里利乌斯（Aloysius Lilius，约1519—1576）与克拉乌（Christophorus Clavius）等学者对古罗马儒略历加以改革制成的一种历法，由教皇格里高利十三世于1582年颁行。无巧不成书，剽窃中国纪年将其用于西方历史的“历

1 董并生：《虚构的古希腊文明——西方“古典历史”辨伪》，山西人民出版，2015年，第456—458页。

2 林鹏：《略论中学西被》，该文是诸玄识《虚构的西方文明史——古今西方“复制中国”考论》的序言，山西人民出版社，2017年10月。

3《尚书·尧典》：“期三百有六旬有六日，以闰月定四时，成岁。”这是人类历史上第一次将一年确定为366日的明确记载。

4《史记·历书》：“盖黄帝考定星历，建立五行，起消息，正闰余……夏正以正月，殷正以十二月，周正以十一月。”《史记索隐》：“世本及律历志黄帝使羲和占日，常仪占月，臾区占星气，伶伦造律吕，大桡作甲子，隶首作算数，容成综此六术而著调历也。”

史学之父"斯卡利杰，在第二年（1583）发表了这方面的专著《时间校正篇》（Opus de emendatione tempore）；他没有提到格里历，却"造出"一个儒略历。（详见诸玄识《虚构的西方文明史——古今西方"复制中国"考论》一书第2篇的考证）

既然不存在所谓古罗马的儒略历，那么格里历的来历也就成了问题。事实上，格里历与早于它300余年的授时历如出一辙[1]；因此，与其说格里历是教皇格里高利对儒略历的改革，毋宁说格里历就是授时历的翻版。不仅格里历袭用了授时历，哥白尼的"日心说"理论也脱胎于《授时历》。哥白尼"日心说"直接抄袭了雷乔蒙塔纳斯，而雷乔蒙塔纳斯的知识来源就是中国元朝的授时历。从1504年起，哥白尼已在波隆那获得雷乔蒙塔纳斯的《星历表》和《天文学概要》，雷乔蒙塔纳斯的《星历表》和《概要》抄袭了郑和的《星历表》，而郑和的《星历表》则以郭守敬的授时历为基础[2]。这就是"公历"的来历。

三、"耶诞纪年"的由来

成说：公元（Common Era），以耶稣出生为纪年的开始，因而原称"基督纪元"（Anno Domini）；它形成于公元525年，其设定者是神学家狄奥尼修斯·伊希格斯（Dionysius Exiguus, 约470—544，绰号Dennis the Little）。

考证：真假"狄奥尼修斯"

美国学者约瑟夫·惠利斯指出，"基督纪元"和狄奥尼修斯·伊希格斯，以及耶稣诞生的时间，都是伪造的。桑德坎也说："狄奥尼修斯·伊希格斯的

1 1279年，郭守敬向元世祖报告时，提出在太史院建造一座新的司天台，同时在全国范围进行大规模的天文测量的想法，得到了元世祖的批准。经过王恂、郭守敬等一起研究，在全国各地设立27个测点，最北的测点是铁勒（在今西伯利亚的叶尼塞河流域），最南的测点在南海（在今西沙群岛上），选派14名监候官员分别到各观测点进行观测。郭守敬也亲自到几个重要的观测点进行观测。各观测点把得到的数据向太史院进行汇总报告。郭守敬根据这些数据，花了两年时间编出了这部授时历。这种新历法比旧历法精确得多，它算出一年为365.2425日，同地球绕太阳一周的时间只相差不到26秒。这部《授时历》同现代世界通行的格里历（即公历）一年的周期相同，时间上却比格里高利历早301年。

2 董并生：《虚构的古希腊文明——西方"古典历史"辨伪》，山西人民出版社，2015年，第456—458页。

著作明显是假的。如果按照该书的算法，整个现代历史编年的大厦就会倒塌。因为伪造者尚未掌握高斯的复活节计算表册，所以才是错误百出的。”

罗纳德·克兰西站在正统西方的立场上论公元纪年和现行历法的产生，他提到两位同名的编年史家。他说：

> 在公元6世纪，狄奥尼修斯·伊希格斯（Dionysius Exiguus，“the Little”），在调查了耶稣诞生日之后，创造了神学编年和基督历法。到1627年，法国神职学者狄奥尼修斯·佩塔维斯（拉丁文姓名：Dionysius Petavius；法语姓名：Denis Petau，1583—1652）发明了耶稣诞辰前的事件编年序列，即“公元前”（B.C. = before Christ）。由此，今人通用的历法及其所体现的时间系统，是被两位相隔千年的编年史家狄奥尼修斯·伊希格斯和狄奥尼修斯·佩塔维斯，所共同发展起来的。

但实际上，这两位编年史家是一个人：“狄奥尼修斯·伊希格斯与狄奥尼修斯·佩塔维斯是同一个人！”（Denyis Petau would actually be the same person as Dionysius Exiguus）亦即，所谓的6世纪的“编年史家”（狄奥尼修斯·伊希格斯），就是17世纪的狄奥尼修斯·佩塔维斯（Dionysius Petavius，1583—1652）。[1]

1400年间三个历史学家同名为“狄奥尼修斯”

“斯卡利杰历史”（通行的西方历史学）有三个分别在不同世纪的编年史家，他们的名字都叫“狄奥尼修斯”（Dionysius）。

第一个编年史家叫“狄奥尼修斯”（Dionysius），据说死于公元265年。

第二个编年史家，即赫赫有名的狄奥尼修斯·伊希格斯（Dionysius Exiguus, 约470—544），他被称为公元纪元的“创立者”。

第三位编年史家“不是别人，而是著名的狄奥尼修斯·佩塔维斯（Dionysius Petavius，1583—1652）”。“佩塔维斯首次发明了‘公元前’（B.C.）

1 诸玄识：《虚构的西方文明史——古今西方“复制中国”考论》，山西人民出版社，2017年，第40页。

的计算时间的系统。”

最后一位是真实存在的，前两个都是他所“投射的幽灵”（phantom reflections）。

从名字上也可看出明显的线索，（6世纪）狄奥尼修斯·伊希格斯和（17世纪）狄奥尼修斯·佩塔维斯，是一个人；如下所示：

假编年史家：狄奥尼修斯·伊希格斯（Dionysius Exiguus, 约470—544）；真编年史家：狄奥尼修斯·佩塔维斯（Dionysius Petavius, 1583—1652）

从其名字上看，拉丁词源：Exiguus → Exigu = little（小），法语词源：Petau → petit = little（小），绰号Dennis the Little（丹尼斯“小”），法语名字：Denis Petau（丹尼斯“小”）。[1]

编造“耶稣纪年”的始作俑者：斯卡利杰的弟子

狄奥尼修斯·佩塔维斯（Dionysius Petavius）是斯卡利杰的弟子，他俩都是法国人；佩塔维斯在历史学科中的地位仅次于斯卡利杰，所以他被称为“Little”（小）。“petit”（小），演变为Petavius = Petau（v）+（i）us（后缀：博学），变成拉丁语为Exiguus（小）。由此，就出现了“古人”狄奥尼修斯·伊希格斯（Dionysius Exiguus）。斯卡利杰与佩塔维斯及其门徒，如此伪造古代编年史家的目的之一是，借“古人”之口来说明基督纪元“古已有之”；尽管如此，17世纪的著作仍然记载耶稣诞生于11—12世纪。[2]

考证：历史上的耶稣是12世纪人

耶稣诞生，“原本说是在狄奥尼修斯·佩塔维斯（Dionysius Petavius, 1583—1652）之前的500年，即公元12世纪；现在就变成了狄奥尼修斯·伊希格斯（Dionysius Exiguus, 约470—544）之前的500年，即公元元年左右。”[3]

根据几位国外学者的考证，17世纪的编年史家狄奥尼修斯·佩塔维斯被

1 诸玄识：《虚构的西方文明史——古今西方“复制中国”考论》，山西人民出版社，2017年，第49页。

2 同1。

3 同1。

“错当成”古代人。再说公元6世纪，西方全无文字和文献，也没有耶稣。诺萨夫特说：耶稣基督生于公元1152年，被钉十字架是1182年（Jesus Christ was born in AD 1152 and crucified in AD 1182 ）。[1]

“耶稣是中世纪的人，生于1152年，被钉十字架于1185年。”这可以和另一件事互相印证，即“1887年，诺托维茨（Nicolas Notovitch）写了一本书名为《不为人知的耶稣生涯》(*the Unknown Life of Jesus Christ*)，其中有一个关于圣徒伊萨（Saint Issa）的传奇。……圣徒伊萨就是耶稣，他去西藏学习佛教。”如果这个传奇能够被证实，那么，它暗示了耶稣生活的时间，因为，藏传佛教始于7世纪，11—12世纪是繁荣期，与喜马拉雅山两边交往密切。[2]

阿拉伯语中的“伊萨”，到了拉丁文中就成了“耶稣”。

一说：耶稣被钉十字架发生在1086年的君士坦丁堡。……福缅科院士断言，耶稣和教皇格里高利七世是同一个人，……耶稣是中世纪的人！[3]

四、约瑟夫斯的《犹太古史》——伪史孤证

约瑟夫斯著作是早期“犹太人历史”的唯一史料支撑

成说：“从严格意义上说，前现代时期的犹太人几乎不存在完整意义上的史学与史料（约瑟夫斯几乎是唯一的例外），在神学框架主导下的‘历史’意识构成了古代犹太史的独有特征，它与现代意义上的历史书写相去甚远，而更多地体现为集体记忆的形式。”[4]

这里所说的约瑟夫斯实际上更不靠谱，因为约瑟夫斯的“犹太史著作”也是伪书。

---

1 诸玄识:《虚构的西方文明史——古今西方“复制中国”考论》，山西人民出版社，2017年，第40页。

2 同1，第10页。

3 贝拉·卢卡奇博士指出:“耶稣生于1053年，被钉十字架是1086年，第一次十字军东征就是对该事件的直接反应。”见诸玄识博客《杜撰的世界历史——外国学者揭秘西方史学（之二）》。

4 张倩红、艾仁贵:《犹太史研究入门》，北京大学出版社，2017年，第43页。

考证：虚构古代犹太历史

成说：提图斯·弗拉维奥·约瑟夫斯（37—100），希伯来圣经中名为Joseph ben Matityahu，出生于罗马犹太省的耶路撒冷，犹太历史学家，代表作有《犹太古史》和《犹太战争》。在第一次犹太罗马战争中他曾经当过犹太叛军的军官，投降后作为参谋和翻译为罗马政府服务，并获得罗马公民身份。

考证："约瑟夫斯"就是"斯卡利杰"本人，将该著作手稿的作者"约瑟夫·斯卡利杰"缩略为"约瑟夫·斯"，捏造一个年代就成了公元1世纪的"约瑟夫斯"。

"约瑟夫斯"子虚乌有

唯一能够证明圣经和耶稣是"确实存在"和"古已有之"的，是犹太学者约瑟夫斯（弗拉维奥·约瑟夫斯，Flavius Josephus, 37—100）和他的著述。然而，诸多学者揭露这是"伪证"。首先是哈尔端，斥责约瑟夫斯是一个愚蠢、杜撰和欺诈的作者（a foolish, forged and fraudulent author）。[1]哈尔端指出，作者从未到过耶路撒冷；因为他把耶路撒冷的该撒利亚放置于腓尼基。[2]

约瑟夫斯就是16世纪的约瑟夫·斯卡利杰

很有可能都是利用错觉（phantom），为了证明圣经和耶稣的存在与时间，由约瑟夫（斯卡利杰）"衍变"为约瑟夫斯（法文Joseph→拉丁文Josephus）；同样，为了证明"公元纪元"的可靠性，由狄奥尼修斯·佩塔维斯"衍变"为狄奥尼修斯·伊希格斯（都叫"小狄奥尼修斯"或"小丹尼斯"，法文与拉丁文的写法差异而已）。显然，斯卡利杰的署上自己的名字的著述（古犹太、古罗马和基督教三者互证），与佩塔维斯的署上自己的名字的著述（论公元纪元），都被他们的门徒提早了一千多年。[3]

---

1 *The New Complete Works of Josephus,* Grand Rapids: Kregal Publications, 1999, p.1077.

2 *The Works of Flavius Josephus by William Whiston,* Grand Rapids: Kregal Publications, 1993, p.1006.

3 诸玄识：《虚构的西方文明史——古今西方"复制中国"考论》，山西人民出版社，2017年，第50页。

约瑟夫·斯卡利杰书斋发现“约瑟夫斯手稿”

署名“约瑟夫”即拉丁文“约瑟夫斯”。

有一件事非常奇怪：接受斯卡利杰遗赠（中国资料）的葛马如，在斯卡利杰的书斋发现了约瑟夫斯的希腊文手稿。这或许就是斯卡利杰自己的署名作品（斯卡利杰的全名包含“约瑟夫”，用拉丁文写它，即“约瑟夫斯”）。斯卡利杰是个语言学家，希腊文极好。再者，任何一部1600年前的“手稿”都不可能传下来；况且那时也没有纸张与印刷，而且也不可能有文字与历史。[1]

大名鼎鼎的“约瑟夫斯”，原来是“约瑟夫·斯卡利杰”的拉丁文缩写！这一缩写不打紧，时间却差了一千几百年。

五、“古希腊历史”的来历——移花接木

第一个较系统的“古希腊编年史”是被斯卡利杰编造出来的（那个时代的欧洲学者几乎全都知道这是假的，所以两百多年中无人问津）。据说斯卡利杰是基于乔治·辛斯勒（George Syncellus, 公元800）的抄本，“重建”希腊编年史的，该抄本中也包含了古埃及祭司曼涅托的关于埃及王朝的列表。[2]然而，辛斯勒和曼涅托及其“古埃及”都是文艺复兴时期的安尼乌斯伪造的。[3]再者，“曼涅托版”的埃及第一王朝是在世界创世之前，[4]如果按照它，斯卡利杰就会陷于“时间混乱”；所以，全靠他所掌握的中国的天文历法和朝代帝王年表来“统筹安排”。[5]

11—16世纪希腊和意大利的“巨大幻觉”

为了探讨伪造“西方古典”的原委，让我们来综述一下几位外国学者的

---

1 诸玄识:《虚构的西方文明史——古今西方“复制中国”考论》，山西人民出版社，2017年，第50—51页。

2 Dmitri Levitin: *Ancient Wisdom in the Age of the New Science*, 2015, p.157.

3 *The London encyclopaedia*, Universalis Dictionary, vol. 3, 1829, p.347.

4 Paula Findlen: *Athanasius Kircher: The Last Man who Knew Everything*, p.178.

5 同1，第137页。

研究。[1]

斯卡利杰模仿中国历史而设计出“圣经编年”（世界历史的时间主轴），后来变成了体现主流西方历史学的“斯卡利杰编年”（Scaligerian chronology）。它把中世纪发生的诸多事件夸大，并且向古代推了1800年，就变成了“古希腊”。但那是11—16世纪的希腊和意大利所发生的事引起“巨大幻觉”（gigantic phantom），以致变成了所谓的“古典希腊”的历史了。这个幻觉比真实的情景要美好得多。历史学家谢尔盖耶夫（V. S. Sergeyev）说：“（古希腊）城邦在更小规模上类似于中世纪的意大利城邦。”实际上，古希腊的杜撰者在很大程度上是取材于中世纪后期的意大利城市国家的。

被纳入“斯卡利杰式的历史模式”中的古希腊神话与历史，总是成功地刺激现代读者的情绪反应。另一方面，很少人听说，中世纪欧洲的十字军是发生在“泛希腊”的领土上，这正是“古典世界”的原型！通行的说法是，公元前8—6世纪的“泛希腊”的殖民扩张，是“希腊历史”中的很重要的一段，但这实际上是12—13世纪欧洲的十字军远征的幻觉与夸大。[2]

六、炮制古埃及年表——生搬硬套

关于古埃及的朝代帝王的列表，最早是斯卡利杰根据安尼乌斯伪造的古埃及曼涅托的著述，参照中国历史年表而炮制出来的。

埃里克教授说：“拉·裴瑞尔斯（La Peyrere）和他的追随者引用极为精确的‘中央王国’的编年史，证明他们的观点（他们相信，迦勒底和埃及是‘最古老的文明’）。”[3] 此须解释，维护圣经权威的神父否认“异教文明”有更悠久的历史，而伪造古埃及和迦勒底（巴比伦）的裴瑞尔斯及其追随者，则

1 *History, Fiction Or Science: Chronology By A. Fomenko,* Chapter 3, Delamere, Publishing, 2005, pp.231–241.

2 诸玄识：《虚构的西方文明史——古今西方“复制中国”考论》，山西人民出版社，2017年，第93—94页。

3 Eric Jorink，Dirk van Miert: *Isaac Vossius（1618—1689）Between Science and Scholarship,* pp.43–44.

只好使用真实的中国资料予以反驳神父。[1]

斯卡利杰把“历史残片”融为一体

埃里克教授又说：

> 斯卡利杰收集和评估古埃及学者曼涅托和迦勒底祭司波洛修斯的残片。他发挥其圣经学和语言学的天赋验证它们。杰出的多明我修士，安尼乌斯（Annius, 1432—1502）伪造了古代世界的历史，发表于1498年，其销量超过希罗多德和狄奥多。安尼乌斯的伪史包括假的波洛修斯和曼涅托的著述。虽然斯卡利杰先是轻蔑地拒绝安尼乌斯的伪造，并且说谁要是认为两者（曼涅托和波洛修斯）是最好的编年史家，那他就是愚蠢的；但是，斯卡利杰自己最后还是证明这类新出现的文献，不是被伪造的。他设法修编它们，把“历史残片”融为一体；如此“成就”令其同人兴奋不已，却招致那个时代的几乎整个欧洲学者们的批评。[2]

格兰特·伯克利等教授批评道：“每一个相关的学者都千篇一律地使用那包含着32个法老王朝的埃及编年。据说，这个‘历史’上溯到公元前3000年；它是基于公元前230年左右的曼涅托（Manetho）所编篡的‘历史’，后者却哪里存在呢！”[3]

斯卡利杰以中国历史为“模板”编造了“古埃及编年史”

斯卡利杰的门徒佩塔维斯，批评斯卡利杰所设计的埃及朝代及其所基于的曼涅托（编年史），都是伪造和荒谬的。[4]

---

1 诸玄识:《虚构的西方文明史——古今西方“复制中国”考论》，山西人民出版社，2017年，第99页。

2 Eric Jorink，Dirk van Miert: *Isaac Vossius（1618—1689）Between Science and Scholarship,* p.47.

3 Grant Berkley，BaramBlackett，Alan Wilson, J.: *Moses in the Hieroglyphs,* Trafford Publishing, 2006, p.495.

4 Paula Findlen: *Athanasius Kircher,* p.178.

福修斯讽刺道：迦勒底人与埃及人是在沙滩上被制作成为伟大的古代（the Chaldeans and Egyptians made to great antiquity rested on sand）。[1]

斯卡利杰以中国历史为"模板"，而制成了"古埃及编年史"；他却谎称找到了古埃及人曼涅托（Manetho）的残片，从而能够再现这个"古老文明"。结果，他弄巧成拙，自相矛盾，以致备受责难。[2]

虽然西方历史的缔造者（斯卡利杰等）把中国历史作为"蓝本"，但他们只是把它当作工具——作为伪造西方版的世界历史的时间参照；这从他们对待中国编年与"圣经编年"及埃及历史的关系上，可见一斑。即迈克尔·罗素说："用什么方法可以做出埃及的各个王朝？……最终认为考虑中国的，也就是她的最精确编年史（what lastly, is to be thought concerning the Chinese, whose most accurate chronology）。"[3]

18世纪的神职学者约翰·杰克逊在其所著《古代编年史》中写道，早期编年史家计算古埃及国王的统治时间是按"中国编年的方法"（all that Year was reckoned to his Reign, which was the Method of the Chinese Annals）。[4]

他又说：

> 显而易见，如前所述的所有的最古老的编年史，中国的……是被一致认同的，尽管它与摩西的希伯来文本版《圣经》大相径庭。这个差别不被我们伟大的编年史家所考虑，他们是斯卡利杰、佩塔维斯……。他们认为摩西—希伯来编年是天经地义的，而拒绝考虑，迦勒底、亚述和埃及等编年史都是虚拟的、寓言式的。……他们只是以希伯来编年史为标准，来削减其他的编年的时间。[5]

---

1 Eric Jorink，Dirk van Miert: *Isaac Vossius（1618–1689）Between Science and Scholarship,* p.43.

2 诸玄识：《虚构的西方文明史——古今西方"复制中国"考论》，山西人民出版社，2017年，第100页。

3 Michael Russell: A Connection of Sacred and Profane History: From the Death of Joshua to the Decline of the Kingdoms of Israel and Judah（Intended to Complete the Works of Shuckford and Prideaux）, William Tegg, 1865, p.56, nate 1.

4 John Jackson: *chronological Antiquities,* vol. 1, London, 1752, p.435.

5 John Jackson: *chronological Antiquities,* vol. 1,p.xxviii. 诸玄识：《虚构的西方文明史——古今西方"复制中国"考论》，山西人民出版社，2017年，第100—101页。

斯卡利杰陷入时间难题

对此，美国学者詹姆斯·乔丹写道：斯卡利杰陷入难题，它复原公元前2世纪埃及的希腊学者曼涅托的“拜占庭残片”，计算出从最早国王开始的、共30个埃及朝代的长度；斯卡利杰定位第一王朝是公元前5285年，但是，非常沮丧，因为比“创世纪”的公元前3949年多出1300多年。（其后）许多学者寻求设想有不少王朝是同时并存的（从而减掉几千），于是，就使“曼涅托朝代年表”与“圣经编年”相妥协。随着圣经的威信扫地，世俗学者越来越依靠“曼涅托编年史”，反而让“圣经编年”削足适履。……但“曼涅托编年史”也是错误百出，它制造了公元前1100年至公元前800年的环地中海的“黑暗时代”……[1]

虚构古埃及历史——以13—17世纪埃及、奥斯曼记事为蓝本

荷兰历史学家索赛（Chantepie de la Saussaye, 1848—1920）于19世纪末写道：“埃及学，似乎给永恒黑暗的古代埃及撒了一些辉光；但它只是80年前才问世的，开始仅是极少数人的特权领地，他们的‘研究成果’却被普及开来，……其内容错误百出。”[2]

极为讽刺的是，这里说的“埃及学”——西方中心论的一个重要支柱——缘起于“汉学”。

莫洛佐夫（N. A. Morozov）指出：“斯卡利杰式的古代埃及历史教科书……是根据中世纪13—17世纪的埃及和14—17世纪的泛蒙古帝国（包括奥斯曼等）的记事，编纂出来的。”再者，“圣经中的‘埃及’和现代埃及这片土地毫无关系”。[3]

曼涅托的埃及王朝并非基于原始文献

美国乔治亚南方大学教授特罗伊·艾伦指出：“埃及学作为一个学科，

---

1 James B. Jordan: *BIBLICAL CHRONOLOGY,* Vol. 10, No. 9, September, 1998. 诸玄识：《虚构的西方文明史——古今西方“复制中国”考论》，山西人民出版社，2017年，第100页。

2 A.Fomenko: History: Fiction or Science Chronology 1, Mithec, 2006, p. 24.

3 同2，第465页。

诞生于伪科学和心理萎靡的气候下（Egyptology emerged as a discipline in this climate of pseudo-science and psychological malaise），带来了很多问题，从而几乎不可能使欧洲学者了解古代埃及……"[1]

托夫勒迈博士严厉批评现在通行的"埃及标准编年史"。他说：

> 比契克（R. Beechick）发现《乌雪圣经年表》的不可信，它把历史延伸到公元前 10000 年。比契克注意到曼涅托的埃及王朝系列是被吹捧起来的，而不是基于原始文献。公元前的"黑暗时代"也是夸张的。詹姆斯（Peter James, 英国历史学家）在其论早期历史的学术著作中，同样断言埃及王朝系列与"黑暗时代"都是夸张。……不存在原始的"埃及编年史"。……标准的埃及编年史是在 20 世纪初被发展起来的，它是基于这样的假设，即没有同时并存的两个埃及王朝（这明显是不真实的）。关于埃及王朝系列的计算和推演是基于所谓的天狼星周期（这是个没有实证材料所支持的假设）。对照这个……被发明的、基于错误推测和假设历法，因而是很有问题的埃及编年史……一些"创造论"考古学家（例如中东历史学家维利科夫斯基，Velikovsky）断言，标准的埃及编年史是错误的。[2]

七、虚构两河流域历史——指鹿为马

作为那个时代"最伟大的学者之一"的斯卡利杰本想"出污泥而不染"；但却陷得更深，而成为杜撰历史的"集大成者"。他在一封信中写道，"对于现在的寻找古代和历史的知识倾向，（我）发誓彻底鄙视之"；他宁愿冒险犯错，也不想收集那些无根据的古代废物，来填满脑袋。然而，他和他的同人都只能是倾向于"人文主义处方"（the Humanist prescriptions），去不厌其烦地模仿历史。[3] 这特别是指，斯卡利杰最先揭露安尼乌斯（Annius）伪造古埃及

---

1 Troy D. Allen: *The Ancient Egyptian Family: Kinship and Social Structure,* NY: Routledge, p.8.

2 Dr. T. J. Tofflemire: *Evidences for God and His Creations, Bloomington: Author House,* 2011, pp.77–78.

3 John Burrow: *A history of Histories,* Penguin Books, 2009, p.310.

和巴比伦，但到最后却又采用之。[1]

斯卡利杰史学的“虚幻源头”

西方史学的基本原则之一是“虚构历史”。因为没有文字，因而没有历史记载，也就没有历史。于是不得已，不得不从虚构的语言中获取灵感，或者从他者袭取一个坐标，来构造出属于自己的历史。

“原史模式”（Model Urgeschichte）——弗里斯兰寓言

启迪斯卡利杰发生思想转变的“灵感”（从而接纳被伪造的古埃及和巴比伦），是文明与历史的“虚幻源头”。对此，属于主流西方的葛拉芙顿教授写道：斯卡利杰没有设法拒绝“真的”波洛修斯（Berosus, 公元前 3 世纪，著《巴比伦—迦勒底史》），他以前视之为假的。没有（莱顿大学）学者指导他，怎么从其大部分内容都是伪造的文献里，找到可信的文字，是什么启迪他的呢？

答案是清楚的和肯定的：16 世纪的早期，在荷兰的弗里斯兰附近，一些学者设想了一个“原史模式”（Model Urgeschichte）；他们宣称：有三个印度绅士，弗里索（Friso）、萨克索（Saxo）和布鲁诺（Bruno），在公元前 4 世纪离开故国，师从柏拉图，并与马其顿的菲力浦和亚历山大战斗；然后定居在弗里斯兰。他们驱除土著巨人，建立了格罗宁根（荷兰地名）。[2]

斯卡利杰接受伪史资料

在 1600 年左右，上述荒诞的故事惹火了被斯卡利杰所崇拜的人文主义批评家埃梅厄斯（UbboEmmius, 1547—1625），他批评道：弗里索和他的朋友仅是寓言，是源于杜撰的资料。然而，佩特里（Suffridus Petri, 1527—1597）捍卫弗里斯兰神话，把它翻译成拉丁文传播；他宣称，古代文献现已丧失，但是大众民歌如早年罗马和日耳曼的《布兰诗歌》（*Carmina Burana*），久闻于

1 诸玄识：《虚构的西方文明史——古今西方“复制中国”考论》，山西人民出版社，2017 年，第 102 页。

2 同 1。

李维和塔西佗的作品中，即便是正规的历史学家都不具有（引者按：诸如此类的传说被构想为西方文明的"源头"）。

佩特里主张，即使包含寓言的大众传闻，也不可被牺牲掉；"一个好的历史学家不应该因为是寓言，就简单地弃绝古代，而是通过净化寓言来认识古代"。一句话，口语传统需要批判性地吸收。斯卡利杰了解这番辩论，试图提炼荷兰的原初神秘，就像斯卡利杰自己试图提炼埃及和巴比伦一样；重要的是，他本人的反应：他赞扬埃梅厄斯（摈弃传闻），却模仿佩特里（发掘传闻）。以宽容与折中的态度对后者，于是，佩特里推荐弗里索（印度绅士），预示着斯卡利杰接受了公元前4—3世纪的"传奇人物"波洛修斯（"巴比伦史学家"）和曼涅托（"古埃及史学家"）。[1]

斯卡利杰发表"巴比伦原史"

斯卡利杰（按照弗里斯兰"原史模式"）发表了"巴比伦原史"（Babylonian Urgeschichte），当此之时，他捍卫它，鼓吹其创作至少就像李维所展示的古代故事那样值得尊重。这是由神话变形为真事。他使用伪造的和幻想的工具，制作出"真实的"古代近东，将其融入西方传统之中（Scaliger… used a forger's and fantast's tool to integrate the real ancient Near East into the Western tradition）。

即使这回的伪造者是佩特里，而不是安尼乌斯（伪造了古埃及史家曼涅托和巴比伦史家波洛修斯的残片），那么，他（斯卡利杰）也是一个伪造者，并且从语言学的知识世界提供了征服性的利器。[2]

斯卡利杰将"真、假历史"熔为一炉

在哥伦布和达·伽马越洋冒险之际，放眼偌大的世界，安尼乌斯（Annius）应和新形势，而伪造了一系列西方的"世界历史"。他首先把西班牙、意大利、法国和德国等民族历史与诺亚（圣经）衔接起来，说它们起源

1 诸玄识:《虚构的西方文明史——古今西方"复制中国"考论》，山西人民出版社，2017年，第102—103页。

2 Anthony Grafton，Ann Blair: *The Transmission of Culture in Early Modern Europe*, Philadelphia: University of Pennsylvania Press, 1990, pp.31–32.

于无比优越的亚当的进化线。[1]（而当时的欧洲基本上是“文化荒漠”）。安尼乌斯进一步“历史拓荒”，把欧洲的“历史”与圣经中的“近东”联系起来，溯源比“希腊、罗马”更为深远的“西方源头”。[2]

16、17世纪之交，欧洲存在着两种历史潮流：一是安尼乌斯的假历史（包括欧洲史、古埃及和巴比伦史等）。一是中国的真历史（genuine Chinese histories）。[3]然而，斯卡利杰对如此“真历史、假历史”兼收并蓄，并将其熔为一炉。

进而言之，斯卡利杰在安尼乌斯伪造（埃及、两河文明）的基础上，还罗列各种各样的传说，并将其拼凑起来，纳入“中国—圣经编年”的时间序列之中，而形成“古代近东”。到19世纪，西方中心论按照“斯卡利杰模式”，进行“科学考古”（定向复原），终于再现出西边的“古老文明”。[4]

先以假为真，200年后补充伪证

葛拉芙顿教授写道：在斯卡利杰之前的一个世纪，有一部伪史，作者就叫“波洛修斯”（Berosus），是一个迦勒底祭司；该书畅销于16世纪，腐蚀了早年的欧洲各国的历史。斯卡利杰曾是“伪波洛修斯”的最尖锐批判者之一，如此情景使他有各种理由抛弃狂妄之伪造……

（然而）到1606年，他编纂其最后一部著作——关于世界历史的《年代学宝典》，当此之时，他竟填入他能发现的所有的波洛修斯的文字，精确设定其资料的日期；甚至用收集到的前所未闻的资料，来夸张其内容，也不加注解。斯卡利杰捍卫波洛修斯的著述，就像对待曼涅托的（指埃及史）一样；他把两者“复原”，并且出版，犹如真正的近东历史。……这些明显是神话般的异教历史，裹着神秘款式的史实（the apparent fabulous histories of the pagans clothed real events in mythical form）。

由此，斯卡利杰保存、保卫了我们现在知道是“第一真实的、大规模的

1 Urs App: *The Birth of Orientalism,* Philadelphia: University of Pennsylvania Press, 2010, p.6.

2 Anthony Grafton，Ann Blair: *The Transmission of Culture in Early Modern Europe,* p.16.

3 Anthony Grafton: *What was History*? Cambridge University Press, 2007, p.198.

4 诸玄识：《虚构的西方文明史——古今西方“复制中国”考论》，山西人民出版社，2017年，第103—104页。

古代近东原史”，从那儿，现代西方一路走来。他的创作是如此地离奇于西方传统，以致它们很难被说得通；直到两百多年后，人们发现和破译与他的记录相吻合的楔形文字，才豁然开朗。[1]

“考古学十字军”运动

我们怎样才能弄明白斯卡利杰的占卜神算（divinatory prowess），突破他那个时代的偏见，而看中和利用他所得到的近东残片呢？[2]

这就是说，斯卡利杰把他所收集到的大量神话和伪造的材料，充当“正史”；竟然在两百多年之后被“科学考古”证明都是“真的”。这是怎么回事？难道斯卡利杰是“先知先觉”？

斯卡利杰成功“弄假成真”的原因是19世纪，西方中心论、帝国主义列强和共济会三者合流，对近东地区展开了“考古学十字军”运动，掀起了用科学手段伪造“西方古老文明”的新高潮。

换言之，迦勒底—美索不达米亚（苏美尔、阿卡德、巴比伦、亚述和赫梯等）成了“人类文明的摇篮”。这是如何缘起的呢？西方的编年历史学之父斯卡利杰综合之前被杜撰的《圣经》内外的文献资料，再承上启下经过后来的伪造者——西方中心论与共济会之手，终于塑造出了世界文明的历史源头！[3]

伪证举例：拿13世纪阿拉伯文物冒充5000年前“苏美尔文明”

半发掘、半伪造两个最古老的“近东文明”（埃及和美索不达米亚），它所发掘的，或是“史前文明”的残迹，或是丝绸之路的遗物，都被拿来佐证“古老文明”，例如：

> 考古学家伍利（L. Wooley）披露，我们所见的大量的被归于古代王朝系列的文物，是和考古实情相矛盾的。让我们举一个具有代表性

1 诸玄识：《虚构的西方文明史——古今西方“复制中国”考论》，山西人民出版社，2017年，第104页。

2 Anthony Grafton，Ann Blair: *The Transmission of Culture in Early Modern Europe,* pp.8–9.

3 同1，第104—105页。

例子来说明。人们被告知，一个最古老的苏美尔皇家墓群被发掘，其建造时间是，大约在公元前3000年。但伍利教授，从陪葬品中的黄金香水器皿断定，它是阿拉伯起源，属于第13世纪早期的文物……[1]

通天塔的演变——由神话变成“古老文明”

共济会刊物上这样写道：“巴比伦是第一个城邦国家和城市（文明）中心。在此之前，绝大部分的人群处于氏族部落的原始阶段。苏美尔人奠基了政治与社会架构，但大范围的帝国管理是从巴比伦开始的。巴比伦文明首次凝合大群心灵，实现‘集中管理’，从而使大型农业和水利工程成为可能性，这是它的最伟大的成就。”[2] 本书后文将会阐明，这个旨在用秘密手段主宰世界的共济会（和与之相关的光明会），亦是使用“中国模板”——吸取中国智慧来形成其自身的精神源流，而且也用它来参与伪造西方的“古老文明、古典文明”。

《巴别塔》（图4）作于16世纪初，表现传说中的巴别塔。巴别塔是《圣经·旧约·创世记》第11章故事中人们建造的塔。根据篇章记载，当时人类联合起来兴建希望能通往天堂的高塔；为了阻止人类的计划，上帝让人类说不同的语言，使人类相互之间不能沟通，计划因此失败，人类自此各散东西。此事件，为世上出现不同语言和种族提供解释。

图4 老彼得·勃鲁盖尔画作《巴别塔》

通天塔的演变：“巴别塔”（Babel）→“巴比伦”（Babylon）。这是《旧约》——中古后期成书中的

1 A.Fomenko: History: *Fiction or Science? Chronology 1,* Mithec, 2006, p. 25. 见诸玄识《虚构的西方文明史——古今西方“复制中国”考论》，山西人民出版社，2017年，第121页。

2 Tag Archives: Freemasonry, 15 Mar. p. 1015.

神话，而今则变成了"古老文明"。批判者指出："著名的创世纪故事和它的神秘定义服务于奠基古今传统和现行社会制度，它的部分内容被伪造成'古代'的美索不达米亚祭司的泥版铭文（楔形文字），凭借它来宣传'巴比伦范式'（Babylonian paradigm）。"[1]

朱迪思·瑞安、阿尔弗雷德·托马斯说：纽约大都市博物馆馆长奥斯卡·勒拉（Oscar White Muscarella）所著《谎言变得伟大：古代近东文明的伪造》（*the Lie Became: the Forgery of Ancient Near Eastern Culture*, 2000）宣称："伪造的文化"是现阶段（文化）的标识。……我们生活在"伪造的文化"之中，所以，这是真实的，即我们的文化是伪造的。[2]

八、杜撰中世纪历史——千年倒影

古代和中世纪的编年史是后来杜撰的，其中的大部分成型于16—17世纪，开始于约瑟夫·斯卡利杰（Joseph Scaliger, 1540—1609）的著述。[3]

"寻根之路"死胡同

综合美国作家布莱恩·邓宁和其他几位学者的探索：[4]

"错觉时间设定"（the phantom time hypothesis）是德国历史学家伊利格（Heribert Illig）提出的，关于研究"历史阴谋论"的理论，它揭露公元纪元（Anno Domini）的时间序列是伪造的。亦即，是神圣罗马帝国皇帝奥托三世，西尔维斯特二世，可能还有拜占庭皇帝君士坦丁七世，通过向前拉长时间的方式，伪造了公元纪元；他们主观地设定了一个特定的时间基点——公元

---

1 *Ancient Anunnaki Sparked Illuminati World Order says Cuneiform Tablets,* March 8, 2015,

2 Judith Ryan，Alfred Thomas: *Cultures of Forgery: Making Nations,* NY: Routledge, 2003, Making Selves, p.ix.

3 见诸玄识2015年7月21日新浪博客:《杜撰的世界历史（三）："复兴古代"竟是伪造》。

4 *The Phantom Time Hypothesis, by the Church. by Brian Dunning,* October 16, 2012. https://skeptoid.com/episodes/4332

1000 年（AD 1000），以此来杜撰历史，发明了英雄人物查理曼。[1]

今天，我们回顾历史，但所有的“寻根之路”都是死胡同；因为我们感到，历史上写的大块篇章实际上是从未发生过的。

“黑暗时代”纯属捏造

“错觉时间设定”意味着，过去几千年的编年史是最近（中古后期）的事件或神话的幻影与变异。整个的诸世纪的假历史，都是统治阶级与主流学者在事后镶嵌于日历（时间序列）之中的。

“黑暗时代”（欧洲中世纪的前期和中期）的历史更是子虚乌有，全是被捏造的。他们人为地把中古与近代之交的神话，通过幻觉投射到了过去，从而把历史拉长了两千多年，以致我们今天误认为，存在着“公元元年”前后的文明篇章。[2]

折叠千年历史，宛如“时光隧道”

首次揭秘西方历史的“错觉设定”的，是 17 世纪左右的法国文献学家哈尔端。他确信，绝大部分的有关古代希腊和罗马的文献、文物，都是 13 世纪欧洲的一批神职学者系统地伪造出来的。进而，一些现代学者借助于时间统计与天文观察，则证明哈尔端所揭秘的只是冰山一角；亦即神职学者伪造了所有的古代希腊、罗马、埃及、苏美尔、巴比伦、亚述、波斯和犹太史，以及中古的欧洲史与“翻译运动”（再现古典）等，并将其镶嵌于数千年的“时间序列”之中。耶稣并非在世于“公元元年”左右，而是中世纪的人物；假如我们穿越“时光隧道”，只需 900 年左右就可以见到他了！

关于中世纪欧洲，缺少文献和考古的证据；实际上，历史上所说的事件与人物根本不存在，作为“中心人物”之一的查理曼大帝是编造出来的。[3]

---

1 Phantom time hypothesis From Wikipedia, the free encyclopedia.

2 诸玄识：《虚构的西方文明史——古今西方“复制中国”考论》，山西人民出版社，2017 年，第 53 页。

3 同 2。

结语

斯卡利杰设计"圣经编年"、抄袭中国时间，是杜撰西方伪史的奠基性人物。从欧洲历法的起源，到"耶诞纪年"的由来，乃至虚构古犹太教、古希腊、古罗马、古埃及、古巴比伦历史及中世纪历史等，斯卡利杰都是始作俑者。

斯卡利杰作为19世纪欧洲中心论"文化十字军"的先驱，为西方历史学抄袭中国历史，从而为西方中心论的形成奠定了"历史学"（伪史学）的基础。

值得一提的是，欧洲"自然法"的源头也出自斯卡利杰一系，通过承袭宋明理学的概念，派生出近现代欧洲的核心价值概念体系。

欧洲自然法的鼻祖格劳秀斯是斯卡利杰的学生。据我们初步考证，欧洲的自然法及自然神学起源于中国的宋明理学。在中学西被的过程中，来自中国的雅言传入欧洲，促成欧洲的宗教改革、启蒙运动及法国大革命，并形成了欧洲近现代学术传统。但是，中国的雅言进入欧洲之后，与欧洲本身既有的观念结合，发生了变异；随着西方中心论的兴起以及殖民扩张，又将变异了的概念直接地通过传教士，或间接地经过日本的和制汉语辗转传回中国，形成了现代汉语的概念基础。[1]这也是西方中心论"话语权"问题的症结所在。

---

1 林鹏、诸玄识、董并生:《西方中心论批判》（第三卷），该书被列入《西方历史辨伪丛书》。

西方文学与“中国风”

林　鹏

在欧洲有四部作品被称为文学史上的“里程碑”。第一座“里程碑”是古希腊的《荷马史诗》(希腊文)，第二座是中世纪末期但丁的《神曲》(意大利土语)，第三座是文艺复兴时期的莎士比亚剧作（英文），第四座是 19 世纪歌德的《浮士德》(德文)。然而，这四座“里程碑”恰好可以用来标识现行西方文学史是伪史。

被称为西方文学第一座“里程碑”的《荷马史诗》，据说为公元前 8 世纪后“泛希腊”的小亚细亚盲诗人荷马的作品。这部史诗集古希腊口述文学、传奇故事之大成，被指为西方文学的开山之作。不仅如此，在整个所谓“希腊文明”概念中，《荷马史诗》起着一种历史坐标的作用，荷马之前属于没有文字的史前时代，荷马之后则进入了“文明时代”。《荷马史诗》实际上成了西方古典学的核心文献，包括文学与美学、神话与神秘、历史与历法等“文明基因”；到了近现代，它进而成为西方历史学和考古学的出发点。[1]

然而，古希腊文明出于虚构，这部“史诗”与希罗多德《历史》及修昔底德《伯罗奔尼撒战争史》并称为伪古希腊三大名著，三者均出于近世的捏造。其中，《荷马史诗》所使用的所谓的“希腊文”是一种实际上并不存在的“人造语言”。[2]原来我们今天所见到的《荷马史诗》并非基于所谓的“希

1 林鹏、诸玄识、董并生:《“中国风”影响下重塑的经典——基于“中国盒子”构思的“荷马史诗”》,《名作欣赏》2018 年第 10—11 期。

2 董并生:《虚构的古希腊文明——欧洲“古典历史”辨伪》第 2 章，山西人民出版社，2015 年。

腊文”，而是在18世纪由英国诗人蒲柏以翻译的名义新创作的作品（《伊利亚特》完成于1720年,《奥德赛》完成于1726年）, 与“莎士比亚剧作”的新作（1725年蒲柏版莎士比亚作品发表）属于同一时期。

图1 《荷马史诗》书影

值得注意的是，稍后，在蒲柏版《荷马史诗》这部伪书之外，还有一部类似的史诗《莪相》（又名《奥西恩》）问世，该史诗据称为公元3世纪诗人奥西恩创作，被称为“北方的荷马”。《莪相》于1762年出版后，在半个世纪内一直是欧洲阅读最广泛的诗歌。当时认为《莪相》这部史诗比《荷马史诗》更好。拿破仑远征埃及时还携带了此书。然而，这部推动欧洲浪漫主义文学运动的史诗《莪相》原来也是一部伪书，造伪者名叫詹姆斯·麦克弗森（James MacPherson）。[1] 据诸玄识、董并生的研究,《莪相》是对蒲柏版《荷马史诗》的承袭和发扬，在知识背景上，麦克弗森的作品也像蒲柏的《荷马史诗》一样，同为中国源。

图2　近代制作流传的“古希腊盲诗人荷马”雕像

西方文学史上另一部“划时代”的作品是但丁的《神曲》。让我们先看一下学术界对但丁作品的评价:“14世纪初但丁的《神曲》为矗立于中世纪黑夜终结与新的黎明诞生的门槛的里程碑——继《荷马史诗》之后的第二座西方文学的里程碑。”[2] 这种超高度评价来自19世纪欧洲学界对但丁的认识：

> 封建的中世纪的终结和现代资本主义纪元的开端，是以一位大人物为标志的。这位人物就是意大利人但丁，他是中世纪的最后一位诗

1 董并生:《虚构的古希腊文明——欧洲“古典历史”辨伪》第2章，山西人民出版社，2015年6月。

2 徐葆耕:《西方文学十五讲》（修订版），香港中和出版有限公司，2018年，第8页。

人，同时又是新时代的最初一位诗人。[1]

图 3　但丁画像

20 世纪德国文献学家对但丁《神曲》内容的描述：“神学政治预言，是 12、13 世纪图画反复出现的一个特点。然而在但丁笔下，它获得了思维的基础结构（intellectual substructure），而他的诗意想象力、鞭笞热情，以及一百章诗节的严丝合缝、一气呵成，奏响了这则预言的最强音。它是但丁向中世纪西方传统投入的酵母。这酵母渗入凝固的面团，直达深处，并将其塑造成新模样。这是但丁为‘世代书籍与学校’（der Zeiten Buch und Schule）（格奥尔格）进行的规划，亦即对整个文学传统的规划。但丁的思想与灵魂，他的建筑构想与炽热心灵，他意愿的矛盾（其需要付出惊人的努力，且固执地表达不可言传之事），这些就是让‘十个沉默世纪’显形的力量。一个人单枪匹马，孑然一身，面对整个千年（millennium），并改变那个历史的世界。爱、秩序、拯救是他内心幻象的焦点——巨大的矛盾集结于光的天界（spheres of light）。它们彼此投射，彼此萦绕，形成星系和图案。它们必须扩展成形状、唱诗班、灵魂之链、律法、预言。我们必须把但丁内在幻象的充盈完满的范围，理解为整个宇宙，包括宇宙的四面八方。我们需要最宏大的参照结构。从但丁以神话和预言形式详述的每种经验，到现有问题的每个要点，无不如此。它们被坚如磐石的物质锻打、铆合。一个语言与思想结构便由此诞生，它包罗万象，具有多层意义，而且像宇宙一样不可改变。它的介质是三韵体（terza rima）——一种融合了无限连贯原则与严丝合缝的韵律形式。其目标与结果是，但丁的内在与宇宙的外在完美地重合，两者相互贯通，灵魂与宇宙相一致。”[2]

然而，今天我们所见到的《神曲》，并非 14 世纪但丁意大利土语作品的

1　恩格斯：《〈共产党宣言〉1893 年意大利文版序言〈致意大利读者〉》，载《马克思恩格斯选集》第 1 卷，人民出版社，1972 年，第 249 页。

2　［德］恩斯特 · R. 库尔提乌斯：《欧洲文学与拉丁中世纪》，林振华译，浙江大学出版社，2017 年，第 518—519 页。

原貌；而是在18、19世纪之交，以翻译的形式被重塑的新作（以后多次改写）。其始作俑者之一，亨利·卡里属于斯威登堡主义（基于中国玄学与佛学的共济会神秘主义理论）。[1]在此几年前，另一个斯威登堡信徒布莱克则注释了博伊德翻译的《神曲》版本——第一个现代版但丁作品。[2]更进一步，布莱克为斯威登堡圈子所设计的《神曲》作了题词。他承认，"斯威登堡的想象和但丁是相同的"（the Vision of Swedenborg and Dante as of the same kind）。[3]这就是说，我们现在读到的但丁《神曲》，并不是"意大利文艺复兴的杰作"，而是经19世纪初英国学者转手的斯威登堡之亚欧神秘学。

浪漫主义运动的内涵是"中国风"，因而新古典文艺、哥特风格及新版《神曲》，都是中国风的余绪。"浪漫主义……把复活的中世纪精神和艺术成分提升起来，……（为此目的）企图拥抱不熟悉的遥远模式和异国情调。"[4]英国《文学翻译百科全书》揭露如下：

> 18世纪的翻译传统就是使文学"现代化"（例如德莱顿和蒲柏），而博伊德"翻译"的《神曲》则是该项目的一部分，博伊德肆意改写。而18、19世纪之交的评论家们则指出：但丁的原本的元素是野蛮时代的恐怖和悲苦……博伊德遵循一个激进的驯化政策（radically domesticating policy）：为了让其发挥的题材符合流行的品味，他尽情删改和增添，毫不犹豫地变更一些情节……博伊德所遵循的驯化政策是基于一个广泛使用的"文学借用"原则……尽管后来的诗人庞德和艾略特严厉批评之，但是，作为第一个《神曲》的译者，博伊德把但丁从无人问津的状态中拯救出来，这是毋庸置疑的。[5]

但丁受到推崇是19世纪的现象。德国文献学家恩斯特指出："在意大利，但丁久已遭遗忘。阿尔菲里（Alfieri）断言，读过《神曲》的意大利人不超过30人。据司汤达（stendhal）讲，1800年前后，意大利人对但丁还鄙夷不屑。后来，意大利复兴运动（Risorgimento）'唤醒'了但丁，正如他在德国

1 *The Charles Lamb Bulletin,* phase 137–144, p.171.

2 Hazard Adams: *Blake' s Margins: An Interpretive Study of the Annotations,* p.97.

3 Robert Rix: *William Blake and the Cultures of Radical Christianity,* p.64.

4 Romanticism - Wikipedia for Schools, http://schools-wikipedia.org/wp/r/Romanticism.htm

5 O. Classe: *Encyclopedia of Literary Translation Into English,* p.340.

和英国分别被浪漫主义和前拉斐尔派（Pre-Raphaelites）唤醒。三者的共同背景是中世纪的再发现。跟1859年德国的席勒庆典一样，1865年意大利的但丁庆典，拉开了民族统一的序幕。席勒与但丁都是各自民族最伟大的思想家代表，同时也是基督教中世纪最伟大的诗人。但丁进入了19世纪普世古典主义（world Classicism）——一种不受任何古典主义理论限制的古典主义——的先贤祠。”[1]

“莎士比亚剧作”被称为西方文学史上的第三座“里程碑”。据说：“欧洲的文艺复兴如果没有莎士比亚，文艺复兴的历史地位将是另外一个样子。莎士比亚是雄踞在文艺复兴峰巅上的高吻苍穹的鹰。在他站立的地方，没有第二个人同他比肩。”[2]

然而，真实的莎士比亚本来是一个文盲戏子，并没有什么剧作传世。莎士比亚在世时所演出的所谓戏剧，都是粗俗鄙陋的伦敦街头闹剧，靠演员即兴发挥，不需要任何剧本；当时的英文刚开始书面化不久，尚未形成通用语言，没有属于雅言的文化词汇。现在所见莎士比亚名下的剧作作品，都是18世纪之后，大英帝国为了进行其民族主义“文化建设”而集体创作出来的，其内容则主要受中国风的影响。[3]

值得注意的是，欧洲文学史上对莎士比亚的伪造，略早于对《荷马史诗》的伪造，两者均为18世纪的文学现象。这两项伪作一个被置于公元前的古希腊，说是古典文学的源头；一个被置于两百年前16世纪的英国，说是近代欧洲文学的源头。

在欧洲列国中，18世纪前最为落后的是德国。然而，这个落后地区以传播中国文化的法国为榜样，在19世纪初开始急赶直追、后来居上，一方面洪堡推进德国的教育体制改革，采用汉语教育内涵；另一方面，歌德在中国风的影响下，提出世界文学的命题，实际上其内涵也是以中国的文学资料为数据库，在使用汉语雅言资料全面改造德文的同时，大量吸收中国文学的内容，以图达成其以德国为“世界文学”中心的“德国中心论”。

1 ［德］恩斯特·R.库尔提乌斯：《欧洲文学与拉丁中世纪》，林振华译，浙江大学出版社，2017年，第482页。

2 徐葆耕：《西方文学十五讲》（修订版），香港中和出版有限公司，2018年，第130页。

3 参看林鹏、诸玄识、董并生：《“莎士比亚剧作”是基于中国文化及文学的伪造——其本质为文化殖民之工具》，《名作欣赏》2018年第1—2期。

在哲学方面，从莱布尼兹、沃尔夫开始，到黑格尔、康德、费尔巴哈，德国已经全面引进了中国儒学及宋明理学的概念，将其变身为德国哲学，在19世纪号称显学。[1]再加上从德国发端的浪漫主义狂飙突进运动，明面上否定中国风，实际上却是一场“鸦片浪漫主义”运动，离开了中国风，浪漫主义运动六神无主，不得不靠吸食鸦片来催生灵感，伪造希腊神话。歌德起初是这场浪漫主义运动的干将，待其运动的主要参与者因过量吸食鸦片纷纷早逝、浪漫主义运动偃旗息鼓之时，歌德却独享天年，以中国文化为基础提倡所谓的“世界文学”，写出了一部不伦不类的作品《浮士德》，被尊为西方文学史上第四座“里程碑”。

一般认为，从文艺复兴终结的17世纪初到19世纪初这200年里，西方的文学如果没有歌德和《浮士德》，那么对这200年文学的评价也会有所不同。它代表了从17世纪初到19世纪初这200年间，特别是新古典主义文学、启蒙文学以及19世纪初兴起的浪漫主义文学这样三种文学主潮的一个汇聚，是三种文学思潮凝聚而成的结晶。[2]

宗白华对《浮士德》的评价：

近代人失去希腊人中人与宇宙的协和，又失去了基督教对上帝虔诚的信仰，人类精神上获得了解放，得到了自由，但也就同时失所依傍，彷徨、摸索、苦闷、追求，欲在生活本身的努力中寻得人生的意义与价值，歌德是这时代精神的伟大的代表。他的主著《浮士德》，是人生全部的反映与其他问题的解决（现代哲学家斯宾格勒在他的名著《西土沉沦》中，称近代文化为浮士德文化）。歌德与其替身浮士德一生生活的内容，就是尽量

图4 歌德画像

1 详见董并生：《虚构的古希腊文明——欧洲“古典历史”辨伪》，山西人民出版社，2015年，第9章第3节。

2 徐葆耕：《西方文学十五讲》（修订版），香港中和出版有限公司，2018年，第192页。

体验近代人生的精神意义，了解其悲剧而努力，以求解决其问题，指出解决之道。所以有人称他的《浮士德》是近代人的圣经。[1]

浮士德所追求的是“全人类的一切苦乐”，他确信“整个奥林匹斯山上的众神都在我胸中”。因为牛顿等人的科学成就使当时的学者有一种普遍的信心，即人能够掌握这个世界并依人的意志去改造它。

浮士德的故事来自中世纪的一则传说。“在15、16世纪之交，曾经生活着一位叫格奥尔格·浮士德（Georg Faust）的人，他穿行于欧洲中部，声称自己掌握着由深奥知识赋予他的特殊治愈力。在他死后，他的名字被改写了，还被冠以学术头衔，成为了威登堡大学的教授约翰内斯·浮士德博士（Dr. Johannes Faust）。据说，他在讲课过程中‘施魔法随意变出了’古希腊的名人。众人皆知的传闻还包括，他为教皇和皇帝都表演过戏法。而获得魔力是要付出代价的。浮士德博士据说与魔鬼订了24年的‘期限’，在此之后他的身体‘就要被众魔撕碎’。浮士德的形象经常出现在木偶戏中，歌德可能就是在孩童时代通过木偶戏知晓了这个故事。”[2]

“歌德与魔鬼打赌，在中国人看来，是颇为奇怪的。靡菲斯特充当浮士德的仆人，引诱他去历览人生，一旦浮士德感到欣然自满，对某一瞬间说：‘请停留一下，你真美呀！’浮士德便把自己的灵魂输给了魔鬼，变成了魔鬼的奴仆……

“在打赌之后，浮士德就跟着靡菲斯特，先在魔女那儿饮了一杯魔汁——浮士德返老还童了。返回青春之后，浮士德就拼命去追求一个贫穷的女孩子玛格丽特……”[3]

第二幕，靡菲斯特又把浮士德带到了官场，皇帝把他看作一个魔术师，强迫他一定要让古时候希腊最美的美女海伦的幻影出现，以满足自己感官上的追求。

“在变出海伦的幻影之后，浮士德被海伦的美所惊倒，突然意识到自己应

1 宗白华：《美学与意识》，人民出版社，1987年，第66页。

2 ［英］彼得·沃森：《德国天才》（第1卷），王志华译，商务印书馆，2016年，第191页。

3 徐葆耕：《西方文学十五讲》（修订版），香港中和出版有限公司，2018年，第200—209页。

该去美的王国里追寻，也就是返回到古希腊的艺术王国。他借助于他的学生瓦格纳的‘人造人’的指引，重新返回了古希腊的美的王国，在那里见到了古希腊各种各样的人物，欣赏了古希腊时代的古典主义的美。他沉迷于对美的追求。……浮士德在这里不仅见到了海伦，而且和海伦结婚生下一个非常漂亮的小孩，叫欧菲良。欧菲良是美的结晶，他酷爱自由，时而上天，时而入地，结果摔死了。歌德自己讲，欧菲良就是拜伦……”[1]

《浮士德》是一部德国人崇拜、伪造古希腊的经典之作，正所谓白日见鬼；歌德不了解古希腊，却让他的替身浮士德跑到古希腊去结婚生子，生出来的这个儿子不是别人，正是古希腊狂——拜伦！

在 18、19 世纪之交，歌德在魏玛药店里买鸦片，他起先只是赞扬鸦片像烟和酒一样醉人；但到他沉迷进去的时候，歌德的古典主义模式就转向浪漫主义，并且终于完成了其杰作《浮士德》。[2] 原来，歌德创作《浮士德》是借助吸食鸦片来获取灵感的，这一点与“鸦片浪漫主义”的那伙急先锋属于同一做派。这部作品被推崇为欧洲文学的第四座里程碑，浪得虚名而已。

“中国风”与西方文学的诞生。作为西方文学巅峰的莎士比亚作品之问世，不是莎士比亚生活的 16 世纪，而是 18 世纪。进而，作为西方文学的开山之作的《荷马史诗》何时成型？不是公元前 8 世纪，也是 18 世纪！西方文学诞生于由“中国风”所牵引的浪漫主义运动。在此之前所谓的“西方文本”并无任何文学或审美的价值，它们都是在 18、19 世纪之间被改造而实现“经典化”的伪作。

从上述欧洲文学史上四座“里程碑”的情况来看，其中树立“莎士比亚”最为关键，它是英法七年战争（1756—1763）之后大英帝国打造的民族文化品牌。经典版“莎士比亚”与早先英国学者亚历山大·蒲柏伪造《荷马史诗》一起，构成了“欧洲文学”的两个源头。这就开启了对欧洲本土粗劣手稿进行改造的“经典化”运动，其著名的例子如但丁的《神曲》。最后，19 世纪的德国大文豪歌德挺身而出、直抒胸臆，编造了反映崇拜古希腊文明的剧本《浮士德》，从其内容来看，完全是一种殖民主义病态心理的扭捏表现。

---

1 徐葆耕:《西方文学十五讲》（修订版），香港中和出版有限公司，2018 年，第 210—211 页。

2 George Fabian: *Karl Marx Prince of Darkness,* pp.19–20.

概而言之，出身于海盗的大英帝国为打造其民族文化品牌，有组织地伪造了莎士比亚剧作，这就是欧洲文学史的开端。

本来在欧洲传播中国文化的中心在法国。英法七年战争英国获胜之后，其文化立场从与法国争夺传播中国风的主导权转移到确立“民族文化主体性”上来。没有“文化”怎么办？于是就不惜采取伪造的手法。拿什么来伪造？当时英国流行中国风，于是中国风的物质元素及精神文化元素，就变成了英国民族性的内涵，这就是欧洲主体文化的源泉。

18 世纪是欧洲中国风的世纪。欧洲文学起源于 18 世纪，意味着欧洲文学起源于中国风。事实上正是如此。

根据德国汉学家卜松山（Karl-Heinz Pohl）的考察，“文学”（literature）这个概念是 18 世纪的发明。[1]事非偶然，恰值“中国风、中国启蒙”及其所牵引的浪漫主义运动的蓬勃并进。这一点正好印证了西方文学诞生于18世纪。另据《英文词源词典》，欧洲的纯正和精致的民族文学开始于 1712 年。[2]

再看西语词源，“文学”的原意是“字母”或“写字母”（letter → literature）——字母只是发音符号。因此，“文学”（literature）一词也是“旧瓶装新药”，即“偷换概念”：把 18 世纪的唯美文艺观念置于旧词（词根：letter）之中，于是就有了它在现代意义上的新词。卜松山还说，现代以前的欧洲文学观念不是倾向于“唯美主义”（aestheticism）。”[3]在 17 世纪晚期之前，即在中国风、中国启蒙及浪漫主义运动之前，所谓的西方“古典、经典”（例如荷马、但丁、乔叟和莎士比亚的）都是后来被改造或伪造的作品；在此之前，即使有某种形式的手稿文本，那也是毫无审美或艺术价值的鄙俗之作。

在欧洲启蒙运动及浪漫主义运动期间，伏尔泰断言：东方是艺术的摇篮，西方从它取得一切。[4]难怪毕加索说，在这个世界上，只有古代中国才有真正的艺术（应该指“原艺术”）！他还说：中国画到了宋代的写实巅峰（写意境界）之后，开始向现代艺术跨越式发展。中国画是熔原始美术、古典美术和

---

1 Karl-Heinz Pohl: *Chinese Literature as Part of World Literature*.

2 https://www.etymonline.com/word/Augustan#etymonline_v_18944

3 Karl-Heinz Pohl: *Chinese Literature as Part of World Literature*.
https://www.uni-trier.de/fileadmin/Chinese_Literature_as_Worldliterature.pdf

4 John M. Hobson: *The Eastern Origins of Western Civilisation*, p.29.

现代艺术于一炉的典范。中国印象派早于西方印象派600年……中国艺术一直领先西方几百年。这几百年来，西方艺术一直在学习中国艺术，西方艺术思想一直在向东方艺术思想靠拢。

毕加索曾经对张大千说，“在欧美，我看不到艺术；在中国，才有真正的艺术。我最不懂的，就是你们中国人为什么要跑到巴黎来学艺术？”“在这个世界上，谈艺术的，第一是你们中国人有艺术；其次是日本。日本的艺术又是源自你们中国……除此之外，白种人根本无艺术，不懂艺术。”[1]

18世纪后期至19世纪初，由于欧洲民族主义及帝国主义作祟，在中国风环境里成长起来的英国作家及诗人，纷纷移情别恋、将其中国风源头隐藏起来，装扮成其“本土性”及“古希腊”；由此，“中国风”的时尚——在西方文艺中的“前卫风采”——被它的衍生物（伪哥特、伪古典等）取而代之。

尽管如此，被隐藏的“中国风”变为一股潜流，冥然发挥效应；并且到19世纪末和20世纪初，“中国风”又涌现新潮流，这就是现代主义运动。也就是说，17—18世纪英国浪漫主义和19—20世纪欧美现代主义这两场运动，都是由“中国风”所推进的。在此两个时期之间，即在淫长的19世纪，则是西方文学“花堆锦簇”“分外妖娆”的时期：其表现为英国与其余欧洲国家复兴希腊、德国的狂飙突进运动与浪漫主义及美国文艺复兴即超验主义运动，再加上西方各国制造伪民俗及伪史诗的狂潮。

欧洲文学起源于“中国风”，进而，欧洲诸语言的通用语也是“中国风”影响的产物，或者毋宁说欧洲诸语言源于汉语雅言。这一点，近年来欧洲学者有所揭示。下面4段引文显示汉字雅言内涵决定性地促成了现代西方文字：

> 不列颠哥伦比亚大学教授哈德逊：培根在《知识的进步》（1605）中倡导模仿汉语这个“真正的字”，发明一种新的欧洲国际语言……在该世纪末，当洛德威克、贝克和威尔金斯思考一种新的书面语言时，汉语继续作为行之有效的典范。莱布尼茨甚至主张，古汉语是一种哲学符号象征（ancient Chinese writing was a form of

1《张大千和毕加索》载《北京文学》，1987年第3期；又见包立民：《张大千艺术圈》，辽宁美术出版社，1990年。

philosophical symbolism)。[1] [德里达说，莱布尼茨把汉字（表意）作为他创立欧洲哲学的基石。]

《牛津词典编纂手册》：约翰·威尔金斯的《真正的字和哲学语言》（1668）是一部视野宏大的作品，其主要意图是开发一个全新的概念化的书写系统，它类似于汉语，可以统摄不同语音。他……考虑（当时）像英语这样的自然语言不足以表达科学概念，因而，渴望有一个较精确的科学思维的工具。威尔金斯痛恨词义模糊和总是变异的西方语言现状。他还反对现存的字母书写文字，因为它所表示的只是语音而不是含义与观念。威尔金斯感兴趣的是一种独立于语音，而表达概念的书写方式，他认为这是属于中国表意文字（汉字）的特性。[2]

巴罗爵士：伏羲发明了表意系统，书写文字形成于此；它从古至今保持完好，没有发生变异。……我们的同胞威尔金斯主教计划创立通用文字，它在所有方面与汉语的构成相似。……约翰逊博士的心中是汉语，他在其所编纂的那部英语词典的序言里，说了这么一句话：（汉语）是最可能持续的语言，而不会发生变异。[3]

不列颠哥伦比亚大学教授斯兰热兰：汉字……似乎是非语言性的，也许是超语言——通向具体世界的直接路径。……回溯到 17 世纪初培根的著述：“……在中国，使用‘真正文字’书写，它所表达的，不是字母或单词，而非事物或概念；因而，操不同语言的省份或国家都可以阅读它，进行沟通。”……也就是说，培根认为汉字是“真正的字”，它直接代表具体世界的意义，这也许是首次诠释神秘的中国表意文字，它直接捕捉和表达实际情况。……正如豪恩·索西所观察到的，“自从中国书写语言在欧洲被知晓的时候，它就通常被当成完美的写作模式”。[4]

---

1 Nicholas Hudson: *Writing and European Thought 1600—1830,* Cambridge University Press, 1994, pp.43–44.

2 Philip Durkin: *The Oxford Handbook of Lexicography,* Oxford University Press, 2016, p.108.

3 Sir John Barrow: *Travels in China,* T. Cadell and W. Davies, 1804, p.249.

4 Edward Slingerland: *Mind and Body in Early China,* Oxford University Press, 2018, p.32.

大量论据充分揭示出，除了“现代西方文字寄生于‘汉字表意’”这一特质之外，西方文学的诞生过程还呈现出如此的因果关系：中国风→浪漫主义运动→审美品味→新型语言（尤其是英语）。例如，尤金妮亚教授写道：

> 洛夫乔伊证明，中国风就是浪漫主义（引者按：美国哲学家洛夫乔伊写了《浪漫主义的中国起源》一书）[1]……。大卫·波特最近关于中国风的研究，比洛夫乔伊的更细致、更有说服力。波特认为，在 18 世纪的英国，中国品味构成了异乎寻常的审美传统，它打开了感官愉悦的潜能，是一种文化杂合、女性之主体性和崇尚异域智慧……。波特更成功地诠释了中国品味是 18 世纪美学思想的主线（Chinese taste as a major thread in eighteenth-century aesthetic thought）。……我认为，英国人对中国物质文化的迷恋，不只是作为浪漫主义的先锋，也不只是启蒙美学之认识论的简单反应，而是启蒙品味发展的中心话语；它常与自然哲学结合在一起，调和了理性与美学的互动，……它们相遇，从而形成了新型英语主题……[2]

还有，历史学家保罗·卒姆托指出：中世纪欧洲是停滞的、没有进化发生，是“原始的、文字前的社会”（primitive, pre-literate societies）[3]；亦即，它是原始的、非文字的，而文学则是“后中世纪”的现象（literature is a postmedieval phenomenon）[4]。

高尔基名言：“书籍使我变成了一个幸福的人，使我的生活变成轻松而舒适的诗。”如果没有文字及文献，何来书籍与文学呢？

再如，两位德国学者揭示道：“欧洲启蒙运动……极为强烈地亲和于儒

---

1 Arthur O. Lovejoy: *The Chinese Origin of a Romanticism,* 1955.

2 Eugenia Zuroski Jenkins: *A Taste for China*: English, p.68.

3 Carlo Luigi Golino: Italian Quarterly, Vol. 25, No. 95 & nbsp; -& nbsp; Vol. 26, No. 102, Italian Quarterly, 1984, P. 18.（Paul Zumthor）.

4 Alger Nicolaus Doane, Carol Braun Pasternack: Vox Intexta: *Orality and Textuality in the Middle Ages,* Univ., of Wisconsin Press, 1991, p.68.

家中国”（The European Enlightenment… extremely strong affinities to Confucian China / 克雷希）[1]；“孔子成为启蒙运动的守护神”（Confucius became the patron saint of the Enlightenment / 赖希魏因）[2]。按照比伊特·陶茨的说法，则是：

> 中国文化战胜基督教神学的启蒙运动，开启了现代历史进程与西方知识系统；这是“中国密码”（Chinese cipher）的展开，它构成了德国及欧洲的文学与文化史的核心；而在歌德遗著中发现的欧洲兴盛的“史前史”（prehistory），说明了中国在德国唯心主义哲学中的首创地位；如此重新讲述发生在现代早期西方的“中国故事”，必将把迄今为止的西方哲学权威置于危险的境地。[3]

新兴的世俗西方之民族国家、民族精神、民族文字这三项指标，最能够体现华夏派生欧美文明的实质：

第一，民族国家。黑格尔承认，中国政治体制曾是欧美建国的标准或模范。[4]确切地说，现代早期的西方复制了中国的“战国模式”，兼取华夏历朝制度（19世纪后期引进“科举式”文官机制）。许多学者（包括汤因比和冯友兰）大为感叹：现代世界是最大化地重演“战国现象”。顾立雅等西方学者认为，现代早期的西方在国政上是酷似与效仿中国先秦[5]；弗朗西斯·福山则说，现代制度起源于秦朝——“中国……在公元前3世纪创造了第一个现代国家”（China … created the first modern state in the third century B.C.）。[6]

第二，民族精神。主要指文化传统，这里仅从文学上讲。19世纪西方各国狂热伪造史诗的发端是，1760年代英国的“伪三部曲”——詹姆斯·麦克弗森的《莪相》、托马斯·珀西的《英诗辑古》和霍勒斯·沃波尔的哥特风格作品（小说及建筑）。美国兰辛学院教授巴特莱斯批评道：“《莪相》诗

---

1 Volkhard Krech, Marion Steinicke: *Dynamics in the History of Religions,* p.67.

2 Aharon Oppenheimer: *Sino–Judaica, Nanjing,* 11-19 October, 1996, Tel Aviv Univ., 1999, p.33.

3 Bettina Brandt, Daniel Leonhard Purdy: *China in the German Enlightenment,* pp.120–121.

4 黑格尔:《历史哲学》，王造时译，上海书店出版社，1956，第117页。

5 Lars Bo Kaspersen, Jeppe Strandsbjerg: *Does War Make States*? Cambridge University Press, 2017, p.277.

6 Francis Fukuyama: *Political Order and Political Decay,* Profile Books, 2014, p.442.

集是伪造物（forgeries）；珀西的《英诗辑古》也是，只不过被整理得天衣无缝而已；像草莓山庄那样的（哥特式）建筑同样是假的。……严格地说，作为一种题材的历史小说（指哥特小说《奥特兰托城堡》等），都是伪历史（fake histories）。”[1] 应该指出，“伪三部曲”所本出于中国资料（详见剑桥大学出版社的两本书：恩庆敏著《中国与英国文学的现代性》[2] 和大卫·波特著《18 世纪英国的中国品味》[3]）。正是“中国风”改变了西方人关于“中世纪”的观念：野蛮黑暗→优雅传统；这实际上是移植了华夏的“诗情画意”。

第三，民族文字。西方在 15 世纪左右依靠四大发明的印刷术与纸张锁定、规定，才使得表音符号（字母）逐渐开始形成书面语言的雏形，然而当时字母文字所表述的内容却囿于神语与俗语之两个极端，既无共通性，又极具排他性；所以不仅无法表达文学、科学及哲学等雅文化的内容，反倒因“各表其因、各执歧义”而加剧了宗教战争。其字母表音文字经历了“汉字改造”，终于在 17、18 世纪之交摄取“汉语表意”（含义与定义、概念与理念、通用性与抽象性等），才有了表达“雅言”的内容，从而形成了民族性，乃至国际性的“通用文字”。

由此可见，欧洲文学这种对中国文化的大幅度摄取，是以欧洲诸语言全面接受汉语雅言的改造互为表里的。

概括起来讲，在中学西被、人文主义启蒙运动思想的冲击下，近代欧洲出现了以伏尔泰为代表的否定基督教的思潮，这种思潮与 19 世纪中叶兴起的进化论相结合，结果在德国出现了尼采“上帝死了”的“超人”观念，最终导致两次世界大战。从文学上讲，起始于德国的浪漫主义狂飙突进运动因其背离了“中国风”因而找不到出路，不得不返回“现实主义文学”中，最终出现了“现代主义文学”，依然离不开“中国风”的规范。不过，由于西方人坚持其“上帝选民”观念及达尔文的进化论为其文化之“体”，“中国风”仅为其“用”，因而变异成了“西体中用”的畸形。

将前述欧洲文学史中的四座“里程碑”合起来看，一言以蔽之，西方文学不过是曾经盛行于欧洲的“中国风”所产生出来的“文学怪胎”。

---

1 Kelly Eileen Battles: *The Antiquarian Impulse*, p.81.

2 Eun Kyung Min: *China and the Writing of English Literary Modernity*, 1690–1770.

3 David Porter: *The Chinese Taste in Eighteenth–Century England*.

附　录

美国教授：西方古典文献与近代伪造

诸玄识　摘译

美国得克萨斯州达拉斯大学教授科罗夫斯基威茨（Wieslaw Z. Krawcewicz）发表文章指出：

16—17世纪的历史学家（神职学者）所遇到的基本问题，是如何重建人类的全球历史；（他们）按时间顺序整理所有的手稿、编年史和其他历史文献，旨在使所有这些历史事件变得连贯有序和情节一致。这在当时是极困难的一件工作。

科罗夫斯基威茨

其主要障碍是大多数的手稿没有注明时间，或是使用一个未知的远古编年。（例如在维泰博的安尼乌斯伪造的手稿中，古埃及和巴比伦的历史分别持续了1.2万年和32万年——译者。）

实际上，我们今天所拥有的有关“古代”和“中世纪”的手稿都不是原始的，而是在不久之前被复制的（没有原件）。

重建全球历史这一想法出现在文艺复兴后期。

现在通行的（西方）官方的历史编年缘起于法国神学家斯卡利杰（Scaliger, 1540—1609），他设定了最重要的历史事件的确切时间，像特洛伊战争、伯罗奔尼撒战争和古罗马的建立等，但他并没有客观的证据证明这些日期。

斯卡利杰的追随者继续这项工作。一般来说，（西方）官方的编年史最终是由佩塔维斯（D. Petavius, 1583—1652）完成的。（译者按：和他的宗师斯卡利杰一样，佩塔维斯是按照中国历史的资料、时间和方法，进一步设定西方的普世编年史。）奇怪的是，尽管后来的历史学家们具有科学手段的优势，却几乎没有修正由斯卡利杰—佩塔维斯所确定的基本历史事件的年代。

总而言之，根据斯卡利杰、佩塔维斯和他们的追随者，世界古代历史的跨度从公元前 3500 年至公元第 4 世纪。鉴于这个结论从未经过任何（西方或非西方）独立学术机构的证实，所以其可信度是个突出的问题。

即使在学术界，并非其同时代人都认同斯卡利杰和佩塔维斯的编年史。例如，16 世纪西班牙萨拉曼卡大学教授安西拉（D. Arcilla）断言：所有的古代历史都是中世纪编造的（all ancient history was a fabrication made in the middle ages）。

法国国家图书馆馆长让·哈尔端（Jean Hardouin, 1646—1729）宣布：所有的"古代"文物和文献都是在 12 世纪以后被创造或伪造的（all the antiquities and ancient texts were created or falsified after 12th century）（译者按：从中古末期到 19 世纪末，层累伪造，不断改进。）

那个时期最著名的科学家牛顿（Sir Isaac Newton, 1642—1727）也是反对斯卡利杰—佩塔维斯编年史的。牛顿晚年的大型专著《古代王国编年史修正》，重新估定历史事件的时间，把它们向后挪动了许多世纪。

除此之外，还有更多的科学家、语言学家、历史学家和法学家们都质疑斯卡利杰—佩塔维斯编年史。现代阶段的历史批评家也不乏其人，仅就德国而言，如卡梅尔（W. Kammeier）、伊利格（H. Illig）、尼米兹（U. Topper, H–U. Niemitz）、海因松（G. Heinsohn）和布尔斯（C. Blss）。

西方古代历史是基于"后世事件"编造的，它们的实际时间为何？俄罗斯数学家所做的历史统计和计算：莫罗佐夫（N.A. Morozov）说是 3 世纪以后；福缅科（Anatoly T. Fomenko）认为，不会早于 9 世纪，且主要是 1300 年以后的事件。

这里还需要提到另一个西方编年史的重要支柱，那就是所谓的公元 2 世纪问世的希腊托勒密的《天文学大成》，实际上是近代早期的伪造文件。

国外学术动态：汉字雅言与欧洲文化的渊源

诸玄识 整理

（一）18世纪以前的欧洲文字不胜任表述科学与文明

欧洲很迟才有“科学语言（文字）”

罗伯特·马克利《堕落的语言：1660—1740年英国牛顿主义的表达危机》的中心思想有四：

1.“用不完美的语言表达完美的上帝”（Expressing the Perfect God in Imperfect Language）。

2.“堕落的语言”是从宗教方面来说的，即从伊甸园的神性的普遍感通的语言，退化为巴别塔式的人群隔阂、普遍误解的语言。

3. 所谓的17世纪的“科学革命”，实际上是一方面，宗教——包括在语言文字方面——仍在阻碍科技的进步；另一方面，现代文明（包括科技与知识）亟须解决突破语言文字瓶颈的问题。

4. 牛顿时代的西方语言文字尚不成熟。

图1 罗伯特·马克利著《堕落的语言：1660—1740年英国的“牛顿主义”的表达危机》（康奈尔大学出版社，1993年）[1]

如果马克利教授这本书的观点成立，那么，现在读到的牛顿著作很可能不真实；不仅如此，牛顿之前的“科学”（哥白尼和伽利略等，以及“古希腊、古罗马、古埃及……”），其真实性都成问题。

1 Robert Markley: *Fallen Languages: Crises of Representation in Newtonian England, 1660–1740*. Ithaca and London: Cornell University Press, 1993.

因此，我们必须进一步查证西方何时才拥有“成熟文字”——可以书写文化、哲学、知识、科技及文艺等内容的文字（雅言）。

塞缪尔·约翰逊论“文字革命”

> 拟声（表音）不是文字的起源（Onomatopoeia not the source of words）。然而……拟声（表音）词语通常是有意识的造字的结果，但这不是最早的语言现象，而是最近的事……如此特征纯粹是文明的产物……[1]
>
> 把语言从……神学领域拯救出来，是现代科学的最高成就之一（It is one of the highest achievements of modern science to have rescued Language from the domain of Language theology）。[2]

如何理解这段话？

第一，西方表音文字——尤其是包含定义和概念的表音文字——不是“古已有之”，而是最近造字的结果（赋予某个发音某种特定的含义）。

第二，包含定义和概念的表音文字是文明的产物。对于西方来说，“文明”就是从“神的社会”转型为“人的社会”，这是在启蒙运动中完成的。

第三，即使18世纪以前的西方有文字，但其语言是由宗教主导的，不能正确表达“人与自然”。换言之，启蒙运动之前的欧洲文字乃与文明、发展和科学皆格格不入。

上述塞缪尔·约翰逊的话差不多能够确认这一事实，现代以前的西方不具有适合于文明的文字——可用于书写文化、哲学、知识、科技及文艺的文字。

匹配文明的汉字（表意文字）

在现代之前，语言文字分为部落性与文明性，后者即汉语（汉字）。约翰逊说：

> 那些滞慢而难懂的口语，生理性之表达；它们不能建立有机联系，缺乏语法。凡此，证明了这样的民族只有粗俗的本能（crude instincts），它们只比动物高那么一点。

---

1 Samuel Johnson: *Oriental Religions and Their Relations to Universal Religion,* vol. 2, J. R. Osgood, 1877, p.405.

2 同1，第397页。

正如我们所看到的……汉语不属于这个范畴。……可以想象，汉语的词根是由人工创造出来的；其简易而有规则的结构显示，汉语是为了明晰表达的目的而被精心设计的。这反映了它的民族精神的显著特征。……民族精神在这里创造出一种与其天才禀赋相吻合的表达工具。……它在解释固定的词语时，给推理和思想留下了更多空间。[1]

……伟大的表意文字在历史上首次出现的时候，就意味着它是古人不懈努力和高度发展的丰碑。……中国的表意文字可以从各个方面来研究，都是鲜明地表现其民族的艺术天才。……这是活的语言，还有它的文献宝藏；在所有的历史阶段，它都构成一部开放的书。……句子结构不再仅仅依靠单词形式，而是在于它们所代表的逻辑关系上。[2]

因此，在后来的英语中……它的结构非常像汉语；这是现代语言要求的高级智力成长的标识。而且，由于语言与日益增长的文明需求相适应，上述高级语言特性使我们能够开拓越来越大的表达范围。[3]

汉字是独一无二的“文明的文字”

表意文字（汉字）是知识、科学与艺术的原生符号。约翰逊说：

两个世纪前,（欧洲人）对这一伟大文明的符号系统的惊人发现，让钱德明（Joseph-marie Amiot, 1718—1793）感慨道：汉字系统是“艺术与科学的生动的字母表”（the picturesque alphabet of the arts and sciences）。[4]

这是中国本土的起源，是黄种人的天才禀赋的真正胜利；随着时间的推移，它的独特性越来越明显。除此之外，世界上不存在任何一个表意文字系统；也没有在探讨此种符号标志上，做过任何尝试……

钱德明、金德（De Guignes, 1721—1800）和基德（Samuel Kidd, 1804—1843）均认为，汉语符号更实际，也很少被荒诞的神话所侵蚀，它们都是纯粹的寓意组合。[5]

1 Samuel Johnson: *Oriental Religions and Their Relations to Universal Religion,* vol. 2, J. R. Osgood, 1877, p. 404.

2 同 1，第 404 页。

3 同 1，第 451 页。

4 同 1，第 421 页。

5 同 1，第 241 页。

在指明这些用途之前，我尽力追寻中国文字系统的过程与普遍规律。……总体而言，表意文字的演变是人类书面语言的主轴。[1]

（二）基于中国文化及物质文化的现代英语的形成

根据牛津大学出版社的新书介绍，尤金尼亚·詹金斯是加拿大麦克马斯特大学的英语教授，她的著作《中国品味：英语的主体性和东方主义前史》，是对中国与欧洲关系的传统描述（西方中心论之东方主义）进行挑战；这项研究建立了全新的认知，即英语作为一种正规的和现代语言文字，是如何通过参照与融摄中国文化及物质文化而形成的。该书考察了整个18世纪，英格兰着迷于由舶来品所体现的中国物质文化；由此提出："在文学和物质文化上的'中国风'，是形成新兴的'英语世界'之品味性和主体性的关键。"（Chinoiserie in literature and material culture played a central role in shaping emergent conceptions of taste and subjectivity）[2]

图 2　尤金尼亚·詹金斯著《中国品味：英语的主体性和东方主义前史》（牛津大学出版社，2013 年）

怎样理解"东方主义前史"？"东方主义"是西方中心论的一个分支。它的"前史"主要是说在"西方中心论"甚嚣尘上之前，即在 17—18 世纪，中国思想与物质塑造西方这一事实，尤其是指中国文化在形成西方现代性、文学艺术和英语风格的过程中，所起的至关重要的作用。

诸玄识点评：盛行于今的知识结构形成于和服务于 19—20 世纪的西方中心论——西方帝国主义，所以令人蓦然回首，探赜索隐，返本开新，追昔抚今。

第一，对于"中国风"之现代英语。《中国品味：英语的主体性和东方主义前史》说：在那漫长的文艺的 18 世纪，现代英语的自身模式究竟怎样依靠中国

1 Samuel Johnson: *Oriental Religions and Their Relations to Universal Religion,* vol. 2, J. R. Osgood, 1877, pp. 414–415.

2 Eugenia Zuroski Jenkins: *A Taste for China: English Subjectivity and the Prehistory of Orientalism,* Oxford University Press, 2013.

概念轮廓而发展起来的？那个时代的各种类型的英文写作怎样根据“中国名物”（物质文化），来确定其行文的雅致性与现代性的？“中国风”不只是文化上的异域猎奇，而是英国参与“全球天下”（世界主义）所应该具有的多元性与软实力；“到18世纪末，不仅英国家庭，而且英语本身都浸透了它（中国风）”。

第二，通用语言必须是“天下性”。18世纪初的英国文化修改了它的民族认同的概念，即从基于其本土的“文化遗产”的旧英语（vernacular, 方言土语），变为基于参与由中国启动、推动的全球商业的新型英语；而主张国际经验作为自我主体性的“洛克模式”（The Lockean model），则形成现代版本的英语架构，它旨在吸收多样性和异质性，并将其内在化。“‘中国名物’是衡量现代英语之世界主义的尺度”（Things Chinese serve as the measure of the modern English subject’s cosmopolitanism）。

第三，中国是创造性的试金石。英国从复辟时期（1660年复辟）到18世纪初，包括家具、瓷器、墙纸、茶叶和园艺等在内的中国风格的物品，铺天盖地似的出现在英语的写作里。在此期间，它们（“中国风”名物）被重新归类：从异国情调的猎奇对象，变为文化特权的雅致英语的生成元素。在复辟时期的喜剧中，瓷器常常被用于搞笑；但稍后，在期刊《闲谈者》（*Talter*）与《旁观者》（*Spectator*）中，“‘中国名物’则被用于识别和调节英语品味与想象力的实践”。

第四，诗歌的主体性——“自然的精心装扮”（Nature to Advantage Drest）。蒲柏（Pope）和斯威夫特（Swift）的关于室内环境的诗歌，使英国女性与“中国名物”互相定义彼此的关系；从而引入了一个加强（英语）主体性的模式，它对积累起来的（中国）物质资料进行“中国风”美学安排，使之成为英语本身的部分。蒲柏诗句构建了女性主题，它被英国淑女贵妇与“中国名物”的雅致共生所定义；而斯威夫特则拆除了这个主题，把它（名物与女性）升华为自主性的审美范式。

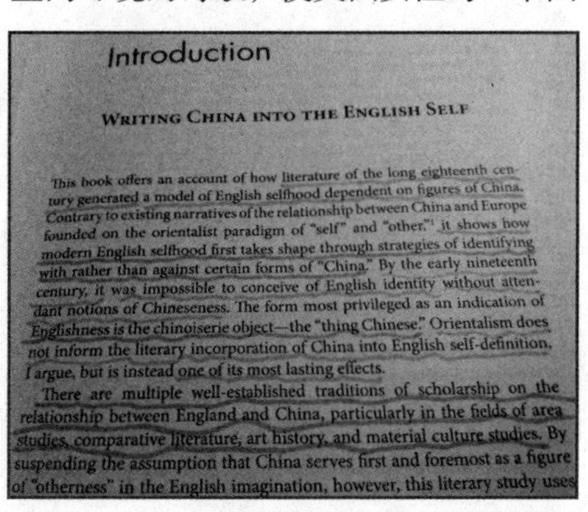

Introduction

WRITING CHINA INTO THE ENGLISH SELF

This book offers an account of how literature of the long eighteenth century generated a model of English selfhood dependent on figures of China. Contrary to existing narratives of the relationship between China and Europe founded on the orientalist paradigm of "self" and "other,"[1] it shows how modern English selfhood first takes shape through strategies of identifying with rather than against certain forms of "China." By the early nineteenth century, it was impossible to conceive of English identity without attendant notions of Chineseness. The form most privileged as an indication of Englishness is the chinoiserie object—the "thing Chinese." Orientalism does not inform the literary incorporation of China into English self-definition, I argue, but is instead one of its most lasting effects.

There are multiple well-established traditions of scholarship on the relationship between England and China, particularly in the fields of area studies, comparative literature, art history, and material culture studies. By suspending the assumption that China serves first and foremost as a figure of "otherness" in the English imagination, however, this literary study uses

图3 牛津大学出版社学术推荐专栏[1]（摘录）

第五，西方中心论之歪曲。发生在18世纪中后期的一系列有关文学和美学的辩论，破坏了早先建立起来的英语认同与中国名物之间的亲密关系。“中

1 Published to Oxford Scholarship Online: September, 2013.

国品味”这个曾是英语风格的温床和尺度，越来越变为后者的对立物了。虽然“中国风”没有在其后的英国世代中消失，但它被改写成贵族之骄奢淫逸的版本，代表现代性的负面，偏见滋蔓难图。19世纪英国的文学界越来越主张，中国物质文化和英语认同格格不入；但那是（民族主义）策略的一部分，即编织那些充满想象力的资料来充当它的现代主体性。（西方中心论之）“东方主义不会承认中国文化已经融入英语自身定义”。

尤金尼亚甚至主张：英国幸运地跻于中国的“天下文明”，她才有了现代文字、文学和文化——是中国文化及物质文化塑造了英语和英国（大英帝国）文化的“主体性”的。下面是其原话：

> 在蒙塔古夫人（1689—1762）的现代英语版本里，中国元素在文化事业上所占的分量之大，意味着在17世纪后期的动荡的几十年里，“中国想象”（中国概念）已经成为英语词汇的组成部分了，成了英国性自身（Englishness itself）……[1]
>
> 在漫长的18世纪，中国文化成为英国性的尺度。……中国文化逐渐修正不列颠的民族认同，尤其是变更了“英国性”，使之从旧的贵族实体转变为个性化的心灵。……在1660—1830年间，英国在全球的傲然腾起；追根究底，“中国风”的成果构成了英国的世界主义的基础材料，它与在这一时期的修正和重塑英国身份有关。由此，我们能够看到了新兴的现代性民族、阶级和女性，以及（西方中心论之）东方主义政策，后者的作用是虚构英国主体性（服务于帝国主义和鸦片战争）……[2]
>
> 对于英格兰的某些事来说，“中国”何止是另一个国家、帝国或文化，而是意味着新兴的全球观念（“天下文明”）；由此，英语必须被中国标准来衡量和检验……[3]
>
> 英国文学产生了充满中国风的自我版本（English literature produced a version of the self that was filled with chinoiserie）。把中文物性（物

1 Eugenia Jenkins: *A Taste for China,* p.36.

2 Eugenia Zuroski Jenkins: *The Cosmopolitan Nation, Where Order in Variety We See, A Taste for China,* September 2013.

3 Eugenia Jenkins: *A Taste for China,* p.7.

质文化）组合成英语文化的基本成分（to organize things Chinese as a fundamental element of English culture）。

现代早期的英语自成体系等同于融合中国元素（by figuring China into the equation of early modern English self-definition）。

英国文学反映了和组合了各种各样的中国印象，它们都是指向更广泛的全球化和世界主义（天下性）的；在文学的效果上，中国品味陪伴着现代英语的诞生，彼此和谐互动，而使英语关注更大的世界。换句话说，英语文学所归因的中国物性及其汉语风格，并非只是这些事物本身被引进于英国文化；而更重要的是，它意味着：如果没有中国文化的概念，这些英语文学是不可想象的……[1]

在18世纪，英国通过“中国意象”反射出自身的世界主义民族；而后，它却设计了（西方中心论之）东方主义的策略，来编造不列颠的主体性……[2]

“中国图景”不只是促使现代早期英国转向全球文化思维的拉力之一，而且简直就是英国文学成就和它所反映的“世界主义”的知识基础……[3]

把中国（元素）写入英语主体，是不列颠能够作为一个世界主义民族，全球伸张的文化之主要路径。

直到19世纪初，构思英文不可能不符合“中国风”的概念（By the early nineteenth century, it was impossible to conceive of English identity without attendant notions of Chineseness）。最具标志性的英语风格都是“中国物语”（The form most privileged as an indication of Englishness is the chinoiserie object—the thing Chinese）。东方主义否认中国文化已经融入（现代）英语的定义之中，但这确实是最深远的影响之一。[4]

---

1 Eugenia Jenkins: *A Taste for China,* p.7.

2 同 1，第 9 页。

3 同 1，第 7 页。

4 同 1，第 5 页。

（三）现代早期的欧洲文化的精髓是“汉字密码”

美国密歇根大学英语系主任大卫·波特《表意文字：现代早期欧洲的汉字密码》的大致内容如下：

在1583—1816年这两百余年间，中国文化在西方的实践，魔幻般地吸引了各行业、各领域的精英以及社会批评家。其直接的影响是多方面的和极深刻的：从欧洲宫殿花园的中国茶馆，到大众舞台改编的中国戏剧；从呼吁按照中国的科举文治模式创立西方政府的体制，到尝试儒家式的儿童道德教育。然而，比显而易见的模仿和引进更重要的则是“解读策略”，那就是：在这样一个文化输入的过程中，欧洲人通过翻译和编译，把那闻所未闻、玄之又玄的中国之典籍典宪，想方设法变成了他们熟悉的语义和表达方式；由此，让它们汇成新兴的欧洲现代话语。……该书还追溯了欧洲通过“想象中国”，进行自我构建的文化创举，主要是在四个突出领域——语言、神学、美学和经济。

关于汉语改造西方语言文字的原委与过程，大卫·波特说：

在17世纪，陷于语言危机的欧洲人从赴华耶稣会士那儿了解到汉语，便有了强烈反应：越来越多的欧洲有识之士都谴责他们的母语的败坏现象。在随后的百年里，五位代表人物——培根（Francis Bacon）、斯普拉特（Thomas Sprat）、威尔金斯（John Wilkins）、斯威夫特（Jonathan Swift）和约翰逊（Samuel Johnson）——诊断西方乃“堕落的语言”（fallen language）。都发现欧洲的书写语言极不恰当，其概念尤不合理，再加上欺诈、颓废和增生等词义问题。由此，汉语成为欧洲人讨论的热点和实施语言改革的样板。对于那时倡导“通用语言”的西方人来说，字母表音语言文字的缺陷是与生俱来和根深蒂固的；如果只是在写作实践中加以改良，则远不能达到合法性；而必须是全新的语言塑造，确保单词与事物的始终对应。现存的西方语言的肆意或无序之释义，反映它的“先验的结构缺陷”（priori structural flaw）。

图4 大卫·波特著《表意文字：现代早期欧洲的汉字密码》[1]

---

1 David porter: Ideographia: *The Chinese Cipher in Early Modern Europe,* Stanford university press, pp.18–20.

克服语言危机的办法是，摆脱“表音”混乱的困扰，让字词与物性相对应；并把它们分门别类地编排，剔除其中粗俗和败坏的成分。乔纳森·斯威夫特和塞缪尔·约翰逊都一直关注英语的这种缺陷和败坏，但他们的工作重心则从根治痼疾，退一步而求其次，即转移到遏制他们的表音文字的继续恶化上。斯威夫特担忧英语之缺乏精练，很可能重蹈罗马语（拉丁语）的厄运。他还列举了法语曾经历了“所有语言中最具毁灭性的败坏”。

最明显的是，汉字之广泛可读性，跨越了口音、民族和文化；这在17世纪，预示着终结“巴别塔之分散语言”这一欧洲梦，有可能实现。

正当欧洲精英们苦思冥想一种替代语言的时候，汉语就成为最重要的外来模式。科尼利厄斯（Cornelius）和其他人都强调：东方在很大程度上影响着17世纪欧洲人的语言理想，而汉语则是他们迈向这一目标的背后推力；尤其是在通用语言和哲学语言的观念上，更是如此。理想的汉语概念作为一个标准，随着语言改革的提案而祭出。

这是很清楚的，早期耶稣会士介绍中国时，也把有关她的书写语言的信息传到欧洲，引人入胜、引发热议。“如果说17世纪欧洲的语言学思想是被中国模式影响的，那么，它已融入了18世纪西方对于语言文字的合法表达的追求之中。”

欧洲语言改革家们参考中国模式，主张语言文字至少应该具有区域之普适性。此种合法性的表达正是他们所追求的基本目标。

17世纪欧洲语言改革运动中的著名人物，诸如培根、威尔金斯、莱布尼茨和夸美纽斯（John Amos Comenius, 1592—1670），都是以汉语作为他们的参照标准的；他们分享时代之趋势，把汉字视为神圣象征，即“表述的合法性”（representational legitimacy）。社会改革家、通用语言的设计者和语言学家们，都是从这个不可捉摸的外国文字（汉语）材料中，寻找合法性陈述的可能性之依托。“不管它是不是被信赖为人类的原初语言或神圣启示的密码，也不管它是不是被信赖为体现一个完美的哲学系统或所有科学的基本原理；但首当其冲的是，中国书写文字服务于严酷的时代（指17世纪欧洲混战），从而作为一种‘语言权力救赎的象征’，示范知识交流形式的可行性；从这个意义上讲，汉字是可靠的、普遍有效的和绝对正确的。汉字为西方提供了‘有用的概念框架’。”

波特还说：“中国书面文字的特性已经注入了现代欧洲和语言话语

(linguistic discourse)。"[1]

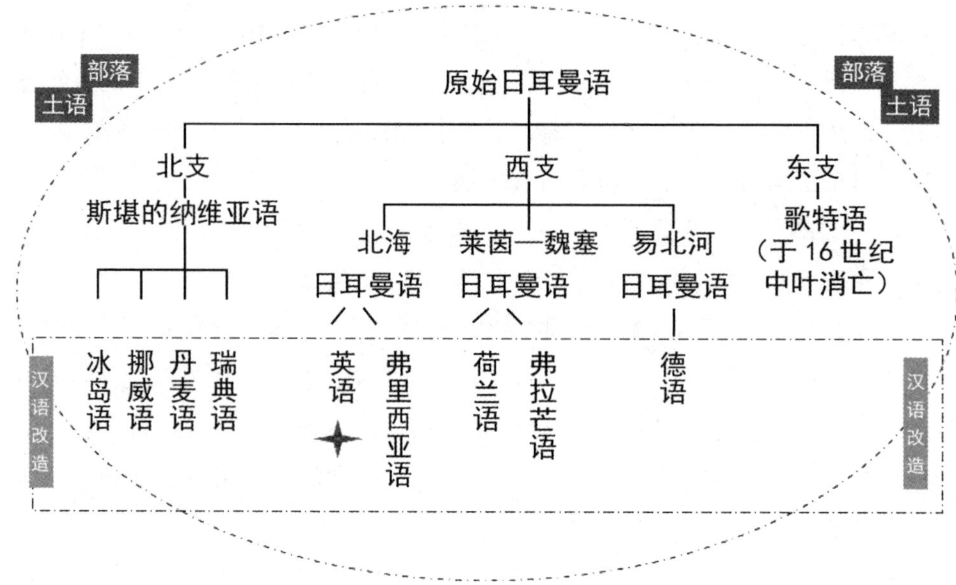

图5 作为印欧语系分支的日耳曼语系图表

上图中原始日耳曼语本质上是原始部落的方言土语。虽然在17—18世纪依靠印刷术锁定、规定"表音符号"(字母),而变成各种"文字"(字母表音文字);但是,成事不足,败事有余——由于其语音,语义皆混乱,徒然制造误解,而加剧宗教战争(三十年战争)。所幸,通过"汉语模式"的改革(17—18世纪),日耳曼语系——首先和主要是英语——寄生于"汉字表意"(借取含义、借鉴定义),而晋升为民族性,乃至国际性的语言文字(18—19世纪)。

克莱夫·爱德华兹说:"浪漫主义则与英语风格密切相关,这都是中国影响塑造了独特的英国鉴赏,而今却被人遗忘了。"(Romanticism became so bound up with Englishness that the influence of China in the creation of this particular English taste has, until recently, been forgotten)[2]

1 David Porter: *Ideographia: The Chinese Cipher in Early Modern Europe*, Stanford University Press, 2001, p.54.

2 Clive Edwards: December 2012/January 2013: *The Chinese Taste in Eighteenth-Century England By bryanglass*, Published: January 8, 2013.

（四）汉语促进西方文学与哲学以及计算机语言（英文）

耶鲁大学现代语言专家杰西卡·普雷斯曼 著《数字现代主义：在新媒体中创新》（牛津大学出版社，2014 年），节录：[1]

We can trace the Western idealization of Chinese as a universal language beyond Pound and Emerson back to the seventeenth century and the origins of binary code. Jesuit missionaries exploring the East sent reports back home to Europe describing Chinese as lingua universalis, and, as a result… "Europeans believed that they had finally found in Chinese the prototypical human language."… Philosopher and mathematician Gottfried Leibniz fantasized about Chinese, and he funneled these ideas into his philosophical writings.… Leibniz supplied "the initial germ for the birth of computers," claims Michael Heim. This origin, he writes, "started with the rationalist philosophers of the seventeenth century who were passionate in their efforts to design a world language." Specifically, Leibniz created a rational universal code or universal character set, characteristicia unisversalis that, Heim explains, "rests on a binary logic" similar to the binary logic that eventually enables digital code. In 1679 Leibniz outlined plans for a calculating machine based in binary numbers, a protocomputer of sorts. He grounded his efforts in mathematical computing upon ideas about Chinese language and philosophy, specifically the conceptual correspondence between Yin/Yang. The idea that a binary operating function underlies a universe of dualities becomes the foundation for the mathematical structure of binary states in digital computing. Like Pound, Leibniz believed he had found in Chinese a precedent for his own theories and a medium for their expression.

Where Pound saw universal truth residing in the "one-image poem" of the haiku, Leibniz discovered it in the sixtyfour hexagrams of the I Ching.

But both Western thinkers shared the idea that Chinese is a medium that, rather than just serving interpersonal communicative efforts, can enable larger philosophical and poetic goals. Following in Leibniz's wake, philosophers and poets alike have

1 Jessica Pressman: *Digital Modernism: Making It New in New Media,* Oxford University Press, 2014, p.144.

fantasized about Chinese as a universal code.… On this point, Jacques Derrida identifies "the function of the Chinese model in Leibniz's projects" as a cornerstone in Western philosophy (emphasis in original). Derrida describes Leibniz's use of Chinese as a tool or technology that "functions" or serves a particular ideological enterprise. He writes, "all the philosophical projects of a universal script and of a universal language… invoked by Descartes… Leibniz, etc., encouraged seeing in the recently discovered Chinese script a model of the philosophical language.… When extracted from communication and "removed from history" or the historical moment of its employment, language is no longer context driven. It becomes instead a rarefied, artificial system of empty signifiers.… This presentation of the ideogram as a universal medium, Derrida writes, "arbitrarily and by the artifice of invention, wrenches it from history and gives it to philosophy."

黄河清：古希腊文明的现场疑问

2019年农历正月，大年初四到十八（2月8—22日），终于去了早就该去的希腊。

从拙著《艺术的阴谋》2005年出版算起，已长时间没写书了。自责太懒，没有把游历伊朗、土耳其的见闻经历写出来。但这一次，在离开希腊的前一天晚上，忽然下了决心要把这次希腊行记写出来。

因为在希腊的这13天，几乎每天都受刺激，而且是创伤性刺激（traumatisme）！

印象中，民国时期爱用音译西语名词，灵感（inspiration）一词，好像被译成“因斯霹雷训”之类。我几乎是天天都因斯霹雷，雷霹得我七窍生烟。

希腊的博物馆里，太多崭新崭新的东西，但标注的都是公元前几百几千年的“古物”。任何物件总是要放在空气里、地下或水中吧，但这些“古物”居然毫无两三千年时间留下的痕迹！

陶罐总要有点尘垢灰暗，铜器总要有点铜绿蚀痕，大理石雕像总要有点破旧老化吧……

而它们没有！崭新崭新。

古希腊从神话到历史，从未闻有什么厚葬的文化。怎么可能在迈锡尼——一个很小的石头寨子，出土那么多的随葬品？

古希腊号称是“世界中心”的德尔菲城，却为什么是建在一个鸟不拉屎的荒凉高山的陡坡上，小得连村庄都算不上，怎么可能是世界中心？

那些几千年的“古物”，不仅新，而且数量众多，满展柜满展柜的，而且经常是体量巨大……惊心动魄，太震撼了！

事实上，从第一天看卫城，走进卫城博物馆开始，我就开始受到惊吓。展区首先看到的，是一只标为“公元前8世纪”，但却是崭新的大陶罐（图

1），我的眼睛开始不适应了。

图 1　公元前 8 世纪的陶罐

这件陶罐过了 2700 多年，真的就是这么新的？

继续往前走，成百上千的陶器件件都是那么新，标注件件都是公元前（BC）几百年……终于我开始怀疑起这些古物的真假来。

30 多年前的 1985 年，我考上浙江美术学院研究生，恰好是西方美术史专业。当初读到“西方艺术史”的开宗者——德国人温克尔曼称赞古希腊艺术的名句——“高贵的简洁，静穆的伟大”（noble simplicity, quiet grandeur），心中涌起的是那个崇高啊，那份敬仰啊！

对于古希腊艺术的时代序列，不敢说像小和尚念经那样背诵如流，但也是相当的熟悉：几何式（前 900—前 700）、东方风格（前 700—前 600）、古风时代（前 600—前 480）、古典时代（前 480—前 323），最后是希腊化时代（前 323—前 31）。

古希腊花瓶的样式也熟记于心。除了几何和东方风格，还有什么黑绘式（前 625—前 500）、红绘式（前 500—前 300），也还有看上去挺好看其实是用于墓葬的白底绘冥瓶……

那时看的都是画册，图片拍得很精美。咱心思也单纯，都相信，上面标注什么年代，就信是什么年代。没得说。

如今来到希腊，看到实物了，亲临那些鼎鼎大名、如雷贯耳的古希腊地界，发现反差太大，疑窦顿生。

毕竟人是有眼睛，有常识的。我也算是艺术史的专业人士，两三千年历史的文物和艺术品看过不少。虽不是考古鉴定的专业，终究还是有普通人的常识。对，就是常识，普通人的常识。

希腊考古和博物馆给人的信息，离常识实在太远太离谱，我们就有理由怀疑。其实近些年，我对古希腊历史已经有所怀疑，只是没想到希腊博物馆里的展品，将这么多崭新的物品一律标为“公元前”，脱离常识已经到了一个今人爱说的一词，叫令人发指。

本书（本文为作者《如是我疑古希腊》一书的引言部分）分为上中下三篇。

上篇——行旅现场生发的疑问。请读者看官跟随我游希腊，分享我在这13天里的即兴感想，以及在博物馆和遗址现场生发的疑问。

是游记？算是。但也是一部拷问眼睛、追究常识、怀疑神圣的思索日记。

在博物馆即兴而起的怀疑，感觉展品不对劲，读者会觉得我的怀疑缺乏根据。西方人不会如此造假吧？不要急，先不忙下结论。暂时让这种似乎没有根据的怀疑慢慢积累，让这种不对劲的感觉慢慢发酵。

我也不想立即说服读者。先跟着我一起看，一起分享我“现场的疑问”。

中篇——不靠谱的西方考古学。是想说明西方考古学从一开始就不靠谱，有着太多的丑闻，造假成灾，黑幕重重。

西方田野考古学的开山祖德国人施里曼（H.Schliemann，1822—1890）是一位只上过三年学、到美国淘金开银行、后与俄罗斯做军火生意发了大财的土豪，只是热爱荷马史诗，一定要找到特洛伊城。

于是1870年在土耳其的一位英国朋友购置的地上一挖，哇，找到了特洛伊城的遗址！

之后到希腊伯罗奔尼撒半岛的一座荒凉高山脚下一挖，哇，挖到了阿伽门农的墓！

西方考古学第二号人物英国人伊文思（A. J.Evans，1851—1941），闻风向施里曼请教，1900年也跑到希腊克里特岛买了一块地，往下一挖，哇，挖到了希腊神话米诺斯王宫的迷宫！

西方考古学就这样开场了。

中国的历史记载，从古至今，3000年从未中断。而西方发现自己没有自古延续至今的真迹历史文本，主要从16—17世纪起开始传扬古希腊神话和荷马史诗。

据说荷马是个瞎子，生活于公元前9世纪。

正当中国的瞎子阿炳曾在天下第二泉边，悲伤地拉着二胡，西方的瞎子

图 2 盖蒂博物馆的库洛斯

荷马也曾游荡特洛伊废墟，行吟“二泉”……哦不，“爱琴映月”……

不要骂我瞎扯。荷马史诗本来就来历不明，甚至荷马这个人是否真存在过，西方学界也莫衷一是，成了“荷马问题”。

把荷马史诗考证为历史，无异于把《封神榜》《镜花缘》中演义人物考证为真实历史人物。但没关系，重要的是传说。有了传说，就可以用考古学加以证实，然后成为“历史”。

传说＋考古＝历史

嘿嘿，传说支持考古，考古印证传说，循环论证，好不愉快。

神话传说恍兮惚兮，给造假者们留下了巨大的空间。反正传说中的人和事谁都没见过，没有任何实证，考古学家们只要指认一个，或者制造一个“考古发现”，将其说成古物古迹就可以了。

事实上，西方从 16 世纪起就有买卖兴隆的文物造假或“艺术造假”产业。米开朗琪罗就伪造过一件“沉睡的丘比特”“古代雕像”卖给藏家，开了艺术造假的先河。考古造假也司空见惯。

希腊克里特、埃及帝王谷和意大利庞贝，是假货来源的重灾区。

大量赝品声称都是从那些遗址发现的，高价卖给大英博物馆、卢浮宫和美国大都会博物馆，案例不胜枚举。

美国加州盖蒂博物馆于 1980 年看上了这座希腊库洛斯，据说花了近 1200 万美元。但雕像显得很新，专家们观点尖锐对立，最后只好双方妥协。简介卡上竟然标注：这座雕像有可能是公元前 530 年的作品，也可能是 1980 年左右的新作！

1870—1880 年，耶路撒冷古董商夏比拉，伪造在死海附近发现“摩阿比特古物”，圣经古文皮条片，后来丑闻败露而自杀。

1918—1928 年间，意大利雕塑家多塞纳（Alceo Dossena，1878—1937），

图 3　夏比拉

图 4　庚斯堡抓住夏比拉漫画

图 5　多塞纳的伪作

制作了很多雕刻精美的大理石雕像和陶像，作为古董卖给博物馆。

2018 年，意大利爆出埃及莎草纸造假事件：都灵圣保罗基金会斥资 275 万欧元，购买一批莎草纸文献，结果发现是假的。

法国格罗泽尔（Glozel）泥版文字考古造假也臭名昭著。

图 6　意大利爆出埃及莎草纸造假事件

有的考古学家自己“埋雷”（将伪造品埋到地里），然后说有了重大考古发现。比如日本考古学家藤村新一，去埋雷时被事先埋伏的摄像机拍个正着。

还有最近曝光的英国已故著名考古学家梅拉特（James Mellaart），1962 年在土耳其发现逾 9500 年历史的加泰土丘，是已知人类最古老的定居点之一，结果发现梅拉特凭幻想伪造的壁画和碑文……

图 7　英国考古学家梅拉特

2016 年 5 月 26 日，英国《卫报》报道：希腊考古学界宣告找到了亚里士多德的墓了！但没有任何文字证明

图 8　希腊宣告找到的亚里士多德的墓

是有关亚里士多德，有的只有一个骨灰瓮子……

西方人不会如此造假吧？回答是：西方考古造假肆无忌惮。

下篇——“光从中华来”。西方古代历史原本是一片空白。后来为了给自己修家谱，就把自己的祖宗描写得无比辉煌。

法国历史学家布罗代尔曾有一句名言：“欧洲最先创造了历史学家，然后充分利用他们。”这句话意味深长。什么叫“欧洲最先创造了历史学家”？其实是说，欧洲最先创造了一些编故事的“历史学家”。

法国耶稣会士阿尔端（Jean Hardouin,1646—1729）“冒天下之大不韪”地声称：所有古希腊古罗马历史的文本（除几个人之外），都是 18 世纪僧侣们杜撰的。《旧约》《新约》的希腊文古本也是后来伪造。

俄罗斯当代历史学家福缅科（A.Fomenko）同样认为：整部西方古代史都是 17—18 世纪的耶稣会士编造。西方历史学家实际上是“历史发明家”，这样的描述生动形象。

忍不住调侃一下：西方历史尤其古代史，history（历史）是 his-story（他的故事）。

法语的“历史”（histoire），意思是“值得记忆事件的叙说”，也是讲故事……

咱中国人自古就爱记日记。国事家事自己事，都尽可能把它记下来。中国的“史”，是对历史事件的记录。尤其中国人修史，是为了以史为鉴，让后人继承前人的智慧，不犯前人犯过的错误。

而西方的古代历史，只是事后几千年再来给自己祖宗编故事。

因此，史（中国）≠历史（西方）。

历史的真相是：中华民族是人类文明的主要发源地。中华文明不仅向东传播到朝鲜和日本，向南传布南洋，也向西传播至波斯阿拉伯，直抵欧洲。

中华文明从汉代起，就往西影响西域的大宛（今乌兹别克斯坦）地区。

西汉张骞出使到大宛，汉军征服过大宛，司马迁《史记》有“大宛列传”。

东风西渐路径：喀什→西域大宛（乌兹别克斯坦）→波斯→阿拉伯→欧洲。

唐代更是把大宛地区，即中亚5个斯坦南部的4个斯坦囊括进了中华版图，称“安西都护府”（见图10）。从唐朝起，大宛地区正式属于中国，受中国管辖！巴尔喀什湖边的碎叶，是李白的故乡。

图11所示这个地区也称“昭武九姓”：安、曹、何、石、康、史、米、火寻、戊地。安姓居安息，康姓所居之地，是大宛重镇撒马尔罕。这片地方有两条河：阿姆河和锡尔河，构成一个小两河流域。

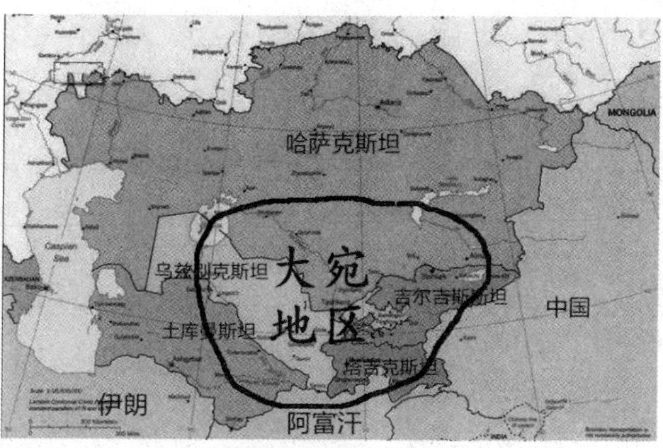

图9　大宛地区所在位置示意图

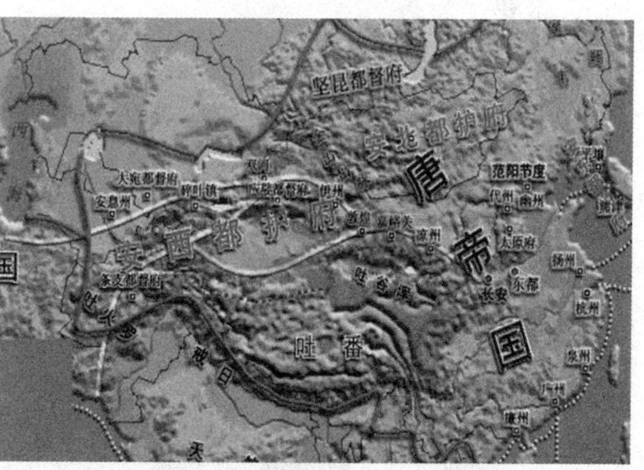

图10　安西都护府所在位置示意图

图11　昭武九姓所在位置示意图

宋代，图 12 所示这块地方属于喀喇汗国和西辽；喀喇汗国认同“秦”（中国），汗王自称“桃花石汗”（中国王）。

西辽契丹人高度汉化，至今俄语称这块地方为 kidan（契丹），俄语“契丹”现在指的就是“中国”，见图 13。

图 14，波斯人称这块土地为“图兰（Turan）”，即指中国；图兰朵指的是“中国公主”。

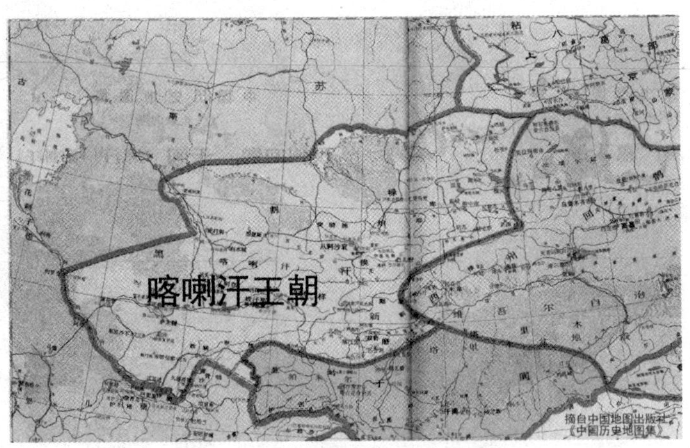

图 12　喀喇汗王朝所在位置示意图

图 13　西辽所在位置示意图

图 14　图兰所在位置示意图

到了元朝，这块地方叫“察哈台汗国”，基本认同中国的元朝。

图 15 察哈台汗国历史上所在位置示意图

从唐至元朝，这个大宛或图兰地区直接属于中国文化圈，受中华文明教化了近 700 年。

中国的天文学、数学、医学、造纸术等都是首先第一站是来到这里，甚至被称为“中国”，构成中国文化向西影响的桥头堡、根据地，完全可以称为“第二中国”。

法国前总理德维尔潘在《另一个世界》中写道：

没有阿威罗伊，我们怎会知道亚里士多德？
没有阿维森纳的《医典》，我们怎会知道加利安和希波克拉底？
没有本·哈勒敦何来社会科学？
没有比鲁尼，何来天文学？
没有花剌子米，何来数学？

图 16 法国前总理德维尔潘

其中，医学家阿维森纳（980—1037），天文学家比鲁尼（973—1048），数学家花剌子米（780—850），都是乌兹别克斯坦人，即，都是大宛人。

大宛出了三位大腕：

阿维森纳（Avicenna）——西医祖宗，阿拉伯名伊本·西纳——ibn Sina，竟然是“中国之子”的意思！他深受中医影响，所著五大卷百万字《医典》，构成西医经典。

比鲁尼——西方天文学祖宗。

花剌子米——西方数学祖宗：西语“代数”（algebra），来自他的一部著作 al-jabr，“算法”（algorithme）干脆就是他名字 Al-Khawarizmi。

而中国是天文学（汉代张衡“浑天仪”）和数学（汉代《九章算术》）的老祖宗。

图 17　伊尔汗国王旭烈兀与妻子脱古思可敦

可以说，西方所有的科学全部来自中国和阿拉伯。

也是在元朝，察哈台汗国的西边，忽必烈同母弟弟旭烈兀，建立了同属蒙古帝国的波斯伊儿汗国。1264 年接受元朝册封，波斯成了中国的“兄弟国”。

图 18　伊尔汗国历史上所在地理位置示意图

旭烈兀的伊尔汗国，大力引进中国文化，引进中医中药……

“13 世纪中叶，当蒙古军西征，灭阿巴斯朝并于其境内建立伊儿汗国后，旭烈兀从中国调来大批工匠、技师、学者和医生前来，建立天文台、医院、图书馆……”[1]

伊尔汗国宰相拉施特，非常崇尚中国文化：“一直非常重视引入和传播中国文化，并为此做出了许多切实有效的努力，如延请中国医生到波斯、培养波斯人学汉语，等等。”[2]

于是，中国文化席卷波斯，整个波斯兴起“中国热”。（欧洲“中国热”是 18 世纪。）

这个波斯伊尔汗国，疆域包括伊拉克两河流域，叙利亚北部，即大半个“新月沃土”地带，再加上亚美尼亚和大半个土耳其。

中华文明从大宛引过来，经过波斯，漫过阿拉伯伊拉克，直抵地中海岸边，在西亚大地发生了深远的影响，宛然有“第三中国”之意。

14—15 世纪，中华文明之风再往西播，哪里是欧洲，已是“第四中国”！

读者且别说我自夸，不是我最早说欧洲就是中国。法国著名学者艾田蒲（Etiemble），在 1989 年出版的《中国的欧洲》（*L' Europe Chinoise*）中，阐明大量欧洲科技和哲学思想，都来自中国！以致今天的欧洲，应该称为“中国的欧洲”。

请注意这个“的”字，意义关天，说的不就是“第四中国”？

可见，第二中国和第四中国都是西域和西方人自己承认的。我只是在第二和第四之间，指认了一个第三中国，逻辑上毫无瑕疵。

这个“一二三四中国论”也可以表述为“三个两河流域说”：

人类文明主要发源于“大两河流域”（黄河和长江），向西传播时，先经过锡尔河和阿姆河的“小两河流域”，再经过幼发拉底河和底格里斯河的

图 19 “古希腊”半岛南部

1 潘吉星：《中外科学技术交流史论》，中国社会科学出版社，2012 年，第 632 页。

2 引自穆宏燕文章《“蒙古〈大列王纪〉”：波斯细密画走向成熟之作》，原载于《北方工业大学学报》，2018 年 12 月。

“中两河流域”，传向欧洲……

正是有了蒙古人西征，使欧亚大陆东西两端空前畅通，中华文明之光（何止四大发明），经由大宛、波斯，照亮了当时仍处于非常荒蛮的欧洲。这是任何客观的西方历史学家也都不否认的。

李约瑟的煌煌15卷《中国科学技术史》，艾田蒲的《中国的欧洲》，德国历史学家贡德·弗兰克的《白银资本》，英国历史学家约翰·霍布森《西方文明的东方起源》等著作，都详实地揭示，大量被认为是欧洲发明的东西其实起源于东方，起源于中国。

都说阿尔巴尼亚是山鹰之国，与之接壤的希腊更是山鹰之国，而且是欧洲最多山的国家。尽管现代希腊兼并了北部两片小平原，高山仍占希腊国土面积的80%。而今被奉为理想国、一般意义上的“古希腊”半岛南部，高山面积更占近90%，“穷山恶水人稀”。

图20　从塞浦路斯进口的铜锭（前1500—前1450）

希腊没有什么河流，整体上缺水，夏天更甚。希腊半岛土地贫瘠，没有什么农耕地。正因为穷山恶水，没有什么农业，所以人口稀少。即使今天，希腊国土面积13万多平方公里（相当于我国安徽省），人口才勉强1000万。

在中国航海术西传欧洲之前，说贫瘠的克里特岛，公元前2000年海外贸易就非常发达，能从塞浦路斯进口铜锭，让人生疑。

中国是最早（春秋战国时期）发明和使用铸铁的国家，也最早（西汉时期）就发明炼钢技术。中国的铸铁、炼钢技术从西汉时期开始西传，首先传到大宛和波斯（称为“中国钢铁”），唐朝时传到阿拉伯，最后蒙古人西征才把铸铁炼钢技术传到欧洲。[1]

在中国炼钢技术传到欧洲之前，说希腊迈锡尼等地在公元前16世纪就能开凿巨块石头，也高度可疑……

当然，我怀疑西方古代历史，并不意味否定18—19世纪以后西方科学技术的快速发展及其巨大成就。我完全肯定西方现代文明给人类文明作出的重大贡献。

1 潘吉星：《中外科学技术交流史论》，中国社会科学出版社，2012年，第633页。

我所怀疑的是，西方虚构自己的古代历史，把西方装扮成自古就科技文化艺术高度灿烂辉煌，其目的是打压贬低中华文明。

这是否可以说是一个历史的阴谋？

西方历史学不仅自己编故事，还一心贬低中华文明和历史。先是影响日本人搞出一个“尧舜禹抹杀论”，继而1920年代在中国学界掀起“疑古”运动：“大禹是一条虫”“三皇五帝全部是汉朝人伪造的”“孔子可能不存在”“老子是假的”“屈原是假的”。什么什么是伪书，什么什么是伪造……这些疑古派对中华文明真的是严格实证，要求极其苛刻。而对于西方古代史，则是无底线的宽容。明显是传说，奇谈怪论，也不敢有半点怀疑。

今天中国终于渐渐恢复文化自信。对于西方古代史的不符合常识，我们完全可以进行合理的怀疑。难道只许你放火而不许我点灯——只许你疑我古，就不许我疑你古？

对西方文化历史极度迷信，文化自卑，就不敢怀疑；敢于怀疑，就是文化自信。

对于希腊博物馆里的展品和那些“古希腊”古迹名胜，我们无须动用专业知识，无须自惭不懂鉴定。我们只需睁开眼睛，用常识去辨别。

所谓用常识，就是不迷信。看到是黑的就说是黑的，决不能跟随神圣权威说这是白的。要相信自己的眼睛，敢于说这就是黑的。

即便不能断定真伪，怀疑总可以吧？佛经说法“如是我闻”，借用一下：如是我疑古希腊。

下面让大家来看在旅行现场发现的几个小例子：

第一，在海水里永不锈蚀的铜像。

在雅典国家考古博物馆，有一尊公元前140年的大型铜像奔马小骑手（见图21），放置在博物馆一个重要的大厅，非常震撼。这尊奔马小骑手说是从一

图21 《小骑手》（左图）和局部图（右图）

艘沉船里捞出来的，已成一些碎块，后由一位美国女士和一家基金会出钱将其组装修复。但事实上，马首和马的前半身，还有小骑手，根本不是碎块，而是一尊非常完整的铜雕。

图 22　阿伽门农金面具

这尊雕像艺术雕塑手法非常纯熟，题材非常世俗甚至现代，几乎就是一件西欧现代风格的雕塑。在2000多年前，就能有如此现代的铜雕像吗？

尤其是这件作品铸铜也非常薄。我问过中国美院雕塑系的朋友，铜雕都是用失蜡法：先做成内范和外范中间的蜡模，焙烧加热熔化掉蜡模，留出空腔再注入铜水。这件作品的奔马铜皮非常薄，制作起来要高度精确，浇铸铜水难度极高。要焙烧加热这么大的模子，还需要巨大的烤炉……古希腊能行吗？

第二，3500年前的绅士小胡子。雅典国家考古博物馆，还有一件著名的宝贝，就是施里曼命名的公元前1500年的“阿伽门农金面具”，当年读研就在西方美术史画册中见过，印象深刻。

我们来端详一下这个金面具，高25厘米，金箔打制得很薄，脸额光洁，耳朵轮廓很分明。金面具最值得注意的，是墓主人修剪整齐的小胡子，完全像一位现代欧洲绅士。

对于现代人来说，剪刀根本就是日常的生活用品。但是对于古人来说，要把自己的头发或胡子割断，并非易事。用石片、木片、竹片，或用铜刀、铁刀来割头发、胡子试试？很难割啊！长发长须美髯公，是古人无奈也是自然的结果。

修剪小胡子，只有剪刀才能完成的任务。而这位3500年前的绅士，他那

图 23　古希腊青铜剪刀

时有剪刀吗？

我倒是在雅典国家考古博物馆看见过一把定为公元前400—500年的U字形青铜剪刀，而在此之前1000年的“迈锡尼文明”，并无实物剪刀出土。

退一万步，即使迈锡尼真有这样的剪刀，但青铜材料较脆易折，这种U字形底部是否有足够的弹性，供刀片反复张开合拢，是个疑问。再者，青铜刀片锋利度有限，大刀片更难以严丝合缝地闭合。如此大笨剪，不可能剪出这么精致的小胡子。

搜索百度有说公元前3世纪古埃及出现了剪刀，传说而已。

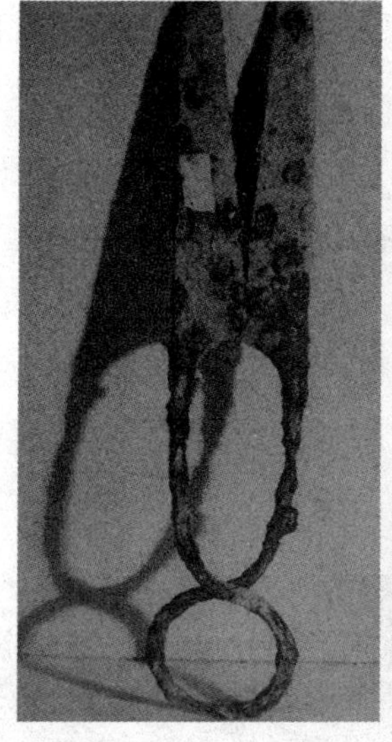

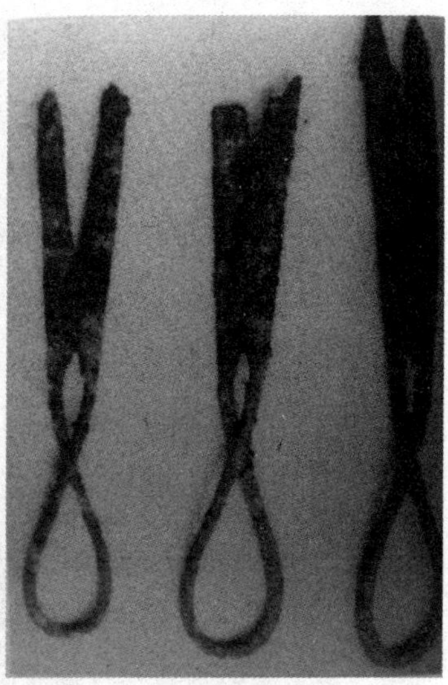

图24　中国西汉铁剪（左图）和中国东汉铁剪（右图）

世界上最早使用剪刀，有实物可证明的，是咱中国人。西汉公元前，中国就已出现8字形铁剪，东汉时期变得普及。铁的弹性、韧性比青铜好，8字形比U字形多一个弯，可以减少8字底部的开合度。

前些时候刚好读到：“在整个中世纪直到15—16世纪的漫长时期中，波斯还不断从中国进口小巧的铸铁制品，其中包括铸铁锅，还有理发师用的剃刀、剪刀，裁缝衣服用的钢针……钢针虽小，但用途大，外科医生也用得上，但制造颇难。一根钢针在波斯可换一头羊！”[1]

这段记载可以说明中国的支轴铁剪刀，先传入波斯、西中亚，然后才可能传到西欧。注意，波斯、西亚只是进口，还没说能够制造。

要完成“阿伽门农金面具”绅士的小胡子，必须要有小巧的铁剪刀。而3500年前的迈锡尼，根本不可能有这样的小铁剪刀。

鉴于这个金面具是迈锡尼文明的核心要件，“一个馒头引发的血案”，一撮小胡子也可以引发对整个施里曼“考古”的怀疑和颠覆。

第三，人有多大胆，地有多大产。

1 潘吉星：《中外科学技术交流史论》，中国社会科学出版社，2012年，第633页。

奥林匹亚博物馆有两样东西，让我五体投地叹服希腊人有多大胆，奥林匹亚宝地就有多大产。

首先，看到一个高台上放着一个巨大的红陶圆形物体，正面看像圆盘，盘沿齿轮状，转过去像一个碗或喇叭……从来没见过这样的玩意儿，莫名其妙。走到一边看解说牌，终于明白这个巨型红陶圆盘碗是放在赫拉神庙庙顶的装饰物！

尽管巨型圆盘碗是根据一些残片而修复的，但这些残片也有保全面积比较大的。从这么高的神庙屋脊上跌落下来，竟没有粉身碎骨，还能相当地“瓦全”？

赫拉神庙遗址也刚刚转过，神庙大门外场地不大土也不厚，无法想象这只巨型圆盘碗与神庙屋脊、大门墙面的石块，一起坠落到地面，然后陶片和大石块混杂掩埋至今……

再有，烧制这么巨大的陶器，技术问题怎么解决。烧陶的温度虽没有烧瓷器那么高，在800℃以下，但要让这么大一个相当闭合的陶器，里外四周均

图25　赫拉神庙资料图，顶上的是巨型红陶圆盘

图26　赫拉神庙顶上的巨型红陶圆盘正面图（左图）和侧面图（右图）

匀受热，也不是轻易能烧成的。古希腊人有这么巨型的烧陶窑炉吗？天晓得。

还有一样让我做梦也不会想到的东西，是一些像砚台，又像猪耳朵那样的红陶玩意，摆了好几个橱窗。开始没看解说，一点没看明白是什么东西。问导游，说这些是浇铸宙斯巨像身上黄金衣褶的陶模！

因为传说中，这个世界七大奇迹之一的宙斯雕像，是用黄金和象牙装饰……

我的天，真把传说当了真！

图 27　宙斯神庙雕像

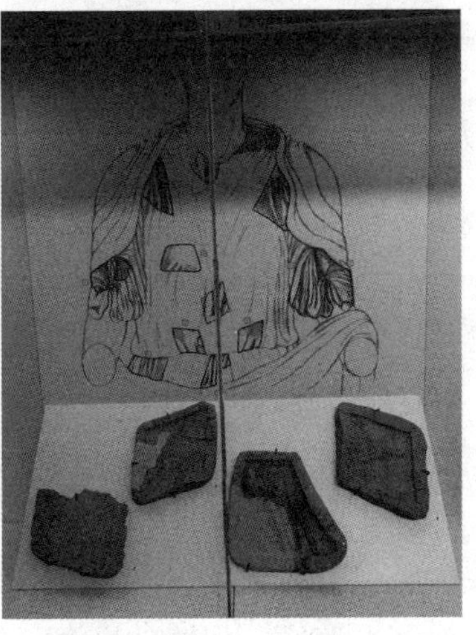

图 28　浇铸黄金衣褶的陶模（组图）

宙斯巨像，就像双腿横跨罗德岛港口的太阳神巨像、巴比伦空中花园等，但它只是一个连影子都没有的传说。我去过世界七大奇迹在土耳其的两个遗址，阿尔忒弥斯神庙和摩索拉斯陵墓，遗址很小明显不像，土耳其人也只是含糊指认一下。

这里倒好，希腊人硬是把这个传说落了实：居然挖出了浇铸黄金衣褶的红陶模具，而且还不止一块！

宙斯神庙遗址，12 米高的宙斯巨像，没留下任何石雕残块或黄金象牙的碎片。如果这个地方真有过这么一个巨型雕像，总不可能一点碎块都没留下吧？却发现了很完整的陶模……

希腊人的“考古大跃进”胆儿也忒大了一点……

第四，温泉关不是关。温泉关战役是古希腊历史中一个非常著名的“故事”。斯巴达国王列奥尼达率领 300 斯巴达勇士，加上 700 塞斯比亚的志愿军，英勇抗击 20 万波斯大军。抵抗了三天，杀死了 2 万波斯兵，最后被波斯兵绕山抄了后路，全部壮烈牺牲。

原先想象中，温泉关一定是两山夹一条路，一夫当关万夫莫开，险峻得很。一般的介绍也是：“温泉关是一个易守难攻的狭窄通道，一边是大海，另外一边是陡峭的山壁。”在美国电影中，也是一边是高高壁立的山崖，通道狭窄，另一侧也是悬崖垂直到海……

来到温泉关战役纪念墙，眼前是一马平川，也看不到海，完全不像一个关隘。电影中的悬崖和峭壁，统统没有！

温泉关一边山，一边海，属于山海关类型。但，山很平缓，离海边也很远。为了看海，我跑步爬上公路对面的一个小山包，勉强看到了海。从小山包到海边，目测一下有三四公里。后来又一次经过，更清楚看到平缓的山，从右延伸向左前方的海，哪有什么关！

图 29　电影《温泉关战役》中的悬崖

现在的说法是，古希腊时海边通道很窄，后来积了淤泥，海岸往前推了。但温泉关并非一个河口，何来淤泥？

就算当时路窄，但路的靠海一侧如

图 30 从小山包到海，是 3—4 公里宽的平地

图 31 平缓的山，从右向左延伸，左前方是海，哪有什么关？

果不是悬崖（像电影里那样），只要海岸是平坦入海，波斯士兵完全可以从浅海通过。没有一座陡峭山崖靠近海，崖下有通道靠海一侧的也不是悬崖，温泉关根本就不是一个关啊！

附近倒是有几处温泉。所以，温泉关、温泉关，有温泉而无关。

即使根据西方历史，希腊城邦之间本来就互相不和，经常打仗。远在南边伯罗奔尼撒半岛的斯巴达人，怎么可能翻山越岭远途跑到雅典北方，来保卫雅典？雅典和斯巴达后来不是打了将近 30 年的“伯罗奔尼撒战争”吗？

还有，1000 人抵挡 20 万大军三天，在冷兵器时代，只能是意淫神话吧？

人们可以怀疑，温泉关战役完全是“故事”。现代希腊为了落实这个故事，在雅典东北沿海找不到一个地方像关隘，就找了这么个一马平川完全不是“关”的地方，充任温泉关，睁着眼睛说瞎话，指平川为关隘，至今忽悠全世界，简直不可思议！

第五，挑战世人智商的2330年前的铜壶。

还没有写到萨塞洛尼基博物馆，先让大家来看看该馆展示的一个标注为公元前330—前320年的黄铜壶（见图），实在是在挑战世人的智商。看你敢不敢怀疑？

图32　黄铜壶（公元前330—前320）（左图），米开朗琪罗为美第奇家族墓雕刻的《昼夜晨昏》之《晨》（右上图）和《夜》（右下图）

黄铜壶上的雕像风格很现代，明显类似米开朗琪罗为美第奇家族墓所雕刻的《昼夜晨昏》，黄铜壶也说是放骨灰的，所以人物造型都显得哀伤低徊。

铜壶的制作风格，其精美细致，明显是欧洲17—18世纪，甚至更后时期铜器的风格。我也给一位著名收藏家看照片，他也断然否定，他认为这不可能是这么早时代的作品……

第六，雅典的奥林匹亚宙斯神庙（图 33）是希腊独立后新建的。1784 年，法国制图名家巴比叶·杜·波加热（M.Barbié du Bocage）为法国人巴尔特莱米（J.J.Barthelemy）写的《小阿纳卡西斯的希腊游记》一书做配图，画了一张古代雅典地图。这时的奥林匹亚宙斯神庙，是在雅典城南（图 34）。

图 33　宙斯神庙遗址，远方是雅典卫城

1800 年，法国领事塞巴斯基安·福维尔（L.F. Sé bastien Fauvel）为雅典规划城市地图，奥林匹亚宙斯神庙的位置是在雅典城中心（图 35），大约相当于今天雅典哈德良图书馆的位置。而今天奥林匹亚宙斯神庙，则是在雅典老城外东南的位置（图 36）。

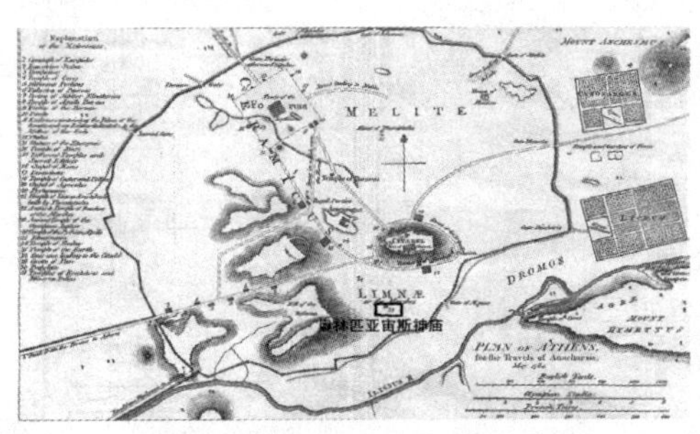

图 34　波加热地图

图 36　雅典地图

图 35　福维尔雅典地图

这座雅典奥林匹亚宙斯神庙（图 33），号称建于公元 130 年，迄今将近 1900 年的历史。尽管坍塌毁灭了一大半，但残存的柱子依然高大雄伟。为什么 1784 年和 1800 年两个法国人都视而不见，而把神庙一会儿放到城南，一会儿放到市中心？只有一个解释：那个时候，这个所谓的奥林匹亚宙斯神庙根本就不存在。现在我们看到的，只能是希腊 1832 年独立以后新建的，是一件假古董，最多 100 多年历史。

后　记

首届西史辨伪北京研讨会综述

董并生　非　子

2019 年 8 月 3—4 日，“西史辨伪与中华文化复兴”学术研讨会在北京的 21 世纪饭店隆重举行。兹将会议概况综述如下：

“西史辨伪与中华文化复兴”学术讨论会现场

一、会议发起人

黄河清：《破解进步论——为中国文化正名》《西方民主的乌托邦》作者

向前静：北京太人经典中医技术有限公司 CEO

董并生：《虚构的古希腊文明——西方欧洲“古典历史”辨伪》作者

诸玄识：《虚构的西方文明史——古今西方复制中国》作者

黄忠平:《包装出来的西方文明》作者

孟晓路:《西学之中学渊源》《中学统摄天下学术略论》《中国世界观看世界和中华文明复兴》作者

裴　峰（非子）:《大回环——中华文明的辉煌、迷失与复兴》作者

会议举办单位负责人及经费赞助：向前静

二、会议背景

乱象呈现在国人面前，每一位关心国家之前途命运的人，自然会产生一股凝聚力，其动因就是文化认同。

在此背景之下，以新的网络媒体为特征，在官、民之间自发形成了一股文化自强的思潮。数年来，在国内兴起“西史辨伪”的热潮，初步形成了以“破除西方伪史，复兴中华文化”为主要取向的学术流派，从而展开对这种中西冲突的文化背景进行探究。

“西史辨伪与中华文化复兴”学术研讨会正是在这种背景下举行的一次学术活动。中华民族的伟大复兴是时代的主旋律，中国文化的复兴则是民族复兴的灵魂。要实现文化的复兴，最大的阻力来自经过百年以上鼓吹膨胀起来的盘根错节的西方中心论，这个西方中心论牢牢控制着现代世界的话语权，并通过话语权控制着非西方世界人们的思想、观念，使人们深受其害、习焉而不察。原来西方中心论是通过一整套虚构的“文明发展史”来向人们灌输这套观念的。因而，通过西史辨伪，认清西方中心论的真面目正是当务之急。

会议发起人向前静致辞

三、研讨专题纪要

2019 年 8 月 3 日上午

第一议题：向前静先生致欢迎词并发表题为《学术良知与中国文化的使

命》的演说，向先生热情洋溢地表达了对“西史辨伪”事业的支持和期许。并结合自己在中医走向世界的运营实践中，体会到中国传统文化的博大精深。特别是中医在国外受到普遍欢迎但在国内却遭遇困境的现实，让他深深体感到提高文化自信的必要性和迫切性。通过自己海内外事业的双重实践，他坚信中国文化是解决全球治理中很多难题的对症良方。

第二议题：董并生先生进行了一个题为《什么是西方中心论——西方伪史的定义、形成过程及范围初探》的综合概述。过去人们对西方中心论的研究与认识，浮在表面，依然落入西方中心论的话语窠臼中。该概述的PPT长达200多页，作者试图通过综合自己与合作者长期研究的成果，来揭示西方伪史的内涵，形成过程及其范围，为体系庞大、纷繁复杂的西方伪史描述出一个大致的轮廓来。只有对西方中心论做到了“明辨之”，才可能在对其采取破除行动时达到“笃行之”的实践。

英籍华人学者诸玄识发表学术报告

山西学者赵驰发表即兴演讲

第三议题：英籍华人学者诸玄识老师作了题为《文明的传播——西方文明复制中国》的学术报告。诸老师相关的文章本已看过不少，但现场听其娓娓道来，还是感受大不相同。诸老师的最大特点是不需讲稿也无须PPT，讲述内容条理清晰，理论性强，逻辑环环相扣却都如成竹在胸，从大历史的视角，对文明的唯一性及西方如何复制中华文明进行了既有事实也有逻辑的构建分析。诸老师最后还介绍了国外同行在揭批西方伪史方面的最新著述与进展。

2019年8月3日下午

第四议题：受大会内容和气氛热烈之影响，山西学者赵驰先生发表即兴演说。他通过对山西境内丰富的古文化资源进行了如数家珍的介绍，特别是对火、水、盐、井这些具有文明史里程标志的内容作了深刻解读，对照西方伪史指出了人类文明史初期该有的演进痕迹。最后，赵驰先生热情邀请下一次这样的学术研讨会可以考虑到山西的尧都古文明中心陶寺遗址去举行。

第五议题：曾被西史拥趸者调侃为“学术战狼”的黄忠平（生民无疆）先生讲述了以《二十四史是西方伪史的照妖镜》为题的内容。黄先生在这方面已经于网上发表了多篇备受欢迎的重量级文章，开创了以中国信史为圭臬对比西方伪史的新方法。

黄先生从《二十四史》作为人类文明不间断文献记载的特点谈起，论述了其“世界价值”，然后举例重点集中在《二十四史》食货志中对粮食的生产、储存、转运等大量记述内容与古希腊的对比分析上，再一次现场论述了古希腊的人口数量和依赖粮食进口是不可能存在的虚伪编造，雄辩之力获得了现场的热烈掌声，其中最能称之为一言以蔽之的论断是“不可能存在靠买粮食买出来的国家文明”。

浙江大学教授黄河清发表希腊考察观感

中国政法大学程碧波副教授在会场上的演讲

第六议题：浙大的黄河清教授这次带来了自己亲身去希腊的探寻之旅的一个旅行总结，题目为《考察希腊古迹的观感——造假手法无底线》，这是“西史辨伪”学者第一次以田野实证的方法，去现场逐一感受第一手资料。黄河清教授表示自己有多年没有写过大部头著作了，这次旅行激发了他好好再写一部的热情。自希腊考察回来，他已经闭关写作数月，这次还给我们分享他拍摄到的大量“古迹遗址”的存疑照片，带着不同的“心事”去旅游，看到的风景自然就大不一样。

黄河清教授的演说最能感染人之处在于他孜孜不倦探求真相的精神，他把揭批伪史当作一种励志与战斗。他提出了把中亚四个斯坦、大宛或图兰地区称为“第二中国”，将引入中国文化的伊尔汗国地区喻为“第三中国”，来阐释中学西被的时间及路径，立论于实证，读万卷书，行万里路，极具新意。

第七议题：中国政法大学的程碧波副教授暨《国计学》的作者带来了《中华文明的系统性及其世界地位》的研讨题目，程教授的演讲带来的震撼、揭示出的内容与当代学界对科技史普遍认知的巨大差异让人触目心惊。可见我们对中国科技史研究的拨乱反正还任重道远，程教授数学功底深厚，如对勾股定理远在公元前 11 世纪时的证明，解释起来深入浅出，颇受听讲者喜闻乐见。

特别值得一提的是，程教授对于中国的学术源流归结到以《周髀算经》为根脉的体系之下，来归纳中华文明科技思想的系统性，很有创见。

第八议题:《天人与人人——有关中国文化的思考》是由人大商学院博士王晓明先生带来的对于中国文化如何重新定位，如何继承和发扬的思考。王博士也有长期海外学习和生活的经历，他也很坦荡地谈到来了自己如何走过《河殇》那个只有“蔚蓝色”海洋的时代，如何从一个西方的崇拜者，一步步回归到中国文化本位的心路历程。王晓明先生还提出以中国概念表述历史的方法论。

中国人民大学商学院王晓明博士发言

河北大学孟晓路副教授谈中学对西学的影响

第九议题:《西学之中学渊源》是河北大学哲学系副教授孟晓路博士谈他在中西融通的“学术范式及学科体系楷定中学和西学”方面的见解，首先他也讲述了自己在治学途中各个时期的艰难探索和逐步演化。从西学为中心的无意识学堂所得状态，到中、西、印各自独立的状态，最后回归到现在的中学统西、印的范式中，并认为这种范式才符合历史上中学西渐到中学西被的实际，也更符合当下学科分类的实际，孟博士于 2014 到 2015 年曾发表这方面的理论专著《中学统摄天下学术略论》及《西学之中学渊源》。

事后，孟教授饶有兴致地说道，这个论题他已经在很多场合演讲过，面对的要么是充满求知欲的学生，要么是充满疑惑的同行，只有这一次，他感受到了铿锵有力的知音之声。

会议的主要主持人谈论时下西史辨伪热的情况

2019 年 8 月 4 日上午

第十议题:《从现存设计图纸看古罗马与古埃及建筑的伪造特征——对西方文明遗址的一些研究》，这是辽宁学者李树军带来的他对于西方文明遗址独具慧眼的研究，李先生是 IT 业出身，对资料的大量收集、批量分析及缜密思辨自然是他的强项。“有图有真相”，他通过对于公元 1500 年以来，各种遗址图纸甚至包括游者游记中所画的各种历史存留的细节分析，以极形象和说服力的证据论证了这些所谓的古埃及、古罗马遗址逐步被层累伪造的过程，同时也揭示了埃及学的根基——“埃及象形文字”来源于人为虚构并逐步定型的历史真相。

第十一议题:《欧洲伪史古典语言三剑客——欧洲字母源流献疑》，这是董并生先生作为会议发起人给本次研讨会带来的第二场议题。如果说第一场是包罗“西方伪史”所涉及的万象，这场则聚焦于一点，对西方拼音文字字母的真正源流进行了辨析。透过伪史叙事的重重迷雾，董先生提出西方字母的真正来源是阿拉伯字母，腓尼基字母则是出于历史的虚构。董先生用详尽的证据材料，在时间和逻辑上都很自洽地解释了在这个源流之下东西欧字母体系的进一步衍化过程。

西文字母的阿拉伯之源，虽然在“西史辨伪”的内部交流圈内早已有所谈论，但多属于原型式的猜想，“第一次把这方面的源流梳理到了一个新的系统化的高度”，这是河清教授对董先生分享成果给予的恰当评价。

辽宁学者李树军谈西方古史遗迹造伪的情况

北京学者裴锋谈西史辨伪的方法问题

第十二议题:《如何彻底“证无”古希腊》。这是北京海归学者，也是《大回环——中华文明的辉煌、迷失与复兴》的作者裴峰（非子）先生带来的一场颇具“证伪方法论”的议题。理工科出身的裴峰先生首先提出了“证无”才是研究伪古希腊更贴切的目标及迫切需要一个简洁明晰、无懈可击的证明的必要性，接着对目前为止西史辨伪的各自学术路径进行了一个概括分类总结，指出了各自方法的优缺点并给出了一个理想的证明的要点要求。

裴峰最后结合自己在《大回环》中的论证实践，指出“文字文献历史大轨迹综合证明法”是能达成这一目标的有效路径之一。“证无了文字和文献，就证无了整个文明”。在议题的最后，裴先生还给出了一个更一般化的结论：“作为文明及知识载体的文字文献，在历史的过程中必然构成一个近似连续、递增的数学曲线，如果不符合则涉及作伪，属于统计学加文献学意义上可归结的‘文明’的‘孤本’‘孤证’不立。”

第十三议题:《伏羲文化是当代文化自信的源头》，这是济宁伏羲文化学会会长刘昌建先生带来的中华文明寻根的议题。显然，随着中国考古团队对“夏”的辉煌文化的进一步确立，为中国的上古文化进一步正名和探究就愈来愈迫切。

山东学者刘昌建谈中华文明对人类未来的影响

刘会长在议题中追溯了伏羲文化对于中华文明的重要意义乃至对整个人类的贡献，并强调：“伏羲为人类所创造的大统一、大一统、天人合一、生生不息、自强不息、阴阳平衡的大同世界观，必将对人类未来的大同世界产生积极影响。”

2019 年 8 月 4 日下午

与会者在北京参观古法造纸术复原技术发明人贡斌先生（左图左一）举办的古法造纸术展览，贡斌先生向参会者讲解中国古法造纸的特点。右图为展览现场

第十四议题:《古法造纸观摩对比西方莎草纸分析》。这是一场寓教于乐，寓证于实的现场传统文化体感之旅，由古法造纸还原的实践者贡斌先生亲自接待，并带领参观、讲解。贡先生介绍，古法造纸的工艺还原，源于国内外图书馆对中华古本图书进行修缮之需，研究成果的副产品就落成了这样一个主题鲜明的博物馆。

贡先生一身古朴的服饰，言谈举止中透出了他在这个喧嚣的商业社会，对传统文化及精神坚守的一份宁静。整个博物馆装饰得古香古色，尽显了汉唐民间或作坊的那种实际而非时下影视或古建常见的皇家威仪。各个参观场景都配以相应的道具并颇有仪式感。通过观摩，可以眼观、手摸甚至在古法所造的纸上试书试画来感受先贤是如何在这个历史的重要载体之上，一步步建造起中华辉煌的文化大厦。

四、会议综述

这次会议的召开，获得了海内外西方伪史研究领域权威专家的热烈响应。与会专家济济一堂，对西方伪史的方方面面进行了深入研讨，取得了很多的共识和进展，会议现场讨论热烈，以至于最后良时恨短，兴犹未尽。远在加拿大西史辨伪的积极支持者、经典中医自治体系的创建人潘晓川教授，未能回国参会，在会议过程中，通过向前静代其分享了他专程为会议准备的《以知古始，是谓道纪》PPT，与大家切磋。

特别需要说明的是，91岁高龄的当代著名的文化学者、思想家、“北方草圣”林鹏先生专门为研讨会发来了讨论专稿《西方文学是“中国风”的畸形儿》，以表示对讨论会的大力支持。

作为西史辨伪的一面旗帜，何新先生尽管身在外地，未能亲自参会，仍然专门指派代表参会，以表支持。

另外，本次讨论会还设立了一项特别奖，对近年来在破除西方中心论学术研究方面取得突出贡献的几位学者进行表彰，颁发了“特别贡献奖”。获奖者董并生先生在系统揭露以古希腊及古罗马为核心的古典伪学方面做出了突出贡献，诸玄识先生收集大量国外一手资料，为质疑西方伪史提供了坚实的第一手证据，黄忠平先生开创了以中国史书为标准衡量西方历史的方法，参会者对三位学者荣获此奖项报以热烈的掌声。

这次会议达成的共识是：在西方中心论意识形态之下的西方伪史范围大、

本次研讨会向董并生、诸玄识、黄忠平三位先生颁发了“破除西方中心论特别贡献奖”

涉及面广，中国学者必须认清这种现实。与会者表示今后将继续致力于团结质疑西方伪史的同人，集中力量走出西方中心论话语的窠臼，回归真正的中国文化立场。西方伪史不破，中国文化不立。揭露西方伪史，破除人们心中的西方中心论是中国文化复兴的前提。

可以说，以专题方式举行西史辨伪学术活动在全世界恐怕都没有先例。尽管人们已经对西方中心论嗤之以鼻，然而这个西方中心论并不情愿自动退出历史舞台。人们对这个掌握着话语权的活老虎尚未具备充分的认识，甚至连国际上最激进的反西方中心论战士贡德·弗兰克也说，“我们大家都是西方中心论的崇拜者”。在这种情况下，举办全面揭露西方伪史的学术讨论会，是需要有一定理论勇气与学术定力的。

最后，本次研讨会还计划精选部分西史辨伪的论文结集出版，一方面体现阶段性研究成果，另一方面为西史辨伪奠定初步学术基础并提示今后的努力方向，同时方便后加入者参考。

裴锋、孟晓路、黄忠平、黄河清等参会者听取西方辨伪学术成果报告情景

更多的相关内容及更新请参考爱传统网（ict88.com）的在线页面：https://www.ict88.com/page/view-post?id=227